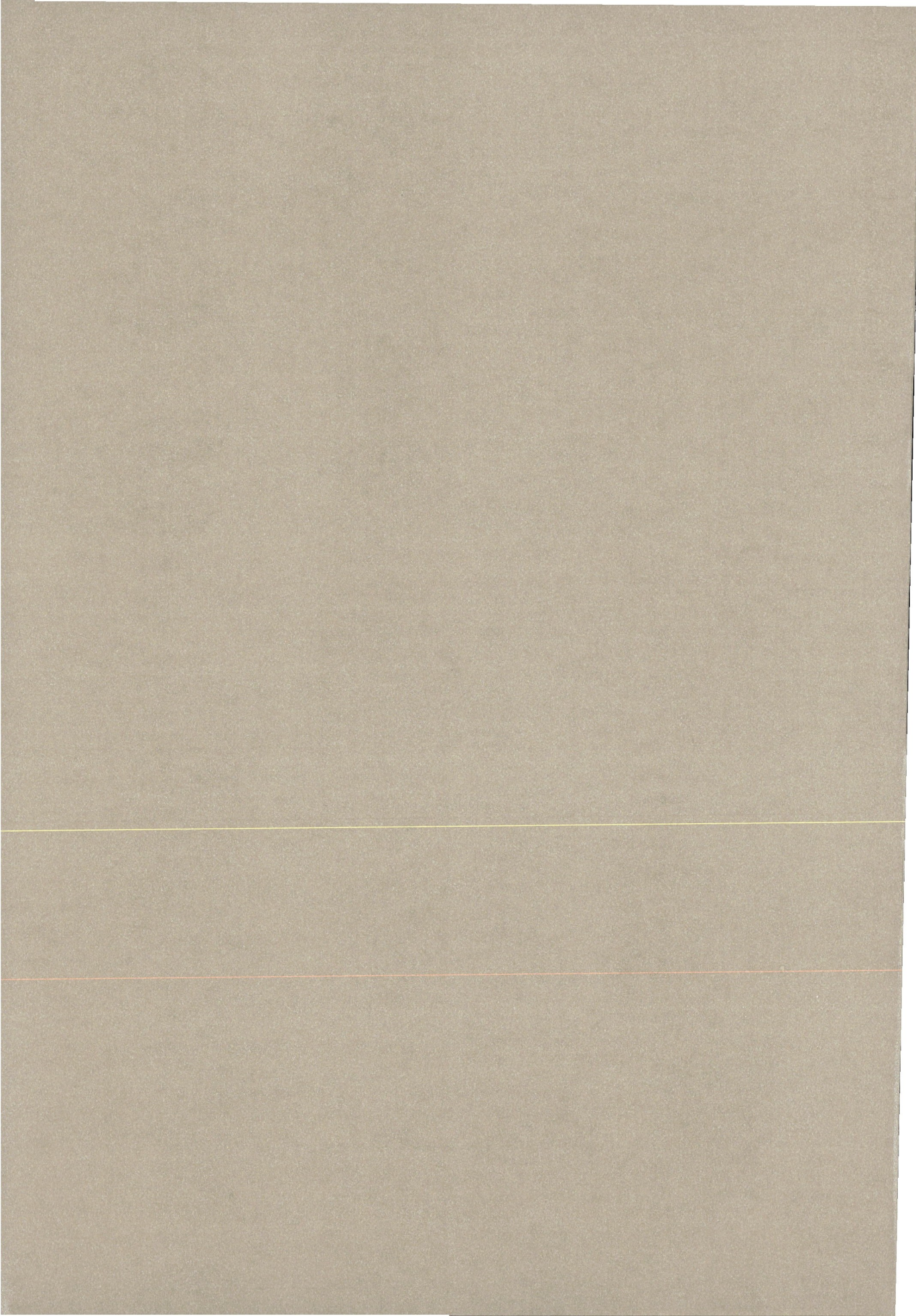

税收策划实战

案例精选

庄粉荣◎著

中国铁道出版社有限公司
CHINA RAILWAY PUBLISHING HOUSE CO., LTD.

图书在版编目（CIP）数据

税收策划实战案例精选 / 庄粉荣著. — 北京：中国铁道
出版社有限公司，2022.1
ISBN 978-7-113-28330-8

I. ①税… II. ①庄… III. ①税收筹划 IV. ①F810.423

中国版本图书馆CIP数据核字(2021)第171140号

书　　名：税收策划实战案例精选
　　　　　SHUISHOU CEHUA SHIZHAN ANLI JINGXUAN

作　　者：庄粉荣

责任编辑：王　佩　　　　　编辑部电话：（010）51873022　　　电子邮箱：505733396@qq.com
封面设计：仙　境
责任校对：焦桂荣
责任印制：赵星辰

出版发行：中国铁道出版社有限公司（100054，北京市西城区右安门西街8号）
印　　刷：国铁印务有限公司
版　　次：2022年1月第1版　2022年1月第1次印刷
开　　本：787 mm×1 092 mm　1/16　印张：22.5　字数：490千
书　　号：ISBN 978-7-113-28330-8
定　　价：98.00元

2001 年 8 月，税收策划专著《实用税收策划》面市，该书相对系统且完整地归纳出税收策划的概念、原则和方法，从而成为我国税收策划理论的奠基专著之一。2003 年 9 月，国家教育部门将税收策划作为一门学科，在各大财经专业院校开设专业教学活动。2017 年 5 月，国家税务总局在《关于发布〈涉税专业服务监管办法（试行）〉的公告》（国家税务总局公告 2017 年第 13 号）中，认可了税收策划作为咨询机构的涉税服务产品，这就从官方角度确认税收策划从理论向实践的转变。

就笔者的专业研究而言，自 1988 年开始从事税务管理、税务稽查和涉税咨询活动，充分感受到纳税人的需求。与此同时，也将自己从事涉税活动的过程记录了下来，从而形成涉税专著，到目前为止已经出版 40 余部，2 000 多万字。其部分亮点主要有以下几个方面。

其一，在国内率先系统地提出税收策划的概念、原则和方法（2001 年出版的《实用税收策划》，通过 2003 年出版《投资活动与税收策划》《税收策划实务》不断完善相关理论，并在《税收策划 36 计》一书中做出系统性归纳）。

其二，在国内率先对企业涉税风险的表现及防范方法进行全面且系统地研究（2010 年出版的《企业涉税风险的表现及规避技巧》一书提出全流程管理理论）。

其三，系统地研究纳税检查应对技巧和方法（2010 年出版的《应对纳税检查丛书》）。

其四，在国内第一个以小说的形式表现税收策划故事（小说《避税暗战》《谁动了老板的钱包?》）。

其五，《税收策划 36 计》相对系统地归纳和总结了税收策划的具体思路和方法。

当然，还有一些亮点，基于篇幅限制，此处不再详述。

在以上专著中，以案例的形式出版的有《税收筹划案例分析（经济管理类课程教材税收系列）》《纳税筹划实战精选百例》《所得税纳税筹划案例精选》《投融资业务财税筹划演练》《经营管理财税筹划演练》《房地产企业财税筹划演练全集》《纳税筹划实例全集》《税务稽查案例分析与点评》《建筑施工企业营改增案例精解》等，其中《纳税筹划实战精选百例》已经先后 6 次修订。据不完全统计，上述出版物中涉及 1 200 多个案例。

在过去的三十年里，笔者立足于操作，致力于让纳税人在理解税收策划原理的基础上掌握更多的操作技巧，从而增加投资和经营活动的效益。在日常学术活动中，上述部分案例被注册税务师考试选用，部分被许多大学选作经典教学案例，而更多的则为广大企业人士和财税咨询人士广泛引用和使用……这是对笔者的肯定和褒奖。

但是，近期在与读者的沟通过程中了解到许多朋友的想法和要求：税收政策变化太快了，企业人士往往无法适应这个变化，更不用说利用新政策进行税收策划了，庄教授能不能将以前的案例放在新政策环境里做一个重新演绎？

是啊，税收策划的技巧及方法随着政策的变化而变化，即使是在同一个政策背景下，某些事项的涉税处理在不同的区域、不同的行业、不同的纳税人而存在差异。因此，税收策划千变万化……为了满足广大读者的要求，笔者利用一年的时间对 1 200 多个案例进行了一次精选，然后将多数案例再以新政策作为操作背景，对相关策划事项进行了重新分析，形成《税收策划实战案例精选》一书，从而跟《税收策划 36 计》等书组成一套完整的税收策划实务操作模型。

本书所包括案例的质量在先前操作的基础上又有了明显的提升。但是笔者认为，税收策划是一门运用性学科，需要到实践中去提高和完善。因此笔者仍然坚持认为书中可能还会存在不足，甚至错误。好在有广大读者的关心，所以同样也有理由相信：只要广大读者继续给予关心和支持，笔者将与大家一起共同努力，争取将税收策划的理论和实践推上更高的境界。这里需要说明的是，本书引用了普誉财税策划工作室提供的部分资料，同时也得到王佩编辑等出版人士的指导与帮助，在此，本人对帮助我的朋友和有关人士表示衷心的感谢！

由于笔者水平有限，相信本书还存在许多不完善的地方，期待读者不吝赐教！

庄粉荣

2021 年 6 月于上海

目录

第一章

税收策划原理简述

　　笔者通过三十多年的理论研究和实践分析，已经从不同的角度，不同的层面上找到了许多税收策划的技术和方法，《税收策划 36 计》从实操的角度总结出 36 个典型的策划技巧。但是，如果站在一个纳税主体的角度观察税收利益，税收策划的基本方法主要有四个，即利用税收优惠政策、利用政策差异、纳税递延和税负转嫁。这里我们结合案例进行简要介绍。

平销经营和稀泥　　就为追求税负低

　　税收作为利益再分配的一个手段，直接影响到投资人和经营管理者的利益。但是，如果再做进一步分析，影响纳税人税收负担的因素还有许多方面。纳税人从这些因素着手策划，就可能获得意外的收获。这里有一个典型的案例。

稽查案例：

　　2021 年 3 月 28 日，当地主管国税机关对江南商场 2018 年 1 月 1 日到 12 月 31 日的增值税纳税情况进行了检查，发现该企业收取的进场费等费用存在问题。该商场当年取得进场费、上架费和陈列费等各种服务性费用合计 7 500 万元。但是，查看相关业务合同时发现，其费用的收取是根据供货商提供商品价值收取一定比例的费用。根据现行税法的规定，其相关的服务费用应当按平销收入计算缴纳增值税，即

　　7 500 ÷（1+17%）×17%=1 089.74（万元）

　　该企业已经将该费用按服务费用计算缴纳了增值税，即

　　7 500 ÷（1+6%）×6%=424.53（万元）

　　显然，这里存在一定的差异，两者相差 1 089.74−424.53=665.21（万元）。

这就是企业跟税务机关对同一个政策理解的差异。因此，税务机关责令其补缴增值税665.21万元。同时，加收了滞纳金，并处以0.5倍的罚款。

当税款及罚款补缴入库后，企业对这个问题进行处理，认为是财务部对有关政策理解不透，税收策划不到位，从而导致企业发生不该发生的损失。结果将财务经理降职为一般记账会计，扣发了当期的全部奖金。

现场诊断：

该企业的财务经理感到十分委屈，他想为自己申辩，但又说不出理由，于是向领导申请，向外部专家寻求帮助。普誉财税策划工作室的咨询专家到达该企业，对该企业的投资和经营情况进行了全面的分析诊断，诊断要点如下表所示。

诊断项目及内容

诊断项目	诊断内容	诊断指标（问题点）
1. 营业执照	营业执照名称 登记经营范围及主营项目	经营主体的法律形式及公司类型 所得税纳税人资格和身份
	投资人认缴投资额及比例	经营能力、规模以及税收优惠享受情况
2. 纳税人身份	申报表	销售情况
	身份及资格认定	用票情况及计税方法
3. 企业投资情况	对外投资情况	相关子公司、分公司及办事处
	关联企业运行情况	资金拆借、资产使用及商品购销情况
4. 企业经营架构	内部机构设计及组合情况	综合经营、分类经营、连锁经营等情况
5. 企业生产和经营情况	自产、委外加工	生产流程、工艺流程以及资金流转情况
	自营、代销及服务情况	商品经营、服务方式以及资金结算情况
6. 经营合同	合同约定的产品	税种及税率
	约定的结算方式及时间	纳税义务发生时间及数量
7. 财务报表及附注	分析报表 分析会计附注 分析审计报告及鉴证报告	从资产负债表分析看企业静态资产的分布情况 从利润表分析企业的营运情况 从会计报表附注、审计报告、鉴证报告看企业信息的处理情况
8. 总账及明细分类账	根据稽查（咨询）重点看相关账户	相关业务的归集及变化情况 关联科目变化的合理性分析 看明细科目的具体情况
9. 会计凭证	根据需要看相关业务的凭证及附件	相关业务登记、业务证据的配合情况及资料的完整性

企业情况：

通过现场"望、闻、问、切"，咨询专家了解到江南商场的主要情况。该企业是江南某市的一家商品零售企业，2018 年 1 月到 12 月底已经实现商品零售收入 218 250 万元。缴纳增值税 1 067.65 万元，税收负担率为 0.489%。

该企业的主要投资人是新加坡的一个客商，内部控制机制比较完善，部门分工明确，因此，招商工作主要由市场部完成，其销售业务流程是：由市场部门与供货商签署业务合同，然后供货商供货、收取进场费并开票（销售科长开票），最后由市场部提供清单给财务部结算税款，财务部凭开票金额按服务项目申报缴纳增值税。

在 2018 年度里，江南商场对多数散货的供货商按销售额的 4% 收取进场服务费、上架服务费、广告服务费。其中，1 到 4 月份收取进场费用合计为 1 750 万元，5 到 12 月份收取进场费用合计为 5 750 万元。

财务人员根据市场部提供的数据，对商场发生的货物销售收入按 17% 的适用税率计算缴纳增值税，对收取进场费、上架费、庆典费和促销费 7 500 万元则按"现代服务"税目计算缴纳 6% 的增值税 424.53 万元（7 500 ÷ 1.06 × 6%）。

通过现场"望、闻、问、切"，咨询专家不仅掌握了有关情况，了解到产生有关问题的原因，同时还发现税务机关的计算错误。

1 750 ÷（1+17%）× 17%+5 750 ÷（1+16%）× 16%

=254.27+793.10

=1 047.37（万元）

该企业已经申报缴纳了增值税：

7 500 ÷（1+6%）× 6%=424.53（万元）

应当补缴增值税：

1 047.37−424.53=622.84（万元）

税务机关在稽查过程中让企业多缴税：

665.22−622.84=42.38（万元）

上述税款应当退还给纳税人。

咨询专家认为，该企业有强烈的税收策划意识，这是应当肯定的方面。在"营改增"以前，将平销行为策划成进场费是商品零售企业进行税收策划的一个重要内容。因为作为进场费，只要按 6% 缴纳增值税，而一旦确认为平销，就需要按 17% 缴纳增值税〔2018 年 5 月 1 日以后改为 16%；自 2019 年 4 月 1 日起，增值税一般纳税人（以下称纳税人）发生增值税应税销售行为或者进口货物，原适用 16% 税率的，税率调整为 13%；原适用 10% 税率的，税率调整为 9%〕，这里税收负担的差异是显而易见的。在这样的情况下，有关企业在业务流程上需要重新设计，其中关键是需要将收取的服务费用与销售数量分离。对于该企业来说，由于业务流程操作不当，没有将税法的规定在企业经营的具体操作流程上反映出来。显然，这不是财务部门应当完全承担的责任，因此，建议企业处于管理流程上的每个员工都需要了解影响税收的基本关系，从而实行"全员管税"。

专家点评：

作为纳税人寻找税收策划的方法，首先必须掌握影响纳税人税收负担的因素。

我们知道，影响税收负担的因素有许多方面，既有客观的因素，又有税收自身的因素，客观因素影响税收负担状况的问题这里就不作讨论，在这里主要研究税收制度本身所规定的各种计税要素的技术因素影响。从税收自身的各要素方面讲，这些因素的特性及其变化不仅要引起税收负担在国家和纳税人之间的分配，而且还会导致税收负担在不同纳税人或征税对象之间的运动转移，因此，税收制度是影响税收负担的最直接因素。影响税收负担的税制因素主要有如下方面。

（一）课税对象因素

在税率既定的条件下，课税对象的大小是影响税收负担的税制因素之一，课税对象越大，课税额越大；反之，则越低。由于课税对象在范围规定上存在差异，因此在直接对两个国家同一种税的名义税率进行比较分析时，就不能准确判断各自税负的高低。

（二）税率因素

税率同税收负担有着最为直接的关系。在计税依据等其他要素不变的情况下，税率直接决定着税负高低，即税率越高，税负越重，税率越低，税负越轻。但是，应当指出，税率只能制约征税对象与应纳税额之间的数量比例关系，并不能直接体现纳税人的实际负担程度。因为在税率结构中，不同形式的税率对税收负担影响的结果不尽相同。

（三）计税依据因素

计税依据也是影响税收负担的一个重要税制因素。在税率一定时，计税依据确定的宽严及多少，直接决定着企业税负的轻重，导致名义税率与实际负担相背离。例如，同样的流转税税率，按产品销售金额征税较之按增值额征税，其税收负担要重得多。又如，实行同样的所得税比例税率，如果某纳税人在计征所得税时，允许其税前扣除许多项目，缩小了计税依据，会使得实际负担率下降。

（四）加成和加倍因素

税收加成或加倍征收都是使纳税人税收负担加重的税制因素。在对纳税人加成或加倍征税后，纳税人实际缴纳的税额就要比原定税率缴纳的税款多一定成数或倍数，因此，税收负担也就要大幅度提高，有时甚至可以使纳税人的实际税负高于其名义税率。但加成和加倍征税在整个税制中运用较少。

（五）税收优惠因素

税收优惠包括减税免税和税收扣除两个方面。减税免税是依照税法规定减去纳税人的部分税收负担或免除纳税人的全部税收负担。可见，减免税也是影响税收负担的税制因素。减免税的方式很多，有减税、免税、起征点、免征额等。税收扣除是国家为了鼓励纳税人主动调整产品结构以适应其产业政策而在税收或费用方面给予的抵免和税前扣除政策。但是，不论其方式如何，都会使纳税人在一定时期内可以依法少缴或免缴税款，归根到底是减轻了纳税人的税收负担，甚至不承担任何税收。

各国影响税收的因素大同小异。由于各国经济发展水平和经济运行机制的不同，税收制度也不相同。有的国家实行公民、居民、收入来源地三重税收管辖权，有的国家兼行居民和收入来源地两种税收管辖权，有的国家只实行单一的收入来源地税收管辖权。在税种结构中，有的以直接税为主体，有的以间接税为主体。税种的多寡差别很大，同是属于商品及劳务，我国课征增值税、消费税以及城市维护建设税，有的国家却不实行增值税，依然课征制造税、批发税或零售税。即便同是一种公司税，税率结构也不尽相同，有的实行比例税率，税率高低各有不同。至于应税所得额的计算、费用的列支标准、资产的税务处理、关联企业收入与费用的分配、税收优惠措施等也是差别很大。作为一个跨国投资者，面对形形色色千差万别的税收制度，应当怎样做出明智的税收抉择呢？这就必须借助于跨国的税收策划了。

结合到本案例，该企业虽然了解影响税收负担的税制因素，但是，还没有将相关政策与具体的业务流程结合起来策划，从而导致策划失败。

分拆业务办企业　目的为享税优惠

因为利用税收优惠政策是税收策划的基本方法之一，所以，人们就想方设法争取。比如曾经新办企业有税收优惠，于是，许多人就不断兴办新企业。但是，有政策还得会运筹，运作不当最终还是竹篮打水——一场空。例如，某地主管税务机关就查处了一则策划失败案例，会让该企业的老板十分沮丧。

案例简介：

驰远货物配载服务公司共有职工 200 人，其中包括 2013 年 12 月吸纳的自谋职业的城镇退役士兵 8 人，管理人员 12 人，其余为搬运工人。2013 年度该公司实现服务收入 5 000 万元。

在进行纳税策划之前，该公司 2013 年度按"其他服务业"缴纳营业税，应负担的相关流转税费为 275 万元，其中，

（1）营业税：5 000×5%=250（万元）。

（2）城市维护建设税、教育费附加：250×（7%+3%）=25（万元）。

以上两项共需缴纳流转税费合计为 275 万元。

从 2014 年 1 月 1 日开始当地实行"营改增"，考虑到 2013 年度接受了城镇退役士兵 8 人，是一笔非常宝贵的人力资源，该公司的财务总监和人力资源经理经过商量和策划之后，就向公司的董事长做了汇报，建议对公司目前的组织架构进行重组。

涉税政策：

财政部、国家税务总局《关于将铁路运输和邮政业纳入营业税改征增值税试点的通知》（财税〔2013〕106号）附件3第一条第十二款第一项规定，为安置自谋职业的城镇退役士兵就业而新办的服务型企业当年新安置自谋职业的城镇退役士兵达到职工总数30%以上，并与其签订1年以上期限劳动合同的，经县级以上民政部门认定、税务机关审核，其提供的应税服务（除广告服务外）3年内免征增值税。这里所说的自谋职业的城镇退役士兵，指符合城镇安置条件，并与安置地民政部门签订《退役士兵自谋职业协议书》，领取《城镇退役士兵自谋职业证》的士官和义务兵。

企业策划：

驰远货物配载服务公司分立新办成甲公司和乙公司，然后将管理人员和城镇退役士兵转移至甲公司，将其余180名搬运工人转移至乙公司。甲公司专门从事配载业务的联系和具体协调工作，然后将货物的搬运和配送劳务分包给乙公司。

假设2014年度的经营情况与上年度持平，营业收入仍然维持在5 000万元。但是，按照策划预案有关业务做如下分配：甲公司取得货物配载收入4 000万元，乙公司取得分包搬运配送劳务1 000万元。那么，有关业务的税收情况计算如下。

（1）甲公司应缴纳流转税费计算如下。

①实行"营改增"以后，甲公司应当按"物流辅助服务"缴纳增值税：4 000×6%=240（万元）。

②城市维护建设税、教育费附加：240×（7%+3%）=24（万元）。

以上两项共需缴纳流转税费合计为264万元。由于甲公司安置自谋职业的城镇退役士兵的比例已经超过30%，因此，可免征增值税。

（2）乙公司应缴纳流转税费计算如下。

①由于乙公司提供的是装卸搬运服务，具体的是使用装卸搬运工具或人力、畜力将货物在运输工具之间、装卸现场之间或者运输工具与装卸现场之间进行装卸和搬运的业务活动。因此，实行"营改增"以后，乙公司应当按"物流辅助服务"缴纳增值税：1 000×6%=60（万元）。

②城市维护建设税、教育费附加：60×（7%+3%）=6（万元）。

以上两项共需缴纳流转税费合计为66万元。

（3）由于甲公司免征增值税，所以甲、乙两公司的税费负担合计为66万元（60+6）。

策划结果：

税费负担减少了209万元（275-66）。

税务稽查：

谁知，2021年3月18日当地主管税务机关接到举报，并于5月26日对该企业2014年度的纳税情况进行了检查，不仅责令该企业对上述业务进行了补税处理，而且，还对该企业处以 1 倍的处罚。

专家点评：

上述操作从表面上看似天衣无缝，但是，如果结合有关政策分析，我们就可以发现该案例是一个失败的策划案例。因为，财税〔2013〕106 号附件 3 第一条第十二款第二项下还对"新办的服务型企业"做出了具体的规定，指《国务院办公厅转发民政部等部门关于扶持城镇退役士兵自谋职业优惠政策意见的通知》（国办发〔2004〕10 号）下发后新组建的企业。原有的企业合并、分立、改制、改组、扩建、搬迁、转产以及吸收新成员、改变领导或隶属关系、改变企业名称的，不能视为新办企业。

通过这个案例分析，我们应当能够举一反三，学会在各地利用税收政策。事实上，税收优惠政策利用是有讲究的，既要注意相关政策的衔接和配合，还要注意政策的差异。

税收优惠政策指税法对某些纳税人和征税对象给予鼓励和照顾的一种特殊规定。比如，免除其应缴的全部或部分税款，或者按照其缴纳税款的一定比例给予返还等，从而减轻其税收负担。税收优惠政策是国家利用税收调节经济的具体手段，国家通过税收优惠政策，可以扶持某些特殊地区、产业、企业和产品的发展，促进产业结构的调整和社会经济的协调发展。

（一）税收优惠的差异

相比较而言，发达国家的税收优惠与发展中国家的税收优惠差异主要体现在优惠的范围、优惠的重点和优惠的方法三个方面。

一般来说，发达国家对税收鼓励的范围选择较为慎重，覆盖面较小，针对性较强。而发展中国家的税收鼓励范围相对要广泛得多，为了吸引外资，引进先进技术，增加出口，经常对某个地区或某些产业、行业给予普遍优惠。全世界 525 个经济特区中，有 347 个（占总数 2/3）分布 68 个发展中国家，比如说巴拿马科隆、泰国曼谷、巴西马瑙斯、菲律宾巴丹等经济特区都是位于发展中国家，并实行十分广泛的税收优惠措施。

税收优惠的重点有所区别。发达国家重点放在促进高新技术的开发、能源的节约、环境的保护和充分就业上，而发展中国家的税收优惠重点往往不够明确和集中，有些国家甚至对那些技术落后、能源消耗大、资源使用效率低的所谓困难企业也给予优惠照顾。

税收优惠的方法也有差异。发达国家较多采取与投入相关的间接性鼓励方法，如加速折旧、投资抵免、再投资免税等，而很少使用直接性的减免税，如有使用，也往往加以严格控制。而发展中国家经常采用一般性的减税期或免税期，如泰国曼谷中转区实行所得税前 3 年免征、后 5 年减半征收，韩国马山出口加工区前 5 年免征、后 5 年减半，我国台湾省新竹市免征 5 年所得税等。

（二）税收优惠的差异的原因

发达国家与发展中国在税收优惠上为什么会出现差别呢？如果进行深层次分析，我们就可以从治税原则和经济现实条件两个方面找到原因。

发达国家强调税收的中性原则，主张尽量减少税收对经济的干预，使市场机制可以在资源配置中更充分地发挥基础作用。这就是所谓的运用市场"看不见的手"。而税收优惠措施，不论涉及什么税种，无非都是运用政府"看得见的手"。在现今纯市场经济尚无法存在的现实环境中，"看得见的手"废弃不用固然是一个不切实际的想法，但是滥用税收优惠、把税收对经济的调节作用夸大到万能的程度，显然也是错误的，它必将妨碍市场机制基础性作用的发挥，造成资源配置的扭曲。发展中国家由于生产要素市场发育有限，加之宏观调控和政府干预相对要多一些，税收中性原则就不能像发达国家那样摆在突出的位置。发展中国家在一定时期内实行广泛的减免税，体现了轻税原则，这对发展民族经济有一定好处。

国家政府实施税收优惠是通过给纳税人提供一定的税收利益而实现的，但不等于纳税人可以自然地得到资本回收实惠。因为许多税收优惠是与纳税人的投资风险并存，比如发展高新技术，往往投资额大、回收期限长，而且失败的可能性较大，政府对此实行税收鼓励可以起到诱导的作用，但不等于投资者都可以"十拿九稳，只盈不亏"。资本效益如不落实，再好的优惠政策也不能转化为实际收益。

在投资者眼里，税收利益的取得基本来源于两个方面：一方面，通过政府提供税收优惠政策取得；另一方面，则通过纳税人对税收方案的选择取得。共同的特点是风险与收益并存，在税收策划中必须进行仔细的权衡和慎重的决策。

（三）税收优惠与税收利益

对于税收优惠与税收利益，人们往往认为是"同义词"。其实，二者之间的内涵是不同的。税收优惠是国家税制的一个组成部分，是政府为了达到一定的政治、社会和经济目的，而对纳税人实行的税收鼓励。税收鼓励反映了政府行为，它是通过政策导向影响人们的生产与消费偏好来实现的，所以也是国家调控经济的重要杠杆。无论是经济发达国家还是发展中国家，无不把实施这样或那样的税收优惠政策作为引导投资方向、调整产业结构、扩大就业机会、刺激国民经济增长的重要手段加以利用。

创业兴办一企业 政策差异咋认识

对于同一个经济事项，可能存在两个或者两个以上的税收政策规定，而这些税收政策可能存在差异。即使是同一个经济事项征收的同一个税种，也可能课以不同的税率。针对税收政策的不同规定，纳税人可以根据自身生产经营的特点和具体情况，在分析适应不同的税收政策将对自身产生影响利弊的基础上，做出具体的决策。

策划案例：

大学毕业不久的程佳佳想自己创业，于是筹集了50万元资金，准备以个人的名义投资创办一个教育咨询服务型企业。她的计划是：以自己会计教育和咨询专业特长，同时招聘几个大学毕业生做市场，在从事财会人员的后续教育的同时，为部分企业提供理财涉税指导和咨询服务。经过测算，在不考虑自己费用的情况下，在最初的两年里，年收入大约为 200 万元，计税利润为 34.3 万元，以后企业的盈利能力会进一步增强，第三年和第四年的计税利润为 50 万元，以后每年的计税利润为 100 万元。

程佳佳知道，我国目前的经济政策不断变化，但是，总的趋势是不断完善。而对未来企业收益影响最大的便是税收政策，而且在企业设立阶段的策划十分重要。

程佳佳虽然对税收政策也比较熟悉，但是，考虑"旁观者清，当局者迷"。于是她向专业咨询机构进行了咨询。

策划预案：

税收策划咨询专家与程佳佳进行了深度沟通以后，结合目前的所得税（包括企业所得税和个人所得税）规定，给她提出两种方案：一是个人独资企业，另一个是有限责任公司。

在两个法律形式的经济实体之间，她应当如何选择？

业务分析：

对于程佳佳遇到的问题，就是如何认识不同的企业法律形式中的政策差异问题，需要通过以下四个方面进行梳理。

（一）选择不同组织形式的所得税差异

在现代高度发达的市场经济条件下，企业的组织形式日益多样化。依据财产组织形式和法律责任权限，国际上通常把企业组织形式分为三类，即公司企业、合伙企业和独资企业。从法律角度上讲，公司企业属法人企业，出资者以其出资额为限承担有限责任；合伙企业和独资企业属自然人企业，出资者需要承担无限责任。这便是企业组织形式分类的第一个层次，即外部层次。

企业组织形式分类第二个层次是在公司企业内进行划分的。这个层次分为两对公司关系，即总分公司及母子公司。

1. 个人独资（合伙）企业与公司的选择

个人独资企业（Sole Proprietorship），即个人出资经营、归个人所有和控制、由个人承担经营风险和享有全部经营收益的企业。个人独资企业是最古老、最简单的一种企业组织形式。主要盛行于零售业、手工业、农业、林业、渔业、服务业和家庭作坊等领域。合伙制企业由几个或者几十个人，甚至超过一百个人联合起来经营的。它不同于某一个人开办的单人业主制企业，也不同于所有权和经营权分离的公司。合伙制企业是依据合同或协议组织起来的，结构很不稳定，每当接纳一个新的合伙人，或者旧的合伙人死去或退出时，新的合伙制企业又会产生出来。

公司指一般以盈利为目的，从事商业经营活动或某些目的而成立的组织。根据现行《中华人民共和国公司法》，其主要形式为有限责任公司和股份有限公司。

国务院《关于个人独资企业和合伙企业征收所得税问题的通知》规定："自 2000 年 1 月 1 日起，对个人独资企业和合伙企业停止征收企业所得税，其投资者的生产经营所得，比照个体工商户的生产、经营所得征收个人所得税。具体税收政策和征税办法由国家财税主管部门另行制定。"

综上所述，涉及个人独资（合伙制）企业与公司选择的税收策划应关注以下方面。

（1）要认真分析各国对个人独资（合伙）企业的法律界定和税收规定，并从其法律地位、经营和筹资便利、税基、税率、税收待遇（例如是否可以享受协定的条款规定）等综合因素上进行分析和比较，因为综合税负是各种因素作用的结果，不能只考虑一种因素，以偏概全。

（2）从多数国家来看，个人独资（合伙）企业的名义税负一般要低于公司制企业，但个人独资（合伙）企业往往没有其他优惠事项。

（3）在比较税收利益时，不能仅看名义上的差别，更要看实际税负的差别。比如对重叠课税是否采取"整体化"措施，"整体化"制度政策重复征税消除的程度如何，因为完全的整体化，意味着重叠课税彻底消除。

2. 分公司与子公司的税收待遇

根据世界上一些主要国家和地区的现行税制，可以看出分公司与子公司不同的税收待遇，具体为以下方面。

（1）子公司是独立的法人实体，在设立公司的所在国被视为居民纳税人，通常要承担与该国的其他居民公司一样的全面纳税义务。母公司所在国的税收法规对子公司没有约束力，除非它们与所在国之间缔结的双边税收协定有特殊的规定。

（2）分公司不是独立的法人实体，在设立分公司的所在国被视为非居民纳税人，其所发生的利润与亏损与总公司合并计算，即人们通称的"合并报表"。分公司与总公司经营成果的合并计算，所影响的是居住国的税收负担，至于作为分公司所在的东道国，照样要对归属于分公司本身的收入课税，这就是实行所谓收入来源税收管辖权。

（3）子公司作为居民纳税人，而分公司作为非居民纳税人，两者在东道国的税收待遇上有很大差别。通常情况下，前者承担无限纳税义务，后者承担有限纳税义务。但是如果对不同的国家进行具体分析，这一差别的程度并不是相同的。

（二）税率差异

税率差异指性质相同或相似的税种适用的税率不同。在我国如果以所得税为例，对个人独资企业和合伙企业比照个体工商户的生产、经营所得征收个人所得税，适用税率为五级超额累进税率，最高为35%；而公司制企业的基本税率为25%，高新技术企业可以适用优惠税率15%，小型企业则适用低税率20%等，在其他国家也有类似的情形。

税率差异是普遍存在的客观情况。一个国家的税率差异，往往是要鼓励某种经济、某类型企业、某类行业、某类地区的存在和发展，它体现国家的税收鼓励政策。

（三）混合销售的操作差异

在日常经营活动中，如果一项销售行为既涉及货物、又涉及非应税劳务，则属于混合销售行为。非应税劳务指属于应缴营业税的建筑业、金融保险业、文化体育业、娱乐业、服务业税目征收范围的劳务。

在"营改增"之前，人们对混合销售行为的理解容易出现偏差，究其根本原因是未抓住混合销售行为的特点。混合销售行为的特点是：销售货物与提供非应税劳务的价款是同时从一个购买方取得的。例如，企业销售太阳能热水器时，代为客户安装，销售货物属增值税的征收范围，而安装热水器则属营业税的征收范围，如果按各自的收入划分不同的税种，在实际征收时往往难以划分清楚，而且使征管活动复杂化。

因此，税法明确规定：从事货物的生产、批发或零售的企业、企业性单位以及个体经营者的混合销售行为，视为销售货物，应当征收增值税；其他单位和个人的混合销售行为，视为销售非应税劳务，不征收增值税，应当征收营业税。"营改增"以后的混合销售，虽然都是征收增值税，但是存在不同的税率适用问题，因此同样存在策划的空间。

（四）企业管理的政策差异

按税法的规定，企业所得税的征收管理方式有两种，即查账征收和核定征收。查账征收适用于财务管理比较规范，能够建账建制，成本费用核算准确，能向税务机关提供准确、完整的纳税资料的企业。实行查账征收的企业，所得税税率一般为25%。这些企业如果发生年度亏损，不但当年可以不缴纳企业所得税，而且企业的亏损还可以在以后五年内弥补。

核定征收方式按《核定征收企业所得税暂行办法》的规定，适用于存在不设置账簿、不能准确核算收入或成本费用、不能提供准确、完整的纳税资料等情况的企业。核定征收方式有个"特点"：无论盈亏，都得缴纳企业所得税。

如果纳税人未按税法规定进行会计核算，当年虽然亏损，但仍要缴纳所得税。其实，企业完善会计核算，其好处不仅在于可能会节约一些税收支出，更重要的是其符合企业发展的内在要求。

有的人认为，进行税收策划就是打税收政策的擦边球。持这种观点的人便将有关企业的会计核算有意做的似是而非，让人不明就里。其实，税收的策划和运作离不开真实可靠的会计信息，而且有些税收优惠政策的享受还是建立在准确完善的会计核算的基础上的，因此，会计核算是税收策划的基础。

纳税时间有规定　策划到位可递延

纳税期的递延也称为延期纳税或税收递延，即允许企业在规定的期限内，分期或延迟缴纳税款。将应纳税款留在企业使用一段时间，赚取资金的时间价值，也是进行税收策划的基本方法和思路之一。

稽查案例：

某纺机厂是生产纺机设备流水线的专业生产厂家，2020年实现销售收入17 000万元。2021年3月28日，当地税务局稽查局对该企业2020年度的增值税纳税情况进行了检查。在检查过程中，税务稽查人员发现该企业存在如下问题。

（1）2020年1月12日，向广西某纺织机械经营机构发出商品476万元，企业的账务处理方法：借记发出商品——发出广西某纺织机械经营机构商品476万元，贷记库存商品476万元；2020年4月5日借记银行存款200万元，贷记发出商品——发出广西某纺织机械经营机构商品200万元。

（2）2020年3月16日，向山东某纺织有限公司发出商品648万元，企业的账务处理方法：借记分期收款发出商品648万元，贷记库存商品648万元；2020年9月16日，借记银行存款——收山东某纺织有限公司款234万元，贷记主营业务收入200万元，贷记应缴纳税金34万元。

（3）2020年4月15日，收到河北省某纺织厂购货款400万元，企业进行了如下账务处理：借记银行存款400万元，贷记预收账款400万元。2020年5月15日企业将设备发出，未做账务处理，只在备查账中反映发出设备600万元；2020年7月15日对方将剩余货款汇来时，企业开出销售发票，并做了相应的账务处理：借记预收账款400万元，银行存款302万元，贷记主营业务收入600万元，应交税金——应交增值税（销项税额）102万元。

税务认定：

税务稽查人员在企业的有关销售合同和协议书中发现，企业所提供的书面协议对设备的技术性能要求、设备运输方法、设备安装责任等事项约定得比较具体，而对给付方式却没有明确。据此，稽查人员认为以上三笔业务都存在问题。

（1）虽然该企业向广西某纺织机械经营机构发出商品476万元是一笔代销业务，但是企业无法提供委托代销合同，则该业务就应该按直接销售业务来处理，即在货物发出的当天按销售额计算缴纳增值税。如果企业能够提供委托代销合同，则可以在对方将商品销售完毕并向该企业提供代销清单时，再行申报纳税。

（2）企业向山东某纺织有限公司发出商品648万元，虽然是按照分期收款发出商品的销售方法进行销售，但是由于该企业无法提供证明其分期收款销售商品的合同和协议书，就应按照直接销售方式，在货物发出时计算缴纳增值税。如果企业可以提供相关证明，则可以在合同约定的收款日期计算缴纳增值税。

（3）企业与河北某纺织厂的业务是一笔预收货款销售业务，应在货物发出时申报缴纳增值税，而企业在货物发出时没有及时申报缴税，显然是错误的。

政策分析：

《增值税暂行条例》对增值税纳税义务发生时间的确定，从销售实现的形式上来加以界定的，具体规定如下。

（1）销售货物或者应税劳务，其纳税义务发生时间为收讫销售款或者取得索取销售款凭据的当天。根据结算方式不同，具体有七种情况。

（2）进口货物，其纳税义务发生时间为报关进口的当天。

国家税务总局在《关于增值税纳税义务发生时间有关问题的公告》（国家税务总局公告

〔2011〕第040号）中明确，纳税人生产经营活动中采取直接收款方式销售货物，已将货物移送对方并暂估销售收入入账，但既未取得销售款或取得索取销售款凭据也未开具销售发票的，其增值税纳税义务发生时间为取得销售款或取得索取销售款凭据的当天；先开具发票的，为开具发票的当天。

有鉴于此，企业如果要从降低纳税成本的角度出发策划税收，就应该根据企业的销售情况签订好相关的经济业务合同，其中尤其是当企业与对方发生委托代销业务、分期收款业务和赊销业务时，如果能够在相关业务合同中明确，就可以将有关纳税义务向后推延，从而实现经营效益最大化。

专家点评：

《国际税收辞汇》中对递延期纳税条目的注释做了精辟的阐述："延期纳税的好处是有利于资金周转，节省利息支出，以及由于通货膨胀的影响，延期以后缴纳的税款币值下降，从而降低了实际纳税额。"纳税期的递延是获取节税利益的基本方法之一。

（一）税收递延的途径

在有些情况下，纳税人还可获得税法本身未规定的延期纳税，以达到节税的目的。例如，纳税人利用在国外的控股公司来积累外国来源的所得，而不是汇回国内。有些国家，例如法国、德国、英国和美国已制定了税法条款来抑制这种节税活动。

事实确是如此，税收递延的途径是很多的，纳税人从中可得到不少税收实惠。特别在跨国公司迅速发展的今天，假定母公司位于高税管辖权的地区，其子公司设在低税管辖权的地区，子公司取得的收入长期留在账上，母公司由于未取得股息分配的收入，这部分税款自然就递延下来了。

采取有利的会计处理方法，是企业实现递延纳税的重要途径。在企业的收益表上，我们经常可以看到会计所得与所得税申报表上计税所得，在许多情况下是不一致的。原因是会计准则和税法服务于不同的目的，所以计算出来的数值出现差异是不足为奇的。

（二）纳税递延策划

（1）争取更多的递延项目。在其他条件（包括一定时间纳税总额）相同的情况下，延期纳税的项目越多，本期缴纳的税收应越少，现金流量也越大，可用于扩大流动资本和进行投资的资金也越多，将来的收益也越多，因而相对节税的税收就越多。

（2）争取更长的递延期限。在其他条件包括一定时期纳税总额相同的情况下，纳税递延期越长，由延期纳税增加的现金流量所产生的收益也将越多，所以，相对节减的税收也越多。那么，国外的投资所得留在境外的企业，会有更多的资金用来再投资，将来也因此可取得更多的收益，相当于冲抵税收，增加税后所得，节减了税收。这个理念在我国的税收政策上也有体现，比如，税法规定部分企业可以采用加速法折旧，或者将特定的设备在当年作为费用一次性扣除。这样，在其他条件基本相似或利弊基本相抵的条件下，尽管总的扣除额基本相同，但企业选择作为当年费用一次性扣除的话，在投资初期可以缴纳最少的税收，而把税收推迟到以后缴纳，相当于延期纳税。

市场交易连万家　双方调整税转嫁

税负转嫁是税收策划的特殊形式。某些税收的最初纳税人，并不一定是该税收的最后承担者，他可以把所缴纳税款部分或全部地转嫁给其他纳税人承担。这种纳税人将所缴纳的税款转移给他人承担的过程就叫作税负转嫁。税负转嫁结果最终有人承担，最终承担税负的人称负税人，税负最终落到负税人身上的过程称为税负归宿。税负转嫁和税负归宿是一个问题的两个方面。可见，在税负转嫁的条件下，纳税人和真正的负税人是可以分离的，纳税人只是法律意义上的纳税主体，负税人是经济意义上的承担主体。

策划案例：

某市光明海绵有限公司是增值税一般纳税人，主要生产各种海绵制品，其适用税率为17%。2020年企业实现销售收入为8 000万元，申报缴纳增值税120万元。

风险应对：

税务机关通过决策监控系统数据平台的比对分析发现，该企业的增值税税负率只有1.5%，属于明确偏低。2021年3月6日税务管理人员对该企业的负责人进行约谈。

通过约谈和现场实地核查，风险应对专业人员发现该企业的运输费用明显偏高，达850万元，超过销售额的10%，怀疑其接受虚开代开的增值税专用发票，于是责令其自查补税，而企业则感到十分委屈，因此，双方处于僵持状态。

企业咨询：

为了打破僵局，该企业请来普誉财税策划工作室的咨询专家。咨询专家到现场，对该企业的生产和经营情况进行了诊断，了解到该企业的产品价值低，体积大，产品的销售半径比较大，并且当地的产品只能通过汽车运输出去，发生较大的运输费用，有其合理性。

同时，咨询专家对该企业运输业务情况进行了具体分析，发现该企业的合作对象主要是个体工商户，所取得的运输发票几乎都是通过税务机关代开的，最后鉴定，该企业不仅不存在少缴税的问题，而且还多缴了税。这个结论让该企业的负责人感到十分意外。

业务分析：

为了帮助该企业改善经营，在签署了策划协议之后，咨询专家对相关业务进行了分析。

根据企业现行方案，企业取得的增值税进项税额：

$850 \times 3\% = 25.5$（万元）

如果企业将与一般纳税人合作，从接受服务方的角度来看，根据税法有关规定，购进或销售货物所发生的运输费用可以取得适用税率为9%的增值税进项税额。在这样的方式下企业可以抵扣增值税：

850×9%=76.5（万元）

两种方式相比，后者比前者多抵扣增值税进项税额51万元。

专家点评：

我国现行增值税，形成环环相扣的一个完整链条，在这个链条上的企业是互相牵制的，所以，如果从一对合作方的角度分析，存在此消彼长的关系，换一句话说，增值税的税收负担在合作方可以转嫁。

典型的税负转嫁或狭义的税负转嫁指商品流通过程中，纳税人通过提高商品销售价格或压低商品购进价格的方法，将税负转移给商品购买者或商品供应者。因此，对税负转嫁的理解应把握以下几点。

（1）税负转嫁问题是与商品价格直接联系的，与价格无关的问题不能纳入税负转嫁的范畴。

（2）税负转嫁是一个客观过程，没有税收价值的转移过程不能算转嫁。

（3）税负转嫁应理解为纳税人的主动行为，与纳税人主动行为无关的价格再分配性质的价值转移不能算税负转嫁。明确以上几点，既有利于明确税负转嫁概念的外延，也有利于将税负转嫁与节税做一体化进行区别比较。

（一）税负转嫁是税收策划的特殊形式

税负转嫁意味着税收负担的终极承担者不是直接的纳税人，而是其背后的隐匿者或潜在的替代者。税款的直接缴纳人通过转嫁税负推给他人，自己只是承担部分甚至完全不承担任何的纳税义务，因此，只类似于税务机关和负税人的中介者。然而，纳税人实施税负转嫁策略，并不侵害国家利益，因为他只是改变了税款在不同经济主体之间的重新负担状况，没有减少国家应收税款的总量，其行为并没有违反税法的规定，所以普遍受到企业的青睐。

比如香烟的消费者实际上是消费税的负担者，但由于预先并不能确定每包香烟的消费者（或购买者）是谁，因而只能以香烟为标准，并以其制造者和销售者为纳税人，由制造者和销售者将税款转移给消费者或购买者。类似香烟消费税的还有其他消费税、货物税、关税等税种，它们的共同点在于，随着课税商品的转移，将税负加在价格之上，与商品同时转移到消费者身上。

（二）税负转嫁的策划

一般认为，物价自由波动是税负转嫁的基本前提条件，商品供求弹性、市场结构、成本变动和课税制度等原则是税负转嫁的制约和影响因素。因此，税负转嫁的方法很多，不同国家纳税人都会根据本国的特点和自身所处的地位及纳税身份，寻找一条适合自己的方法和途径。根据我国情况，笔者将税负转嫁归纳为以下几种方法。

1. 市场调节法

市场调节法是根据市场变化进行税负转嫁策划的方法。市场价格受供求规律的支配，需求的变动影响供给，供给的变动反作用于需求。商品价格随着供给与需求的变动上下波动。

2. 商品成本转嫁法

商品成本与税负具有极为密切的联系。商品成本转嫁法是根据商品成本状况进行税负转嫁的方法。成本是生产经营者从事生产经营活动而做的各种预先支付和投入费用的总和。它一般有三种形态，即固定成本、递减成本和递增成本。固定成本是在生产经营过程中不随产品产量变化而变化的费用和损失。递增成本是随产品产量增加和经营范围的扩大而增加的费用的损失。递减成本则与递增成本相反，它是单位产品随着经营扩大和服务范围的扩展而减少的费用和损耗。

3. 税基转嫁法

税基转嫁法也叫税基宽窄运用法，是根据课税范围的大小、宽窄实行的不同税负转移方法。一般来说，在课税范围比较广的情况下，正面、直接的税负转移就要容易些，这时的税负转移可称为积极性的税负转嫁；在课税范围比较窄的时候，直接进行税负转移便会遇到强有力的阻碍，纳税人不得不寻找间接转嫁的方法，这时的税负转嫁就可以称为消费性的税负转嫁。

4. 交易选择法

这是针对具体个案而言的，对于一笔具体的交易活动，其对象主导方可以利用自己的独特优势，让对方接受不利的交易方式或者服务手段，使对方接受较高的税收负担，从而实现税负转嫁。比如，提供物流服务的纳税人如果自己处于主导地位，让对方接受小规模纳税人提供的服务，并提供3%的增值税专用发票。这样，在其他条件不变的前提下，主导方就将6%（9%-3%）的税负转嫁给对方了。再比如，资产重组交易的资产出让方尽量设法让对方接受免税重组，往往也可以实现税负转嫁。

在这里，前三种情况是宏观的，而第四种情况则是微观的。微观的税负转嫁大量且普遍存在于日常交易过程中，纳税人往往可以通过市场手段的调整获得相应的税收利益。

企业发展定战略　税收策划不可缺

投资人办企业，从事生产和经营活动，其目的是要取得投资收益。但是，一旦企业进入正常的生产和经营活动，就要依法纳税。所以，投资与纳税是一对孪生兄弟，两者存在必然的联系：税收构成企业生产和经营活动的成本支出，或者是现金流出，对企业的盈利能力产生极其重要的影响。所以，税收策划直接影响到投资人的投资、生产和经营活动的效果，影响到企业的发展战略。

当然，从操作的层面上讲，涉税利益（包括纳税风险）可能产生的环节很多。投资方式、企业经营模式、企业员工等多方面的因素都可能给企业的税收利益带来影响。但是，许多投资人往往存在一个误区：认为企业税收策划的重点在财务环节，企业的涉税责任主要由财务会计人员承担。而事实上，企业理财操作属于事后控制，纳税义务产生的环节，80%以上是在决策、生产和购销等其他环节。因此，进行税收策划，如果在业务流程上下功夫可以收到意想不到的效果。笔者不妨在这里举一个实例来加以说明。

实例分析：

2021年2月28日，笔者应邀到苏州某企业集团提供现场咨询，在咨询过程中一位财务总监反映如下业务问题：该企业集团下有二十个子公司。其中的A公司准备上一个项目，通过银行融资以后，还有1亿元的资金缺口。该公司通过其他渠道了解到M公司有资金富余。但是，M公司对A公司缺乏信任，不想借给该公司。

A公司的有关人员了解到，C公司与M公司的关系比较好，由C公司向其借款是没有问题。而C公司正好是A公司的协作单位，于是，A公司通过C公司递进借贷的形式向M公司借到了这笔钱（借贷时间为一年，约定年利息为10%，城建税适用税率为7%，教育费附加征收率为3%）。其具体操作流程如下图所示。

M公司 ⇒ C公司 ⇒ A公司

这位财务总监咨询这笔业务是否存在涉税问题？

业务解剖：

如果对这笔业务进行具体分析，我们就可能发现其中的问题。对于C公司虽然是出面帮助搭了个桥，向M公司借入资金10 000万元，同时再转借给A公司，但是，从税收角度讲，相应的业务需要纳税。根据约定10%的利率收取利息：

10 000×10%=1 000（万元）

应当缴纳增值税：

1 000×6%=60（万元）

应缴纳城建税及教育费附加合计：

60×（7%+3%）=6（万元）

由于C公司收取的利息要支付给M公司，一收一支最后公司没有利润，所以不需要缴纳企业所得税（为使分析简单化，这里就不考虑在借贷过程中发生的印花税和其他费用等）。

对于C公司来说，在这笔借贷业务中缴纳流转税合计为：60+6=66（万元）。

策划分析：

在这笔业务中，C公司只是就有关业务进行了信用保证，并没有从中获得任何利益，他们怎么也没有想到，做人情却做出了几十万元的纳税义务，这是他们怎么也不愿意接受的。所以C公司的董事长说："真是不算不知道，一算吓一跳！"

能不能通过策划解决这个问题呢？于是笔者组织该企业集团的专家（财务总监和有关企业的董事长）一起讨论。

在讨论过程中，财务人员提出，将循环借贷筹资改为循环投资的方式。的确，如果将借款改为投资，根据现行税法规定，以现金对外投资，所取的收入属于分配，不用缴纳城建税以及教育费附加。但是，这个方案被 C 公司的董事长否认了，因为如果利用投资方案进行操作，C 公司可能承担自己所不愿意承担的风险。

专家策划：

这个案例的最大特点就是多环节操作，从而导致 C 公司多缴税。因此，解决问题的思路还应当在业务操作流程上做文章：如果将借贷改为担保，可以解决因循环借款而造成的重复纳税问题。其具体操作流程如下图所示。

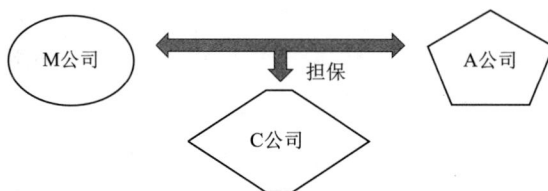

由于是担保，C 公司没有取得收入，所以，按原方案应当分别缴纳的有关税收就不需要缴了。此外，贷款合同到期，C 公司可以随时解除担保责任，也不需要承担其他经营上的风险。

策划点评：

这是一个税收策划的典型案例。企业税收策划就是纳税人在现行税制条件下，通过充分利用各种有利的税收政策，适当安排投资行为和业务流程，通过巧妙的财务协调和会计处理，合理地安排纳税方案，在合法的前提下，以实现股东利益最大化为目标的涉税经济行为。从实务操作过程来看，一个好的税收策划方案，绝大多数都是从业务流程切入，通过机构设置、业务协调，从而将企业的税收负担安排至最佳状态。

上述案例说明策划的重点不在会计核算环节，而在融资业务的流程上。其实，这里仅是一个实例，在日常经营过程中，如果我们注意研究，就会发现企业进行税收策划的切入点几乎 80% 都是在业务流程上。

（一）纳税地点以及经营方向的选择

各国的税收政策因为政治、经济、文化等多方面的不同而存在差别，即使在一个国家的内部，在不同的区域也存在税收待遇上的不同。反映到税收上就是税收负担的高低、税收管理手段的繁简给企业造成的实际成本的不同。目前，世界上有许多被称为国际避税地的国家和地区，被认为是跨国税收策划的热点地区。

（二）机构建设的税收影响

许多国家往往针对不同的组织机构和形式设置不同的税收政策。在一个经营主体的设立过程中，很重要的一点就是考虑该企业的性质，对新设立的公司而言，可以是分公司，也可以是子公司；可以是责任有限公司，也可以是个体工商业户（无限责任公司）。其中的选择，对一个企业的税收负担影响非常大。在所得税方面，个体工商户适用 5% 至 35% 的五级累进税率；公司则按 25% 的适用税收计算缴纳企业所得税，在分配时还要缴 20% 个人所得税。因此，纯粹从税收角度来考虑，个体工商户的税负较私营企业稍轻。

看到这里，读者可能会得出公司税负较重的结论，事实未必如此，因为公司可能享受许多税收优惠，如高科技产业的税收优惠以及各项政策性税收优惠的享受。应该怎样操作才能符合要求，这就需要投资项目在实施过程中通过税收策划得到解决。即如何通过不同的机构设置享受税收优惠，从而使纳税人享受到顺应产业政策的好处。

（三）业务部门的运筹

税收策划离不开有关部门的配合。实践证明，80% 的税收策划业务在财务部门以外的其他部门。其一，企业进货渠道选择。如企业进货向一般纳税人购买可以取得 13%（或者 9%，6%）的增值税进项抵扣，向小规模纳税人购买则可以取得 3% 的进项抵扣，究竟向谁进货最适合？这就需要测算利益的平衡点。其二，管理指标的运筹。如福利企业的"四残人员"是否达到税法规定的比例，一般由人力资源部门操作，而水泥企业综合利用指标是否达到要求，则由企业技术部门控制等。工资应当如何发放？这是由企业人力资源部门管理的事情。其实这里都存在许多税收策划的业务问题。其三，纳税义务实现的时间。推迟纳税义务实现的方法很多，比如通过赊销、分期付款、委托代销等方式销售货物，从而推迟实现销售，推迟缴纳增值税；将大宗货物的销售改为租赁（或先租赁，后销售）也可以节约增值税；适当选择材料计价方式、折旧方式以及外汇折算方式，可以推迟企业应税所得的实现；适当选择预缴方式也可以推迟企业所得税的实现等。

以上情况说明税收策划的重点主要是在业务操作环节。

（四）财务会计的技术操作

会计正确地进行会计核算，适时地采用必要的会计核算技巧，也能够取得较好的税收策划收益。如微利企业正确核算账务取得查账征收权利就可以按实计征，从而少缴企业所得税；兼营不同税率的商品，或者兼营不同税种的项目，分开核算取得税收优惠等。在日常会计操作过程中的税收策划，主要表现在两个方面：其一，通过报表分析，对税收负担的变化情况做出职业判断。任何纳税人只要从事生产经营活动，就存在一定的税收负担，那么他的税收负担水平如何？是否合理？税收策划人应该对委托人的税收负担进行分析，具体的可以与该企业的同行业平均税负、本企业历史水平等多方面进行横向的以及纵向的比较和分析，如果发现该企业的税收负担水平畸重，则要有针对性地分析其生产经营过程和财务核算情况，解剖税收负担畸重的原因，从而找到该企业的税收策划切入点，有针对性地展开税收策划。其二，会计方法的选择。会计方法的选择对企业当期的税收负担可能产生影响，如材料发出的计价方法、折旧方法等。在技术更新、产品开发等环节也可能根据现行税收政策给出适当的建议，从而使企业的税收负担合理下降，如在固定资产修理时适当控制费用支出，避免修理费用资本化，可以实现纳税递延等。

（五）利用专家工作

善于利用专家（包括外部专家）工作是企业发展战略的一个重要部分。应当承认，能够为纳税人提供税收策划服务的是那些专门从事相关研究的专家。

与专家合作的过程，实际上是一个"磨刀"的过程。对于一个处于发展过程中的成长性企业来说，其自身具有很高的素质，就好像是一把用很好的质材做成的宝剑或者钢刀，如果欲使其更加锋利，就需要一块磨刀石。而专家或者由专家组成的专业咨询机构，往往就是那块磨刀石，企业通过咨询机构的咨询和交流，就是"磨刀"——宝刀与磨刀石的配合过程。在这个过程中，宝刀因经过磨砺而更加锋利。一般而言，作为专家机构，往往都是集中了相应的专业和权威人士的服务机构，这些人士都是在某一个方面具有理论和实践的权威。企业接受这些机构的专业服务可以提升企业的管理水平，强化某些经济事项的合法性，合理性。他们以咨询的形式提供服务，主要是通过彼此双方交流、研讨，从而为委托方提供专业服务，解决相关专业问题。因此，作为纳税人的委托人应当主动将相关问题或者需要决策的相关事项提出来，与有关专家进行交流和探讨。

作为纳税人如果想与有关专家进行合作，其前提要有对知识价值的正确认识。一般认为，在市场经济条件下，交易双方是以等价交换为基础的，如果背离了这个基础，就无法达成交易。这个原则落实在日常经营活动中，就是"互利互惠""双赢"和"共同发展"，作为交易双方只能在彼此诚信和双赢的价值基础上提出服务要求。而对于咨询服务机构所提供的知识服务产品而言，其价值是随着接受服务者科学地运用而不断增加。相反，如果不能正确地运用，其价值也就不能正确地体现出来。

第二章

增值税策划

股权操作不动产　多少老板被忽悠

大家都知道，买卖房产税收策划为股权转让，几乎到了众所周知的地步，能节税能少缴税——大家都讲滥了。然而，这个税收策划真的那么皆大欢喜吗？真的有那么强大神奇的节税效果吗？

实务案例：

地处江南某地的春风公司是李有才和他的太太投资 1 亿元设立的，李有才持股 99%，李太太持股 1%。由于春风公司在十多年前用 1 亿元买的那块地，适应了当地政策城市建设布局的方向，虽然啥也没干（这里假设当地政府没有干预），但是土地增值很大，近期这块地的公允价值已经是 13 亿元（有评估机构的评估报告）。现在，他们想将其出手，拿着现金去享福……

恰好，在商场打拼了十多年赚得盆满钵满的暴发户马有运和马太太手上拥有 10 亿元的资本，看中了春风公司的这块地土。

于是，马有运跟李有才谈判购买春风公司名下的土地。双方通过多次协商，最后形成两个意见：一个是直接进行土地转让，成交价格 12 亿元；另一个是通过购买春风公司股权的形式取得土地，则以 10 亿元成交。

马老板和他的太太经过反复考虑：认为如果直接买地，需要多支付 2 亿元，后面有贷款也很麻烦。而以股权的形式取得，不仅不用透支，而且立马实现 3 个亿的浮盈（他们也请专家评估过，那块地目前的价格的确值 13 亿元，而且，以后还有增值的空间）。这样一盘算，俩口子越想越开心……于是，就决定通过股权转让的形式达成交易。

说干就干，第二天，双方就签署了股权转让交易合同！

对于这笔交易，如果从投资的角度讲，谁更划算呢？要回答这个问题，首先需要对影响交易的决定性因素——税收问题进行综合分析。

政策分析：

在现行税制条件下，房产交易和股权转让存在巨大的差异。这里我们将相关政策做一个简单的梳理（考虑到分析简便，各环节都以现行税收政策为分析前提，且用一般计税方法）。

1. 房产转让交易的涉税政策

（1）出售房地产的公司应当缴六种税

序号	税种	计税依据	税率
1	企业所得税	收入－成本	25%
2	增值税（简易征收）	收入	5%
	增值税（一般征收）	增值额	9%
3	城建税	增值税额	7%
4	教育附加	增值税额	3%
5	土地增值税	土地增值额	30%，40%，50%，60%
6	印花税	转让收入	0.000 5

（2）购入房地产的公司应当缴两种税

序号	税种	计税依据	税率
1	契税	转让收入	3%
2	印花税	转让价格	0.000 5

2. 通过股权转让的方式实现交易的涉税政策

（1）转让股权的投资人（自然人）应当缴三种税

序号	税种	计税依据	税率
1	企业所得税（法人股东）	收入－成本	25%
2	个人所得税（个人股东）	所得	20%
3	印花税	转让价格	0.000 5

（2）受让股权的投资人（自然人）应当缴一种税

序号	税种	计税依据	税率
1	印花税	转让价格	0.000 5

上述政策来自江南某地（这里没有考虑地方教育附加2%）。通过上述梳理我们可以发现，转让股权确实比直接买卖房地产方式少缴税！

但是，实际情况又是怎样一种情景呢？对谁更有利呢？这就需要我们到实践中去进行全面的分析和研究，从而给出结论。

案例分析：

古人云：买的不如卖的精。李有才知道直接卖地要交很多税，就提出将土地买卖策划为股权转让，将春风公司卖给马有运。而马有运竟然同意这个做法。那么，在这个交易过程中，谁占了便宜呢？要说清楚这个问题，就需要对该案例进行具体分析：

1. 马有运以股权转让的形式购买春风公司的股权

经协商，马有运和马太太决定以 10 亿元的价格收购春风公司 100% 的股权。为规避国税函〔2000〕687 号文件明确 100% 股权转让视同转让土地应当缴纳土地增值税的规定，在具体操作过程中，其方案设计为先转李有才的 99% 股权给马有运，过一段时间再转李太太的 1% 股权给马太太，全部股权转让价格一起确定，按 10 亿元的价格成交（这里姑且假设当地主管税务机关对此类与土地有关的股权转让不做干预）。

在这样的交易模式下，双方的投资收益将会如何？

在这类交易中，人们往往无法把握其关键性因素！在这笔交易过程中影响投资人收益的最大问题就是税收问题，因此，且听涉税咨询专家做具体分析（以下计算保留两位小数）：

（1）李有才的纳税情况分析

要弄清李有才投资活动中的涉税情况，就需要对其投资活动的全过程中各个涉税事项都做一个梳理和分析，主要是投资初期（土地取得环节）和土地转让及收回投资三个节点的涉税问题（为了便于分析和说明，这里假设都是在新的政策环境里操作）：

①李有才在取得土地时所缴纳的税收分析。

在购入土地时（购入价格 1 亿元），春风公司需要缴纳契税和印花税，具体计算如下表：

取得土地税收计算表   单位：万元

序号	税种	计税依据	税率	税额
1	契税	10 000÷(1+9%)=9 174.31	3%	275.22
2	印花税	10 000÷(1+9%)=9 174.31	0.000 5	4.59

通过计算我们得知，在购入土地时春风公司需要缴纳契税和印花税，两项合计 279.81 万元。

②李有才以转让公司股权的形式实现土地出让交易。

李有才在春风公司的注册资本是 1 亿元，即股权本金为 1 亿元，而股权转让价格为 10 亿元，在不考虑其他费用的前提下，李有才在转让春风公司股权的过程中取得收入需要缴纳个人所得税：

（100 000−10 000）×20%=18 000（万元）

在转让股权的时候，李有才需要缴纳印花税。即：

$100\,000 \times 0.000\,5 = 50$（万元）

股权转让纳税情况表

单位：万元

序号	税种	计税依据	税率	税额
1	个人所得税	90 000	20%	18 000
2	印花税	100 000	0.000 5	50
	合计			18 050

通过计算和分析，李有才在转让春风公司股权的过程中，需要缴纳个人所得税和印花税，两个税种合计为 18 050 万元。

结论：

李有才投资这块土地，合计缴纳各种税收：279.81+18 050=18 329.81（万元）

李有才投资这块土地，合计取得收益：100 000−18 329.81=81 670.19（万元）

（2）马有运的纳税情况分析

①取得股权。

在取得股权的时候，马有运只需要缴纳一道印花税。即：

$100\,000 \times 0.000\,5 = 50$（万元）

看到这个结果，马有运和他的太太一阵狂喜：嘻嘻！竟然只要缴这么一点点的税呀？利人又利己，李有才策划得不错！不错！

但明眼人对此会嗤之以鼻……因为后面的交易事实会告诉马有运，他以后可就要悲催了。

我们不妨接着看下去。

若干年后，假如土地又涨了一定的幅度，市价 15 亿元了，马有运和他的太太也想收回投资回家过幸福生活，他们需要将那块土地转让给他人。但是，接盘的人明确告诉他：需要通过土地转让的方式接盘。

②转让土地。

马有运的春风公司转让土地首先需要缴纳流转税，包括增值税、城建税和教育费附加（有些地方还需要地方附加）。

马有运和他太太通过收购股权取得春风公司所拥有的土地再转让，应当计算并缴纳增值税额为：

$150\,000 \div (1+9\%) \times 9\% - 10\,000 \div (1+9\%) \times 9\%$

$=11\,559.63$（万元）

春风公司应当计算并缴纳城建税和教育费附加合计为：

$11\,559.63 \times (7\%+3\%)$

$=11\,55.96$（万元）

春风公司应当计算缴纳土地增值税：

150 000÷（1+9%）×60%－10 000÷（1+9%）×35%

=137 614.68×60%－9 174.31×35%

=82 568.81－3 211.01

=79 357.80（万元）

马有运和他太太通过春风公司投资这笔土地，从账面上看获得的利润还不错：

137 614.68－9 174.31－1 155.96－79 357.80=47 926.61（万元）

因此，春风公司应当计算缴纳企业所得税：

47 926.61×25%=11 981.65（元）

春风公司纳税情况计算表　　　　　　　　单位：万元

序号	税种	计税依据	税率	扣除	税额
1	增值税	128 440.37	9%		11 559.63
2	城建税及教育费附加	11 559.63	7%+3%		1 155.96
3	土地增值税	137 614.68	60%	35%	79 357.80
4	印花税	137 614.68	0.000 5		68.81
5	企业所得税	47 926.61	25%		11 981.65
6	各税种合计				104 123.85

　　也就是说，N 年后春风公司如果转让这块土地，就应当缴纳各种税收合计超过 10 亿元。

　　读到这里，要再次提醒大家看清楚，春风公司现在可是马有运和他太太的，春风公司缴税，那还不就是马有运和他的太太缴吗？

　　在面对税务局的那一刻，马有运已经是内心狂乱、欲哭无泪。

　　到这里还没有完，马有运和他的太太要想收回投资放到自己的腰包，还需要再缴纳一道个人所得税。

　　③收回投资。

　　马有运和他的太太从公司里收回投资，也就是分红还需要缴纳个人所得税：

（47 926.61－11 981.65）×20%=7 188.99（万元）

　　交易完成后我们可以做一个归纳：马有运和他的太太通过收购股权的方式取得土地时缴了 50 万元的印花税，他们将春风公司名下的土地对外转让的过程中合计缴了 104 123.85 万元的税收，最后收回投资又缴了个人所得税 7 188.99 万元，以上合计共缴税 111 312.84 万元。

　　交易结束后，马有运和他的太太急急忙忙关上门开始数钱，数着数着马有运感觉有些不对劲了。为啥？他感觉好像亏了……可不是吗！

150 000－111 312.84－100 000=－61 312.84（万元）

　　怎么可能？多赚钱的行业呀！明明是一笔大赚的交易，怎么会亏钱呢？

天呀！马有运和他的太太在这笔交易上竟然亏了 61 312.84 万元！

分析结论：

在这笔投资活动（以股权转让方式交易土地）过程中，李有才缴纳各种税收合计 18 329.81 万元，自己赚了 71 670.19 万元（100 000-18 329.81-10 000），投资净收益率为 716.7%（7 倍多）。

股权转让投资收益比较表

单位：万元

投资人	投资成本	交易价格	纳税合计	投资成果	投资回报率
李有才	10 000	1 000 000	18 329.81	71 670.19	716.7%
马有运	1 000 000	1 500 000	111 312.84	-61 312.84	—

但是，从交易对方马有运的角度讲，他缴纳各种税收合计 111 312.84（104 123.85+7 188.99），其投资成果为 -61 312.84 万元（150 000-111 312.84-100 000），也就是说他亏了血本。

如果换一个思维方式，即当时取得土地时换一个交易方式，其情况如何？读者可以接着看：

2. 秋雨公司花 12 亿元向春风公司直接买土地

如果假设，马有运和马太太用秋雨公司的名义以 12 亿元的价格收购春风公司的土地，其交易过程中利益的天平会不会发生转移？下面我们再对土地转让交易模式下的涉税问题做一个梳理和分析（为了便于分析和说明，这里假设都是在新的政策环境里操作）。

（1）李有才的纳税情况分析

要理出李有才在该项投资过程中的纳税情况和投资收益，就要将其投资的过程进行全面而完整的分析。

①李有才在取得土地时所缴纳的税收分析。

在购入土地时（购入价格 1 亿元），春风公司需要缴纳契税和印花税，具体计算如下表：

取得土地税收计算表

单位：万元

序号	税种	计税依据	税率	税额
1	契税	10 000÷(1+9%)=9 174.31	3%	275.22
2	印花税	10 000÷(1+9%)=9 174.31	0.000 5	4.59

通过计算我们得知，在购入土地时春风公司需要缴纳契税和印花税，两项合计 279.81 万元。

②转让这块土地时春风公司应当缴纳的税收情况如下。

转让土地首先需要缴纳流转税，包括增值税、城建税和教育费附加（在些地方还需要地方附加）。

春风公司应当计算并缴纳增值税额为：

120 000÷（1+9%）×9%-10 000÷（1+9%）×9%

=110 091.74×9%-9 174.31×9%

=9 908.26−825.69

=9 082.57（万元）

春风公司应当计算并缴纳城建税和教育费附加合计为：

9 082.57×（7%+3%）

=908.26（万元）

春风公司转让土地还需要缴纳土地增值税，土地增值税计算公式为：应纳税额＝增值额 × 适用税率 − 扣除项目金额 × 速算扣除系数。

因此，春风公司应当计算缴纳土地增值税：

110 091.74×60%−9 174.31×35%

=66 055.04−3 211.01

=62 844.03（万元）

春风公司转让土地需要缴纳印花税：

120 000÷(1+9%)×0.000 5=55.05（万元）

李有才通过春风公司投资这块土地，获得丰厚的利润：

110 091.74−9 174.31−908.26−62 844.03−55.05=37 110.09（万元）

春风公司应当计算缴纳企业所得税：

37 110.09×25%=9 277.52（万元）。

春风公司交税情况分析表　　　　　　　　　　　　　　　　单位：万元

序号	税种	计税依据	税率	扣除	税额
1	增值税	100 917.43	9%		9 082.57
2	城建税及教育费附加	9 082.57	7%+3%		908.26
3	土地增值税	110 091.74	60%	35%	62 844.03
4	印花税	110 091.74	0.000 5		55.05
5	企业所得税	37 110.09	25%		9 277.52
6	合计				82 167.43

将上述各种税收加起来，春风公司在转让土地环节合计缴纳各种税收 82 167.43 万元。

③李有才如果从公司里分红，回收投资还需要缴纳个人所得税。

（37 110.09×−9 277.52）×20%

=27 832.57×20%

=5 566.51（万元）。

对于李有才来说，他以公司的名义拿地缴纳税收 279.81 万元，然后公司转让土地又要缴纳各种税收 82 167.43 万元，最后从公司分红再交个人所得税 5 566.51 万元，以上三项合计 88 013.75 万元。

（2）马有运的纳税情况分析

马有运以实物交易的形式进行投资，即直接拿地，然后等增值以后再转让出去，需要缴纳如下各种税收：

①秋雨公司取得土地税收分析。

在购入土地时，秋雨公司需要契税和印花税，两项合计 3 357.80 万元。

春风公司缴纳情况计算表　　　　　　　　　　　　　单位：万元

序号	税种	计税依据	税率	税额
1	契税	120 000÷(1+9%)=110 091.74	3%	3302.75
2	印花税	120 000÷(1+9%)=110 091.74	0.000 5	55.05

秋雨公司在购入土地时，通过土地管理中心交易，并且取得合法有效的增值税专用发票，合计缴纳税收 3 357.80 万元。

②秋雨公司转让土地涉税情况分析。

假如 N 年后，土地涨到 15 亿元了，秋雨公司转让出去。

转让土地首先需要缴纳流转税，包括增值税、城建税和教育费附加（有些地方还需要地方附加）。

秋雨公司应当计算并缴纳增值税额为：

150 000÷（1+9%）×9%－120 000÷（1+9%）×9%

=137 614.68×9%－110 091.74×9%

=2 477.06（万元）

秋雨公司应当计算并缴纳城建税和教育费附加合计为：

2 477.06×（7%+3%）

=247.71（万元）

秋雨公司应当计算缴纳土地增值税：

27 522.94×30%

=8 256.88（万元）

马有运的秋雨公司投资这块土地获得可观的利润：

137 614.68－110 091.74－247.71－8 256.88－68.81=18 949.54（万元）

秋雨公司应当计算缴纳企业所得税：

18 949.54×25%

=4 737.39（万元）

秋雨公司缴税情况分析表　　　　　　　　　　　　　单位：万元

序号	税种	计税依据	税率	扣除	税额
1	增值税	27 522.94	9%		2 477.06

序号	税种	计税依据	税率	扣除	税额
2	城建税及教育费附加	2 477.06	7%+3%		247.71
3	土地增值税	27 522.94	30%	0	8 256.88
4	印花税	150 000 ÷ (1+9%)	0.000 5		68.81
5	企业所得税	18 949.54	25%		4 737.39
6	合计				15 787.85

将上述各种税收加起来,秋雨公司在转让土地环节合计缴纳各种税收 15 787.85 万元。

③投资收回涉税分析。

如果马有运从公司里分红,回收投资还需要缴纳个人所得税:

(18 949.54−4 737.85)×20%

=14 211.69×20%

=2 842.34(万元)

对于马有运来说,他以公司的名义拿地缴纳税收 3 357.80 万元,然后公司转让土地又要缴纳各种税收 15 787.85 万元,最后从公司分红再缴个人所得税 2 842.34 万元,以上三项合计 21 987.99 万元。

分析结论:

在这笔投资活动(直接交易土地)过程中,李有才缴纳各种税收合计 88 013.75 万元,自己赚了 21 988.25 万元,投资净收益率为 219.86%。

土地交易投资收益比较表　　　　　　　单位:万元

投资人	投资成本	交易价格	纳税合计	投资成果	投资回报率
李有才	10 000	120 000	88 013.75	21 986.25	219.86%
马有运	120 000	150 000	21 987.99	8 012.01	6.68%

而从交易对方马有运的角度说,他缴纳各种税收合计 21 987.99 万元,同时也赚了 8 012.01 万元,投资净收益率为 6.68%。

3. 两种交易方式下投资人收益比较分析

为了简单地说明两个老板在该项投资活动中,以不同交易方式转让土地的纳税情况和收益,我们在这里对双方的纳税情况做一个梳理见下表:

李有才不同交易方式收益比较表　　　　　　　单位:万元

交易方式	投资成本	交易价格	纳税合计	投资成果	投资回报率
股权转让	10 000	100 000	18 329.81	71 670.19	716.70%
土地交易	10 000	120 000	88 013.75	21 986.25	219.86%

马有运不同交易方式收益比较表　　　　　　　　　　　　单位：万元

交易方式	投资成本	交易价格	纳税合计	投资成果	投资回报率
股权转让	100 000	150 000	111 312.84	−61 312.84	—
土地交易	120 000	150 000	21 987.99	8 012.01	6.68%

通过上述分析我们可以看出来，李有才策划后的结果跟不策划相比多了 49 683.94 万元的净收益！

同时我们也可以发现，对于马有运来说，宁可以 12 亿元收购对李有才的土地，也不能贪小便宜，用 10 亿元收购对方的股权！

由此我们可以得出如下结论：通过股权转让的模式进行土地交易，其利益的天平会发生一边倒的结果；而通过直接收购土地的模式进行交易，则可能是皆大欢喜的结局！

销售奖励发现金　　不如预估降销售

上海春宜化妆品公司生产的某化妆用品为知名品牌，2020 年度实现销售额 45 630 万元，取得了较好的经济效益。为了进一步扩大销售规模，该公司专门设立了一个销售公司，聘请了职业经理人李强担任销售公司总经理。

企业情况：

李强通过两个月的努力，迅速建立了公司销售网络，在全国 28 个重点城市建立了销售网点，并准备于 2021 年 1 月 28 日召开产品推介会。

在会议召开之前，李强需要准备一份销售奖励方案。目前李强已经拿出基本操作思路：各省级经理全权负责该产品在本地的销售，没有任何工资待遇，利益完全来自经销差价和售后奖励。

该总经理拟采取的奖励措施为，凡经销商年销售额达到 100 万元（按经销商在该销售公司提货价计）的，奖励价格 5 万元的小汽车一部；达到 200 万元的，奖励价格 10 万元的小汽车一部；销售业绩越好，奖励的小汽车也越高级，并打算将此写入制式合同文本。

专家意见：

李强是一个综合管理人才，他非常重视外脑的利用。在方案实施之前，李强找到普誉财税策划工作室的税务专家。税务专家看过合同文本，当即指出：奖物不如奖钱，奖钱不如折扣，奖励方式大可商榷。且不说并非人人都对小汽车感兴趣，更为重要的是，售后奖励不如销售中过程逐步分段奖励。各省市区的人口数量和消费水平差别较大，经销商完成的销售额会有很大不同。假如西部某省经销商只能完成 80 万元销售额，却一分钱奖励都没有，肯定挫伤其积极性。但若分段奖励，则效果大不相同。

另一方面，从税收角度考虑，售后奖励很不划算。按《增值税暂行条例实施细则》第四条第八项规定："将自产、委托加工或购买的货物无偿赠送他人"为视同销售，每奖励一部4万元的小汽车，公司就要多纳增值税 $5 \times 13\% = 0.65$（万元）。即使奖励5万元现金，也比奖小汽车节税。

当然，比奖现金更节税的是价格优惠。

专家建议每次签署经销合同的最低销售额为25万元，只达到25万元的不予销售奖励，但销售额计入下次经销合同的销售总额。销售总额达到50万元的，给予2%的价格优惠，达到75万元的，给予3%的价格优惠，销售达到100万元的，给予4%的价格优惠。这样做的好处就在于既有激励机制，又能保护经销商的积极性。而且采取价格优惠的办法，经销商直接从销售差价中获利，其获得的奖励不亚于直接奖励汽车。从税收角度考虑，价格优惠属于折价销售，有正当理由，幅度在正常范围内，减少了销售额，而且直接反映到销售发票上，从而纳税额也将随之减少。

策划分析：

按销售额给予奖励是企业较常见的营销策略，不少企业期望以此提高经销商的热情，从而扩大市场占有份额。但如何实施奖励，需要认真思考。奖励方式不同，收效不同，纳税额也不同。

税务专家为李强算了一笔细账。

其一，采用奖励实物形式。假设某经销商达到100万元销售额，若奖励小汽车，公司应纳税销售化妆品增值税计算如下。

$100 \times 13\% = 13$（万元）（不考虑进项税额抵扣）

另外，奖励小汽车应当缴纳增值税：

$5 \times 13\% = 0.65$（万元）

两项合计应纳增值税13.65万元。

其二，采用奖励价格折扣奖励形式。若用价格优惠的办法，则销售额计算如下。

$100 \times (1-5\%) = 95$（万元）

应计算缴纳销售化妆品增值税为：

$95 \times 13\% = 12.35$（万元）

策划结论：

将两种方式进行比较，第二种方式可以节税1.3万元。尽管节税率不算很高，但是如果按该公司全年计划销售5亿元计算，则节税650万元，采用价格折扣奖励方式的节税额相当可观。

既能更好地激励经销商，又能节省大量的税款，何乐而不为？李强欣然接受了税务专家的建议，连夜修改了制式合同文本。

促销奖励定制度　操作不当来事故

最近，华丽服装有限公司因商业折扣问题受到当地税务机关的处罚。情况是这样的：该公司是生产短裤的专业企业，其产品主要销往日本以及其他东南亚国家。考虑到外销的产品利润水平较低，近年来着力开拓国内市场。扩大内销的方法主要是通过各地的代理商进行，并对代理商实行业务激励，具体方法是将代理商的销售业绩与商业折扣结合起来。

企业情况：

从 2020 年年初开始公司规定：在以月结算的条件下，月销售短裤 20 000 条（不含 20 000 条，下同）以下的，月度折扣为 0.4 元／条；月销售 20 000 条~40 000 条的月度折扣为 0.6 元／条。年销售短裤在 300 000 条以下的，年终折扣为 0.5 元／条；年销售短裤在 300 000 条~500 000 条的，年终折扣为 0.6 元／条等。

该方法在经营实践中收到较好的效果，很快打开国内市场，2020 年内销实现 4 656 万元。到年底与代理商进行结算时，支付商业折扣 300 万元（以产品的形式）。该公司的财务人员将该折扣汇总结算后，以红字发票的形式直接冲减 2020 年 12 月的销售收入。

稽查意见：

税务稽查人员认为：该企业的这种操作方法不符合有关政策，冲减的销售额应当并入该企业的销售总额计算缴纳增值税，同时依照税收征管法对该企业进行处罚。

在实际操作过程中，由于年初，短裤生产企业不知道每家代理商到年底究竟能销售多少条短裤，也就不能确定每家代理商应享受的折扣标准。这自然形成了一堆矛盾：不给商业折扣或给的比例不合适，会影响业务开拓；给商业折扣，如果不能在同一发票上体现，增值税、消费税、所得税及相应的附加税费的征收使企业税收负担大大加重。

政策分析：

怎样才能兼顾二者的关系，做到既满足税法要求，又便于市场管理呢？普誉财税策划工作室的税务专家提出以下三种方法。

（一）以预计核算反映折扣

根据代理商以前几个月或者以往年度的销售情况平均计算确定一个适当的折扣率。如某代理商 2020 年 1 月至 5 月销售短裤量分别是 20 000 条、24 000 条、16 000 条、18 000 条和 22 000 条，当该代理商于 6 月上旬来公司提货时，会计人员在开具发票过程中就可以按平均数 20 000 条的折扣率进行计算折扣，然后在一定的期间再进行结算。

这种方法的优点是：能够反映代理商的折扣情况，及时结算商业折扣。缺点是：对业务不稳定、销售波动比较大的客户的折扣情况比较难以把握。

（二）以递延方式反映折扣

月度折扣推迟至下一个月来反映，年度折扣推迟到下一个年度来反映。假如某代理商 2020 年 1 月销售短裤 24 000 条，其享受的折扣额为 0.6 元／条，那么该客户 1 月应享受的月度折扣为 14 400 元，待该客户 2 月份来开票时，便将其上月应享受的月度折扣 14 400 元在票面予以反映，客户按减除折扣后的净额付款。如果客户上月应结折扣大于当月开票金额，则可分几次在票面上予以体现。年度折扣主要目的是加强对市场网络的管理，如无非常特殊情况，一般推迟到次年的 3 月份进行结算，其处理方法与月度折扣一样，在其次年 3 月开票时在票面上反映出来即可。

这种方法的优点是操作非常简便。缺点是如果月份间和年度间销量和折扣标准差异较大，不能较为真实地反映当月和本年度实际的经营成果，而且 12 月和年终折扣在进行所得税汇算清缴时可能会遇到一些障碍。适用于市场比较成熟、稳定，月份和年度间销量的折扣标准变化不大的企业。

（三）采取现场结算和递延结算相结合的方法

现场结算和递延结算相结合的办法，即日常开票时企业可设定一个现场结算折扣的最低标准，比如 0.4 元 / 条，所有的客户都按照这一标准来结算，并在发票上予以体现，客户按减除折扣后的净额付款，月末计算出当月的应结给客户的折扣总额，减去在票面上已经反映了的折扣额即为尚应结付的折扣额，将该差额在下月的票面上予以反映，年度折扣仍然放在下一个年度去。

接上例，2020 年 6 月 1 日该代理商来提 20 000 条短裤，价款 40 000 元（不考虑其他因素），根据现场结算其折扣的额度 8 000 元，在票面上予以体现，那么票面上价款为 40 000 元，折扣为 8 000 元，净额为 32 000 元，计入"主营业务收入"账户，客户本次付款当然为 32 000 元，月末该代理商实际销售了 30 000 条，那么，根据实际销量确定其折扣标准为 0.6 元 / 条，计算该客户应享受的折扣额为 18 000 元，已经结付 8 000 元，尚余 10 000 元在 2 月份该客户来开票时，在其票面上反映，自然冲减了主营业务收入。

这种方法的优点是：缓解了客户的资金压力，操作也相对较为简便。缺点是：因部分月度折扣放在下一个月，年度折扣放在下一个年度去了，如果销量起伏太大，便不能真实地反映月度和年度的经营成果。这种方法适用于客户资金有一定压力或有特殊要求的企业。

策划点评：

随着市场经济的进一步发展，企业的经营形式也呈现出多样化的趋势。我们在确定销售额时应特别注意几种特殊销售方式条件下销售额的确认：其一，以折扣方式销售货物根据具体情况确定销售额。这里涉及商业折扣（或称价格折扣）、现金折扣和销货退回与价格折让等几种处理方式。商业折扣是企业为鼓励购买者多买货物而采取的一种价格折让优惠政策，即买得越多，则价格越低。具体处理是在购买环节的价格上直接按打折以后的价格计算销售额；现金折扣则是销售货物的企业为促使购买者尽快偿还货款而采取的一种折让优惠政策，对于销售企业而言是一种理财费用，其折扣额如果不是在同一张发票上反映的，就不能冲减销售额；而销货退回与价格折让则是在发生质量问题或者部分退货，并取得购买方主管税务机关签章的《开具红字增值税专用发票通知单》的情况下对销售额进行冲减。其二，在以旧换新销售方式下，应注意不能在销售额中扣减旧货收回的价格。其三，在还本销售方式下，不能扣减还本额。其四，在以物易物销售方式下，应注意将其分解成销售货物与采购商品两个环节来处理，同时，价格必须在合理的范围。

不难看出，商业折扣的作用在于：一是能充分调动代理商的积极性，鼓励多销，销得越多所获报酬也越高，代理商的规模大了，企业相应也提高了市场占有率，最终提高了企业的经济效益；二是使经济杠杆的作用发挥得淋漓尽致。

在许多企业的销售活动中，要测算给代理商的商业折扣率，并且对这个折扣率要进行适当的处理。一般以月份和年度折扣的方式来进行。

目前，新政策对类似的策划已经得到进一步认可，纳税人销售货物并向购买方开具增值税专用发票后，由于购货方在一定时期内累计购买货物达到一定数量，或者由于市场价格下降等原因，销货方给予购货方相应的价格优惠或补偿等折扣、折让行为，销货方可按现行《增值税专用发票使用规定》的有关规定开具红字增值税专用发票。

政策链接：

《国家税务总局关于纳税人折扣折让行为开具红字增值税专用发票问题的通知》（国税函〔2006〕1279号）：

纳税人销售货物并向购买方开具增值税专用发票后，由于购货方在一定时期内累计购买货物达到一定数量，或者由于市场价格下降等原因，销货方给予购货方相应的价格优惠或补偿等折扣、折让行为，销货方可按现行《增值税专用发票使用规定》的有关规定开具红字增值税专用发票。

商业服务有新招　联营扣点是代销

深圳某大型综合性零售企业，主要经营三个综合销售商场，2020年度实现销售收入543 700万元，其销售额比上年增长30%。其经营效益也有了明显的提高，2020年度实现税后利润43 850万元，比上年增长35.6%。该企业之所以取得如此好的经营业绩，就是因为他们采用了新的经营模式。在具体经营过程中，该企业一方面实行自营，另一方面，将部分柜台出租给生产厂家，由他们派人组织销售活动，该企业只负责现场管理。这种经营方式使企业既降低了经营风险，又提升了企业的经营效益。但是，在第二年的纳税检查过程中，税务人员对他们说"不"！这是为什么呢？

基本案情：

2021年1月28日，当地主管税务局稽查局的税务人员对该公司2020年度的经营情况进行了全面的检查，发现该公司存在两方面的问题。

问题一，商场A在2020年度的"其他业务收入"存在问题，认为公司从10月份开始通过"联营扣点"形式取得的租金收入4 720万元，应当计算缴纳增值税。对此该公司很不理解，明明因为出租柜台而取得的收入，为什么需要缴纳增值税呢？

税务人员认为：在具体操作过程中，他们采用的"联营扣点"操作模式属于应当计算缴纳增值税的销售行为。商场与生产厂家签署租赁合同，规定了如下内容（以某笔租赁业务为例）。

一是商场出租 200 平方米的柜台给厂商作为销售产品的场地。

二是厂商自派员工到商场销售和管理自己的商品。

三是厂商每月向商场支付按销售额的 18.5%（但是不得低 40 万元）的租金。

四是厂商的销售额由商场统一收取，月末结算时租金直接在销售额坐扣。

五是商场向厂商每月收取 16 万元的进场费和宣传费。

问题二，收取手续费方式代销（加价销售）未缴增值税。如 B 商场和甲公司均为增值税一般纳税人，2020 年 12 月初，甲公司委托 B 商场销售电视机 20 台，代销合同约定，每台电视机销售价格为 4 680 元（不含税价为 4 000 元），每销售一台，甲公司支付 B 商场 200 元代销手续费。B 商场将每台电视机的销售价格擅自提高到 4 880 元（含税价），即将每台电视机的零售价提高了 200 元。至 12 月末，B 商场销售 20 台电视机并向甲公司开具了收取 2 000 元手续费的结算发票，同时将扣除手续费后的销售款 44 800 元汇至甲公司。

政策分歧：

企业人士认为：根据现行税收法规，出租柜台，应当按不动产租金收入计算 5% 缴纳增值税，代销商品应当缴纳 13% 增值税。为什么要缴纳增值税呢？要知道，两者相差 8 个百分点，对于该企业来说，可是一个不小的数据啊！于是，他们请来了税务专家。普誉财税策划工作室的税务专家到该企业，为该企业提供了专业咨询服务。

业务分析：

在日常的生产和经营活动中出现的涉税问题，表面上是在财务环节多缴了税，但是其症结往往不在会计和财务环节。所以，解决涉税问题更多的是需要从业务流程中去找原因。普誉财税策划工作室的税务专家正是知道这一点，所以他们能够解决实际问题。

随着市场经济的进一步发展，在商品流通环节不断出现一些新的生产方式和经营形式，"联营扣点""联营返点"就是最近几年才出现的一种新型经营合作方式。"联营扣点""联营返点"等合作经营方式一般在生产商与零售店之间进行。根据普誉财税策划工作室的税务专家所进行的市场调查和了解，目前"联营扣点""联营返点"的操作形式很多，但从实质上讲，不外乎以下三种基本形式。

（1）零售店给生产厂商提供柜台或者其他经营场所，零售店仅在生产厂商将商品入店时进行核查和登记数量，统计其销售价格，销售和收款等经营活动都由生产厂商自己负责，生产厂商的商品销售结束后，零售店按一定的比例，计算收取柜台或者其他经营场所的租金。

（2）双方的业务运行流程与上述相同，但在租金的收取上，零售店实行"保底定额加扣点（返点）"或"定额与扣点孰高确定租金"的形式，即零售店出租柜台或者其他经营场所时，先收取一定数额的租金，期末再根据厂商的销售额计算收取一定的租金；或者先行确定一个定额基数,如果期末按销售额乘以一个商定的比例(扣点)计算出来的结果小于先行确定的基数,厂商则按先行确定的基数向零售店支付租金,如果根据扣点计算的结果高于基数,厂商则按扣点计算的结果支付租金。

(3)零售店给生产厂商提供柜台或者其他经营场所,在生产厂商将商品入店时不核查和登记数量,生产厂商派人参与商品的销售,但销售活动由商场统一管理,商品销售的款项也由商场统一收取,生产厂商的商品销售结束后(或者双方约定一个结算期间),零售店按一定的比例,计算收取柜台或者其他经营场所的租金。

对于"联营扣点"和"联营返点"合作方式的征税问题,应当根据具体情况做具体分析。就上述第一和第二形式的合作模式,从交易过程和交易实质来分析,实际上是一种柜台(场地)出租行为。现行税法明确,对承租或承包的企业、单位和个人,有独立的生产、经营权,在财务上独立核算,并定期向出租者或发包者上缴租金或承包费的,应作为增值税纳税人按规定缴纳增值税。在具体操作过程中存在两种情况,一是如果生产厂商从企业生产经营所在地主管税务机关开具了外出经营许可证明单,并经经营地主管税务机关确认的,厂商的销售额可以回企业所在地申报纳税;二是厂商在经营地领取了营业执照,并进行税务登记,厂商在零售商场的经营行为属于自营行为,其实现的纳税义务应当由其自己申报纳税。在以上两种模式下,零售商场所取得的租金收入应通过"其他业务收入"科目核算,按租赁业务收入计算缴纳增值税。

对于第三种情况,即生产厂商提供商品或派人参与商品的销售,而销售活动由商场统一管理,商品销售的款项也由商场统一收取的行为,事实上是商场的一种销售行为,从具体的运作过程来分析,其运行活动是一种代销行为。以该商场的业务运作情况为例做如下分析。

从生产厂商的角度来分析:厂商将货物运至商场,但具体商品由厂商负责管理,在这个环节其商品的所有权没有发生转移,商场对商品没有所有权。但是,如果该商品实现销售,由商场为其开票并收取货款,商场在月底(或者双方约定的其他结算期限)则按"销售清单"(实现销售的部分)记载的数量与厂商进行销售结算,厂商的纳税义务也在同时发生,这个过程事实上就是一个完整的委托代销的过程。

从商场的角度来看,厂商通过商场完成了销售的过程,其商品销售成为商场销售收入的组成部分,而商场所取得的收入,从业务合同(形式)上看,商场取得的收入是场地使用权价值的实现,而从实际经济运行过程(内容)上看,商场取得的收入却是商品销售的差价,也就是商品在流转环节的增值额。对于这样的经营业务,商场应当按销售收入额计算缴纳增值税,而不是按租赁收入计算缴纳增值税。

当然,对于属于增值税一般纳税人的零售商而言,在具体运作过程中应当规范操作手段,在具体结算的过程中,应当向厂商按其收入额索取增值税专用发票,否则,商场没有增值税的进项抵扣,就会多缴税。

此外,对该商场收取的进场费等,如果合同中明确是与销售没有直接关系而收取的服务性费用，则应当按现代服务业计缴增值税。

策划难点：

在代销模式下，商业企业可以在不支付现金的条件下实现商业利润，而根据现行税收政策，制造商在委托代销商品方面存在较大的操作空间，即企业可以通过委托代销的方式将商品销售的时间无限期拉长，从而将纳税义务向后推移。但是，在实际操作环节问题不断出现。分析其原因，虽然在此环节税收政策相对比较简单，但是，如果相关的业务流程操作不当，就会滑入税收陷阱。比如，对于加价代销模式的加价部分是应当计算缴纳增值税？在基层税务管理机关看来，不能一概而论，而要看具体的业务流程，简单地说，要看其参与合作的双方是如何签署代销合同的。

但是，在实务操作过程中，具体负责签署合同的销售人员不了解有关税收政策，而了解税收政策的财务人员并不一定掌握销售活动的有关知识，对于某个具体的企业来说，这两方面人员的合作又未必很好，这种运行机制就决定了纳税人的业务操作存在一定的涉税风险。

转包业务有讲究　操作不当有风险

常新（集团）建筑工程公司（以下简称常新集团）是常州某区的一家大型建筑施工企业集团，该企业集团拥有建筑、钢结构等项目一级资质，下设 6 个二级子公司、4 个分公司及项目机构，2020 年度实现销售收入 326 455 万元。这些资质都集中在母公司，所以，常新集团在获得建设项目以后，通常都是通过分包的方式让其子公司或者其他企业去完成。营改增以后，如何完善分包业务就成了该企业的重点问题。

2021 年 1 月 8 日，常新集团通过招标的方式在溧阳区获得一个土建工程项目，准备转包给注册地在溧阳市的秋水建筑施工实业公司（以下简称秋水公司）去施工，工程造价为 20 000 万元（含增值税）。

目前两家企业已经草拟了一份总分包合同。但是，当这份合同样稿传到法务部时，法务部的负责人艾某对有关业务中的涉税问题有些吃不准。比如，参与操作各方如何纳税？能否差额纳税？相关业务如何进行会计处理？等等，疑难问题的确比较多。

由于案值比较大，且其政策刚刚发生了变化，企业人士在把握不准的情况下，就请来咨询专家为其释疑解惑。

政策分析：

建筑施工企业拿到建筑施工项目后，往往不会全部由自己实施，出现分包和转包的现象。但是，在营改增以后，分包和转包在税收上待遇是不同的。于是，咨询专家首先与企业人士一起学习有关税收政策和文件。

（1）一般分包业务的涉税处理。

根据《财政部 国家税务总局关于全面推开营业税改征增值税试点的通知》（财税〔2016〕36号）附件2《营业税改征增值税试点有关事项的规定》第一条第（三）项第9款规定："试点纳税人提供建筑服务适用简易计税方法的，以取得的全部价款和价外费用扣除支付的分包款后的余额为销售额。"国家税务总局在《纳税人跨县（市、区）提供建筑服务增值税征收管理暂行办法》（国家税务总局公告2016年第17号）第四条第（一）款中明确："一般纳税人跨县（市、区）提供建筑服务，适用一般计税方法计税的，以取得的全部价款和价外费用扣除支付的分包款后的余额，按照2%的预征率计算应预缴税款。"同时本条第（二）款规定："一般纳税人跨县（市、区）提供建筑服务，选择适用简易计税方法计税的，以取得的全部价款和价外费用扣除支付的分包款后的余额，按照3%的征收率计算应预缴税款。"

基于这些政策法律规定，在建筑工程总分包之间，可以差额纳税，但是，如果总承包方把工程转包给其他个人或建筑企业（集团公司成员以外的其他企业），则总承包方在计征增值税和工程所在地预缴增值税时，其销售额不能扣除分包额，必须全额缴纳增值税。换言之，总承包方发生转包不能差额纳税。

（2）涉税管理措施落实的涉税差异。

根据国家税务总局公告2016年第17号第六条的规定，选择简易征税情况下的总承包人在差额征收增值税时，总承包人从建设单位取得的全部价款和价外费用中扣除支付的分包款，应当取得符合法律、行政法规和国家税务总局规定的合法有效凭证，否则不得扣除。其中上述合法有效凭证包括总承包方从分包方取得的2016年5月1日后开具的，备注栏注明建筑服务发生地所在县（市、区）、项目名称的增值税发票。同时根据《国家税务总局关于营改增试点若干征管问题的公告》（国家税务总局公告2016年第53号）第八条第（三）项的规定，纳税人跨县（市、区）提供建筑服务，在向建筑服务发生地主管国税机关预缴税款时，需填报《增值税预缴税款表》，并出示以下资料：一是与发包方签订的建筑合同复印件（加盖纳税人公章）；二是与分包方签订的分包合同复印件（加盖纳税人公章）；三是从分包方取得的发票复印件（加盖纳税人公章）。

基于以上税收政策分析，选择简易征税情况下的总承包方享受差额征收增值税，应当符合以下申报程序。

一是分包人必须向总包人开具备注栏注明建筑服务发生地所在县（市、区）、项目名称的增值税发票，而且总承包人必须向建筑劳务所在地税务局提供分包人开具加盖纳税人公章的增值税发票复印件。

二是总承包方必须向其公司注册地的国家税务局办理选择简易计税的备案手续。

三是总承包方必须向工程所在地的国家税务局提供其与发包方签订的建筑合同复印件（加盖纳税人公章）和其与分包方签订的分包合同复印件（加盖纳税人公章）。

四是分包方必须有建筑资质而且不存在违法分包行为。

总之，为了差额征收增值税，选择简易征收增值税的总承包人必须履行一定的法定申报程序。未履行法定申报程序则不能差额纳税。

（3）集团公司内部转包有例外。

由于总承包方发生转包不能差额纳税，导致实务过程中部分企业操作困难，比如集团公司内部建筑资质与建设团队脱节的情况下运行困难等。为了解决这些问题，国家税务总局《关于进一步明确营改增有关征管问题的公告》（国家税务总局公告2017年第11号）第二条明确，自2017年5月1日起，建筑企业与发包方签订建筑合同后，以内部授权或者三方协议等方式，授权集团内其他纳税人（以下称"第三方"）为发包方提供建筑服务，并由第三方直接与发包方结算工程款的，由第三方缴纳增值税并向发包方开具增值税发票，与发包方签订建筑合同的建筑企业不缴纳增值税。发包方可凭实际提供建筑服务的纳税人开具的增值税专用发票抵扣进项税额。

在这里需要提醒纳税人注意的是，文件明确了业务流程的操作，特别强调了以下三点：一是操作主体是集团内部；二是工程作业流程是以内部授权或者三方协议等方式，授权集团内其他纳税人（以下称第三方）为发包方提供建筑服务；三是资金结算和开票流程是由第三方直接与发包方结算工程款的，由第三方缴纳增值税并向发包方开具增值税发票。满足以上三个条件的，与发包方签订建筑合同的建筑企业才不缴纳增值税。

（4）纳税地点调整。

《纳税人跨县（市、区）提供建筑服务增值税征收管理暂行办法》（国家税务总局公告2016年第17号）第四条明确，纳税人跨县（市、区）提供建筑服务，按照以下规定预缴税款：①一般纳税人跨县（市、区）提供建筑服务，适用一般计税方法计税的，以取得的全部价款和价外费用扣除支付的分包款后的余额，按照2%的预征率计算应预缴税款。②一般纳税人跨县（市、区）提供建筑服务，选择适用简易计税方法计税的，以取得的全部价款和价外费用扣除支付的分包款后的余额，按照3%的征收率计算应预缴税款。③小规模纳税人跨县（市、区）提供建筑服务，以取得的全部价款和价外费用扣除支付的分包款后的余额，按照3%的征收率计算应预缴税款。

但是，国家税务总局《关于进一步明确营改增有关征管问题的公告》（国家税务总局公告2017年第11号）第三条对上述规定做出调整，明确自2017年5月1日起，纳税人在同一地级行政区范围内跨县（市、区）提供建筑服务，不适用《纳税人跨县（市、区）提供建筑服务增值税征收管理暂行办法》（国家税务总局公告2016年第17号）。也就是说，自2017年5月1日起，纳税人在同一地级行政区范围内跨县（市、区）提供建筑服务，就不需要在项目所在地预缴税款。

业务处理：

在实务过程中，常新集团与秋水公司的合作可以通过分包和转包的方式进行。对于分包模式下的造价为20 000万元（含增值税）的工程，根据《财政部 国家税务总局关于全面推开营业税改征增值税试点的通知》（财税〔2016〕36号）规定，作为增值税一般纳税人的企业如果选择一般计税时应全额纳税，但可以抵扣进项。这样，其业务处理过程和方法就与制造业完全相同。为了说明差额计税问题，在这里我们假设双方企业通过甲供材和清包工的方式进行税收策划，于是都采用简易征税方式。建筑业采用简易计税，可扣除分包额差额计税，这里结合具体案例进行具体分析。

常新集团在溧阳市承包的一个合同值为20 000万元的工程项目，并把其中6 000万元的部分项目分包给具有相应资质的分包人——秋水公司，工程完工后，该工程项目最终结算值为20 000万元。常新集团、秋水公司均采取简易计税。常新集团完成工程累计发生合同成本10 000万元。

常新集团总包人会计处理如下。（单位：万元，下同）

（1）完成合同成本。

> 借：工程施工——合同成本　　　　　　　　　　　　　　　　10 000
> 　　贷：原材料等　　　　　　　　　　　　　　　　　　　　　　10 000

财税〔2016〕36号文件附件1第四十五条规定，纳税人提供建筑服务、租赁服务采取预收款方式的，其纳税义务发生时间为收到预收款的当天。收到建设方一次性结算的总承包款，产生纳税义务。

（2）收到总承包款。

> 借：银行存款　　　　　　　　　　　　　　　　　　　　　　　20 000
> 　　贷：工程结算　　　　　　　　　　　　　　　　　　　　　　19 417.48
> 　　　　应交税费——未交增值税　　　　　　　　　　　　　　　582.52

（3）分包工程结算。

> 借：工程施工——合同成本　　　　　　　　　　　　　　　　5 825.24
> 　　应交税费——未交增值税　　　　　　　　　　　　　　　　174.76
> 　　贷：应付账款——秋水公司　　　　　　　　　　　　　　　　6 000

（4）全额支付分包工程款时。

> 借：应付账款——秋水公司　　　　　　　　　　　　　　　　6 000
> 　　贷：银行存款　　　　　　　　　　　　　　　　　　　　　　6 000

（5）常新集团确认该项目收入与费用。

> 借：主营业务成本　　　　　　　　　　　　　　　　　　　15 825.24
> 　　工程施工——合同毛利　　　　　　　　　　　　　　　　3 592.24
> 　　贷：主营业务收入　　　　　　　　　　　　　　　　　　　19 417.48

（6）工程结算与工程施工对冲结平。

> 借：工程结算　　　　　　　　　　　　　　　　　　　　　19 417.48
> 　　贷：工程施工——合同成本　　　　　　　　　　　　　　　15 825.24
> 　　　　　　　　——合同毛利　　　　　　　　　　　　　　　3 592.24

向项目所在地税务局预缴税款＝（20 000−6 000）÷（1+3%）×3% = 407.77（万元）

借：应交税费——未交增值税　　　　　　　　　　　　　　　　407.77

　　贷：银行存款　　　　　　　　　　　　　　　　　　　　　　407.77

差额计税：建筑施工采用简易计税方法时，发票开具采用差额计税但全额开票，其中税额为：

20 000÷（1+3%）×3% = 582.52（万元）

发票中不含税金额为：

20 000−582.52 = 19 417.48（万元）

发票备注栏要注明建筑服务发生地所在县（市、区）及项目名称。简易计税的情况下，一般预缴税款等于向机构所在地主管税务机关纳税申报的税额。常新集团纳税申报按差额计算税额：

（20 000−6 000）÷（1+3%）×3% = 407.77（万元）

如果常新集团通过转包的方式跟秋水公司合作，将整个工程都转包给对方进行，其业务就比较简单了，根据国家税务总局 2017 年第 11 号公告具体建造业务全部在秋水公司进行核算，并由该公司向承建方开具发票即可。

注意事项：

为进一步明确营改增试点运行中反映的有关征管问题，国家税务总局在《关于进一步明确营改增有关征管问题的公告》（国家税务总局公告 2017 年第 11 号）第二条中明确，建筑企业与发包方签订建筑合同后，以内部授权或者三方协议等方式，授权集团内其他纳税人（以下称第三方）为发包方提供建筑服务，并由第三方直接与发包方结算工程款的，由第三方缴纳增值税并向发包方开具增值税发票，与发包方签订建筑合同的建筑企业不缴纳增值税。发包方可凭实际提供建筑服务的纳税人开具的增值税专用发票抵扣进项税额。

在实务过程中人们遇到一个问题：在这里"授权集团内其他纳税人"中"集团"应当如何掌握？

对于企业集团，《企业集团登记管理暂行规定》第三条明确，企业集团指以资本为主要联结纽带的母子公司为主体，以集团章程为共同行为规范的母公司、子公司、参股公司及其他成员企业或机构共同组成的具有一定规模的企业法人联合体。企业集团不具有企业法人资格。该规定的第四条进一步明确，企业集团由母公司、子公司、参股公司以及其他成员单位组建而成。事业单位法人、社会团体法人也可以成为企业集团成员。母公司应当是依法登记注册，取得企业法人资格的控股企业。子公司应当是母公司对其拥有全部股权或者控股权的企业法人；企业集团的其他成员应当是母公司对其参股或者与母子公司形成生产经营、协作联系的其他企业法人、事业单位法人或者社会团体法人。

《企业集团登记管理暂行规定》还在第五条明确了企业集团应当具备下列条件：一是企业集团的母公司注册资本在 5 000 万元人民币以上，并至少拥有 5 家子公司；二是母公司和其子公司的注册资本总和在 1 亿元人民币以上；三是集团成员单位均具有法人资格。

不过，《公司法》中并没有"集团"一说。只有有限责任公司和股份有限公司的提法。有的公司进行多元化经营战略，在多个领域均成立了相应的子公司，这样，母子公司之间也会因为这种"血缘"关系组成一个企业集团，颇类似于军队当中的集团军。

在实务操作过程中，各地管理部门对集团的登记和管理的标准也不一致。因此，在税务管理上，各地掌握的也比较灵活，比如江苏省税务管理部门在贯彻国家税务总局 2017 年第 11 号公告的过程中，对"集团"就进行了相对比较宽泛的解释，如果是母公司发包给其他子公司、参股公司以及在当地为有关项目成立的分公司，并且能够提供有关业务合同和其他转包凭证和证明的，都可以按该公告操作。

当然，在具体执行过程中，笔者认为，有关业务负责人应当及时与当地主管税务机关做好进行沟通、咨询和协调，从而规避相应的涉税风险。

销售折扣有政策　策划得法可节税

银行资金供给吃紧，企业融资难，大家都在加大资金回笼力度，于是，有些企业就在销售环节做起了文章。2021 年 1 月 5 日，笔者接到一个企业老板李华的电话，咨询有关销售折扣的策划问题。

该企业是增值税一般纳税人，适用 13% 的增值税税率。该企业产品销售资金回笼周期太长，一般都在 300 天左右。为了促使对方回款，他们想采用现金折扣的方法。但是，在操作过程中李华发现，这里企业还要多承担一笔增值税。李华同时也知道，在销售环节有现金折扣、折扣销售以及销售折扣和折让的说法。由于现金折扣、折扣销售以及销售折扣和折让在税收上存在政策差异，该企业的老板不知道应当如何策划，才对本企业更有利。

策划分析：

销售折扣则是一个促进资金回笼的方式，根据相关财务制度规定，销售折扣也叫现金折扣，指销货方在销售货物或应税劳务后，为了鼓励购货方及早偿还货款而协议许诺给予购货方的一种折扣优待（如 10 天内付款，货款折扣 2%；20 天内付款折扣 1%；30 天内全价付款无折扣）。销售折扣本身不属于销售行为，而是一种融资性质的理财活动，其折扣额不得从销售收入中减除。

折扣销售方式是一种促销方式，也叫打折销售。从企业税收负担角度考虑，折扣销售方式优于销售折扣方式。如果要让销售折扣额中的增值税能够扣除，就需要进行适当的策划。

如果企业面对的是一个信誉良好的客户，销售货款回收风险较小，那么企业可以考虑通过修改销售合同，将销售折扣方式转换为折扣销售方式。

比如，原来企业与某客户签订的合同金额为 100 万元，合同中约定的付款期为 300 天，如果对方可以在 15 天内付款，将给予对方 3% 的销售折扣，即 30 000 元。由于企业采取的是销售折扣方式，折扣额不能从销售额中扣除，企业应按照 100 万元的销售额计算增值税销项税额。这样，增值税销项税额计算如下。

1 000 000 × 13% = 130 000（元）

对于这个企业，可以用三种方法实现税收策划。

方法一：转换成折扣销售。

企业在承诺给予对方 3% 的折扣的同时，将合同中约定的付款期缩短为 15 天，这样就可以在给对方开具增值税专用发票时，将以上折扣额与销售额开在同一张发票上，使企业按照折扣后的销售额计算销项增值税，增值税销项税额计算如下。

1 000 000 ×（1-3%）× 13% = 126 100（元）

这样，企业收入没有降低，但省下了 3 900 元的增值税。如果有关企业的销售额很大，并且都能按这种方法进行操作，那么，其策划收益就十分显明了。

当然，这种方法也有缺点：当对方企业没有在 15 天之内付款时，企业会蒙受损失。

方法二：约定"滞纳金"。

企业主动压低该批货物的价格，将合同金额降低为 97 万元，相当于给予对方 3% 折扣之后的金额。同时在合同中约定，对方企业超过 15 天付款加收 30 000 元滞纳金。这样，企业的收入并没有受到实质影响，并且如果对方在 15 天之内付款，可以按照 97 万元的价款给对方开具增值税专用发票，并计算 164 900 元的增值税销项税额。如果对方没有在 15 天之内付款，企业可向对方收取 30 000 元滞纳金，并以"全部价款和价外费用"，按照 100 万元计算销项增值税，也符合税法的要求。

方法三：约定开红字发票冲减销售额。

企业在承诺对方资金回笼期缩短为 15 天的前提下，给予 3% 的现金返还。

企业应按照 100 万元的销售额计算增值税销项税额。这样，增值税销项税额计算如下。

1 000 000 × 13% = 130 000（元）

当对方在 15 天内将货款汇过来后，企业按折扣销售方式给对方开具 30 000 元的红字发票，并退回 30 000 元的现金。同样也可以避免多缴税的可能。

企业在运用以上方式进行税收策划时，还需要注意：折扣销售仅限于对货物价格的折扣，如果销货者将自产、委托加工和购买的货物用于实物折扣，则该实物款额不仅不能从货物销售额中扣除，而且还应对用于折扣的实物按照"视同销售货物"中的"赠送他人"项目，计算征收增值税。

策划点评：

本案例给出将融资问题（销售折扣）转换成促销（折扣销售）的策划思路，但是，在销售环节策划税收，需要对不同的促销手段有针对性地进行处理，否则，就会给有关企业带来涉税风险。比如折扣销售或者销售折扣与折让的技术处理较为烦琐，容易操作失误，从而造成涉税风险。

当今社会提倡税收策划，有些纳税人急于减轻税负，又没有正确理解税收政策，不恰当地利用有关税收政策进行策划，这家企业所进行的销售折扣与折让的策划，已超出了国家相关税收法律许可的范围，从而失去了税收策划的本来含义。

策划难点：

在实践中，对于折扣销售、现金折扣，销售折扣与折让等经营手段，人们比较容易搞混，从而导致操作错误。其主要原因是人们对这几种手段的具体概念没有掌握清楚，不能通过不同的表达形式来做具体的操作。

政策链接：

《国家税务总局关于折扣额抵减增值税应税销售额问题通知》（国税函〔2010〕56号）明确，纳税人采取折扣方式销售货物，销售额和折扣额在同一张发票上分别注明指销售额和折扣额在同一张发票上的"金额"栏分别注明的，可按折扣后的销售额征收增值税。未在同一张发票"金额"栏注明折扣额，而仅在发票的"备注"栏注明折扣额的，折扣额不得从销售额中减除。

《国家税务总局关于纳税人折扣折让行为开具红字增值税专用发票问题的通知》（国税函〔2006〕1279号）：纳税人销售货物并向购买方开具增值税专用发票后，由于购货方在一定时期内累计购买货物达到一定数量，或者由于市场价格下降等原因，销货方给予购货方相应的价格优惠或补偿等折扣、折让行为，销货方可按现行《增值税专用发票使用规定》的有关规定开具红字增值税专用发票。

"烫手山芋"减免税　争取之前细思量

笔者曾经写过一篇题为《减免税是馅饼还是陷阱?》的文章，介绍了金沙面粉制造有限公司的涉税案例，情况是这样的：该企业是一家粮食加工企业，主要从事面粉的加工和销售，2019年度实现销售1.7亿元，是增值税一般纳税人。由于在生产面粉过程中同时产生大量的麸皮，这种麸皮主要销售给当地的养鱼专业户。2001年年初，经有权部门鉴定为饲料，该企业在税收上享受免税待遇。但是，当地主管税务机关于2020年3月28日对其进行增值税纳税检查的过程中，发现该企业偷税584 308.63元。为什么会发生这样的情况呢?

提出问题：

原来，由于当时我国农产品收购的进项税抵扣率为10%，而销项税的适用税率为13%，在这样的情况下，该公司销售饲料享受免税待遇还是有利可图的。但是，2002年1月9日，财政部和国家税务总局联合以财税〔2002〕12号文件下发《关于提高农产品进项税抵扣率的通知》，明确从2002年1月1日起，增值税一般纳税人购进农业生产者销售的免税农业产品的进项税额扣除率由10%提高到13%。《财政部 税务总局关于简并增值税税率有关政策的通知》

（财税〔2017〕37号）明确自2017年7月1日起简并增值税税率结构，取消13%的增值税税率。《财政部 税务总局关于调整增值税税率的通知》（财税〔2018〕32号）明确自2018年5月1日起，纳税人发生增值税应税销售行为或者进口货物，原适用17%和11%税率的，税率分别调整为16%、10%。《财政部 税务总局 海关总署关于深化增值税改革有关政策的公告》（财政部 税务总局 海关总署公告2019年第39号）自2019年4月1日起，增值税一般纳税人（以下称纳税人）发生增值税应税销售行为或者进口货物，原适用16%税率的，税率调整为13%；原适用10%税率的，税率调整为9%。纳税人购进用于生产或者委托加工13%税率货物的农产品，按照10%的扣除率计算进项税额（加计扣除1%）。

通过以上介绍我们可以发现政策环境发生了变化。仅以该公司2019年度的销售情况为例：全年购进小麦156 078 751.08元，实现面粉销售总额为120 363 780.33元（不含税价），免税产品麸皮销售总额为31 447 027.11元，这样，该公司全年销售免税产品麸皮应该缴纳增值税584 308.63元。

政策分析：

由此可见，该公司销售饲料享受免税待遇，不仅得不到好处，相反，还要倒贴税款，仅2019年就是58万元。为什么会出现享受免税待遇而实际上得不到实惠的现象呢？下面我们来进行政策分析。

在新的政策条件下，从农业生产者处收购100元的农产品，如果仍以原价销售出去，则经营单位在采购环节取得的增值税进项税额则为9元（100×9%），而在销售环节的销项税额仍为8.26元（100÷1.09×9%），其中就存在0.74元的差额（这里未考虑农产品"加计扣除"的因素）。也就是说，在新政策条件下，作为一般纳税人的经营单位通过农产品生产者收购的农产品按原价每经销100元的农产品，不仅不用缴纳增值税，而且还可以获得0.74元的收益。

对于享受免税政策的以农产品做原料的生产和经营者来讲，情况就不同了。根据现行税法规定，销售免税产品的，在销售环节免征销项税额，同时，在购进环节发生的进项税额也不允许抵扣。这样，对于以农产品为原料的生产和经营者来讲，其购进农产品所含的进项税额在会计上就应该做"进项税额转出"处理。

金沙面粉制造有限公司是从事面粉的生产和销售的，其经营过程是：从农业生产者手中收购小麦，经过加工生产出面粉和麸皮。其中的麸皮作为饲料销售，该公司按照法定程序完成了免税申请手续，经省税务局批准享受免征增值税的税收优惠待遇。因此，该公司属于兼营免税项目的行为，该公司每月都根据税法规定结转免税货物的进项税额（税务机关确认兼营免税货物的，在计算免税货物的进项税额转出的公式为全部进项税额 × 免税销售总额 ÷ 全部销售收入）。从最近几年的经营情况测算结果来看，该公司产品的销售毛利只有6.79%。公司的领导认为，因为享受减免税，公司每生产100元免税产品，实际就要倒贴税款0.13元，如果再加上农产品"加计扣除"的因素和经营上的其他因素，往往免税产品销售越多，公司的贴税额也就会越大。

金沙面粉制造有限公司的免税问题在全国来讲也许不是个别的，其中所反映的情况却值得人们深思。从增值税的原理而言，销售免税产品其进项税额应该转出，这在我国的其他免税产品销售过程中都是这样执行的，纳税人并未对这个操作原理提出异议。而作为免税农产品，其情况就有例外，因为对于农产品的税法规定有其特殊性，税法规定，购进农产品按其买价作为计算依据扣除10%的进项税额，而在销售环节则以不含税销售额作为计算依据按9%计算销项税额，这就形成了"高扣低征"的现象。

策划建议：

从纳税人的角度讲，人们应该建立这样的概念，我国的税收优惠政策的制定，是从一个区域或者一个行业的角度考虑的，有其宏观的意义。但是对于某些纳税人而言，并非所有的优惠政策都适合自己。纳税人面对一些税收优惠政策就应进行分析和策划：这个税收政策对本企业而言，是否具有实质性优惠？如果确实有优惠，我们就去争取享受，否则还是等一等，通过进一步分析和论证之后再说。当然，新政策出台之后，从纳税人的角度讲，操作起来就更加灵活一些，如果市场发生变化，在满36个月后企业仍可选择按免税处理。

策划点评：

获得减免税的资格和权利是任何一个企业都在争取的事情，但是，事实上并不所有的企业都可以利用的。如果企业放弃免税权，按正常税收政策规定纳税，企业可以少缴税，同时购买方可抵扣增值税进项税，并且销售方又可适当提高销售价格，则对企业有利，应放弃免税权。反之企业不应放弃免税权。由此可见，金沙面粉制造有限公司取消增值税的免税权更划算。

注意事项：

事物都是一分为二的。当纳税人获得更大的选择权以后，必然带来更大的涉税风险。因为，如果纳税人对有关权利做出选择，也就是说在操作过程中发生政策变化，税务机关必然会加强管理和审核，纳税人在此过程中如果想规避涉税风险，根据《增值税暂行条例实施细则》第三十六条规定，纳税人销售货物或者应税劳务适用免税规定的，可以放弃免税，依照条例的规定缴纳增值税。放弃免税后，36个月内不得再申请免税。在具体的操作过程中就应当注意以下五点：

（1）生产和销售免征增值税货物或劳务的纳税人要求放弃免税权，应当以书面形式提交放弃免税权声明，报主管税务机关备案。纳税人自提交备案资料的次月起，按照现行有关规定计算缴纳增值税。

（2）放弃免税权的纳税人符合一般纳税人认定条件尚未认定为增值税一般纳税人的，应当按现行规定认定为增值税一般纳税人，其销售的货物或劳务可开具增值税专用发票。

（3）纳税人一经放弃免税权，其生产销售的全部增值税应税货物或劳务均应按照适用税率征税，不得选择某一免税项目放弃免税权，也不得根据不同的销售对象选择部分货物或劳务放弃免税权。

（4）纳税人自税务机关受理纳税人放弃免税权声明的次月起36个月内不得申请免税。

（5）纳税人在免税期内购进用于免税项目的货物或者应税劳务所取得的增值税扣税凭证，一律不得抵扣。

技术划分有标准　综合利用应策划

利用再生资源，在促进环境保护的同时，提高社会资源的利用效率，是每个国家都在考虑的事情，我国当然也不例外。再生资源的利用在税收政策上的体现，就是存在各种优惠政策，资源综合利用产品及劳务增值税退税、免税政策，指《财政部 国家税务总局关于有机肥产品免征增值税的通知》（财税〔2008〕56号）《财政部 国家税务总局关于资源综合利用及其他产品增值税政策的通知》（财税〔2008〕156号）《财政部 国家税务总局关于调整完善资源综合利用产品及劳务增值税政策的通知》（财税〔2011〕115号）规定的退税、免税政策。

为深入贯彻节约资源和保护环境基本国策，大力发展循环经济，加快资源节约型、环境友好型社会建设，经国务院批准，决定对农林剩余物资源综合利用产品增值税政策进行调整完善，并增加部分资源综合利用产品及劳务适用增值税优惠政策。

免税优惠：

享受资源综合利用产品及劳务免征增值税优惠政策的项目主要是销售自产的以建（构）筑废物、煤矸石为原料生产的建筑砂石骨料和对垃圾处理、污泥处理处置劳务，具体内容如下。

（1）对销售自产的以建（构）筑废物、煤矸石为原料生产的建筑砂石骨料免征增值税。生产原料中建（构）筑废物、煤矸石的比重不低于90%。其中以建（构）筑废物为原料生产的建筑砂石骨料应符合《混凝土用再生粗骨料》（GB/T 25177—2010）和《混凝土和砂浆用再生细骨料》（GB/T 25176—2010）的技术要求；以煤矸石为原料生产的建筑砂石骨料应符合《建筑用砂》（GB/T 14684—2001）和《建筑用卵石碎石》（GB/T 14685—2001）的技术要求。

（2）对垃圾处理、污泥处理处置劳务免征增值税。垃圾处理指运用填埋、焚烧、综合处理和回收利用等形式，对垃圾进行减量化、资源化和无害化处理处置的业务；污泥处理处置指对污水处理后产生的污泥进行稳定化、减量化和无害化处理处置的业务。

即征即退：

享受资源综合利用产品及劳务增值税即征即退优惠的分三种情景：一是即征即退100%；二是即征即退80%；三是即征即退50%。具体内容如下。

1.对销售下列自产货物实行增值税即征即退100%的政策

（1）利用工业生产过程中产生的余热、余压生产的电力或热力。发电（热）原料中100%利用上述资源。

（2）以餐厨垃圾、畜禽粪便、稻壳、花生壳、玉米芯、油茶壳、棉籽壳、三剩物、次小薪材、含油污水、有机废水、污水处理后产生的污泥、油田采油过程中产生的油污泥（浮渣），包括利用上述资源发酵产生的沼气为原料生产的电力、热力、燃料。生产原料中上述资源的比重不低于80%，其中利用油田采油过程中产生的油污泥（浮渣）生产燃料的资源比重不低于60%。

上述涉及的生物质发电项目必须符合国家发展改革委《可再生能源发电有关管理规定》（发改能源〔2006〕13号）要求，并且生产排放达到《火电厂大气污染物排放标准》（GB 13223—2003）第1时段标准或者《生活垃圾焚烧污染控制标准》（GB 18485—2001）的有关规定。利用油田采油过程中产生的油污泥（浮渣）的生产企业必须取得《危险废物综合经营许可证》。

（3）以污水处理后产生的污泥为原料生产的干化污泥、燃料。生产原料中上述资源的比重不低于90%。

（4）以废弃的动物油、植物油为原料生产的饲料级混合油。饲料级混合油应达到《饲料级 混合油》（NY/T 913—2004）规定的技术要求，生产原料中上述资源的比重不低于90%。

（5）以回收的废矿物油为原料生产的润滑油基础油、汽油、柴油等工业油料。生产企业必须取得《危险废物综合经营许可证》，生产原料中上述资源的比重不低于90%。

（6）以油田采油过程中产生的油污泥（浮渣）为原料生产的乳化油调和剂及防水卷材辅料产品。生产企业必须取得《危险废物综合经营许可证》，生产原料中上述资源的比重不低于70%。

（7）以人发为原料生产的档发。生产原料中90%以上为人发。

2. 对销售下列自产货物实行增值税即征即退80%的政策

以三剩物、次小薪材和农作物秸秆等三类农林剩余物为原料生产的木（竹、秸秆）纤维板、木（竹、秸秆）刨花板，细木工板、活性炭、烤胶、水解酒精、炭棒；以沙柳为原料生产的箱板纸。

3. 对销售下列自产货物实行增值税即征即退50%的政策

（1）以蔗渣为原料生产的蔗渣浆、蔗渣刨花板及各类纸制品。生产原料中蔗渣所占比重不低于70%。

（2）以粉煤灰、煤矸石为原料生产的氧化铝、活性硅酸钙。生产原料中上述资源的比重不低于25%。

（3）利用污泥生产的污泥微生物蛋白。生产原料中上述资源的比重不低于90%。

（4）以煤矸石为原料生产的瓷绝缘子、煅烧高岭土。其中瓷绝缘子生产原料中煤矸石所占比重不低于30%，煅烧高岭土生产原料中煤矸石所占比重不低于90%。

（5）以废旧电池、废感光材料、废彩色显影液、废催化剂、废灯泡（管）、电解废弃物、电镀废弃物、废线路板、树脂废弃物、烟尘灰、湿法泥、熔炼渣、河底淤泥、废旧电机、报废汽车为原料生产的金、银、钯、铑、铜、铅、汞、锡、铋、碲、铟、硒、铂族金属，其中综合利用危险废弃物的企业必须取得《危险废物综合经营许可证》。生产原料中上述资源的比重不低于90%。

（6）以废塑料、废旧聚氯乙烯（PVC）制品、废橡胶制品及废铝塑复合纸包装材料为原料生产的汽油、柴油、废塑料（橡胶）油、石油焦、炭黑、再生纸浆、铝粉、汽车用改性再生专用料、摩托车用改性再生专用料、家电用改性再生专用料、管材用改性再生专用料、化纤用再生聚酯专用料（杂质含量低于0.5mg/g、水分含量低于1%）、瓶用再生聚对苯二甲酸乙二醇酯（PET）树脂（乙醛质量分数小于等于1ug/g）及再生塑料制品。生产原料中上述资源的比重不低于70%。

（7）以废弃天然纤维、化学纤维及其制品为原料生产的纤维纱及织布、无纺布、毡、黏合剂及再生聚酯产品。生产原料中上述资源的比重不低于90%。

（8）以废旧石墨为原料生产的石墨异形件、石墨块、石墨粉和石墨增碳剂。生产原料中上述资源的比重不低于90%。

管理要求：

享受资源综合利用产品及劳务免征增值税优惠政策，需要注意相关政策界限，主要应当注意把握以下几个要点。

1. 利用资源的比例

这里所称综合利用资源占生产原料的比重，除了利用工业生产过程中产生的余热、余压生产的电力或热力外，一律以重量比例计算，不得以体积比例计算。

2. 有关项目的核算

增值税一般纳税人应单独核算综合利用产品的销售额。一般纳税人同时生产增值税应税产品和享受增值税即征即退产品而存在无法划分的进项税额时，按下列公式对无法划分的进项税额进行划分。

享受增值税即征即退产品应分摊的进项税额 = 当月无法划分的全部进项税额 × 当月享受增值税即征即退产品的销售额合计 ÷ 当月无法划分进项税额产品的销售额合计

增值税小规模纳税人应单独核算综合利用产品的销售额和应纳税额。

凡未单独核算资源综合利用产品的销售额和应纳税额的，不得享受本通知规定的退（免）税政策。

在日常税务过程中，纳税还应当注意税法的遵从，凡经核实纳税人有弄虚作假骗取享受本通知规定的增值税政策的，税务机关追缴其此前骗取的退税税款，并自纳税人发生上述违法违规行为年度起，取消其享受本通知规定增值税政策的资格，且纳税人三年内不得再次申请。

3. 环保考核达标

财政部、国家税务总局《关于享受资源综合利用增值税优惠政策的纳税人执行污染物排放标准有关问题的通知》（财税〔2013〕23号）对纳税人环保的建设和维护提出了要求。

一是纳税人享受资源综合利用产品及劳务增值税退税、免税政策的，其污染物排放必须达到相应的污染物排放标准。相应的污染物排放标准，指污染物排放地的环境保护部门根据纳税人排放污染物的类型，所确定的应予执行的国家或地方污染物排放标准。达到污染物排放标准，指符合污染物排放标准规定的全部项目。

二是纳税人在办理资源综合利用产品及劳务增值税退税、免税事宜时，应同时提交污染物排放地环境保护部门确定的该纳税人应予执行的污染物排放标准，以及污染物排放地环境保护部门在此前 6 个月以内出具的该纳税人的污染物排放符合上述标准的证明材料。已开展环保核查的行业，应以环境保护部门发布的符合环保法律法规要求的企业名单公告作为证明材料。

三是对未达到相应的污染物排放标准的纳税人，自发生违规排放行为之日起，取消其享受资源综合利用产品及劳务增值税退税、免税政策的资格，且三年内不得再次申请。纳税人自发生违规排放行为之日起已申请并办理退税、免税的，应予追缴。发生违规排放行为之日，指已经污染物排放地环境保护部门查证确认的，纳税人发生未达到应予执行的污染物排放标准行为的当日。

四是《财政部 国家税务总局关于资源综合利用及其他产品增值税政策的通知》（财税〔2008〕156 号）第二条所述的污水处理修改为：污水处理指将污水（包括城镇污水和工业废水）处理后达到《城镇污水处理厂污染物排放标准》（GB 18918—2002），或达到相应的国家或地方水污染物排放标准中的直接排放限值的业务。这里的"城镇污水"指城镇居民生活污水，机关、学校、医院、商业服务机构及各种公共设施排水，以及允许排入城镇污水收集系统的工业废水和初期雨水。"工业废水"指工业生产过程中产生的，不允许排入城镇污水收集系统的废水和废液。上述标准如在执行过程中有更新、替换，按最新标准执行。

操作难点：

笔者在《企业涉税风险的表现及规避技巧》一书中曾对部分企业的业务流程进行过研究，从而得出一个结论性意见：企业的涉税风险几乎 80% 以上不是在会计和财务环节产生的。争取水泥产品的税收优惠就是如此，水泥产品是一个技术要求比较高的产品，在具体操作过程中，会产生保证产品质量与享受税收优惠的矛盾。由于技术人员税收意识比较淡薄，他们往往只注重自己的分内事情——保证产品的质量、产量等技术指标，而不愿意在其他方面下功夫，以致对税收策划活动形成阻力。

企业缴税谁影响　经营模式是关键

金华建筑服务有限公司（以下简称金华公司）成立于 2019 年 8 月，在成立初期就申请认定为一般纳税人。主要从事塔吊以及其他建筑设备的经营活动。目前，公司已经拥有大型塔吊 500 多台，钢模脚手架等设备价值 5 000 万元。有关设备都是通过融资租赁的方式采购，其增值税进项税都可以按期抵扣。

该公司曾接到一笔塔吊经营业务，初步商定合作标的为含税价 1 000 万元，其他合作项目也在沟通过程中，预计在未来的三个月中可以签署价税合计约 1 亿元的合同。

由于该公司在成立之初就曾在税收上出现过问题，所以，他们对此事比较谨慎。对于该笔合同应当如何签署，有关人员在询问财务部门应当如何操作时，他们也说不清楚。

此事汇报到董事会，董事长认为：营改增以后，其政策会相对稳定一段时间，因此应当结合有关业务设计一个符合公司经营情况的纳税方案。于是，他们请来税收策划咨询专家。

政策分析：

咨询专家到现场与有关业务人员进行了充分的讨论，到建筑现场考察了有关设备的经营情况。他们发现，对于建筑施工设备，从目前的经营模式来可能有三种。

一是将设备直接出租给他人，由承租方操作和使用。

二是建筑施工设备出租给他人并配备操作人员为其操作。

三是使用建筑施工设备（如装卸搬运工具）或者人力、畜力将货物在运输工具之间、装卸现场之间或者运输工具与装卸现场之间进行装卸和搬运的业务活动。

营改增以后，税法对上述不同的经营模式规定了不同的纳税方式。

（1）《财政部 国家税务总局关于全面推开营业税改征增值税试点的通知》（财税〔2016〕36 号）附件 1《营业税改征增值税试点实施办法》第十五条第（三）款明确，提供有形动产租赁服务，税率为 17%。

（2）《财政部 国家税务总局关于明确金融 房地产开发 教育辅助服务等增值税政策的通知》（财税〔2016〕140 号）第十六条明确，纳税人将建筑施工设备出租给他人使用并配备操作人员的，按照"建筑服务"缴纳增值税。

（3）《财政部 国家税务总局关于全面推开营业税改征增值税试点的通知》（财税〔2016〕36 号）附件 1《营业税改征增值税试点实施办法》附《销售服务、无形资产、不动产注释》第一条第（六）款第 4 项明确解释：物流辅助服务，包括航空服务、港口码头服务、货运客运场站服务、打捞救助服务、装卸搬运服务、仓储服务和收派服务。其中，装卸搬运服务，指使用装卸搬运工具或者人力、畜力将货物在运输工具之间、装卸现场之间或者运输工具与装卸现场之间进行装卸和搬运的业务活动。

（4）为完善增值税制度，财税〔2017〕37 号文件明确自 2017 年 7 月 1 日起简并增值税税率结构，取消 13% 的增值税税率。财税〔2018〕32 号文件明确自 2018 年 5 月 1 日起，纳税人发生增值税应税销售行为或者进口货物，原适用 17% 和 11% 税率的，税率分别调整为 16%、10%。财政部 税务总局 海关总署公告 2019 年第 39 号文件自 2019 年 4 月 1 日起，增值税一般纳税人（以下称纳税人）发生增值税应税销售行为或者进口货物，原适用 16% 税率的，税率调整为 13%；原适用 10% 税率的，税率调整为 9%。

综上所述，对于建筑施工设备，从现行政策来看，可能按 3 种税率缴纳增值税，即按有形动产出租 13% 计算缴纳增值税、按"建筑服务"9% 计算缴纳增值税、按"现代服务"下"物流辅助服务"装卸搬运适用 6% 计算缴纳增值税。

业务分析：

对于金华公司来说，应当如何安排自己的纳税方案呢？我们不妨就以其一笔业务，按上述不同的服务模式结合相关政策做一个简要分析（因为该企业的增值税进项税是既定的，这里仅计算其销售项税额。为了便于分析，这里保留两位小数）。

方案一：裸机直接出租。企业将设备直接出租给他人，由承租方操作和使用，因此，应当按有形动产出租 13% 计算缴纳增值税的销项税额。

1 000÷（1+13%）×13%=115.04（万元）

方案二：提供建筑服务。企业将设备出租给建筑施工单位并配备操作人员为其操作，应当按"建筑服务"9% 计算缴纳增值税的销项税额。

1 000÷（1+9%）×9%=82.57（万元）

方案三：提供装卸搬运服务。对于塔吊等部分装卸搬运设备而言，如果企业使用设备（如塔吊和其他装卸搬运工具）或者人力、畜力将货物在运输工具之间、装卸现场之间或者运输工具与装卸现场之间进行装卸和搬运的业务活动。按"现代服务"下"物流辅助服务"装卸搬运适用 6% 计算缴纳增值税的销项税额。

1 000÷（1+6%）×6%=56.60（万元）

将上述不同经营模式下的纳税情况做一个比较，如下表所示。

纳税情况对照表　　　　　　　　　　　　　　　　　　　单位：万元

经营方案	应缴增值税	策划成果	备注
方案一	115.04	0	裸机租赁
方案二	82.57	32.47	建筑服务
方案三	56.60	58.44	劳务承包

策划结论：

通过上述分析我们可以发现，金华公司如果仅提供裸机租赁，则按有形动产租赁计缴 16% 的增值税；如果提供建筑服务，则按建筑服务计缴 10% 的增值税；如果将塔吊作为装卸搬运工具，提供装卸搬运服务，则可以用提供装卸搬运服务计缴 6% 的增值税。三者的税收负担相互关联，其中提供装卸搬运服务的税收负担最低。

策划点评：

实施"营改增"以后，征税原理发生了变化，有些企业会发生"水土不服"的问题，有些企业往往找不准策划的切入点。笔者建议，有关企业应当注意以下几点。

一是自身的经营模式。直接出租机器设备、提供建筑服务和提供装卸搬运服务三种模式的差异十分明显，税务人员结合有关企业的业务合同、企业用工方式和会计核算事项就可以判断出来。

二是企业自身的状态。《财政部 国家税务总局关于全面推开营业税改征增值税试点的通知》（财税〔2016〕36号）附件2《营业税改征增值税试点有关事项的规定》第一条第（六）款第三项明确，一般纳税人发生电影放映服务、仓储服务、装卸搬运服务、收派服务和文化体育服务等应税行为可以选择适用简易计税方法计税。因此，作为一般纳税人提供"装卸搬运服务"，还可以选择简易征收办法按3%计算缴纳增值税。但是，在选择简易征收办法不能够抵扣进项税。如果有充分的进项税额，选择简易征收办法按3%计税，其增值税的税负率未必就低。

三是企业的市场地位。同样是建筑运输设备，其企业的市场地位不同，选择服务方式可能不同，税收负担也会不同。

工商企业业务忙　委托处理是关键

A企业（一般纳税人）江苏省苏南某服装有限公司，接受B企业订单生产短裤；B企业（一般纳税人）上海市一家外贸公司，具有出口经营权，享受国家出口退税政策。该企业经营的主要业务是购买A企业短裤出口，同时购买C企业布料供给A企业生产短裤；C企业（一般纳税人）浙江省某市布厂，生产布料，负责将B企业购买的布料发送给A企业，并按B企业要求向A企业开具增值税专用发票。A、B、C企业之间的权利、义务关系均通过书面合同加以约束。

稽查案例：

2021年1月16日当地主管税务局稽查局对该企业2019年度的纳税情况进行检查的过程中发现如下情况。

2019年2月，B企业预付200万元货款给C企业用于购买布料，2019年3月，B企业向A企业下160万元短裤采购订单。根据合同约定，2019年4月，A企业向B企业电传100万元布料采购清单，B企业收到A企业电传后，当即通过电传形式通知C企业向A企业发送布料，C企业收到通知后于2019年5月按B企业要求安排车辆将布料发送给A企业，并按合同约定向A企业开具增值税专用发票。2019年6月，A企业按B企业订单生产短裤10万条，价值160万元，当月全部按B企业要求发送到某海关仓库，A企业向B企业开具增值税专用发票后，B企业向A企业支付货款60万元，另外从A企业货款中扣除100万元布料款，财务上做冲减往来处理。

业务分析：

税务机关根据现行政策，认定上述业务中的B、C两个企业均是虚开增值税专用发票，A

企业是偷税行为。

B 企业采取预付货款的方式从 C 企业购买布料提供给 A 企业生产短裤，让 C 企业直接向 A 企业开具布料增值税专用发票，属于让他人为自己虚开增值税专用发票。

C 企业向 B 企业销售布料却将增值税专用发票开具给 A 企业，属于为他人虚开增值税专用发票。

A 企业向 B 企业购买布料却取得 C 企业开具的增值税专用发票，在货物交易中，购货方从销售方取得第三方开具的专用发票，且从销货地以外的地区取得专用发票，属于受票方非善意取得增值税专用发票并利用他人虚开的专用发票，向税务机关申报抵扣税款进行偷税的行为。

争议焦点：

但是，在日常操作过程中，人们往往认为这是一个代购行为。认为 B 企业为 A 企业从 C 企业代购布料。

问题分析：

那么究竟应当如何理解 B 企业的行为呢？我们再回头看看上述具体业务中已提供的情况：2019 年 2 月，B 企业预付 200 万元货款给 C 企业用于购买布料。

2019 年 4 月，A 企业向 B 企业电传 100 万元布料采购清单，B 企业当即通知 C 企业向 A 企业发送布料。

2019 年 6 月，A 企业向 B 企业销售短裤价值 160 万元，向 B 企业开具增值税专用发票，B 企业向 A 企业支付货款 60 万元，另外从 A 企业货款中扣除 100 万元布料款，财务上做冲减往来处理。

上述情况表明，B 企业从 C 企业购买布料供给 A 企业生产短裤，由于 B 企业在交易过程中已经垫付 200 万元货款，不符合税法所规定的"代购货物"的要件，所以笔者认为 B 企业为 A 企业从 C 企业代购布料的说法不能成立。B 企业为 A 企业提供布料的行为应认定为 B 企业向 A 企业销售布料，增值税专用发票理应由 B 企业向 A 企业开具。

另外，C 企业与 A 企业之间不存在货物购销关系，但是，C 企业按 B 企业要求向 A 企业开具销售布料增值税专用发票，因此，根据税法规定，我们可以认为 C 企业的行为构成了"为他人虚开增值税专用发票"。

同样，由于在应向 A 企业开具"布料"增值税专用发票的 B 企业要求下，C 企业按合同约定直接将其所购"布料"的增值税专用发票开具给 A 企业，因而，B 企业的行为也构成了"让他人为自己虚开增值税专用发票"。

另外，就 A 企业而言，向 B 企业购买布料却取得 C 企业开具的增值税专用发票，在货物交易中，购货方从销售方取得第三方开具的专用发票，且从销货地以外的地区取得专用发票，属于受票方非善意取得增值税专用发票并利用他人虚开的专用发票，向税务机关申报抵扣税款进行偷税的行为。

检查点评:

一般而言,从事商业贸易活动都是一一对应的关系,交易双方一手交钱,一手交货,交易的结果是钱货两清。但是,随着生产和经营活动范围的不断扩大,社会经济生活的内容也越来越复杂,反映到交易活动方面,多角交易普遍存在,交易所考虑的内容也越来越复杂,在此同时,也伴随着各种各样的问题出现。

为什么会出现以上案例所描述的行为呢?通过对有关案例的具体分析我们可以发现,导致 A、B、C 三个企业发生上述问题的原因不外乎下面几个方面。

(1)现行税收政策的可选择行为有关企业提供了条件。众所周知,国家对外贸企业出口货物实行退税,其退税公式为应退税款 = 外购货物的工厂成本 × 适用退税率。对照税收政策规定,B 企业如果采取委托 A 企业代加工短裤出口,仅取得 A 企业开具的"加工费"增值税专用发票的话,是不能申报办理出口退税的,这样的事 B 企业当然不会干,B 企业只有取得 A 企业开具的销售给 B 企业短裤的增值税专用发票向税务机关申报,才能达到获取出口退税的目的。这样一来,为了解决 A 企业的税款抵扣问题,B 企业让 C 企业直接向 A 企业开具由其购买的并提供给 A 企业的"布料"增值税专用发票,也就可以理解了。

(2)B 企业追求高额利润。在这个案例中,B 企业一直处于主导地位。B 企业购买 A 企业短裤出口的同时,通过购买 C 企业布料供给 A 企业生产短裤来控制 A 企业的生产成本,因此,该业务本质上属于 A 企业为 B 企业代加工短裤。

(3)企业对国家税收政策理解得不深不透。B 企业没有深入领会税法中"代购"的内涵,片面认为自己只是负责为 A 企业订购"布料"、通知销货方 C 企业向购货方 A 企业发送布料,销售布料增值税专用发票理所当然应由 C 企业直接开具给 A 企业。

政策背景:

《国家税务总局关于异常增值税扣税凭证管理等有关事项的公告》(国家税务总局公告 2019 年第 38 号):

现将异常增值税扣税凭证(以下简称异常凭证)管理等有关事项公告如下。

一、符合下列情形之一的增值税专用发票,列入异常凭证范围:

(一)纳税人丢失、被盗税控专用设备中未开具或已开具未上传的增值税专用发票;

(二)非正常户纳税人未向税务机关申报或未按规定缴纳税款的增值税专用发票;

(三)增值税发票管理系统稽核比对发现"比对不符""缺联""作废"的增值税专用发票;

(四)经税务总局、省税务局大数据分析发现,纳税人开具的增值税专用发票存在涉嫌虚开、未按规定缴纳消费税等情形的;

(五)属于《国家税务总局关于走逃(失联)企业开具增值税专用发票认定处理有关问题的公告》(国家税务总局公告 2016 年第 76 号)第二条第(一)项规定情形的增值税专用发票。

二、增值税一般纳税人申报抵扣异常凭证,同时符合下列情形的,其对应开具的增值税专用发票列入异常凭证范围:

（一）异常凭证进项税额累计占同期全部增值税专用发票进项税额70%（含）以上的；

（二）异常凭证进项税额累计超过5万元的。

纳税人尚未申报抵扣、尚未申报出口退税或已作进项税额转出的异常凭证，其涉及的进项税额不计入异常凭证进项税额的计算。

三、增值税一般纳税人取得的增值税专用发票列入异常凭证范围的，应按照以下规定处理：

（一）尚未申报抵扣增值税进项税额的，暂不允许抵扣。已经申报抵扣增值税进项税额的，除另有规定外，一律作进项税额转出处理。

（二）尚未申报出口退税或者已申报但尚未办理出口退税的，除另有规定外，暂不允许办理出口退税。适用增值税免抵退税办法的纳税人已经办理出口退税的，应根据列入异常凭证范围的增值税专用发票上注明的增值税额作进项税额转出处理；适用增值税免退税办法的纳税人已经办理出口退税的，税务机关应按照现行规定对列入异常凭证范围的增值税专用发票对应的已退税款追回。

纳税人因骗取出口退税停止出口退（免）税期间取得的增值税专用发票列入异常凭证范围的，按照本条第（一）项规定执行。

（三）消费税纳税人以外购或委托加工收回的已税消费品为原料连续生产应税消费品，尚未申报扣除原料已纳消费税税款的，暂不允许抵扣；已经申报抵扣的，冲减当期允许抵扣的消费税税款，当期不足冲减的应当补缴税款。

（四）纳税信用A级纳税人取得异常凭证且已经申报抵扣增值税、办理出口退税或抵扣消费税的，可以自接到税务机关通知之日起10个工作日内，向主管税务机关提出核实申请。经税务机关核实，符合现行增值税进项税额抵扣、出口退税或消费税抵扣相关规定的，可不作进项税额转出、追回已退税款、冲减当期允许抵扣的消费税税款等处理。纳税人逾期未提出核实申请的，应于期满后按照本条第（一）项、第（二）项、第（三）项规定作相关处理。

（五）纳税人对税务机关认定的异常凭证存有异议，可以向主管税务机关提出核实申请。经税务机关核实，符合现行增值税进项税额抵扣或出口退税相关规定的，纳税人可继续申报抵扣或者重新申报出口退税；符合消费税抵扣规定且已缴纳消费税税款的，纳税人可继续申报抵扣消费税税款。

四、经税务总局、省税务局大数据分析发现存在涉税风险的纳税人，不得离线开具发票，其开票人员在使用开票软件时，应当按照税务机关指定的方式进行人员身份信息实名验证。

五、新办理增值税一般纳税人登记的纳税人，自首次开票之日起3个月内不得离线开具发票，按照有关规定不使用网络办税或不具备风险条件的特定纳税人除外。

旅游服务出租车　招聘合同跟谁签

当下，旅游消费已经成了人们的日常消费类之一，投资人李光预测，我国旅游业还有很大的发展空间，并且他发现部分中心城市的汽车出租市场前景很好，2020 年 1 月初李光决定出资 1 亿元购进 500 辆某品牌中档小轿车，准备从事小车出租业务。

据考察和综合分析，初步测算，开展"自驾游汽车出租"活动每辆车每年工作 350 天，每辆每天的服务费用为 500 元。小汽车的平均寿命按 8 年计算。在招聘管理人员的时候，有建议应当选聘专业人来管理；也有人建议，可以选聘部分军队转业干部和随军家属来管理。那么，汽车出租公司的招聘合同应当如何签署？

在这样的情况下就出现一个问题：作为投资人李光应当如何决策？

政策分析：

为了提高决策的科学性，李光聘请普誉财税策划工作室的专家为其服务。咨询专家根据《税收策划业务规则（试行）》（中税协发〔2017〕004 号）规定的业务流程，首先进行了政策解读。咨询专家结合有关政策法规的出台背景、执行对象、执行条件以及执行流程，对政策法规内容进行了深入研究分析之后，跟投资人李光一起交流了《财政部 国家税务总局关于全面推开营业税改征增值税试点的通知》（财税〔2016〕36 号）的有关内容。

该文件明确，为安置随军家属和自主择业的军队转业干部就业而新开办的企业，自领取税务登记证之日起，其提供的应税服务 3 年内免征增值税。因此，企业可以根据这个规定进行适当策划。

咨询专家提出两个操作方案：一是聘请一般技术人员；二是在当地驻军部队随军家属和自主择业的军队转业干部中聘请懂汽车管理技术的人员。

策划分析：

咨询专家对企业的经营情况进行了具体测算和分析。投资人李光成立的汽车出租公司的设备都取得了合法有效的增值税专用发票，每辆每天的平均汽油、修理服务、办公用品及其他损耗能够取得增值税专用发票的价格（不含税）为 200 元；汽车的采购利用融资租赁的方式按 8 年的时间平均支付相关费用（这里假设已经与融资租赁公司达成协议，并获得各方的认可）。在这样的情况下进行增值税测算。

方案一：聘请一般技术人员。在此前提下，李光投资的公司购买小汽车作为生产资料，每年可以抵扣增值税的进项税总额为（计算时保留两位小数）：

$20 \times 500 \times 13\% \div 8 = 162.5$（万元）

在此模式下，每辆每天的服务费用为 500 元（0.05 万元），公司以广告促销、微信订单等方式拓展市场，其平均每天出租率为 80%。则每年里汽油、修理服务、办公用品及其他损耗能够取得增值税进项税总额为：

$0.02 \times 500 \times 350 \times 80\% \times 13\%$

$=2\,800 \times 13\%$

$=364$（万元）

那么，该公司每年应当缴纳增值税为：

$0.05 \div（1+13\%）\times 500 \times 350 \times 80\% \times 13\%-162.5-364$

$=6\,194.69 \times 13\%-162.5-364$

$=278.81$（万元）

应交城建税及教育费附加合计：

$278.81 \times（7\%+3\%）=27.88$（万元）

公司每年应当缴纳流转税合计为：

$278.81+27.88=306.69$（万元）

方案二：在当驻军部队随军家属和自主择业的军队转业干部中，聘请懂汽车管理技术的人员，并且这两类人员占公司全部人数的60%以上。

购买小汽车每年可以抵扣增值税的进项税162.5万元、每年里汽油、修理服务、办公用品及其他损耗取得增值税进项税364万元进当作为进项税转出处理；前三年应当缴纳的增值税可以申报免税。

汽车出租公司（1年）增值税策划方案比较表　　　　　　单位：万元

操作方案	增值税	城建及附加	流转税合计	策划成果
方案一	278.81	27.88	306.69	0
方案二	0	0	0	306.69

策划结论：

在公司设立的过程中，存在很多税收策划的机会。这里提出来的一个问题是：招聘管理人员，应当跟谁签合同？如果招聘一般技术人员每年应当缴纳流转税合计为361.45万元；而如果在当驻军部队随军家属和自主择业的军队转业干部中聘请懂汽车管理技术的人员，并且这两类人员占公司全部人数的60%以上，那么，新开办的企业自领取税务登记证之日起，其提供的应税服务三年内免征增值税。这样，投资人李光开办这个汽车出租公司，三年内合计可以享受税收优惠920.07万元（306.69×3）。

策划点评：

企业的前期运作策划是一个比较复杂的实战型课题，在实际操作过程中，还需要根据具体情况做具体分析。

首先，需要了解有关税收政策。

为了解决特殊人群再就业问题，《财政部 国家税务总局关于全面推开营业税改征增值税试点的通知》(财税〔2016〕36 号)附件 3《营业税改征增值税试点过渡政策的规定》对随军家属就业的税收政策明确：为安置随军家属就业而新开办的企业，自领取税务登记证之日起，其提供的应税服务三年内免征增值税。享受税收优惠政策的企业，随军家属必须占企业总人数的 60%（含）以上，并有军（含）以上政治和后勤机关出具的证明。

财税〔2016〕36 号文件附件 3《营业税改征增值税试点过渡政策的规定》对军队转业干部就业也做出类似的规定，为安置自主择业的军队转业干部就业而新开办的企业，凡安置自主择业的军队转业干部占企业总人数 60%（含）以上的，自领取税务登记证之日起，其提供的应税服务三年内免征增值税。享受上述优惠政策的自主择业的军队转业干部必须持有师以上部队颁发的转业证件。

其次，还要善于进行综合运筹。

税法规定"为安置……就业而新开办的企业"，而结合到李光将开办的企业是一个汽车出租公司，需要大量的生产资料。一次性购买小汽车 500 辆，当期取得增值税进项税总额为 1 700 万元，可以测算出来，该公司前三年根本就无税可缴，也就谈不上享受这个优惠政策。而咨询专家综合考虑这个情况，建议投资人采用融资租赁的方式，将增值税进项税抵扣时间向后推若干年，从而较好地解决了这个问题。

最后，做好账务处理。

该公司享受税收优惠需要进行如下账务处理。

（1）增值税先按照正常征税进行账务处理，然后将应交税金转入营业外收入。

借：应交税费——应交增值税

贷：营业外收入——补贴收入

（2）附加税也是全免的，处理方法与增值税一样，先按照减免增值税来计算应该缴纳的附加税。

借：应交税费——城市维护建设税

应交税费——应交教育费附加

应交税费——应交地方教育附加

贷：营业外收入——补贴收入

风险提示：

本案例是解决特殊人群再就业问题的典型案例，投资人可以举一反三，灵活运用。但是，在具体操作过程中还需要触类旁通，注意相关政策的具体运用。比如，为鼓励失业人员以及大学毕业生创业就业，重点群体创业就业的营业税减免政策现已平移至营改增试点的增值税减免政策中。税务处理上应注意在扣减应缴税费时，不同税费的顺序，不能颠倒。

（1）重点群体人员的组成

在人力资源社会保障部门公共就业服务机构登记失业半年以上的人员。

零就业家庭或享受城市居民最低生活保障家庭劳动年龄内的登记失业人员。

毕业所在公历自然年（1月1日至12月31日）内，从实施高等学历教育的普通高等学校、成人高等学校毕业的高校毕业生。

（2）个体经营创业的减免税计算。

重点群体人员从事个体经营的，在三年内按每户每年8 000元为限额，依次扣减其当年实际应缴纳的增值税、城市维护建设税、教育费附加、地方教育附加和个人所得税（以下统称"流转税及附加和个人所得税"）。在扣减应缴税费时，应注意不同税费的顺序，不能颠倒。

纳税人实际应缴纳的"流转税及附加和个人所得税"小于减免税限额的，以实际应缴纳的税费金额为限，当年扣减不足的，不得结转下年使用；实际应缴纳的"流转税及附加和个人所得税"大于减免税限额的，以减免税限额为限。

农民专业合作社　国家税收很优惠

个体工商户张某从事玉米生意，其收购、销售的玉米按规定缴纳增值税，去年实现销售收入2 000万元，销售额超过小规模纳税人标准，自2020年3月20日起，应按照一般纳税人标准计算缴纳增值税。由于张某无法取得增值税专用发票抵扣进项税额，应缴纳增值税230.08万元，直接减少经营利润230.08万元。类似张某的业务在日常经营过程中时有发生。

策划分析：

那么，这类业务有没有税收策划的空间呢？普誉财税策划工作室的税务专家对此进行了分析。

如果张某成立农村合作社，具备农民合作社的规模经营条件，吸收了本地足够的农业生产者，则对外收购的比重就会降低，同样，其对外销售的免税产品比重就会提高，享受税收优惠的可能性就会越大。

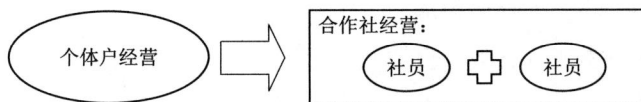

对于张某而言，如果成立合作社后，销售本社成员自产玉米2 000万元，应纳增值税为零，从而直接增加了社员分红比例，带动社员共同富裕。

此外，根据《关于农民专业合作社有关税收政策的通知》（财税〔2008〕81号）文件规定，对农民专业合作社向本社成员销售的农膜、种子、种苗、化肥、农药、农机，免征增值税。

类似的操作思路还可以进一步推广。某农机公司经营农膜、种子、种苗、化肥、农药、农机，每年销售额为2 000万元，销售额超过小规模纳税人标准，自2020年3月20日起，应按照一般纳税人标准计算缴纳增值税。假设按10%毛利计算其获取的增值税进项税额为160万元，

应缴纳增值税 = 2 000 ÷（1+13%）×13%−160=70.09（万元）。如果以合作社的名义对本社成员进行销售，也可以减少税金支出 70.09 万元。

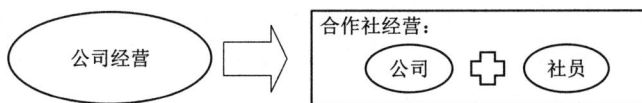

但是，目前仍有部分纳税人不能正确运用该项政策，2020 年 5 月 18 日，税务机关对长力农业资料经营部进行了纳税检查，发现该企业偷税 55 万元。税务机关干部按照税收征管法的规定进行处理，而该企业的几个经营者都感到十分委屈，因为他们经营的都是为农业服务产品，并没有赚到什么钱。根据资料显示：长力农业资料经营部是由三个种田大户和两个农技人员合作经营的一家合伙制企业，成立于 2008 年 3 月 2 日，主要销售合伙人生产的部分产品，同时还经营农膜、化肥、农药、农机等项目。

税务专家根据有关资料对其给出建议：成立农民专业合作社，并且按照有关规定进行管理和经营，可以享受有关税收优惠。但是，作为农民专业合作社在日常生产和经营过程中存在哪些涉税问题？应当如何规避涉税风险？

政策解读：

农民专业合作社法人是依据《中华人民共和国农民专业合作社法》依法注册登记的法人单位。企业所得税法第一条规定，在中华人民共和国境内，企业和其他取得收入的组织（以下统称企业）为企业所得税的纳税人，依照本法的规定缴纳企业所得税。企业所得税法实施条例第三条规定，依法在中国境内成立的企业，包括依照中国法律、行政法规在中国境内成立的企业、事业单位、社会团体以及其他取得收入的组织。因此，农民专业合作社属于缴纳企业所得税的范围。

1. 农民专业合作社企业流转税优惠政策

财政部、国家税务总局于 2008 年 6 月 24 日颁发《关于农民专业合作社有关税收政策的通知》（财税〔2008〕81 号），明确依照《中华人民共和国农民专业合作社法》规定设立和登记的农民专业合作社自 2008 年 7 月 1 日起享受如下有关税收优惠：一是对农民专业合作社销售本社成员生产的农业产品，视同农业生产者销售自产农业产品免征增值税；二是增值税一般纳税人从农民专业合作社购进的免税农业产品，可按 13% 的扣除率计算抵扣增值税进项税额；三是对农民专业合作社向本社成员销售的农膜、种子、种苗、化肥、农药、农机，免征增值税；四是对农民专业合作社与本社成员签订的农业产品和农业生产资料购销合同，免征印花税。

2. 农民专业合作社企业所得税优惠政策

企业所得税法规定，企业从事农、林、牧、渔业项目的所得，可以免征、减征企业所得税。合作社从事下列项目的所得，免征企业所得税：一是蔬菜、谷物、薯类、油料、豆类、棉花、麻类、糖料、水果、坚果的种植；二是农作物新品种的选育；三是中药材的种植；四是林木的培育和种植；五是牲畜、家禽的饲养；六是林产品的采集；七是灌溉、农产品初加工、兽医、农技推广、农机作业和维修等农、林、牧、渔服务业项目；八是远洋捕捞。

从事下列项目的所得，减半征收企业所得税：一是花卉、茶以及其他饮料作物和香料作物的种植；二是海水养殖、内陆养殖。

虽然涉农项目如农作物种植、农产品初加工、农机维修等属于免税项目，但以上提到的运输、贮藏、技术信息等服务，并不在免税之列，其收入应当按章缴纳所得税。当然，如果专业合作社年度应纳税所得额不超过 30 万元，从业人数不超过 80 人，资产总额不超过 1 000 万元的，可以减按 20% 的税率缴纳企业所得税。

3. 盈余分配的个人所得税问题

按照《中华人民共和国农民专业合作社法》规定，农民专业合作社可以按照章程规定或者成员大会决议从当年盈余中提取公积金。公积金用于弥补亏损、扩大生产经营或者转为成员出资。每年提取的公积金按照章程规定量化为每个成员的份额。该法第四十四条规定，在弥补亏损、提取公积金后的当年盈余，为农民专业合作社的可分配盈余。可分配盈余按照下列规定返还或者分配给成员，具体分配办法按照章程规定或者经成员大会决议确定：（1）按成员与本社的交易量（额）比例返还，返还总额不得低于可分配盈余的 60%；（2）按前项规定返还后的剩余部分，以成员账户中记载的出资额和公积金份额，以及本社接受国家财政直接补助和他人捐赠形成的财产平均量化到成员的份额，按比例分配给本社成员。而根据个人所得税法规定，税后利润及盈余分配给个人的，包括盈余公积金转增个人份额的，视为股息红利所得，应按 20% 税率缴纳个人所得税。但税法对个人或个体户从事种植业、养殖业、饲养业、捕捞业，且经营项目属于农业税（包括农业特产税）、牧业税征税范围的，其取得的"四业"所得暂不征收个人所得税。

策划点评：

目前，农民专业合作社的组建形式主要有四种：一是农民中的能人在某一个产业带领农民创办合作社；二是乡干部利用手中资源领办合作社；三是乡镇基层机关创办合作社；四是农产品深加工企业通过发展产业链领办合作社。这四种类型又可以归纳为两大类：一类是别人当老板，农民跟着走，比较典型的"公司＋农户"；另一类是农民自己当老板。从目前的情况来看，农民跟着走的占多数。但是，现在成立的农民专业合作社中，存在部分虚假注册现象，一些人瞄准了《农民专业合作社法》中允许占 20% 的外部投资人进行投资的规定进行权力与资本的结合。在部分地区，有的合作社将社员分为"投资股"和"名义股"，少数"投资股"社员拥有合作社的大部分股金，控制着合作社的决策等几乎所有事务，参与盈余分配。其他"名义股"社员每人只需交 50 元或 100 元股金，只有参加培训的权利，不能参与合作社管理，也不能参与盈余分配。有的合作社由龙头企业领办，包括税收在内的优惠就成了这些人的囊中之物，而真正的弱者联合组织发育困难，农民没有得到应有的实惠，不能体现农民专业合作社"民办、民管、民受益"的原则。这个问题应当引起当地主管部门的注意。

公司架构好组合　如何搭配有技巧

投资人王敏现有水产品初加工和水产品深加工两家企业，主要从事水产品的初加工（冷冻、冷藏、盐渍等防腐处理真空包装后，供应各大超市）和深加工（熟制风味水产品）业务。

经过测算，预计 2022 年实现销售收入 16 000 万元，其中初加工收入 12 000 万元，深加工收入 4 000 万元；加工成本 11 000 万元，其中原料成本 10 200 万元，制造成本 800 万元；取得进项税金 1 260.14 万元，其中原料进项税金 1 124.14 万元，制造成本进项税金 136 万元。

由于农产品市场不断走高，尤其是水产品的销售一路走好，同时也为了降低原料成本，实现原料自给，王敏决定马上再建一家水产养殖企业。

对于这个新项目应当如何设置，王敏心里没有数，只是听说，农产品存在税收优惠，如果操作不当，可能影响到企业的经营成果。于是，就请税务专家为其进行策划。

策划建议：

税务专家到企业现场进行调研后，发现其存在策划的空间，同时提出两种企业设立模式可供选择（假设新上养殖企业为 A，水产品初加工企业为 B，水产品深加工企业为 C）。

方案一：新设立独立核算的水产养殖场，原企业的机制不变，即"A，B+C"模式。

方案一操作模型图示

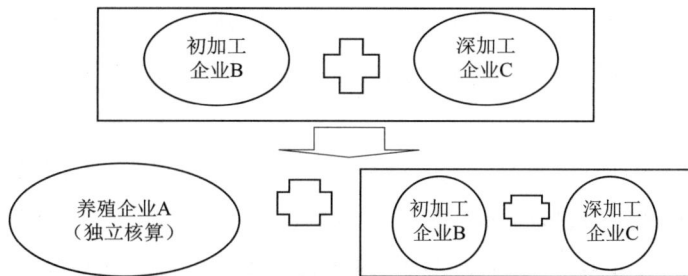

在保持原有组织架构不变的前提下，将新成立的企业单独核算。根据《农业产品征税范围注释》（财税〔1995〕52 号）文件中对动物类水产品的规定，水产品指人工放养和人工捕捞的鱼、虾、蟹、鳖、贝类、棘皮类、软体类、腔肠类、海兽类动物。包括经冷冻、冷藏、盐渍等防腐处理和包装的水产品。干制的以及未加工成工艺品的贝壳、珍珠，也属于本货物的征税范围。新上独立核算的养殖企业 A 是直接从事动物饲养的单位，所生产销售的产品为注释所列举的自产农业产品，免征增值税，应纳增值税为零。

原加工项目（即 B+C），是具有法人资格的独立核算的加工企业，B+C 企业用养殖企业 A 的产品进行生产加工，所耗用的原材料应按独立交易原则做购进业务处理。根据财税

〔1995〕52号文件的规定，水产品初、深加工所需的原料对该企业B+C来说，属外购的农业产品，虽然所生产出来的初加工产品仍属于该文件列举的农业产品，但不属于文件规定的免税范围，同深加工产品一样应征收增值税。

2020年应纳增值税=16 000×9%−1 260.14−1 124.14×1%=168.62（万元）。

方案二：调整组织架构，将水产品深加工C企业分立出去，即"A+B，C"模式。

将新组建的企业以非独立核算的水产养殖场的形式经营，与水产品初加工企业捆绑在一起，将水产品深加工企业分立出去，独立核算。由于该企业原来的水产品初加工（冷冻、冷藏、盐渍等防腐处理真空包装后）环节所生产的产品虽然是财税〔1995〕52号文件列举的农业产品，但由于该企业不是农业生产者，不符合"农业生产者销售的自产农产品"的免税条件。而将新组建的非独立核算的水产养殖场与水产品初加工企业捆绑在一起后，该企业由"外购农业产品生产、加工后仍然属于注释所列的农业产品"行为变为"农业生产者销售的自产农产品"行为，符合财税〔1995〕52号文件规定的增值税免税条件。

方案二操作模型图示

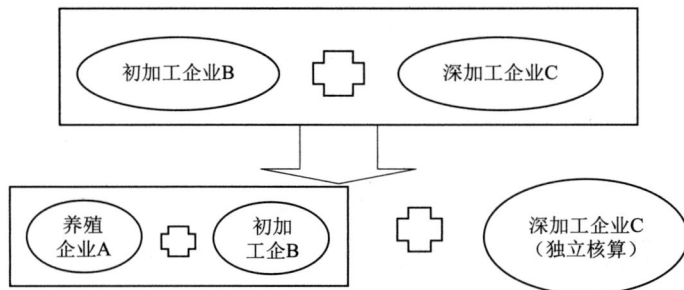

至于水产品深加工（熟制风味水产品）环节，由于最终产品不是财税〔1995〕52号文件列举的农业产品，不属于文件规定的免税的范围。因此，将深加工环节分立出去，独立核算，按照规定税率征收增值税。

新组建的水产养殖项目与初加工环节，即A+B，取得的制造费用进项税金136万元中，应由加工环节负担的部分做进项税转出处理，不得抵扣进项税额。应纳增值税为零。

水产品深加工的C企业，经测算其深加工原料成本2 400万元，其中原材料成本2 200万元，制造成本200万元。取得进项税金262.74万元，其中原材料进项税金228.74万元，制造成本进项税金34万元。

2020年应纳增值税=4 000×9%−262.74−228.74×1%=94.97（万元）。

策划结论：

将方案一与方案二进行比较，方案二比方案一少缴税73.65万元（168.62−94.97）。由于水产品初加工免征增值税，深加工不能免征增值税，新组建独立核算的水产养殖场后，原水产品加工企业初、深加工仍不能免增值税，当设立"加工＋养殖"，水产初加工非独立核算时，水产品初、深加工都符合了"农业生产者销售的自产农产品"条件，但是，税收上没有获得更多的优惠。此外，由于深加工环节仍不能免增值税，且水产养殖场的进项税取得比较低，加之深加工应税产品前期养殖环节的增加值不能免税和后期加工环节进项税额抵扣不足，所以方案一的税收负担过重。而方案二将深加工环节分立出去，独立核算，一是解决了深加工前期养殖环节增加值不能享受增值税免税优惠的问题，二是解决了深加工进项税额抵扣不足的问题。因此，"A+B，C"模式比"A，B+C"模式节税。

策划点评：

在水产畜牧行业中，按其生产流通，服务性质，横跨国民经济三大产业。第一产业为水产畜牧养殖，第二产业为水产畜牧产品初加工和精深加工，第三产业包括水产畜牧企业的研发、物流、贸易、衍生消费等。随着现代产业的发展，第二、第三产业在全行业中所占比重将越来越大，这也是水产畜牧业发展的必然趋势。但这三个产业的企业在税收负担上不平衡，而且差异较大。

从宏观上看，水产畜牧业的税负是很轻的，尤其在水产畜牧农产品的生产和流通环节，接近零税负状态。但若从结构上分析，情况就会发生明显的背离：越是产品科技含量高的企业，其增值额越大，循环利用资源的企业，成本消耗量大大减少，进项税额随之减少，加之没有强有力的优惠政策支持，税负明显比第一产业高。而且，越是技术含量高的精深加工企业税负越重，越是管理规范的企业（如上市公司）税负越重，越是采用循环模式、引入清洁生产的企业税负越重，越是服务于满足内需而非出口外向型的企业税负越重。这种"税负怪象"不仅与调整水产畜牧产业结构、加快产业升级的经济政策意图相背离，也使这类企业处于不公平的税收环境中。

毫无疑问，现行税收优惠政策体系的不科学是造成水产畜牧业"税负怪象"的重要原因之一。

农业产业化虽然存在一条从种植、养殖、收购、初加工、深加工直至营销的链条，但现行税收优惠政策主要集中在生产（养殖）环节，没有鼓励企业从种养、加工、销售环节全程渗透的优惠政策，没有激励企业从农产品的初加工向深加工转变的优惠政策，也没有鼓励企业由传统规模型增收向科技创新型转变的机制，从而割裂了水产畜牧业各个环节的连续性和自然平衡。

归纳一下当前水产畜牧行业的财税优惠政策，就会发现，目前我国税收政策明显倾向于水产畜牧行业中的第一产业：农业生产者销售自产农业产品，免征增值税；农业产业化国家重点龙头企业暂免征收企业所得税；自 2008 年 7 月 1 日起，国家对农民专业合作社销售本社成员生产的农业产品，视同农业生产者销售自产农业产品免征增值税；增值税一般纳税人从农民专业合作社购进的免税农业产品，可按 13% 的扣除率计算抵扣增值税进项税额；农民专业合作社与本社成员签订的农业产品和农业生产资料购销合同，免征印花税。

这里还需要注意的是：根据现行优惠政策，一些初级农产品可以享受增值税 13% 的低税率。现行《农产品征税范围注释》（财税字〔1995〕52号）对可享受这一优惠的农产品进行了解释，规定只有种植业、养殖业、林业、牧业、水产业生产的各种植物、动物的初级产品方可享受政策优惠。专家认为，这里所指的初级产品实际上还包括部分以农产品为原料经简单加工而成的农产品初级加工品或副产品。但是，在实际生产经营中，农产品的简单加工与精、深加工无明确区分标准，很难把握农业加工产品的类别归属。

拆解销售讲顺序　操作得当见成效

驰远电器设备制造有限责任公司是一家生产大型电器设备的制造企业，增值税一般纳税人。2020年1月，该公司在清理过剩产能过程中，对2008年前购进的固定资产进行了一次全面清理，共清理出已经不需要使用的残值固定资产一批。通过评估，确定该残值固定资产的公允价值为2 000万元。对于该笔残值固定资产公司董事会决定做变卖处理，但是，在操作环节有人主张，先拆解后再销售，还有一些人主张先销售后再拆解。持不同主张有人说是其中可能存在税收差异，但是，具体的差异在哪里又讲不清楚。该公司的总经理朱明也弄不清楚其中的奥妙，他想在处理这批资产的过程中是否存在涉税问题？应当如何处理才更节税？于是决定找专家咨询。

策划预案：

普誉财税策划工作室的税务策划专家应邀到现场进行了调研和策划。策划专家根据公司的业务情况和当时的税收规定，对该公司的资产处置提出以下方案。

一是销售废品2 000万元，即先将固定资产拆解成废品再销售。

二是销售自己使用过的固定资产2 000万元，按税收优惠方法计税。

三是销售自己使用过的固定资产2 000万元，放弃税收优惠。

策划分析：

方案一：将固定资产拆解成废品再销售。

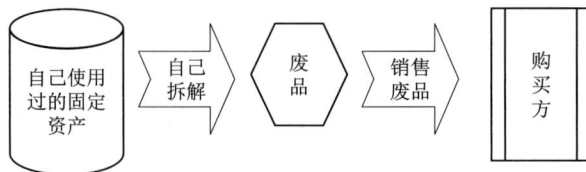

销售废品2 000万元，即先将固定资产拆解成废品再销售，公司需要缴纳增值税：

2 000÷（1+13%）×13%=230.09（万元）

方案二：销售自己使用过的固定资产2 000万元，即公司直接将该残值固定资产对外销售，然后拆解后外发给买方，同时享受税收优惠。

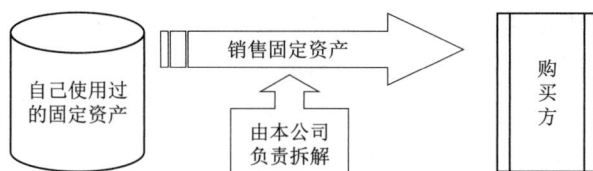

销售自己使用过的固定资产 2 000 万元，由于享受税收优惠，所以应当按 2% 的征收率计算缴纳增值税。公司需要缴纳增值税：

2 000÷（1+3%）×2%=38.83（万元）

方案三：销售自己使用过的固定资产 2 000 万元，即公司直接将该残值固定资产对外销售，然后拆解后外发给买方，放弃税收优惠。

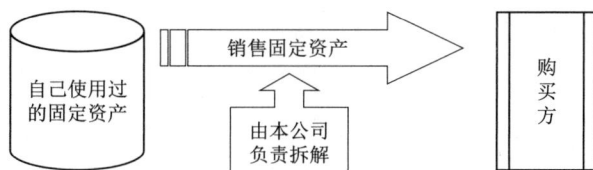

销售自己使用过的固定资产 2 000 万元，但是，由于放弃税收优惠，所以应当按 3% 的征收率计算缴纳增值税。公司需要缴纳增值税：

2 000÷（1+3%）×3%=58.25（万元）

策划结果：

通过上述分析我们可以现，该公司处置残值固定资产取得 2 000 万元的收入，但是，增值税的负担相差很大，以方案二销售自己使用过的固定资产并且享受税收优惠为最优。

旧设备处理策划分析表   单位：万元

策划方案	应缴流转税	策划收益
方案一	230.09	0
方案二	38.83	191.26
方案三	58.25	171.84

那么，为什么还要讨论放弃税收优惠问题？这里考虑交易过程中的方便，因为有人需要增值税专用发票。放弃税收优惠，销售方可以开具增值税专用发票，购买方可以抵扣进项税额。

策划点评：

纳税策划包括降低纳税风险和节约税收成本支出两个方面。在销售环节进行纳税策划是每一个企业的投资者和财务人员都在思考的一个重要环节，所以，存在于各种媒介上的纳税策划案例很多，但是，往往仁者见仁，智者见智。

纳税人在生产经营过程中，由于各种原因需要对部分已经使用过的固定资产进行出售处理。在对旧固定资产处理过程中，存在不同的处理方法，比如，将一个完整的旧设备对外出售，或者将完整的设备拆解之后再出售。如果从税收的角度来分析，往往又因为处理的方法不同而带来政策上的差异。那么，出售旧固定资产收入与固定资产残值收入有何区别？

出售旧固定资产的收入，指固定资产仍有使用价值，还可以继续使用，将其出售的收入。《财政部 国家税务总局关于部分货物适用增值税低税率和简易办法征收增值税政策的通知》（财税〔2009〕9 号）规定，纳税人销售自己使用过的物品，按下列政策执行：①一般纳税人销售自己使用过的除固定资产以外的物品，应当按照适用税率征收增值税。②小规模纳税人销售自己使用过的除固定资产以外的物品，应按 3% 的征收率征收增值税。

但是，这里需要提醒纳税人的是，销售使用过的固定资产处理要注意税制的变化。纳税人销售自己使用过的固定资产（一般纳税人销售自己使用过的未抵扣进项税额的固定资产，小规模纳税人销售自己使用过的固定资产），按照《财政部 国家税务总局关于部分货物适用增值税低税率和简易办法征收增值税政策的通知》（财税〔2009〕9 号）、《财政部 国家税务总局关于简并增值税征收率政策的通知》（财税〔2014〕57 号）规定，依照简易办法 3% 的征收率减按 2% 缴纳增值税。另外，根据《国家税务总局关于增值税简易征收政策有关管理问题的通知》（国税函〔2009〕90 号）要求，销售方应开具普通发票，不得开具增值税专用发票。

后来，国家税务总局在《关于营业税改征增值税试点期间有关增值税问题的公告》（国家税务总局公告 2015 年第 90 号）第二条规定，纳税人销售自己使用过的固定资产，适用简易办法依照 3% 的征收率减按 2% 的征收增值税政策的，可以放弃减税，按照简易办法依照 3% 的征收率缴纳增值税，并可以开具增值税专用发票。根据这个规定，销售方可以开具增值税专用发票，购买方可以抵扣进项税额。

全面营改增试点后，政策又发生变化。《财政部 国家税务总局关于全面推开营业税改征增值税试点的通知》（财税〔2016〕36 号）附件 2《营业税改征增值税试点有关事项的规定》第一条第十四款规定，一般纳税人销售自己使用过的、纳入营改增试点之日前取得的固定资产，按照现行旧货相关增值税政策执行。

根据财税〔2009〕9 号文件和财税〔2014〕57 号文件规定，一般纳税人销售旧货按简易办法依照 3% 的征收率减按 2% 缴纳增值税。国税函〔2009〕90 号文件第二条规定，纳税人销售旧货，应开具普通发票，不得自行开具或者由税务机关代开增值税专用发票。四大行业（建筑、房地产、金融、生活服务）营改增试点纳税人中的一般纳税人，销售自己使用过的、纳入营改增试点之日前取得的固定资产，按简易办法依照 3% 的征收率减按 2% 征收增值税，不得开具增值税专用发票，也不得放弃减税。财税〔2018〕32 号文件将纳税人发生增值税应税销售行为或者进口货物，原适用 17% 和 11% 税率的，税率分别调整为 16%、10%。财政部、税务总局、海关总署公告 2019 年第 39 号文件自 2019 年 4 月 1 日起，增值税一般纳税人（以下称纳税人）发生增值税应税销售行为或者进口货物，原适用 16% 税率的，税率调整为 13%；原适用 10% 税率的，税率调整为 9%。

但是，以前已经实行营改增的企业（如交通运输等）中的一般纳税人，销售自己使用过的未抵扣的固定资产似乎有所歧义。财税〔2016〕36 号文件附件 2 规定的"营改增试点之日"应为 2016 年 5 月 1 日，交通运输等纳税人 2016 年 5 月 1 日前已经营改增，若其在自身营改增后到 2016 年 5 月 1 日之间购进的固定资产，由于已经抵扣，2016 年 5 月 1 日后销售时按照适用税率计税销项税额即可。但若其在营改增前购置的固定资产，还未抵扣，2016 年 5 月 1 日后销售，是按照财税〔2016〕36 号文件规定的"按照现行旧货相关增值税政策执行"，还是可以按照国家税务总局 2015 年第 90 号公告规定的"可以放弃减税，按照简易办法依照 3% 的征收率缴纳增值税并可以开具增值税专用发票"呢？笔者认为，按照新法优于旧法的原则，应当按照财税〔2016〕36 号文件执行。

企业经营农产品　向谁采购更划算

经营农产品存在一定的风险，因为其商品利润比较低。也正因为如此，税收上才给予扶持和优惠政策照顾。但是，在实务操作过程中绝大多数人往往只是简单地看到政策优惠的一面，看不到其相关业务背后的风险。

企业案例：

甲公司是一家大型零售超市，该公司以上海为中心，在周边地区拥有 50 多家超市，各子公司都是增值税一般纳税人，2019 年度实现销售收入 12 02 390 万元，合计缴纳增值税 14 428.68 万元；企业所得税 236 万元。

公司自成立十多年来，曾经有过辉煌，但是，在最近的几年里，由于传统的商业模式受到电商的冲击，一直处于保本经营状态。甲公司的投资人感到步履维艰，想方设法从各种角度去节约成本。

新任董事长上任以后，更是大刀阔斧地进行机构改革，开源节流，增加利润，在降本减耗上动足了脑筋。同时，想到税收上的问题。

政策分析：

税法规定农业生产者销售的自产农产品免征增值税。所称农业，指种植业、养殖业、林业、牧业、水产业。农业生产者，包括从事农业生产的单位和个人。同时，国家还给予农民专业合作社以特殊税收优惠待遇：农民专业合作社销售本社成员生产的农业产品，视同农业生产者销售自产农业产品免征增值税。另外，在农产品流通环节，税法规定：对从事蔬菜批发、零售的纳税人销售的蔬菜免征增值税；对从事农产品批发、零售的纳税人销售的部分鲜活肉蛋产品免征增值税。免征增值税的鲜活肉产品，指猪、牛、羊、鸡、鸭、鹅及其整块或者分割的鲜肉、冷藏或者冷冻肉，内脏、头、尾、骨、蹄、翅、爪等组织。免征增值税的鲜活蛋产品，指鸡蛋、鸭蛋、鹅蛋，包括鲜蛋、冷藏蛋以及对其进行破壳分离的蛋液、蛋黄和蛋壳。也就是说，对农产品的流通环节，仅限于蔬菜和部分鲜活肉蛋产品免征增值税。另外对国有粮食购销企业销售粮食及食用植物油给予免征增值税优惠。具体地讲，执行相关政策需要注意享受税收优惠的具体范围。

1. 从事蔬菜批发、零售的纳税人销售的蔬菜

自 2012 年 1 月 1 日起，根据《关于免征蔬菜流通环节增值税有关问题的通知》（财税〔2011〕137 号），免征蔬菜流通环节增值税，对从事蔬菜批发、零售的纳税人销售的蔬菜免征增值税。蔬菜指可作副食的草本、木本植物，包括各种蔬菜、菌类植物和少数可作副食的木本植物。经挑选、清洗、切分、晾晒、包装、脱水、冷藏、冷冻等工序加工的蔬菜，属于所述蔬菜的范围。

2. 部分鲜活肉蛋产品

自 2012 年 10 月 1 日起，根据《财政部 国家税务总局关于免征部分鲜活肉蛋产品流通环节增值税政策的通知》（财税〔2012〕75 号）的规定，对从事农产品批发、零售的纳税人销售的部分鲜活肉蛋产品免征增值税。

（1）免征增值税的鲜活肉产品，指猪、牛、羊、鸡、鸭、鹅及其整块或者分割的鲜肉、冷藏或者冷冻肉，内脏、头、尾、骨、蹄、翅、爪等组织。

（2）免征增值税的鲜活蛋产品，指鸡蛋、鸭蛋、鹅蛋，包括鲜蛋、冷藏蛋以及对其进行破壳分离的蛋液、蛋黄和蛋壳。

3. 销售自产初级农产品

《中华人民共和国增值税暂行条例》第十五条规定，下列项目免征增值税：（一）农业生产者销售的自产农产品。初级农产品的具体范围由《农业产品征税范围注释》确定。

4. 农民专业合作社销售本社成员生产的农业产品

自 2008 年 7 月 1 日起，根据《关于农民专业合作社有关税收政策的通知》（财税〔2008〕81 号）的规定，对农民专业合作社销售本社成员生产的农业产品，视同农业生产者销售自产农业产品免征增值税。

5. 制种企业在特定生产经营模式下，生产销售种子

2010 年 12 月 1 日起，根据《关于制种行业增值税有关问题的公告》（国家税务总局公告 2010 年第 17 号）的规定，制种企业在下列生产经营模式下生产销售种子，属于农业生产者销售自产农业产品，应根据《中华人民共和国增值税暂行条例》有关规定免征增值税。

（1）制种企业利用自有土地或承租土地，雇佣农户或雇工进行种子繁育，再经烘干、脱粒、风筛等深加工后销售种子。

（2）制种企业提供亲本种子委托农户繁育并从农户手中收回，再经烘干、脱粒、风筛等深加工后销售种子。

6. 采取"公司 + 农户"经营模式销售畜禽

根据《关于纳税人采取"公司 + 农户"经营模式销售畜禽有关增值税问题的公告》（国家税务总局公告 2013 年第 8 号）的规定，自 2013 年 4 月 1 日起，纳税人采取"公司 + 农户"经营模式从事畜禽饲养，即公司与农户签订委托养殖合同，向农户提供畜禽苗、饲料、兽药及疫苗等（所有权属于公司），农户饲养畜禽苗至成品后交付公司回收，公司将回收的成品畜禽用于销售。属于农业生产者销售自产农产品，应根据《中华人民共和国增值税暂行条例》的有关规定免征增值税。

涉税咨询：

2019 年年底，公司请来咨询专家到现场诊断。咨询专家对该公司的经营情况进行了全面考察，发现在农产品的经营上存在操作的空间和机会。具体地讲，在供应商的选择上还有推敲的余地。

该公司 2019 年经营各种农产品销售总额为 98 300 万元，在公司业务的占比为 8.18%。公司在农产品经营上，其品种主要是蔬菜、鲜活肉产品和鲜活蛋产品，所以毛利率比较低。经测算，该公司从农户手上收购各类蔬菜、鲜活肉产品和鲜活蛋产品合计金额为 93 385 万元，商品毛利率为 5%。

咨询专家注意到，因为该公司享受增值税免税待遇，所以，2019 年度全年增值税进项转出合计为 9 338.5 万元（为了分析简便，假设全年所经营的农产品的增值税适用税率都是 9%）。

方案设计：

咨询专家通过综合分析，提出自己的观点。在现行经营模式下，甲公司在供应商的安排上存在两个思路：一是向农业生产者收购农产品；二是向增值税一般纳税人采购农产品。

策划分析：

方案一：向农业生产者收购农产品。

在这样的条件下，甲公司所采购的农产品合计取得增值税进项税额为：

93 385×9%=8 404.65（万元）

由于公司享受免税待遇，甲公司需要对上述增值税进项税额做转出处理。

方案二：向增值税一般纳税人采购农产品。

在这样的条件下，甲公司所采购的农产品合计取得增值税进项税额为：

93 385÷1.09×9%=7 710.69（万元）

由于公司享受免税待遇，甲公司同样也需要对上述增值税进项税额做转出处理。

将两个方案做一个比较：

8 404.65-7 710.69=693.96（万元）

也就是说，方案一比方案二多转出增值税进项税额 693.96 万元。

如果对该数据同时考虑企业所得税，这里分析如下。

在方案一向农业生产者收购农产品条件下由于多计提并缴了增值税，那么，采购成本就相应地减少 693.96 万元，对应的就增加 693.96 万元的利润，那么，该部分缴纳企业所得税：

693.96×25%=173.49（万元）

也就是说，甲公司 2019 年度合计多缴企业所得税 173.49 万元。

这样，我们就可以分析出甲公司 2019 年度增值税和企业所得税两项合计多缴金额：

693.97+173.49=867.46（万元）

策划结论：

综上所述，如果向农业生产者收购农产品，甲公司所采购的农产品合计取得增值税进项税额为 8 404.65 万元；但是，如果向增值税一般纳税人采购农产品，那么甲公司所采购的农产品合计取得增值税进项税额为 7 710.69 万元。两者相差 693.96 万元。换一句话说，该公司仅 2019 年度就多缴增值税 693.96 万元。

咨询点评：

企业经营农产品，享受相关税收优惠需要做全面分析，在实践操作环节还需要注意相关业务的操作细节，比如抵扣凭证及相关手续的具体要求。这里结合相关资料整理如下。

（1）增值税一般纳税人批发零售农产品的进项抵扣。对一般纳税人从事蔬菜及部分鲜活肉蛋产品批发、零售销售的蔬菜免征增值税。纳税人销售免税货物不能开具增值税专用发票。批发、零售一般纳税人享受免税政策后开具的普通发票不得作为计算抵扣进项税额的凭证。但放弃增值税减免的，可以开具增值税专用发票，所以，一般纳税人向增值税一般纳税人购进非自产蔬菜及部分鲜活肉蛋产品，如果取得了增值税专用发票，则按照增值税专用发票注明的增值税额从销项税额中抵扣。对销售非自产蔬菜及部分鲜活肉蛋产品享受免税政策后开具的普通发票不得作为计算抵扣进项税额的凭证。

（2）小规模纳税人批发、零售农产品的进项抵扣。销售自产农产品给予增值税减免优惠，但小规模纳税人销售非自产的农产品仅限于蔬菜及列举的部分鲜活肉蛋产品免征增值税。根据财税〔2017〕37 号的规定：从按照简易计税方法依照 3% 征收率计算缴纳增值税的小规模纳税人取得增值税专用发票的，以增值税专用发票上注明的金额和扣除率计算进项税额。批发、零售的小规模纳税人销售农产品依照 3% 征收率按简易办法计算缴纳增值税而自行开具或委托税务机关代开的增值税专用发票，可以根据开具的增值税专用发票上注明的农产品买价和扣除率计算进项税额。因此，从小规模纳税人购买农产品，如果纳税人主动放弃免征增值税，可以自开或向税务机关申请代开增值税专用发票，相应按照 3% 征收率缴纳增值税。在这种情况下，购买方可以按照发票金额和扣除率计算进项税额。

（3）农业生产者个人销售自产农产品的进项抵扣。根据发票管理办法的规定，特殊情况下由付款方向收款方开具发票。但"特殊情况下由付款方向收款方开具发票"指收购单位支付个人款项时开具的发票。因此，一般纳税人直接向个人购买农产品，应当由购买方开具发票。对于直接向农业生产购买其自产的农产品，根据《中华人民共和国增值税暂行条例》第八条的规定，购买农产品可以按照农产品收购发票上注明的农产品买价和扣除率计算进项税额。

在收购发票的开具上,《国家税务总局关于明确营改增试点若干征管问题的公告》(国家税务总局公告 2016 年第 26 号)明确规定,餐饮行业增值税一般纳税人购进农业生产者自产农产品,可以使用税务机关监制的农产品收购发票,按照现行规定计算抵扣进项税额。

(4)农业生产单位销售自产农产品的进项抵扣。根据《中华人民共和国增值税暂行条例》第八条第(三)项的规定,购进农产品,除取得增值税专用发票或者海关进口增值税专用缴款书外,按照农产品收购发票或者销售发票上注明的农产品买价和扣除率计算的进项税额。进项税额计算公式:进项税额 = 买价 × 扣除率。根据《财政部 税务总局 海关总署关于深化增值税改革有关政策的公告》(财政部 税务总局 海关总署公告 2019 年第 39 号)自 2019 年 4 月 1 日起,纳税人购进农产品,原适用 10% 扣除率的,扣除率调整为 9%。纳税人购进用于生产或者委托加工 13% 税率货物的农产品,按照 10% 的扣除率计算进项税额。

(5)农民专业合作社销售农产品的进项抵扣。农民专业合作社从事的是批发、零售业务,相应达到一般纳税人条件应当申报一般纳税人。《财政部 国家税务总局关于农民专业合作社有关税收政策的通知》(财税〔2008〕81 号)规定:对农民专业合作社销售本社成员生产的农业产品,视同农业生产者销售自产农业产品免征增值税;增值税一般纳税人从农民专业合作社购进的免税农业产品,可按扣除率计算抵扣增值税进项税额。农民专业合作社本来是从事农产品的批发、零售,但增值税给予农民专业合作社以特殊政策,即农民专业合作社销售本社成员生产的农业产品,视同农业生产者销售自产农业产品免征增值税,所以,对农民专业合作社销售本社成员生产的农业产品所开具的普通发票,可以根据开具的增值税普通发票上注明的农产品买价和扣除率计算进项抵扣税额。

(6)国有粮食购销企业销售农产品的进项抵扣。根据《国家税务总局关于加强国有粮食购销企业增值税管理有关问题的通知》(国税函〔1999〕560 号)第二条的规定:经税务机关认定为增值税一般纳税人的国有粮食购销企业,1999 年内要全部纳入增值税防伪税控系统管理,自 2000 年 1 月 1 日起,其粮食销售业务必须使用防伪税控系统开具增值税专用发票。所以,销售免税货物不得开具增值税专用发票,但国有粮食购销企业销售粮食除外。并且《国家税务总局关于国有粮食购销企业开具粮食销售发票有关问题的通知》(国税明电〔1999〕10 号)明确规定:属于一般纳税人的生产、经营单位从国有粮食购销企业购进的免税粮食,可依照国有粮食购销企业开具的增值税专用发票注明的税额抵扣进项税额。另据《国家税务总局关于政府储备食用植物油销售业务开具增值税专用发票问题的通知》(国税函〔2002〕531 号)规定,对中国储备粮总公司及各分公司所属的政府储备食用植物油承储企业,按照国家指令计划销售的政府储备食用植物油,可比照国家税务总局《关于国有粮食购销企业开具粮食销售发票有关问题的通知》(国税明电〔1999〕10 号)及国家税务总局《关于加强国有粮食购销企业增值税管理有关问题的通知》(国税函〔1999〕560 号)的有关规定执行,允许其开具增值税专用发票并纳入增值税防伪税控系统管理。因此,一般纳税人直接向国有粮食购销企业购买的粮食、食用植物油,可以根据其开具的增值税专用发票上注明的增值税额抵扣。

（7）进口农产品的进项税抵扣。根据增值税规定，进口货物的单位和个人为增值税纳税义务人，因此，进口农产品在进口环节应当按照9%税率缴纳进口增值税，取得海关进口增值税专用缴款书。经税务机关稽核比对相符后，凭海关进口增值税专用缴款书上注明的增值税额抵扣。

（8）购买农产品实行核定抵扣。实行增值税核定抵扣仅限于财政部和国家税务总局纳入试点范围的增值税一般纳税人购进农产品增值税进项税额，实施核定扣除办法。自2012年7月1日起，在部分行业开展农产品增值税进项税额核定扣除试点，涉及以购进农产品为原料生产销售液体乳及乳制品、酒及酒精、植物油行业。试点纳税人仅是对购进农产品不再凭增值税扣税凭证抵扣增值税进项税额，除农产品以外购进货物、劳务、服务、不动产、无形资产等仍按照规定抵扣。之所以对农产品实行核定抵扣，其目的是从根本上消除虚开农产品收购或销售发票现象。

代垫运费巧操作　规避税收双博弈

在日常生产和经营过程中，企业总是会跟其他企业发生业务关系，从而产生相应的费用。但是，这些费用如何取得和支付，有时会影响到税收问题。而在具体操作过程中往往存在税收策划和合作双方的利益博弈问题。

实务案例：

万利服装有限责任公司是一家从事成衣制品的企业，其生产的服饰主要面对国内市场，2020年实现销售41 232万元。但是，由于国内市场竞争越来越激烈，企业在市场运作过程中面临许多困难，该年度实现利润401.26万元。为了增加企业的盈利能力，从2021年年初开始，公司在各个环节加强策划和运作，从而使企业在销售方面并没有明显增加的前提下，经济效益有了明显的提高。

但是，2021年5月16日，当地主管税务局的专业风险应对部门到该企业进行纳税评估过程中，发现该企业2021年第一季度发生的12笔代垫运费合计200万元，应当作为价外费用并入销售总额，计算缴纳增值税，合计应当补缴增值税：

2 000 000÷（1+13%）×13%=230 088.50（元）

这个意见让该企业的财务总监蔡之明十分困惑："自己明明是按照'代垫运费'的要求去操作的，为什么还被税务机关认定为'价外费用'？"

政策分析：

为了搞清楚这个问题，蔡之明向税务专家讨教。他将公司遇到的情况，通过邮件发给他曾经认识的专家，但是，不同的专家有不同的说法，这让他更加困惑。

笔者十分同情"蔡之明们"，因为仅仅通过邮件进行"纸上谈兵"，是很难得到真知灼见的。

比如向会计专家讨教，他们会告诉你代垫运费如何记账；向税务专家请教，他们会告诉你代垫运费的法律规定。但是，实际上，如果要正确处理相关事项，是需要将有关政策与相应的业务流程结合起来。

1. 代垫运费

所谓代垫运费，指本该由购货方承担的运费，由于承运人不便到购货方收款，而由销售方代购货方垫付给承运部门，然后向购买方收回代垫款项。

销售方发生的代垫运费，其实际付款者是购货方。销货方只是按照合同的约定，受购买方的委托，代购买方将其购买的货物委托承运部门运输到指定地点，代为垫付运输费用或代为办理托运手续并垫付运输费用，然后将垫付款向购买方收回。

在这里，实际发生的垫付款项金额是预先不能明确的，只有在委托承运部门运输时，才由承运部门依其承运价格及其他条件（重量或体积等）计算收取此笔运费，经购货方确认同意或约定授权由销货方视情况确定此笔运费金额后，由销货方将此笔运费垫付给承运部门。

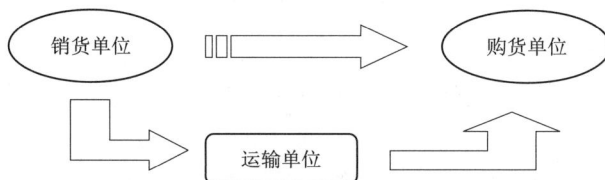

2. 价外费用

按照《增值税暂行条例》及其实施细则的规定，增值税的应税收入为纳税人销售货物或者应税劳务向购买方收取的全部价款和价外费用。所称价外费用，包括价外向购买方收取的手续费、补贴、基金、集资费、返还利润、奖励费、违约金、滞纳金、延期付款利息、赔偿金、代收款项、代垫款项、包装费、包装物租金、储备费、优质费、运输装卸费以及其他各种性质的价外收费。但不包括同时符合以下条件的代垫运输费用：一是承运部门的运输费用发票开具给购买方的；二是纳税人将该项发票转交给购买方的。除此外的凡价外费用，无论其会计制度如何核算，均应并入销售额计算应纳税额。

根据上述规定，代垫运费是代垫款项的一种，属于价外费用范畴。只有同时符合"承运部门的运费发票开具给购买方和纳税人将该项发票转交给购买方"两个条件的代垫运费，才不包括在货物销售的"价外费用"之中。

3. 混合销售行为

混合销售行为的特点是，一项销售行为如果既涉及应税劳务又涉及货物，销售货物与提供增值税非应税劳务是同一纳税人实现的，价款是同时从一个购买方取得的。也就是说，非增值税应税劳务是为直接销售一批货物而提供的，二者之间是紧密的从属关系。

税法对混合销售行为，是按"经营主业"来确定征税的，只选择一个税种，即增值税或营业税。从事货物生产、批发，或零售企业、企业性单位及个体经营者的混合销售行为，视为销售货物，应征增值税；其他单位和个人的混合销售行为，视为提供应税劳务，应当征收营业税。对混合销售行为的税务处理，属于应当征收增值税的，其销售额是货物与非应税劳务的销售额的合计，该非应税劳务的销售额应视同含税销售额处理。

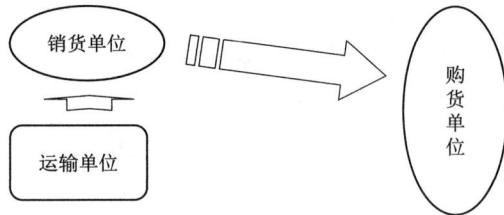

业务提示：

税法规定，同时符合两个条件的代垫运费不作为价外费用征收增值税，销售方不需承担相应的税收。因此，个别纳税人为追逐经济利益最大化，往往通过"两票结算"将价外费用策划成"代垫费用"，把应纳增值税的混合销售收入分解为产品销售收入和运费收入。其实，如此操作，可能存在很大的涉税风险。

"两票结算"指在货物购销活动中，凭货物发票和运输发票收取或支付货款和运费的结算方式。

按照《增值税暂行条例实施细则》的规定，同时符合"承运部门的运费发票开具给购买方和纳税人将该项发票转交给购买方"两个条件的代垫运费，是不包括在货物销售的"价外费用"之中的。

在实务过程中，对代垫运费的判定不仅要看形式，而且要看内容、看实质，即先判断购货方支付的运费在性质上是否是代垫费用，然后看形式上是否同时符合不属于价外费用的两个条件。因此，对于销货方而言，符合税法规定代垫运费的"两票结算"必须满足以下条件。

1. 销售行为发生地在销售方，运费的实际承担方为购买方

在销售过程中，销售企业以出厂价销售货物，在货物销售时凭按"出厂价"填开的货物发票和由销售方代付运费的运票向购货方收取货款和代垫运费，即按"发货制"销售商品，即销售行为发生地点是在销售方，计量验收在销售方进行，货物运送的责任在购买方，这才有了应由购买方把货物运回并支付运费的责任。反之，若采用的是"送货制"，即销售行为发生地点是在购买方，"货物到购买方质检计量确定购进结算价款"，则货物运送的责任在销售方，显然就不存在代垫费用的基础。

如果销售方的一项销售行为既涉及货物又涉及非应税劳务，为混合销售行为，应当缴纳增值税，其承担的运费能够作为增值税的扣除项目。对于购买方而言，货物购买地点在购买企业所在地，就没有支付运费的理由。

所以，代垫费用仅存在于"发货制"的销售方式中，对于实行"送货制"的销售行为只能实行"一票结算",即凭货物销售发票结算,视为混合销售行为缴纳增值税。

2.运输途中的货物风险承担者为购买方

判断是否属于"代垫费用"还以通过运输过程中的风险承担的角度去识别。在一般情况下,交易双方需要约定运输过程中发生的损失及纠纷的责任。如果在约定运输费用由购买方支付的同时,还明确约定了运输途中发生的损失及纠纷责任由购买者承担,方可视为真正意义上的销售方"代垫运费"行为。

《企业会计准则第十四号——收入》和国家税务总局《关于确认企业所得税收入若干问题的通知》(国税函〔2008〕875号)规定,企业销售商品同时满足下列条件的,应确认收入的实现:一是商品销售合同已经签订,企业已将商品所有权相关的主要风险和报酬转移给购货方;二是企业对已售出的商品既没有保留通常与所有权相联系的继续管理权,又没有实施有效控制;三是收入的金额能够可靠地计量;四是已发生或将发生的销售方的成本能够可靠地核算。

会计准则和税法对收入的确认,强调商品所有权相关的主要风险和报酬转移,以及售出的商品的管理权和控制权的行使,收入、成本能够可靠地计量核算。如果采用"货物到厂质检计量后确定购进结算价款"的方式,实质上销售行为发生地点是在购买方,货物运送(包括运输途中的风险)责任是在销售方,运费也由销售方承担,就不存在代垫费用的基础。

综上所述,凡是购销合同约定的价款只有一个而采用"两票结算",或者使用"货物到厂质检计量后确定购进结算价款"的交付方式,无论是否有代垫运费条款,均属于一项销售行为,既涉及应税劳务又涉及货物,销售货物与提供增值税非应税劳务(运费)是同一纳税人实现的,价款是同时从一个购买方取得的混合销售行为,应按销售方取得的全部价款(包括运费)缴纳增值税。供货商应向购买方提供货物销售发票(增值税专用发票或普通发票),购买方未按规定取得的发票(内容不真实且不是本企业的费用)一律不得抵扣进项税和用于税前扣除。

让利送券和返利　谁对老板更有利

华天时装经销公司是一家服装专业零售企业,一般纳税人。公司以几个世界名牌服装的零售为主,2020年度实现销售收入42 680万元,在当地拥有一定的知名度。2021年春节很快就要到了,公司的销售部准备这个黄金周开展一次促销活动,以提升该公司的盈利能力。

对于这个活动,公司的决策层很重视,他们给出活动的价格区间,经测算,如果将商品打八折让利销售,并且获得一定的销售量,企业可以维持在计划利润的水平上。因此,公司决定本次促销活动的目标销售额是5 000万元。

在促销活动的酝酿阶段，公司主管、市场部和财务部在具体促销方案上存在分歧。市场部经理认为采用赠送优惠券的方式可以增加销售量；财务部主管则认为如果采用让利销售的方式可以使公司少缴税；而公司总经理主张采用返还现金的方式进行促销。

由于大家从不同的角度考虑，而且讲得都有道理，彼此互不相让，谁也说服不了谁，最后没有达成一致意见。董事长觉得这个问题是一个专业性和政策性都很强的业务，因此，决定向普誉财税策划工作室的税务专家进行咨询。

策划预案：

普誉财税策划工作室派的税务专家认为：对于一个促销活动而言，在其他因素不变的条件下，税收成本的支出是活动成败的一个重要因素，所以，经营者应该充分考虑活动的涉税问题。但是，一项策划活动是否成功，其衡量的标准应当是与企业的发展目标结合起来。为了帮助该企业了解销售环节的涉税问题，并就促销活动的具体方法做出决策，咨询专家提出了三个操作方案，并且以 10 000 元销售额为一个单元做基数进行了分析和测算。

其一，让利（折扣）20% 销售，即企业将 10 000 元的货物以 8 000 元的价格销售，或者企业的销售价格仍为 10 000 元，但在同一张发票上反映折扣额为 2 000 元。

其二，赠送 20% 的购物券，即企业在销售 10 000 元货物的同时，另外再赠送 2 000 元的购物券，持券人还可以凭购物券购买商品。

其三，返还 20% 的现金，即企业销售 10 000 元货物的同时，向购货人赠送 2 000 元现金。

策划分析：

这三种方案是目前多数企业通常采用的促销方法，那么从税收的角度讲，各种促销方法的税收待遇如何？哪一种方法对企业更有利呢？税务专家在此具体计算分析如下（参与该次活动的商品的购进成本为含税价 6 000 元。经测算，每销售 10 000 元商品发生可以在企业所得税前扣除的工资和其他费用 600 元）。

税负测算：

为了简便起见，在这里仅分析增值税、企业所得税等两个主要税种。

1. 增值税的税收负担分析

增值税属于价外税，但是构成企业的现金流出项目，对企业的经营同样会产生影响。

方案一：让利 20% 销售商品。

因为让利销售是在销售环节将销售利润让渡给消费者，让利 20% 销售就是将计划作价为 10 000 元的商品以 8 000 元的价格销售出去。假设在其他因素不变的情况下，企业的税利情况如下。

应纳增值税额为：

（8 000−6 000）÷（1+13%）×13%=230.09（元）

方案二：赠送价值 20% 的购物券。

消费者每购买 10 000 元商品，商场赠送 2 000 元购物券，可在商场购物，实际上是商场赠送给消费者价值 2 000 元的商品（其购进价格为 1 200 元）。根据增值税暂行条例规定，这种赠送属于"视同销售货物"，应按规定计算缴纳增值税。该业务比较复杂，将其每个环节做具体的分解，计算缴税的情况如下。

（1）公司销售 10 000 元商品时，应纳增值税为：

10 000÷（1+13%）×13%-6 000÷（1+13%）×13%=460.18（元）

（2）赠送 2 000 元的商品，按照现行税法规定，应做视同销售处理，应纳增值税为：

2 000÷（1+13%）×13%-1 200÷（1+13%）×13%=92.04（元）

合计应纳增值税为：

460.18+92.04=552.22（元）

方案三：返还 20% 的现金。

应纳增值税额为：

[（10 000-6 000）÷（1+13%）]×13%=460.18（元）

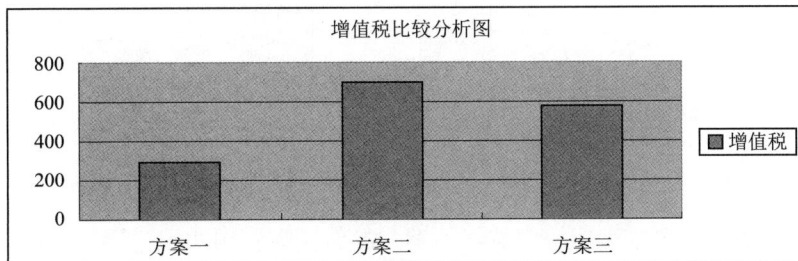

增值税比较分析图

将以上计算进行汇总分析：我们可以得出方案一增值税的税收负担最低的结论。那么，方案一是不是最佳方案呢？显然，此时就做出结论是不适合的。

2. 企业所得税的税收负担分析

我们假设将华天时装经销公司的促销活动单独进行企业所得税分析。

方案一：让利 20% 销售商品。

企业应纳企业所得税：

[（8 000-6 000）÷（1+13%）-600]×25%=292.48（元）

方案二：赠送价值 20% 的购物券。

根据企业所得税法规定，对于企业以"买一赠一"等方式组合销售本企业商品的，不属于捐赠，其成本可以在企业所得税前扣除。所以，企业应缴纳企业所得税：

[（10 000-6 000-1 200）÷（1+13%）-600]×25%=469.47（元）

方案三：返还 20% 的现金。

消费者每购买 10 000 元的商品，商场赠送 2 000 元现金。应把其作为应税所得的调增额，所以，企业应缴纳企业所得税：

[（10 000-6 000）÷（1+13%）-600]×25%=734.96（元）

将以上计算进行汇总分析：我们可以得出方案一企业所得税的税收负担最低的结论。

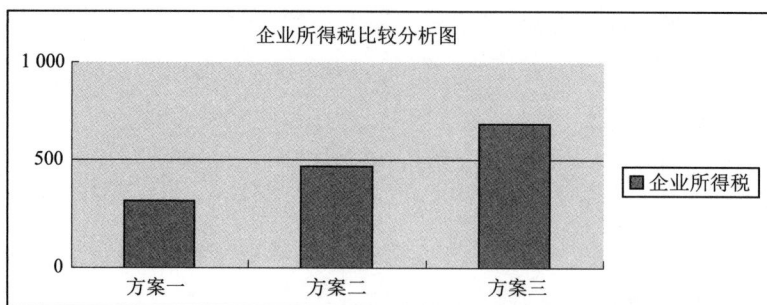

企业所得税比较分析图

将上述三个方案的税收负担情况进行综合分析，我们可得出方案一增值税和企业所得税最少的结论。

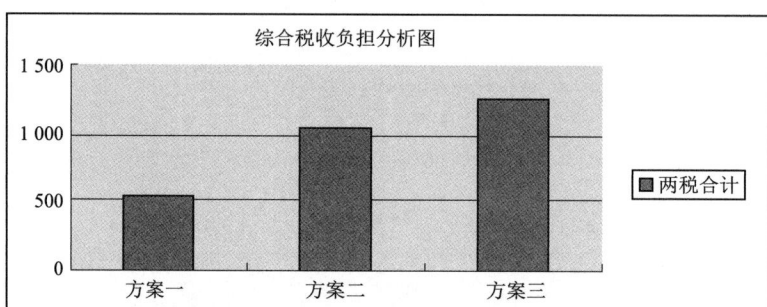

综合税收负担分析图

到这里，是不是就可以得出应当选择方案一的结论呢？事实上还不行，我们需要对投资的实际净收益进行具体分析。

3. 企业税后利润分析

方案一：让利 20% 销售商品。

在方案一所设定的条件下，企业的税后利润为：

（8 000－6 000）÷（1+13%）－600－292.48=877.43（元）

方案二：赠送价值 20% 的购物券。

在方案二所设定的条件下，企业的税后实际净利润额为：

（10 000－6 000－1200）÷（1+13%）－600－469.47=1 408.41（元）

方案三：返还 20% 的现金。

在方案三所设定的条件下，企业税后实际净利润额为：

（10 000－6 000）÷（1+13%）－600－2 000－734.96=204.86（元）

分析结论：

在规范操作的前提下，通过对照相关政策进行具体的测算，我们不难发现各种方案的优劣。方案二，企业销售 10 000 元商品实际支出价值 12 000 元的货物，企业可以获得 1 344.87 元的税后净利润；比方案一多获得 512.82 元的净利润，我们可以得出方案二企业的税后利润最多的结论。

各方案的税收负担及利润比较表   单位：元

方案	增值税	企业所得税	企业税后利润
方案一	230.09	292.48	877.43
方案二	552.22	469.47	1 408.41
方案三	460.18	734.96	204.86

从上面的分析我们可以发现，虽然打折销售可以获取税收上的优势，但是并不是最优选择。

深入分析：

通过调查我们发现，多数企业经常采用以让利销售和返利销售为实质内容的各种促进销售方式，目的是想通过增加销售额而获得利润的同步增长。但是，其中的税收因素很少有人顾及，以致许多企业做了出力不赚钱的买卖。

是不是在任何情况下，赠送购物券促销方式都比打折促销方式更为有利呢？如果考虑其他情况的结果又将如何？其实，企业的促销活动，除了需要考虑促销的目的以外，还要考虑与盈利活动有直接关系的相关因素。

华天时装经销公司从事的是服装经销业务，一般来说，服装经营的毛利率都比较高，特别是那些品牌服装就更是如此。但是，如果是商品毛利比较低的企业进行促销，其结果又将如何呢？下面我们不妨换个角度，对这个问题做进一步分析。

假设该公司参加促销活动商品的购进成本上升 1 000 元（成本由 6 000 元变为 7 000 元，其他条件不变），仅对打折销售和赠送购物券两种情况做一个分析。

1. 打折销售

假设商场每销售 10 000 元的商品，其成本为 7 000 元，商场为增值税一般纳税人，其所得税率为 25%。在促销过程中打 8 折销售，也就是说消费者每购买 10 000 元商品，实际支付 8 000 元，商场实现 8 000 元的销售收入，其纳税情况和获利情况如下。

（1）企业应缴增值税：

（8 000−7 000）÷（1+13%）×13%=115.04（元）

（2）企业应纳企业所得税：

[（8 000−7 000）÷（1+13%）−600]×25%=71.24（元）

（3）企业可以获得税后净利润：

（8 000−7 000）÷（1+13%）−600−71.24=213.72（元）

2. 赠购物券销售

消费者每购买 10 000 元商品，商场赠送 2 000 元购物券，可在商场购物，实际上是商场赠送给消费者价值 2 000 元的商品（其成本为 1 400 元）。根据增值税暂行条例规定，这种赠送"视同销售货物"，应缴纳增值税，并且根据企业所得税法规定，对于非公益性捐赠行为，其捐赠支出不得在企业所得税前扣除，即应把其作为应税所得的调增额，其纳税情况和获利情况如下。

（1）企业应缴增值税：

（10 000+2 000-7 000-1 400）÷（1+13%）×13%=414.16（元）

（2）企业应缴所得税：

[（10 000-7 000-1 400）÷（1+13%）-600]×25%=203.98（元）

（3）企业可以获得税后净利润：

（10 000-7 000-1 400）÷（1+13%）-600-203.98=611.95（元）

单位：元

方案	增值税	企业所得税	企业税后利润
打折销售	115.04	71.24	213.72
赠购物券	414.16	203.98	611.95

策划结论：

通过以上分析，我们可以做出这样的小结。

企业进行促销，在一般情况下送券可以扩大销售量，扩大企业的影响，提高企业商品的市场占有率。但是，与此有关的税金和费用也随之增加。如果考虑盈利为目的，以下的策划思路可以考虑。

（1）购销差价是税收策划需要考虑的重点问题。如果商品的购进成本较高，购销差价比较小，那么，采用赠送购物券就比较合算；反之，如果商品的购销差价比较大，则采用打折销售的方式就比较讨巧。

（2）个人所得税代扣代缴问题影响企业的经营业绩。如果促销商品需要代扣代缴个人所得税，而个人所得税的适用税率较高，则对企业的经营成果产生较大的影响。

（3）进行促销活动的税收策划需要关注促销活动的最终目的。商品零售企业在选择促销方式时，切不可只考虑节税效益，而要从企业整体的盈利能力方面加以考察。在实务中，纳税越少并不意味着获利越大，进行让利促销方式的选择，务必要从企业的实际情况出发，事先做好策划，选择较优的促销方式，这样才能确保企业利益最大化。

策划难点：

本案例更多地考虑到操作过程中的涉税风险，如果企业能够规范操作，情况还可以做出调整，比如"买一送一"或者购物送券中的"赠送货物"，如果能够在业务流程中规范成有偿赠送，就可以不做视同销售处理……笔者在《企业涉税风险的表现及规避技巧》一书中曾对部分企业的业务流程进行过研究，从而得出一个结论性意见：企业的涉税风险几乎占80%以上不是在会计和财务环节产生的。销售活动就是如此，对于销售环节的一项活动，就可能影响该企业的所有税种的税收负担，而销售环节的具体活动又往往是企业的销售人员或者普通职工来进行的，他们往往缺乏起码的税收策划意识，从而导致一个良好的促销活动，由于税收问题增加了企业的负担且达不到预期的效果。

政策链接：

《财政部 税务总局关于个人取得有关收入适用个人所得税应税所得项目的公告》（财政部 税务总局公告 2019 年第 74 号）第三条明确，企业在业务宣传、广告等活动中，随机向本单位以外的个人赠送礼品（包括网络红包，下同），以及企业在年会、座谈会、庆典以及其他活动中向本单位以外的个人赠送礼品，个人取得的礼品收入，按照"偶然所得"项目计算缴纳个人所得税，但企业赠送的具有价格折扣或折让性质的消费券、代金券、抵用券、优惠券等礼品除外。

前款所称礼品收入的应纳税所得额按照《财政部 国家税务总局关于企业促销展业赠送礼品有关个人所得税问题的通知》（财税〔2011〕50 号）第三条规定计算。

财政部、国家税务总局《关于企业促销展业赠送礼品有关个人所得税问题的通知》（财税〔2011〕50 号）第三条，企业赠送的礼品是自产产品（服务）的，按该产品（服务）的市场销售价格确定个人的应税所得；是外购商品（服务）的，按该商品（服务）的实际购置价格确定个人的应税所得。

第三章

消费税

白酒需缴消费税　销售公司来运筹

清远酿酒有限公司主要生产粮食白酒，是一个大型骨干企业。以前该企业的产品销售是按照计划经济的模式来进行的，产品按照既定的渠道销售给全国各地批发商。随着市场的日益活跃，商品销售出现了多元化的格局，部分消费者也直接到生产企业买一定数量的白酒。按照以往的经验，本市的一些商业零售户、酒店、消费者每年到企业直接购买的白酒大约5 000 箱（每箱 20 斤）。

策划预案：

该公司的董事长李康 2020 年年底参加一个税收策划高级研讨班，通过学习，他受到很多启发。于是决定将咨询专家请到公司进行现场指导。普誉财税策划工作室的税务专家马云峰对该公司的生产和经营情况进行了分析，并提出一些有针对性的意见。

咨询专家结合公司的经营情况，认为在经营模式上有两个操作方案：一是产销合一模式；二是产销分离模式。

政策分析：

《中华人民共和国消费税暂行条例》第二条规定，消费税的税目、税率，依照本条例所附的《消费税税目税率表》执行。其中白酒的税率复合税率：按 20% 比例税率加 0.5 元 /500克（或者 500 毫升）的固定税率。

《中华人民共和国消费税暂行条例》第五条规定，消费税实行从价定率、从量定额，或者从价定率和从量定额复合计税（以下简称复合计税）的办法计算应纳税额。应纳税额计算公式：

实行从价定率办法计算的应纳税额 ＝ 销售额 × 比例税率

实行从量定额办法计算的应纳税额＝销售数量 × 定额税率

实行复合计税办法计算的应纳税额＝销售额 × 比例税率 + 销售数量 × 定额税率

纳税人销售的应税消费品，以人民币计算销售额。纳税人以人民币以外的货币结算销售额的，应当折合成人民币计算。

《中华人民共和国消费税暂行条例》第十条规定，纳税人应税消费品的计税价格明显偏低并无正当理由的，由主管税务机关核定其计税价格。

《中华人民共和国消费税暂行条例实施细则》第十五条规定，消费税法所称同类消费品的销售价格，指纳税人或者代收代缴义务人当月销售的同类消费品的销售价格，如果当月同类消费品各期销售价格高低不同，应按销售数量加权平均计算。但销售的应税消费品有下列情况之一的，不得列入加权平均计算：

（一）销售价格明显偏低并无正当理由的；

（二）无销售价格的。

如果当月无销售或者当月未完结，应按照同类消费品上月或者最近月份的销售价格计算纳税。

策划计算：

改变了经营模式，就能够给企业带来税收上的利益吗？我们不妨进行具体分析和测算。

方案一：产销合一模式。

商业零售户、酒店、消费者直接到公司购买的白酒大约 5 000 箱（每箱 20 斤），其具体操作流程图如下。

在此模式下清远酿酒有限公司应纳消费税为：

5 000 × 480 × 20%＋20 × 5 000 × 0.5＝530 000（元）

方案二：产销分离模式。

企业在本市设立了一个独立核算的白酒经销部，其具体操作流程图如下。

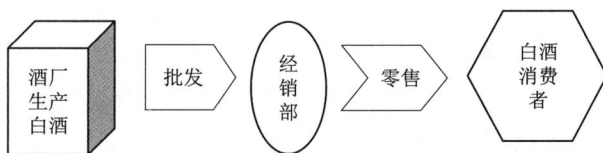

在此模式条件下，公司按照给其他批发商的产品价格与经销部核算，每箱 400 元，经销部再以每箱 480 元的价格对外销售。粮食白酒适用消费税税率 20%。如果 2020 年度的销售额与往年持平，则清远酿酒有限公司应缴纳消费税额分析如下。

本期应纳消费税为：

5 000×400×20%+20×5 000×0.5=450 000（元）

策划结论：

通过策划我们可以发现，清远酿酒有限公司仅当地的经营模式做了一个调整，就可以增加 80 000 元（530 000−450 000）的收益。可以试想，如果在各中心城市都按此方案操作，情况又将如何？

专家点评：

如果当地税务机关有证据对销售公司的地位不予认可，或者对销售价格有疑义，则策划将会流产。比如白酒企业的策划就比较困难，因为，《国家税务总局关于加强白酒消费税征收管理的通知》（国税函〔2009〕380 号）对此进行了限制。该文件明确，2009 年 8 月 1 日起白酒生产企业销售给销售单位的白酒，生产企业消费税计税价格低于销售单位对外销售价格（不含增值税，下同）70% 以下的，税务机关应核定消费税最低计税价格。这里的销售单位指，销售公司、购销公司以及委托境内其他单位或个人包销本企业生产白酒的商业机构。销售公司、购销公司指，专门购进并销售白酒生产企业生产的白酒，并与该白酒生产企业存在关联性质。包销指，销售单位依据协定价格从白酒生产企业购进白酒，同时承担大部分包装材料等成本费用，并负责销售白酒。

该文件同时还明确了白酒消费税最低计税价格核定的标准：（一）白酒生产企业销售给销售单位的白酒，生产企业消费税计税价格高于销售单位对外销售价格 70%（含 70%）以上的，税务机关暂不核定消费税最低计税价格。（二）白酒生产企业销售给销售单位的白酒，生产企业消费税计税价格低于销售单位对外销售价格 70% 以下的，消费税最低计税价格由税务机关根据生产规模、白酒品牌、利润水平等情况在销售单位对外销售价格 50% 至 70% 范围内自行核定。其中生产规模较大，利润水平较高的企业生产的需要核定消费税最低计税价格的白酒，税务机关核价幅度原则上应选择在销售单位对外销售价格 60% 至 70% 范围内。

已核定最低计税价格的白酒，生产企业实际销售价格高于消费税最低计税价格的，按实际销售价格申报纳税；实际销售价格低于消费税最低计税价格的，按最低计税价格申报纳税。已核定最低计税价格的白酒，销售单位对外销售价格持续上涨或下降时间达到 3 个月以上、累计上涨或下降幅度在 20%（含）以上的白酒，税务机关重新核定最低计税价格。

后来，国家税务总局又通过《关于白酒消费税最低计税价格核定问题的公告》（国家税务总局公告 2015 年第 37 号）明确，自 2015 年 6 月 1 日起，纳税人将委托加工收回的白酒销售给销售单位，消费税计税价格低于销售单位对外销售价格（不含增值税）70% 以下，属于《中华人民共和国消费税暂行条例》第十条规定的情形，应该按照《国家税务总局关于加强白酒消费税征收管理的通知》（国税函〔2009〕380 号）规定的核价办法，核定消费税最低计税价格。

上述销售单位指《国家税务总局关于加强白酒消费税征收管理的通知》（国税函〔2009〕380 号）附件《白酒消费税最低计税价格核定管理办法（试行）》第三条规定的情形。

失之东隅未可知　收之桑榆得利益

在日常生活中，简单的事情比较好处理，但是，如果遇到相对比较复杂的事情，"失之东隅，收之桑榆"的事情便时有发生，税收策划就是如此。由于人们习惯于处理简单的事情，或者以直觉做出判断，所以，在处理涉税事项的时候，往往先入为主，顾此失彼，从而给有关企业带来涉税风险。

实务案例：

金沙酒业股份有限公司（以下简称金沙公司）是 2019 年 12 月底成立的一家白酒生产企业，2020 年实现销售 32 350 万元，是增值税一般纳税人。实现增值税 1 811.6 万元，增值税的税收负担率为 5.6%，实现消费税 6 470 万元（该企业的销售收入全部为应税收入，消费税适用税率 20%），而企业的经营成果则为 1 050 万元。

在年初研究 2021 年度的生产计划时，大家分析上年度的生产和经营情况过程中发现，企业的费用支出中的主要项目就是消费税。董事长于是提出应当对消费税进行策划。该企业的财务总监接受了这个重任。不久，他参加了一个税收策划培训班，通过这个培训，他掌握了一个策划思路，即白酒制造业的税收策划应当按"产销分离"经营模式，也就是下设一家独立核算的酒业销售子公司，主要从事生产企业制造出的高档白酒和低档白酒的销售。

白酒的消费税负担比较重，对消费税的策划，最直接的操作方法就是减少消费税的计税依据。为了适当降低计税价格，少缴消费税，张总监对母公司进行了税收策划。

张总监研究了酒类关联企业的有关税收规定，发现税法对企业销售产品的定价只作了原则性规定，即按照独立企业之间的业务往来作价。如果纳税人与关联企业之间的购销业务，不按照独立企业之间的业务往来作价的，税务机关可以依法核定。而税务机关的核定价格往往对企业有利，于是，他们就采用让税务机关进行核定的办法确定销售价格。

金沙公司生产的白酒的实际平均利润为 30%（内部掌握的数据），但是由于全部出售给子公司，没有销售给无关联关系的第三者，所以，也就没有第三方的可比价，当地税务机关核定了行业最低利润率为 10%，母公司就采用了生产成本加不低于 10% 的利润率方法算出了销售价，以此销售价将货物转让给了子公司，也得到了当地税务机关的认可。

根据这个操作意见，该公司通过策划使消费税下降了。

32 350×20%×20%=1 294（万元）

作为生产企业的母公司采用生产成本加不低于 10% 的利润率方法确认的价格，将白酒转让给子公司，是税务机关可以接受的最低价格，通过分析我们可以发现，在这样的情况下，公司所缴纳的消费税最少。

2021 年企业的经营业绩与上年持平，但是，由于受到大气候不景气的影响，其经营成果还不如上年。作为费用支出的重要项目——消费税比上年下降了许多，为什么反而经营成果不如上年呢？

具体分析才发现母公司无法预料的费用支出很多，为了进一步扩大市场影响，公司开展了大量的促销宣传活动，仅有10%的销售利润无法弥补母公司庞大的费用支出，年终结算时，母公司出现了高达1 000万元的亏损。

而子公司则由于没有多少费用支出，白酒进价较低致使销售利润较高，扣除各项可以支出的项目后，年终利润高达3 000万元。子公司的企业所得税适用税率为25%，因此，该公司应当缴纳750万元企业所得税。

从集团公司整体的角度来看，当年实现的税后利润仅有1 250万元（3 000-750-1 000）。

一边是巨额亏损，一边是巨额的利润和所得税支出，张总监的策划方案受到了公司领导层的非议。

策划分析：

张总监的策划方案存在什么问题？为了解决这个问题，公司领导决定聘请税务策划专家到现场进行策划咨询。

对于白酒产品的生产企业来说，消费税是一个重要税种，也是构成企业成本的重要方面，所以，张总监的策划方案重点是放在如何节约消费税的支出方面。但是，从目前的结果来看，将计税价格调整到法定的最低水平，从而节约消费税的方案对集团整体来说不一定是最佳方案。因为节省消费税支出是为了追求更大的利润，但是，目前的情况是并没有达到集团利润的最大化。

税务专家深入该企业集团，详细了解了企业近年来的情况，发现该集团从整体的角度讲近年来一直是盈利。因此，在集团企业统算连年是盈利的前提下，首先要保证母子公司都要盈利，最起码是零利润，也就说没有亏损，可以试着以保本点（零利润）为基础计算母公司应有的利润比率。

假设2021年的经营水平与2020年持平，如果要维持母公司在保本经营状态，则需把这1 000万元的亏损额通过增加销售收入的方法，转移到销售利润中去，在这样的操作思路下，应当增加的销售收入为：

1 000÷（1-20%）=1 250（万元）

因为增加了母公司的销售额，于是同时增加了该公司的消费税支出。

1 250×20%=250（万元）

这样，母公司不再亏损，税后利润为0；而子公司增加了1 250万元的成本支出，实际利润变为：

3 000-1 250=1 750（万元）

税后利润为：

1 750×（1-25%）=1 312.5（万元）

从企业集团的角度讲，合计实现利润为：

0+1 312.5=1 312.5（万元）

策划结论：

与原来的方案比较，可为企业集团增加税后净利润62.5万元（1 312.5−1 250）。

专家点评：

税收策划是一门综合性学科，在日常涉税事项处理过程中，如果想进行税收策划，就需要策划拥有全面的观点、发展观点、辩证的观点和综合的观点来分析问题和解决问题。

对于金沙公司而言，从表面来看，企业的策划是有依据的。由于酒类产品不同于卷烟产品，品种繁多，国家没有也不可能像卷烟产品那样，按卷烟品牌统一规定消费税最低计税价格。当前税务机关与企业之间关于计税依据是否偏低的争议解决，主要是根据《国家税务总局关于酒类产品消费税政策问题的通知》（国税发〔2002〕109号）的有关规定，即"关于酒类生产企业利用关联企业之间关联交易规避消费税问题，根据《税收征收管理法实施细则》第三十八条规定，纳税人与关联企业之间的购销业务，不按照独立企业之间的业务往来作价的，税务机关可以按照下列方法调整其计税收入额或者所得额，核定其应纳税额：（一）按照独立企业之间进行相同或者类似业务活动的价格；（二）按照再销售给无关联关系的第三者的价格所取得的收入和利润水平；（三）按照成本加合理的费用和利润；（四）按照其他合理的方法。"只要企业在税法所规定的范围内进行操作，税务机关就不会干预。

但是，有关企业要进行涉税策划的操作，在实务操作过程中应当注意以下几点。

（1）税收策划的目的是实现投资人的利益最大化。有时税少缴了，不一定就是一个好的方案，因为税少缴了，可能税后利益不一定最大。

（2）税收策划是对企业多方面的因素综合分析和综合策划的结果，不能仅将目光局限在一个税种或者一个经济要素上，应当将多税种进行综合策划。对于本案而言，张总监的策划使消费税下降，却使企业所得税上升，结果使企业的总体税收负担增加了。这就说明消费税策划为最低并不一定带来集团利益的最大化，还需要认真考虑企业所得税的支出。在不考虑其他因素的前提下，消费税的增长与企业所得税的下降存在对应关系，如果将其平衡点把握好，可以实现企业利益最大化。

（3）在具体策划过程中应注意抓住主要矛盾，白酒消费税的适用税率为20%（从2006年4月1日起为20%），而企业所得税的适用税率25%，该企业转移过去的利润尽管可以免征20%的消费税却需要征收25%的企业所得税，其中相差5%是问题的关键。

（4）本案例的测算是建立在企业集团连年盈利的前提下，连年亏损就不一定适用，则需另外测算。以保本点作为计算和策划的基础，从销售环节着眼，如果从费用的角度去分析，则将又是另外一种方法和操作思路。

销售价格有策略　盈利水平可调节

高峰烟草集团是一家大型烟草生产企业，其下属的金龙卷烟厂生产的乙类卷烟，其市场售价为不含增值税价每箱 600 元对外零售，其税收负担比较高。随着市场竞争越来越激烈，企业的利润受到挤压，另外，税收政策的调整，也给企业的生产和经营产生较大的影响。

为了扩大企业的利润空间，企业号召各部门增收节支，开源节流。

财务总监认为，在税收上还可以动动脑筋。为了减少操作风险，他们请来了普誉财税策划工作室的税务专家。

策划分析：

税务专家对该企业的税收会计核算情况、税收环境和当地税务机关的管理特点进行了综合全面的分析和论证。他们发现以下问题。

（1）该企业的经济业务的涉税事项处理得比较妥当，从企业的会计核算情况，报送的税收资料等方面来看，都没有发现存在明显的破绽。

（2）该企业的业务流程相对简单明了，其主要原因是产品的操作流程简单，没有办法通过生产流程来做什么文章。

（3）由于该企业处于经济相对欠发达地区，地方税源较少，税务管理风格偏严格，该企业属于当地的税源大户，当地税务机关对其实行重点管理。

策划建议：

普誉财税策划工作室的咨询专家认为：该企业如果要在税收上策划，只能通过转让定价的手段来进行。但是如果要在当地操作，则操作不当很可能被认定为偷税。因此，建议在邻近县市组建一个"非关联企业"，然后通过公开招标定价的方式，将生产企业的产品销售给所注册的"非关联企业"，该企业再以市场价格对外销售。

策划计算：

2021 年年初，金龙卷烟厂接受了税务顾问的建议，该企业集团在烟草生产企业的邻近市区设立了一个独立核算的经销公司，金龙卷烟厂以不含税价每箱 500 元的价格销售给经销公司 50 000 箱（鉴于策划前后从量计征的定额税率不受策划影响，故在此不做计算分析）。

策划前应纳按比例税率计算缴纳消费税税额：

$600 \times 50\,000 \times 40\% = 12\,000\,000$（元）

策划后应纳按比例税率计算缴纳消费税税额：

$500 \times 50\,000 \times 40\% = 10\,000\,000$（元）

策划结果：转移定价前后的差异如下。

$12\,000\,000 - 10\,000\,000 = 2\,000\,000$（元）

策划结论：

转移定价使金龙卷烟厂减少了 2 000 000 元的消费税的税收负担。

策划点评：

在市场经济条件下，商品价格由生产商品的成本水平和社会平均利润水平决定，并受市场供求关系的影响。也就是说，同类商品一般存在一个统一的市场价格标准。但是，作为市场主体的企业，对其所经营商品价格的制定具有法定的自主权，只要买卖双方都愿意接受，某种商品的交易价格可以高于或低于其市场标准价格。

这样，一些大型集团公司，尤其是跨国集团，可利用关联企业之间的业务往来，对贷款利息、租金、服务费、货物等制定其特殊的内部交易价格，以实现企业经营的各种战略目标，比如，避免或递延企业所得税，减轻关税；减轻风险或在某些情况下有效地扼制对手的竞争等。

以减轻集团公司整体税负为目的的转让定价基本做法如下。

在关联企业之间进行的货物、劳务、技术和资金交易中，当卖方处于高税区而买方处于低税区时，其交易就以低于市场价格的内部价格进行；而当卖方处于低税区买方处于高税区时，其交易就以高于市场价格的内部价格进行。转让定价是企业进行纳税策划的基本方法之一，广泛地被各企业运用于各税种的纳税策划中，并不仅限于消费税方面。

因此，关联企业中生产（委托加工、出口）应税消费品的企业，如果以较低但不违反公平交易的销售价格将应税消费品销售给其独立核算的销售部门，则可以降低销售额，从而减少应纳消费税税额。而独立核算的销售部门，由于处在销售环节，只缴纳增值税，不缴纳消费税，可使集团的整体消费税税负下降，但增值税税负不变。因此，在通过机构进行税收策划的过程中应当注意，如果经销部为非独立核算形式，则起不到节税的效果。

另外，还需要提醒纳税人注意的是，财政部、国家税务总局《关于调整卷烟消费税的通知》（财税〔2015〕60 号）明确，自 2015 年 5 月 10 日起将卷烟批发环节从价税税率由 5% 提高至 11%，并按 0.005 元／支加征从量税。纳税人兼营卷烟批发和零售业务的，应当分别核算批发和零售环节的销售额、销售数量；未分别核算批发和零售环节销售额、销售数量的，按照全部销售额、销售数量计征批发环节消费税。

兼营产品获利多　项目复杂风险烦

美芳化妆品厂是一家新办的日用化学品生产企业，既生产化妆品，又生产护肤护发品。由于该企业经营有方，2018 成立以来一直产销两旺，当年就取得不含增值税的销售收入 945 万元的喜人成绩。

但是，2021 年 4 月 18 日，当地主管税务机关对美芳化妆品厂 2020 年度的消费税专项检查，发现该企业偷税 77 万元。这使该企业的负责人成明大吃一惊。

税务稽查：

原来，该企业 2020 年度生产化妆品 595 万元，护肤护发品 350 万元。由于该厂的生产没有做出计划，而是根据所接的订单进行生产的，在生产的过程中，并没有将不同产品的料工费进行具体的划分；在财务上也没有分别核算不同税率产品的销售额，财务人员只是根据发票的开具情况，再根据消费税的税目税率表所列的化妆品适用税率为 30%，护肤护发品适用税率为 8% 分别计算缴税的。那么，依税法规定，纳税人没有分别核算不同税率产品成本和销售情况的，应该就全部销售额按最高税率，即 30% 计算应纳消费税，而不能以 8% 的低税率计算其中任何一部分的应纳税额。

因此，该企业 2020 年度应该补缴消费税为：

3 500 000 ×（30%-8%）=770 000（元）

根据《税收征管法》第六十三条的规定，美芳化妆品厂的上述行为属于偷税，因此，除责令补缴上述税款以外，还处以一倍的罚款。

政策分析：

消费税是按项目征税的一个税种，对于企业兼营不同税率应税消费品的税务处理做了明确的规定。

（1）凡生产、进口、委托加工应税消费品的单位和个人，均应根据产品所对应的税目，按照消费税税目税率表所规定的税率（税额），计算缴纳消费税。

（2）纳税人兼营不同税率的应税消费品，应当分别核算不同税率应税消费品的销售额、销售数量，按不同税率分别征税。未分别核算销售额、销售数量的，从高适用税率。

纳税人兼营不同税率的应税消费品，指纳税人生产销售两种税率以上的应税消费品。所谓"从高适用税率"，就是对兼营高低不同税率的应税消费品，当不能分别核算销售额、销售数量时，就以应税消费品适用的最高税率与混合在一起的销售额或销售数量相乘，得出应纳消费税额。

（3）纳税人将不同税率的应税消费品组成成套消费品销售的，从高适用税率。

企业会计人员应针对消费税的税率多档，根据税法的基本原则，正确进行必要的合法核算和分开核算，以求达到合理策划目的。当企业兼营多种不同税率的应税消费产品的，应当分别核算不同税率应税消费品的销售额、销售数量。因为税法规定，未分别核算销售额、销售数量，或者将不同税率的应税消费品组成成套消费品出售的，应从高适用税率。这无疑增加企业的税收负担。

风险点评：

进行正确的税收核算，降低纳税成本是企业最低层次的税收策划，这是每一个企业都必须做到的，也是最基本的税收策划。

在消费税的日常管理过程中，公司是否独立核算是利用公司策划税收的关键，而分开核算是策划兼营业务的基础。

在日常的生产和经营过程中，规避涉税风险是纳税人第一要义，所以，应当根据企业的税种和税收政策的执行情况确认会计核算方式。比如，对于事业部制的白酒经销部的策划关键是经销部的核算方式，如果经销部为非独立核算形式，税法规定，纳税人通过自设非独立核算门市部销售的自产应税消费品，应当按照门市部对外销售额或者销售数量计算征收消费税。那么，企业仍需要按照经销部对外销售的价格计算缴纳消费税，则起不到节税的效果。税法对独立核算的门市部则没有限制。而独立核算的销售部门，由于处在销售环节，只缴纳增值税，不缴纳消费税，那么，从整个生产和销售链的角度来看，可使整体消费税税负下降，但增值税税负不变。

对于生产各种适用不同税率消费税应税产品的企业来说，其关键在于对产品分别核算，否则就会"从高适用税率"，从而增加企业的税收负担。消费税的纳税行为发生在生产领域（包括生产、委托加工和进口），而非流通领域或终极消费环节（金银首饰除外）。因而，相关企业中生产（委托加工、出口）应税消费品的企业，在零售等特殊情况下，如果以较低但不违反公平交易的销售价格将应税消费品销售给其独立核算的销售部门，则可以降低销售额，从而减少应纳消费税税额。

机构整合消费税　政策底线有规范

苏源酿酒公司是江南某市的一家酿酒企业，主要生产粮食白酒，其产品销售给全国各地的批发商，2020 年度实现销售 23 500 万元。考虑到本市的零售商和部分消费者也到厂里来直接进货，经常造成工作上的差错，企业也因此蒙受不小的损失。

企业策划：

2020 年公司领导决定按职能分工进行专业化管理。对周边地区县市的业务单独成立事业部制的经销部，专门负责零售业务。为了加强对经销部的管理，总公司对经销部实行"物流分类管理，财务统一核算"的思路。经销部的两名职工采取积极的营销策略，取得了明显的销售业绩，公司也因此实现了利润大幅增长的目标。

税务稽查：

2021 年 2 月 18 日，当地主管税务机关到苏源酿酒公司对该企业 2020 年度的消费税纳税情况进行了检查。

在检查过程中发现，该企业设在各市的经销部计税方法上存在问题。该企业按照给其他批发商的产品价格与经销部核算，每箱 400 元，经销部再以每箱 500 元的价格对外销售。财务人员按每箱 400 元的价格作为经销部应纳消费税的计税依据计算缴纳消费税，按照税法规定，应按经销部对外的销售价格计算缴纳消费税。这里以一个经销部为例，2020 年度该经销部全年共向本市销售 20 000 斤（1 000 箱）。那么，经销部 2020 年应缴纳消费税为（粮食白酒适用消费税税率 20%）：

1 000×500×20%+1 000×20×0.5=110 000（元）

通过检查，该公司二十多个经销部合计少缴消费税454万元。根据《税收征管法》第六十三条的规定，苏源酿酒公司的上述行为属于偷税，因此，除责令补缴上述税款以外，还处以一倍的罚款。

政策分析：

对于税务稽查的结果和处理意见苏源酿酒公司的领导表示不理解，税务稽查人员解释：该公司问题的关键是经销部的会计核算方式不正确，如果采用独立核算方式，问题就可以迎刃而解。这里仍以上述经销部为例，在独立核算的情况下，经销部应纳消费税为：

1 000×400×20%+1 000×20×0.5=90 000（元）

总而言之，如果苏源酿酒公司采用独立核算方式，就可以节税20 000元（110 000－90 000），同时还可以避免被确认为偷税而遭受的行政处罚。

涉税点评：

苏源酿酒公司产生涉税风险的根本原因，在于公司的组织架构发生了变化以后，有关配套措施没有跟得上去。

事业部制是分级管理、分级核算、自负盈亏的一种形式，即一个公司按地区或按产品类别分成若干个事业部，从产品的设计，原料采购，成本核算，产品制造，一直到产品销售，均由事业部及所属工厂负责，实行单独核算，独立经营，公司总部只保留人事决策，预算控制和监督大权，并通过利润等指标对事业部进行控制。有的事业部只负责指挥和组织生产，不负责采购和销售，实行生产和供销分立，但这种事业部正在被产品事业部所取代。还有的事业部则按区域来划分。

事业部制组织结构的优点是企业行政首脑可以摆脱日常事务，集中精力考虑全局问题；事业部实行独立核算，更能发挥经营管理的积极性，更利于组织专业化生产；各事业部之间比较和竞争有利于企业的发展。事业部制组织结构的缺点是企业与事业部的职能机构重叠，构成管理人员浪费；事业部实行独立核算，各事业部只考虑自身的利益，影响事业部之间的协作，一些业务联系与沟通往往也被经济关系所替代。

事业部制组织结构适用于规模庞大，品种繁多，技术复杂的大型企业，是国外较大的联合公司所采用的一种组织形式，近几年我国一些大型企业集团或公司也引进了这种组织结构形式。

现在的问题，日常机构认定操作方式与税法所确认的方式是否一致，这是问题的关键。税法所述"纳税人通过自设非独立核算门市部销售的自产应税消费品"中的"非独立核算门市部"是否包括"非独立核算销售公司"的问题明确规定：《消费税若干具体问题规定》规定的"非独立核算门市部"的概念是一个大概念，它涵盖所有生产企业自设的非独立核算的应税消费品的销售单位。

政策背景：

国家税务总局《关于酒类产品消费税政策问题的通知》（国税发〔2002〕109号）：

近接一些地区反映，基层税务机关在白酒专项检查中发现了一些政策界限不够清晰、处理尺度难以掌握的业务问题，要求总局予以明确，经研究，现明确如下：

一、关于酒类生产企业利用关联企业间关联交易规避消费税问题

根据《中华人民共和国税收征收管理法实施细则》第三十八条规定，纳税人与关联企业之间的购销业务，不按照独立企业之间的业务往来作价的，税务机关可以按照下列方法调整其计税收入额或者所得额，核定其应纳税额：

（一）按照独立企业之间进行相同或者类似业务活动的价格；

（二）按照再销售给无关联关系的第三者的价格所取得的收入和利润水平；

（三）按照成本加合理的费用和利润；

（四）按照其他合理的方法。

对已检查出的酒类生产企业在本次检查年度内发生的利用关联企业关联交易行为规避消费税问题，各省、自治区、直辖市、计划单列市国家税务局可根据本地区被查酒类生产企业与其关联企业间不同的核算方式，选择以上处理方法调整其酒类产品消费税计税收入额，核定应纳税额，补缴消费税。

二、关于粮食白酒的适用税率问题

（一）对以粮食原酒作为基酒与薯类酒精或薯类酒进行勾兑生产的白酒应按粮食白酒的税率征收消费税。

（二）对企业生产的白酒应按照其所用原料确定适用税率。凡是既有外购粮食，或者有自产或外购粮食白酒（包括粮食酒精），又有自产或外购薯类和其他原料酒（包括酒精）的企业其生产的白酒凡所用原料无法分清的，一律按粮食白酒征收消费税。

产品属于上下游　协同操作利增厚

永昌实业总公司由长虹公司、长达公司两个公司组成，两个企业处于一个生产链上，进行连续加工，长虹公司生产的甲产品为长达公司生产乙产品提供原料。长虹公司每提供一吨产品，长达公司也可以生产一吨产成品。

长虹公司产品适用税率为30%，长达公司产品适用税率为5%；长虹公司产品销售价格100万元／吨，长达公司产品销售价格为120万元／吨。由于两企业承包给了两个外地人进行经营和管理，大家按照目标管理的思路进行分析核算和运作。由于产品拥有较好的市场占有率，2020年企业取得了较好的经济效益。

2020年年底永昌实业总公司的董事长李斌参加了一个税收策划讲座，在会上，李斌了解

到"税收策划"的新理念，就联想到本企业目前的经营情况：为什么不请税务专家来企业看一看呢。

于是，回到企业后，他就聘请普誉财税策划工作室的专家到企业做客。小方和老王应邀到该企业做客，当他们在闲聊中得知该企业 2021 年长达公司已经获得 10 000 吨的销售合同之后，就发现了商机：永昌实业公司应该怎样安排生产和销售？

策划测算：

如果按照现行计划安排生产和销售，公司每吨产品的应纳消费税情况如下。

长虹公司销售每吨产品应缴纳消费税：

100×30%=30（万元）

长达公司销售每吨产品应缴纳消费税：

120×5%=6（万元）

假设公司 2021 年就以该合同安排生产，两个公司合计每吨产品应缴纳消费税 36 万元，则 2021 年永昌实业公司应该缴纳消费税合计 360 000 万元。

策划分析：

永昌实业总公司所从事的业务是否存在税收策划的可能性？普誉财税策划工作室的咨询专家从产品的税收成本的角度来分析，指出本业务具有三个特点。

一是由于两种产品所适用的消费税率不同，而且相差比较大，这是人们进行税收策划的动力因素；二是从产品的自身属性来讲，两种产品正好属于上下游，有生产上的连续性，这是产品本身所提供技术方面的策划条件；三是从两个公司的关系上来分析，它们同属于一个母公司，是一个利益共同体，这是组织机构条件，经过市场调查，了解到甲产品的销售价格在 79 万元到 110 万元之间。

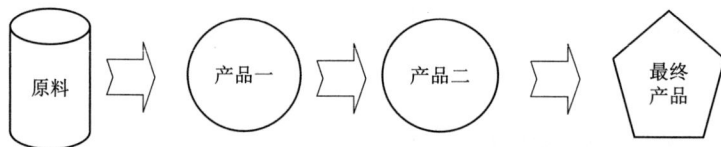

于是公司的财务顾问，普誉财税策划工作室的税务专家小方和老王就提出了如下策划意见。

将长虹公司的产品降低定价。当销售价格定为 80 万元 / 吨卖给长达公司时，我们假设总公司对外销售的价格不变，这样，公司销售每吨产品应缴纳的消费税情况如下。

长虹公司销售每吨产品应缴纳消费税：

80×30%=24（万元）

长达公司销售每吨产品应缴纳的消费税：

120×5%=6（万元）

总公司的应纳税额为：

24+6=30（万元）

策划结论：

也就是说，两个公司合计应缴纳消费税 30 万元，则 2021 年永昌实业公司应该缴纳消费税合计 300 000 万元。通过策划，永昌实业公司可以节省消费税 60 000 万元。

长虹公司通过降低减少的利润、消费税均通过降低长达公司的购料成本而形成了长达公司的利润，从永昌实业公司的总体来说，其利润不受任何影响，却通过改变定价，减轻了消费税的总体税负，形成了更多的利润。

操作难点：

从理论上讲，上述方法完全可以操作。因为从理论上讲，某个产品的销售价格如何，是完全由生产企业自己根据市场情况确定的。但是，在实务过程中，往往不是这么简单，企业在具体策划过程中，要受到"转让定价""价格明显偏低"以及"不以减少纳税为目的"的限制。

连续生产消费品　外购扣税有策划

云都卷烟制造有限公司是当地一家大型卷烟生产企业，某市的一家税源大户，系增值税一般纳税人。随着法治建设的日益完善，该企业的董事会对税收问题也越来越重视。一年过去之后，董事会决定聘请税务专家到企业进行涉税风险评估。2021 年 1 月 14 日，普誉财税策划工作室的税务师李刚接受云都卷烟制造有限公司委托，对其 2020 年度的纳税情况进行风险评估。

李刚对该企业的生产经营的涉税情况进行了比较全面的审查。2020 年 1 月 1 日企业库存外购烟丝的进价成本为 48 600 000 元，先后从清远烟叶加工厂购进烟丝 10 批，价款为 20 000 000 元，增值税专用发票注明增值税税额为 3 400 000 元；从东源实业供销公司购进烟丝 8 批，价款为 30 000 000 元，增值税专用发票上注明的税款为 5 100 000 元。

2020 年 12 月 31 日企业账面库存外购烟丝的进价成本为 49 200 000 元。

2020 年度销售甲级卷烟取得销售收入 142 000 000 元，销售乙级卷烟取得销售收入为 36 000 000 元。企业 2020 年度申报并实际缴纳消费税 56 380 000 元。

策划分析：

从账面看，该企业将外购的原材料中从生产企业购进的消费品作为抵扣项目进行了抵扣，李刚觉得企业在消费税核算方面存在错误。《国家税务总局关于进一步加强消费税纳税申报及税款抵扣管理的通知》（国税函〔2006〕769 号）中明确规定，从商业企业购进应税消费品连续生产应税消费品，符合抵扣条件的，准予扣除外购应税消费品已纳消费税税款。也就是说，纳税人不仅可以将应税消费品用于连续生产，从而抵扣外购的应税消费品所含的消费税。所谓连续生产，指应税消费品完成一个生产环节后直接转入下一个生产环节，未经市场流通。而且还可以抵扣从商品流通企业购进的应税消费品。当期准予扣除的已纳消费税税款的计算公式为：

当期准予扣除的外购应税消费品的已纳税款 = 当期准予扣除的外购应税消费品的买价 × 外购应税消费税税率

当期准予扣除外购应税消费品买价 = 期初库存的外购应税消费品的买价 + 当期购进的应税消费品的买价 − 期末库存的外购应税消费品的买价

策划提示：

企业目前的做法是：用外购已税烟丝生产的卷烟，可以从应纳税消费税税额中扣除购进原料已缴纳的消费税，仅指从生产企业购进的烟丝。所以云都卷烟制造有限公司对于外购已税消费品，当期准予扣除的外购应税消费品的已纳税款如下。

当期准予扣除的外购应税消费品买价为：

48 600 000+20 000 000−49 200 000=19 400 000（元）

当期准予扣除外购应税消费品的已纳税款为：

19 400 000×30%=5 820 000（元）

按当期销售收入计算的应纳消费税额为：

142 000 000×45%+36 000 000×40%=78 300 000（元）

则企业当期实际应纳消费税税款为：

当期实际应纳税款 = 按当期销售收入计算的应纳税额 − 当期准予扣除的外购应税消费品的已纳税款 =78 300 000−5 820 000=72 480 000（元）

企业正确的做法应当是，将从东源实业供销公司购进的 8 批价款为 30 000 000 元的烟丝也作抵扣，从而可以少缴消费税 9 000 000 元。

与此同时，在检查过程中，李刚发现云都卷烟制造有限公司还有从其他烟丝加工厂购进的少量烟丝，支付价税合计 100 000 元（普通发票），云都卷烟制造有限公司的财务人员将这些发票混入管理费用中列支了。李刚告诉该公司的财务负责人，这些发票中所含的消费税同样也可以抵扣，财务人员不解地问："普通发票也可以抵扣消费税吗？"李刚告诉他，不仅可以抵扣，而且比增值税专用发票所抵扣的税款更多呢。这么一说，就使该公司的财务人员更不理解了。为了帮助该厂的财务人员理解其中的奥妙，李刚就以 100 000 元的烟丝为例做了一个计算和分析。

对于价款为 100 000 元的普通发票，那么允许抵扣的消费税为：

100 000÷1.06×30%=28 301.89（元）

若取得的是增值税专用发票，那么允许抵扣的消费税为：

100 000÷1.17×30%=25 641.03（元）

对于同样是 100 000 元的烟丝，取得普通发票比取得专用发票多抵扣消费税：

28 301.89−25 641.03=2 660.86（元）

该笔业务，无论是开具体的普通发票，还是增值税专用发票，只要其应税消费品是从生产企业购进的，都可以计算抵扣消费税。至于增值税，就要具体问题具体分析了。

对销售方来说，无论是开具何种发票，其应纳增值税和消费税是不变的，对购买方来说，要看具体情况，由于小规模纳税人不享受增值税抵扣，所以并不增加税收负担。很显然，对于小规模纳税人的购买者来说，在这里普通发票的"身价"超过了专用发票。对于一般纳税人来讲，由于普通发票不能抵扣增值税的进项税额，虽然增加了消费税的抵扣数额，但是减少了增值税的抵扣数额，因此，要对其做具体的分析和策划，最终做出具体权衡。

策划结论：

作为卷烟生产企业而言，在处理外购原料时应当注意两点：一是采购烟丝只要符合条件都可以抵扣；二是如果可能，应当向小规模纳税人采购，因为在同样的价格条件下，可以增加消费税的抵扣额。

策划点评：

国家税务总局下发《关于使用消费税纳税申报表有关问题的通知》（国税函〔2008〕236号）以后，消费税纳税人就外购和委托加工收回的应税消费品用于连续生产的，其已纳消费税款抵扣填报规定发生了变化，普誉财税策划工作室的税务专家认为，纳税人在进行申报的过程中需要注意以下几个方面的问题。

第一，注意可以抵扣的应税消费品范围。

《国家税务总局关于印发〈消费税若干具体问题的规定〉的通知》（国税发〔1993〕156号）对应税消费品可以销售额扣除外购已税消费品买价后的余额作为计税价格计征消费税的范围进行了具体规定，但是，后来税收政策对抵扣范围做了些调整。经国务院批准，金银首饰消费税由生产销售环节征收改为零售环节征收。《财政部 国家税务总局关于调整金银首饰消费税纳税环节有关问题的通知》（财税字〔1994〕95号）规定：金银首饰消费税改变纳税环节以后，用已税珠宝玉石生产的镶嵌首饰，在计税时一律不得扣除买价或已纳的消费税税款。《财政部 国家税务总局关于调整酒类产品消费税政策的通知》（财税〔2001〕84号）规定，2001年5月1日以前购进的已税酒及酒精，已纳消费税税款没有抵扣完的一律停止抵扣。

2006年，经国务院批准，对消费税税目、税率及相关政策进行调整，应税消费品抵税范围进一步扩大。《财政部 国家税务总局关于调整和完善消费税政策的通知》（财税〔2006〕33号）规定，下列应税消费品准予从消费税应纳税额中扣除外购或委托加工收回的原料已纳的消费税税款：高尔夫球杆，木制一次性筷子，实木地板，已税石脑油为原料生产的应税消费品，润滑油。

第二，注意可抵扣应税消费品购进渠道。

国家税务总局《关于进一步加强消费税纳税申报及税款抵扣管理的通知》（国税函〔2006〕769号）就消费税税款抵扣的管理规定：（一）从商业企业购进应税消费品连续生产应税消费品，符合抵扣条件的，准予扣除外购应税消费品已纳消费税税款。（二）主管税务机关对纳税人提供的消费税申报抵扣凭证上注明的货物，无法辨别销货方是否申报缴纳消费税的，可向销货方主管税务机关发函调查该笔销售业务缴纳消费税情况，销货方主管税务机关应认真核实并回函。经销方主管税务机关回函确认已缴纳消费税的，可以受理纳税人的消费税抵扣申请，按规定抵扣外购项目的已纳消费税。

第三，抵扣方式及计算方法。

《国家税务总局关于印发〈调整和完善消费税政策征收管理规定〉的通知》（国税发〔2006〕49号）就抵扣税款的计算方法进行了重新明确，分为以下三种行为分别计算。

（1）外购应税消费品连续生产应税消费品。

①实行从价定率办法计算应纳税额的：当期准予扣除外购应税消费品已纳税款＝当期准予扣除外购应税消费品买价×外购应税消费品适用税率；当期准予扣除外购应税消费品买价＝期初库存外购应税消费品买价＋当期购进的外购应税消费品买价−期末库存的外购应税消费品买价。

②实行从量定额办法计算应纳税额的：当期准予扣除的外购应税消费品已纳税款＝当期准予扣除外购应税消费品数量×外购应税消费品单位税额×30%；当期准予扣除外购应税消费品数量＝期初库存外购应税消费品数量＋当期购进外购应税消费品数量−期末库存外购应税消费品数量。

（2）委托加工收回应税消费品连续生产应税消费品。当期准予扣除的委托加工应税消费品已纳税款＝期初库存的委托加工应税消费品已纳税款＋当期收回的委托加工应税消费品已纳税款−期末库存的委托加工应税消费品已纳税款。

（3）进口应税消费品。当期准予扣除的进口应税消费品已纳税款＝期初库存的进口应税消费品已纳税款＋当期进口应税消费品已纳税款−期末库存的进口应税消费品已纳税款。

策划难点：

卷烟的征税问题也是我国税收重点调节的内容之一，所以卷烟企业的税收负担一直比较重，对卷烟生产企业进行税收策划，难点在于产品的生产流程的熟悉与对有关政策的全面理解和系统把握上。本案例涉及的问题是原料采购渠道问题，如果策划人对有关政策不了解就无法进行策划。另外，卷烟行业税收具有定额、定率复合计税的特点，因此给实务操作带来了许多困难。

负担偏重消费税　递延纳税有方法

百慧化妆品有限责任公司成立于2018年8月8日，是一家生产香粉、口红、指甲油、胭脂等日用化妆品的企业。由于该企业处于成立初期，所以企业实行市场领先的原则，立足于占有市场。但是到了年底，公司的刘经理发现，企业的应收账款累计已经有1 000多万元，由于大量的业务事实上没有实现，而税收却要先行缴纳，企业的现金流量出现了较大的负值，企业的资金周转出现了严重的问题，但是又不知道问题的根源在哪里。

策划分析:

针对这个问题,2021 年 2 月 16 日公司聘请普誉财税策划工作室的涉税咨询专家来公司进行理财会诊。涉税咨询专家玛丽亚对公司 2018 年度的经营情况和会计核算情况进行了全面的评估。该公司在开业的 4 个月里发生了以下几笔比较大的业务。

其一,2019 年 8 月 18 日,与南京甲商场签订了一笔化妆品销售合同,销售金额为 300 万元,货物于 2019 年 8 月 18 日、2020 年 2 月 18 日、2020 年 6 月 18 日,分三批发给商场,货款于每批货物发出后两个月内支付。公司的会计已于 2019 年 8 月底将 300 万元的销售额计算缴纳消费税。

其二,2019 年 8 月 20 日,与上海乙商场签订了一笔化妆品销售合同,货物价值 180 万元于 2019 年 8 月 26 日发出,货款于 2020 年 6 月 30 日支付。公司的会计已于 2019 年 8 月底将 180 万元的销售额计算缴纳消费税。

其三,2019 年 11 月 8 日,与北京丁商场签订一笔销售合同,合同标的为 100 万元,货物于 2020 年 4 月 31 日前发出,考虑到支持百慧化妆品有限责任公司的生产,丁商场已将该货款先汇到公司的账上。公司的会计已于 2019 年 11 月底将 100 万元的销售额计算缴纳消费税。

策划思路:

经过检查,玛丽亚认为公司的销售人员不熟悉经济业务合同的书立对税收的影响,财务人员对待税收问题十分谨慎,从而导致公司的资金出现暂时的困难。接着,玛丽亚对以上四笔业务从税收的角度进行了具体分析(考虑到从简说明,这里不分析增值税和其他税费问题)。

对于第一笔业务,合同没有明确销售方式,公司会计人员依法对其按直接销售业务处理,并于业务发生的当月底计提并缴纳消费税 90 万元(300×30%)。

如果公司的销售人员在与甲商场签订该笔业务的销售合同时,明确"分期收款结算方式销售"业务,那么,该笔业务的纳税义务就可以向后推延。将"销售合同规定的收款日期的当天"作为纳税义务实现的时间,企业就可以将其中的 30 万元消费税向后推延两个月,30 万元消费税向后推延 6 个月,最后的 30 万元消费税向后推延 10 个月。

对于第二笔业务,如果公司的销售人员在与乙商场签订该笔业务的销售合同时,明确"赊销"业务,那么,该笔业务的纳税义务 54 万元(180×30%)就可以向后推延 10 个月。

对于第三笔业务,从销售合同的性质上来看,显然属于"预收货款结算方式销售"的业务,如果公司的财务人员认识到这一点,那么,该笔业务的纳税义务 30 万元(100×30%)就可以向后推延 6 个月。

策划点评:

由于资金的运用存在时间价值问题,所以推迟纳税义务实现也是税收策划的一个很重要的方面。一般地策略在于:在纳税期内尽可能推迟纳税,在欠税挂账有利的情况下,尽可能欠税挂账。

税法对消费税的纳税期限分别规定为 1 日、3 日、5 日、10 日、15 日或者 1 个月。纳税人以 1 个月为一期纳税的，自期满之日起 10 日内申报纳税；以 1 日、3 日、5 日、10 日或者 15 日为一期纳税的，自期满之日起 5 日内预缴税款；以 1 个月为一期纳税的，于次月 1 日起 10 日内申报纳税并结清上月应纳税款。纳税人进口应税消费品，应当自海关填发税款缴纳凭证的次日起 7 日内缴纳税款。

我们知道，纳税人在合法的纳税期限内，是不会加收滞纳金的。同样合法期限内纳税，有的纳税对企业有利，有的对企业不利。如果纳税人在合法的期限内尽量推迟纳税时间，不但可以加速资金周转，而且可以获取一定的利息收入。

策划难点：

消费税应税产品生产企业的税收负担一直比较重，应税消费品生产企业进行税收策划，难点在对有关政策的全面理解和系统把握上。本案例的难点在于税法对不同的销售方式规定了不同纳税义务实现时间，如果企业的销售人员不了解这个规定，就无法进行相关的策划。

特殊条款负担重　经营策划压力轻

消费税是调节力度很强的一个税种，为了防止纳税人通过个别经济行为操作税收，税法给予了一些特别规定，如纳税人用于换取生产资料和消费资料，投资入股和抵偿债务等方面的应税消费品，应当以纳税人同类应税消费品的最高销售价格作为计税依据计算消费税。但是，对于这些条款进行深入的研究，我们同样也能找到策划税收的方法。

案例之一：2021 年 3 月当地主管税务机关对长江酿造厂的纳税情况进行检查时，发现了这个问题，于是责成长江酿酒厂将抵偿债务的 500 公斤白酒按 120 元 / 公斤的价格补缴消费税 5 000 元。该企业的负责人对此很不理解。

长江酿酒厂 2020 年 12 月 A 牌粮食白酒的销售情况是：以 80 元 / 公斤的价格销售 500 公斤，以 100 元 / 公斤的价格销售 1 500 公斤；以 120 元 / 公斤的销售 50 公斤。另外以 80 元 / 公斤的价格用 500 公斤 A 牌酒抵偿清远粮食加工有限公司 2017 年的债务。企业在月末以 80 元 / 公斤计算缴纳消费税 10 500 元。

税务人员指出：纳税人用于换取生产资料和消费资料，投资入股和抵偿债务等方面的应税消费品，应当以纳税人同类应税消费品的最高销售价格作为计税依据计算消费税。

策划建议：

如果长江酿酒厂要使该笔业务以较低的税收负担成交的话，就应该将其分成两笔业务来做：长江酿酒厂以 80 元 / 公斤的价格和正常销售的手续将 A 牌白酒销售给清远粮食加工有限公司；然后再通过有关账户调整抵减"应付账款"。这样既符合有关法律规定，又收到节税的效果。

策划点评：

有的纳税人图省事，往往采用以货抵债的方法，将本企业的应税消费品用来抵偿以前经营过程中形成的债务。这样做的税收后果如何呢？减少了一道工作环节，增加了税收负担。

案例之二：江南某市国税局稽查局对现代汽车制造有限公司进行纳税检查时，发现该企业2020年8月2日的5号凭证有如下记载，借：长期投资——飞骆物流260万元，库存商品——×××型钢材280万元，贷：库存商品——A牌小汽车280万元，银行存款260万元，其凭证的附件是投资合同以及20辆小汽车的调库单证。

对这一笔业务的处理，稽查人员感觉有点不正常，于是向有关人员进行进一步查证，最终发现事实的真相。

原来，现代汽车制造有限公司发现，我国的汽车制造业目前业务正红，但是未来的物流业更有发展的空间，于是决定向下游行业发展。几经磋商，决定与上游企业长城钢铁公司合资共同投资成立飞骆物流有限公司。而现代汽车制造有限公司本来就与长城钢铁公司存在长期的业务合作关系，账面存在较大的业务往来记录。几经合作，双方形成关联关系。该笔业务是两个企业大量关联业务中的一笔，双方经过协商，将各自的产品降价互相串换，财务人员也故意做了一笔多借多贷的会计分录。

现代汽车制造有限公司最近三个月小汽车的销售价格有较大的起伏。以2020年8月份A牌的销售情况为例，该公司以14万元/辆的销价销售了50辆，以15万元/辆的价格销售100辆，以17万元/辆的价格销售60辆，以18万元/辆的价格销售5辆（小汽车的消费税税率为8%，增值税税率为17%，城建税7%，教育费附加3%）。

税务认定：

主管税务机关认定其为偷税行为，应该依法补缴相关的税费。即

应缴纳消费税：

$180\ 000 \times 20 \times 8\% = 288\ 000$（元）

应该缴纳增值税：

$180\ 000 \times 20 \times 17\% = 612\ 000$（元）

应缴城建税及教育附加：

$(288\ 000 + 612\ 000) \times (7\% + 3\%) = 90\ 000$（元）

公司接到税务机关的《税务行政处罚告知书》后，立即做出陈述：

公司与长城钢铁公司串换钢材的协议价格是每台小汽车14万元，而税务机关以每台18万元的价格作为计税依据不正确。

案例点评：

税法规定，纳税人的自产的应税消费品用于换取生产资料和消费资料，投资入股或抵偿债务等方面，应当按照纳税人同类应税消费品的最高销售价作为计税依据。在这项业务中，现代汽车制造有限公司虽然没有直接发生销售行为，但以汽车串换钢材，属于有偿转让应税消费品的行为，因而应当按企业销售该种汽车的最高销售价格计算缴纳消费税。

案例之三：某摩托车生产企业准备参股甲企业，双方商定，该企业以摩托车20辆参股，

取得甲企业 10 万股的股权。当月对外销售同型号的摩托车时共有三种价格，以 4 000 元的单价销售 50 辆，以 4 500 元的单价销售 10 辆，以 4 800 元的单价销售 5 辆。摩托车消费税税率为 10%。

策划分析：

该企业的投资行为在具体处理环节有几种操作方法。

如果将摩托车直接投入甲企业，税法规定，纳税人自产的应税消费品用于换取生产资料和消费资料，投资入股或抵偿债务等方面，应当按照纳税人同类应税消费品的最高销售价作为计税依据。

按税法规定，应纳消费税为：

$4\ 800 \times 20 \times 10\% = 9\ 600$（元）

如果该企业按照当月的加权平均价将这 20 辆摩托车销售给甲企业后再折算股权，则应纳消费税为：

（$4\ 000 \times 50 + 4\ 500 \times 10 + 4\ 800 \times 5$）÷（$50 + 10 + 5$）$\times 20 \times 10\%$

$= 8\ 276.92$（元）

如果如此操作，企业可以节税额约为 1 323 元。

如果该企业按照当月同类产品的最低价格将这 20 辆摩托车销售给甲企业后再折算股权，则应纳消费税为：

$4\ 000 \times 20 \times 10\% = 8\ 000$（元）

如果可以按这个方案操作，则企业可以节税 1 600 元。

策划点评：

在销售过程中，有些人抱怨现在的条条框框太多，捆住了他们的经营手脚，有的人习惯于既定的销售方式，以为驾轻就熟，工作好做，销售费用也比较低。殊不知在市场经济条件下，法律规范会越来越多，我们面临着一个不断变化的世界，即使其他情况不变，有关法律法规也会发生变化，从而使你原来熟悉的路子被堵，反过来，即使一切都没有变化，可能你的营销方式变换一下，也就获得了新的生财之道。

企业用自产的应税消费品进行对外投资、换取生产资料和消费资料以及抵偿债务，虽然没有直接发生销售行为，但仍是一种有偿转让应税消费品所有权的行为，应当视同销售应税消费品计算缴纳消费税。按照规定，纳税人用应税消费品进行投资、换取生产资料和消费资料以及抵偿债务等，应当按纳税人销售同类应税消费品的最高销售价格作为计税依据计算缴纳消费税。

在实际操作中，当纳税人用应税消费品换取货物或者投资入股时，一般是按照双方的协议价或评估价确定，而协议价往往是市场的平均价。如果按照同类应税消费品的最高销售价作为计税依据，显然会加重纳税人的负担。由此，我们不难看出，如果采取先销售后入股（换货、抵债）的方式，会达到减轻税负的目的。

策划难点：

在日常生产经营过程中，人们习惯于原始的操作方式，所以纳税人如果不了解税法中有关"用于换取生产资料和消费资料，投资入股和抵偿债务等方面的应税消费品"，应当"以纳税人同类应税消费品的最高销售价格作为计税依据计算消费税"，就会使有关活动陷入误区。

是否可节消费税　中间产品是关键

税收策划，从字面上看好像都是财务人员的事情，但是，实际上与企业的生产经营的全过程有关，有的甚至完全取决于其他部门和环节。南兴化工公司主要生产经营醋酸酯，2020 年，产品销售收入 8 亿元，实现利润 3 000 万元，缴纳各项税金 7 500 万元，其中消费税 1 500 余万元。

该公司的生产流程为以粮食为原材料，生产酒精（一般发酵中，仅含 10% 的乙醇，经蒸馏后可得到 95.6% 的酒精）；将酒精进一步发酵，制取醋酸；乙酸与乙醇发生酯化反应，生成乙酸乙酯（醋酸酯）。

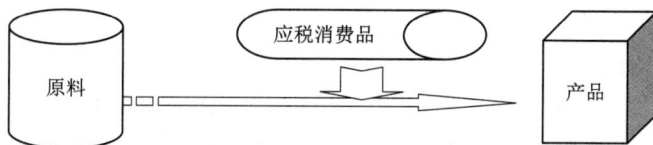

虽然该公司的最终产品醋酸酯不是税法规定的应税消费品，但生产醋酸酯动用了自产的应税消费品酒精，领用酒精需缴纳消费税。根据《消费税暂行条例》及其《实施细则》的有关规定，纳税人将自产应税消费品用于连续生产非应税消费品的，应视同销售，按规定计算缴纳消费税。视同销售业务应按同期同类产品售价计算消费税，若无同类产品售价的，应按组成计税价格计算。

2020 年，该公司领用的自产酒精生产成本为 2.8 亿元，应纳消费税额 = 组成计税价 × 消费税率 = 成本 ×（1+ 成本利润率）÷（1− 消费税率）× 消费税率。

28 000 ×（1+5%）÷（1−5%）× 5%=1 547.37（万元）

高额的消费税能否免除？这个问题一直困扰着该公司财务总监。他向税收策划专家咨询合法节税的途径。

该公司之所以要缴纳消费税，是因为其中间产品是应税消费品酒精，如果通过改变生产流程，使中间产品不是酒精，这个问题就解决了。生产醋酸酯需要醋酸，而生产醋酸的方法很多，既可以通过粮食发酵的方法取得，也可以通过其他方法生产。根据这个思路，策划人查找了相关资料，发现制作醋酸有四个办法。该公司采用的粮食发酵方法是人类最早使用的方法。这种方法生产成本高，国外大多数企业已不采用了。其他三种方法如下。

（1）用合成法制备工业醋酸。

（2）用石油气 C2-C4 镏分直接氧化制乙酸。

（3）用甲醇和一氧化碳在常压制取乙酸。

以上三种方法中间产品不是应税消费品，均无须缴纳消费税。经调查，以上三种方法中，采取石油气 C2-C4 镏分直接氧化制乙酸不仅简便易行，而且投资成本低。不过，该公司如果现在改变生产流程将会造成大量设备闲置，可以考虑在扩大再生产时采用新的生产方法。

策划点评：

该案例引用了高金平先生的资料。之所以引用这篇文章，是因为该文章介绍了一个人们不十分熟悉的产品，以及这个产品的操作过程。这对税收策划人员来说，无疑是有启发作用的。税收策划的目的是通过税收的具体运作实现股东利益的最大化，所以进行税收策划的基础是对税收法律法规的会计核算原理及方法有一个全面的熟悉和理解。但是，事实上，要对税收策划进行深层次的操作，掌握了税收、会计和财务知识还不够，在很多情况下，税收策划还涉及企业的生产、经营和管理流程的很多环节。

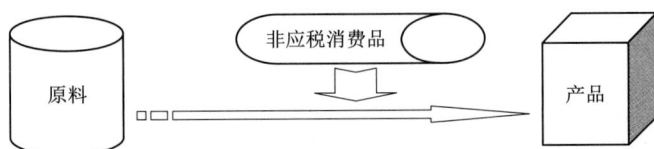

消费税是对特殊产品进行的特殊调节税种，纳税人在特定的地域、生产特定的产品才需要缴纳消费税，如果生产者有办法排除税法所规定的调节对象，就可以免缴消费税。该案例就给我们利用税收法律法规以外的方法进行税收策划提供了一个较好的范例。

包装方法有技巧　策划得当是利好

江河酿酒有限公司是一家酒类产品生产企业，是增值税一般纳税人，2020 年实现销售24 245 万元。2021 年春节临近，为了进一步扩大销售，江河酿酒有限公司根据不同消费者的需求采取多样化生产经营策略，既生产税率为 20% 的粮食白酒，又生产税率为 10% 的药酒，还生产上述两类酒的小瓶装礼品套装。

由于该企业是一家从私营企业发展而来的中型企业，虽然近几年企业发展较快，销售规模每年都有大幅提高，但是，企业的管理机制没有随着企业的规模而发展和变化——目前仍然是一家典型的家族型企业。该企业目前只有一个财务经理和一个助理会计师，所以，企业内部管理流程十分简单，生产成本和产品销售都实行综合管理：将各种酒放在一起进行统一销售、统一核算。

企业问题：

好在该企业的董事长李鸣还算是一个有头脑的人，2020 年 12 月 18 日他参加了一个

EMBA 学习班。在这个班的第二课堂，他涉及税收策划这门新学科，并且专门到书店购买了《纳税筹划实战精选百例》和《纳税筹划大败局》回来，比照书上演示的范例做演习，从而建立初步的税收策划意识。

通过学习，董事长李鸣意识到税收策划对于企业发展的重要性。他意识到，本企业在税收上可能存在不尽合理的地方，但是，具体的什么问题，他当然也无法说得清楚。2020 年年底，他请来普誉财税策划工作室的税务专家王丽娜，要跟专家讨论 2021 年的税务规划问题。

王丽娜到现场以后，没有简单地进行纸上谈兵，而是首先对其"望、闻、问、切"。通过对江河酿酒有限公司进行纳税风险评估，王丽娜发现该公司销售环节将各种酒放在一起进行"统一销售、统一核算"。于是指出，该公司在销售环节存在多缴税的问题。董事长李鸣感到十分纳闷："怎么会多缴税呢？我们已经按照这个方法操作了很多年了！"

为了帮助李鸣认识到其中的问题，税务专家王丽娜以 2021 年 1 月份江河酿酒有限公司设在甲城区的一个销售点的销售计划为例进行了个案解剖。该公司对外销售 12 000 瓶粮食白酒，单价 28 元 / 瓶；销售 8 000 瓶药酒，单价 58 元 / 瓶；销售 700 套套装酒，单价 120 元 / 套，其中白酒 3 瓶、药酒 3 瓶，均为半斤装。对于这样的业务，有几种纳税方案呢？哪种方案才最优呢？

策划分析：

对于江河酿酒有限公司来说，存在三种经营方式，与此相适应，也存在三种会计核算方式（考虑到白酒的从量计征消费税不受营销方式和会计核算方式等因素的影响，故在此不做分析）。

方案一：统一销售，综合核算。

从生产经营的角度讲，进行"一揽子"管理模式，不分酒的品种、价格，由一个部门扎口经营和管理；在会计上也不分别单独核算，这是该公司目前采用的管理模式。在这种情况下，按照税法规定应采用税率从高的原则，该企业应纳消费税税额为：

（28×12 000+58×8 000+120×700）×20%

=（336 000+464 000+84 000）×20%

=176 800（元）

方案二：组合包装，分别核算。

根据市场的需求组织生产，形成单纯产品和组合包装两大类。在会计核算方面做适当的改进，根据市场销售形式进行相应的会计核算，即按照白酒、药酒和套装酒三类酒单独核算。

该企业应纳消费税税额如下。

单销白酒：28×12 000×20%=67 200（元）

单销药酒：58×8 000×10%=46 400（元）

混销套装酒：120×700×20%=16 800（元）

合计应纳消费税额为：67 200+46 400+16 800=130 400（元）

方案三：分类包装销售，分别核算。

在生产上实行专业化操作，同时将销售流程做适当改进，先将产品分别销售，然后再进行售后服务，帮助消费者完成组合包装。在会计核算方面也做进一步的改进。即当消费者拿到相应的产品后，企业的销售人员再帮助客户将所需要的产品组成成套商品，会计上分类核算。

单销白酒：28×12 000×20%=67 200（元）

单销药酒：58×8 000×10%=46 400（元）

改单销白酒：14×3×700×20%=5 880（元）

改单销药酒：29×3×700×10%=6 090（元）

合计应纳消费税额为：67 200+46 400+5 880+6 090=125 570（元）

分析比较：

对于江河酿酒有限公司来说，不同的方案会产生不同的税收待遇。通过以上计算我们可以对三种方案进行直接的比较。

方案二比方案一节税：

176 800−130 400=46 400（元）

方案三比方案一节税：

176 800−125 570=51 230（元）

方案三比方案二节税：

130 400−125 570=4 830（元）

上述计算和分析仅是以一个销售点一个月的生产计划为样本进行分析的，如果以后11个月都按照这个生产和销售计算操作，那么一年可以实现少缴消费税为：

51 230×12=614 760（元）

策划建议：

江河酿酒有限公司目前有此类销售点20个，也就是说，通过策划，江河酿酒有限公司一年就可以少缴消费税1 229.5万元。

不算不知道，一算吓一跳。李鸣根本没有想到，五年来，自己还以为十分精明，谁知道糊里糊涂地多缴税几千万还没有人表扬说自己好。

税务策划专家王丽娜建议：企业兼营不同税率应税消费品时，能单独核算的，最好单独核算，没有必要成套销售的，最好单独销售。当然，这里需要内部管理机制的完善和配套。

于是，他接受王丽娜的建议，外聘专家强化管理，建立健全内部管理流程和会计核算流程。这样虽然增加了100多万元的管理费用支出，但是，换来了降低税收风险，更主要的是，换来了1 000多万元节税收益。

包装时机有讲究　经营收益各不同

随着市场竞争的日益深化,消费者对产品包装的要求也越来越高。为了适应消费者的需求,生产者往往需要迎合消费者的需求来包装自己的产品。但是对于消费税所调节的应税消费品而言,生产企业往往不能随着心所欲地包装自己的产品,否则,就有可能陷入高税收负担的泥潭。但是,这个问题不是不可以解决的,如果经营者兼顾经营需要与税法调节两方面的问题,在销售方法和运行程序上做一些策划,问题就有可能得到顺利解决。

领导困惑:

丽雅日用化妆品制造有限公司是一家化妆品专业生产企业,多年来,为了满足高档消费群体的消费需求,将企业生产的化妆品、护肤护发品、小工艺品等组成成套消费品销售,取得显著的成效,仅 2020 年的生产和销售量就为 100 万套。

随着时间的推移,虽然该公司的市场占有率不断提高,公司的利润空间却越来越小。为什么呢?随着市场经济的进程不断深入,化妆品市场的竞争也是越来越激烈,化妆品生产公司的利润空间也就越来越小。丽雅日用化妆品制造有限公司也由原来的暴利时代慢慢地进入微利时代。公司的管理层也是如坐针毡,他们为公司未来的前途发愁。在一次行业分析会上,该公司的董事长许方华才发现,在同行业里自己公司的税收负担最重。这又是为什么呢?

尽职调查:

一个偶然的机会,该企业请来普誉财税策划工作室的税务策划专家王丽娜。

王丽娜听取了该企业董事长的情况汇报以后,提出两个突破企业发展瓶颈的策划建议:一是开发新产品,因为该企业的产品还是十多年前的老产品,而目前人们的需求已经发生了变化。二是进行税收策划,生产消费税应税产品的企业往往存在较大的策划空间,如果通过策划,可以为有关企业带来可观的利润空间。于是,该企业董事长欣然接受策划专家的建议,与普誉财税策划工作室签署了风险委托协议,聘请普誉财税策划工作室的税收策划专家为其进行策划,策划成果的 40% 作为策划报酬。

第二天,普誉财税策划工作室就委派王丽娜等三名咨询专家到企业现场对该企业的生产和经营情况进行尽职调研。调查方法是通过发放调查表、有关信息和数据采样、问卷调查、个别人员交流等。通过五天的调查和研究取得如下资料。

(1)该企业是由当地一家国有化工企业改制而来的老企业,生产业务流程比较健全,内部管理比较规范。

(2)该企业的业务操作流程十年不变,各岗位按部就班,各行其是,企业领导对此十分满意。

(3)企业生产工和销售产品,采取"先包装后销售"的方式进行。

(4)该企业的各业务部门分工比较细,相互制约的机制比较完善,但是,互相支持、协调不够。

（5）该企业财务部门最近五年没有外出学习过，也没有引进过新人才。

（6）员工对新政策的变化不了解。

经营情况：

丽雅日用化妆品制造有限公司的产品主要是成套礼品销售，每套消费品由下列产品组成：化妆品包括一瓶香水30元、一瓶指甲油10元、一支口红15元；护肤护发品包括两瓶浴液25元、一瓶摩丝8元、一块香皂2元；化妆工具及小工艺品10元、塑料包装盒5元。该公司在策划前执行如下税收政策：化妆品消费税税率为30%，护肤护发品消费税税率为17%，上述价格均不含税。按照习惯做法，将产品包装后再销售给商业企业。

税法规定，纳税人将应税消费品与非应税消费品，以及适用税率不同的应税消费品组成成套消费品销售的，应根据销售金额按应税消费品的最高税率纳税；纳税人兼营不同税率的应税消费品（或者应征消费税货物），应当分别核算不同税率应税消费品的销售额或销售数量，未分别核算的，按最高征税。

因此，丽雅日用化妆品制造有限公司每套化妆品应纳消费税为：

（30+10+15+25+8+2+10+5）×30%=31.5（元）

丽雅日用化妆品制造有限公司每年应当缴纳的消费税就是3 150万元。

策划分析：

通过尽职调查，了解到企业在管理方面的不合理因素，但是，其中最突出的问题有两个：一是产品包装的时机不当；二是政策运用不当。

按照税法的规定，纳税人将自产的应税消费品与外购或自产的非应税消费品组成套装销售的，以套装产品的销售额（不含增值税）为计税依据。而根据新的消费税政策规定，护肤护发品已经不再作为消费税的征税对象。

策划建议：

策划专家王丽娜认为，企业如果将生产流程做适当的调整，改成"先销售后包装"方式，则可以大大降低消费税的税收负担。作为应税消费品的生产厂商，在具体的操作方法上可以从两方面考虑。

（1）将上述产品先分品种的类别销售给零售商，再由零售商包装后对外销售。这样做实际上只是在生产流程上换了一个包装地点，在销售环节将不同类别的产品分别开具发票，在财务环节对不同的产品分别核算销售收入。

（2）如果当地税务机关对有关操作环节要求比较严格，还可以采取分设机构的操作方法，即另外再设立一个独立核算的、专门从事包装发外销售的具有法人资格的门市部。

那么，对于丽雅日用化妆品制造有限公司来说，如果2020年度的产品销售量不变，而只是改成"先销售后包装"方式，那么每套化妆品销售只要缴纳消费税16.5元。

（30+10+15）×30%=16.5（元）

比原来成套对外销售每套少缴消费税 15 元。那么一年就节约消费税 1 500 万元。这样操作的结果，就为公司增厚利润 1 500 万元。策划的结果让丽雅日用化妆品制造有限公司的决策层领导喜出望外，欣然接受了策划的建议。

注意事项：

这里应该注意的是，若上述产品采取"先销售后包装"方式，但在账务上未分别核算其销售额，则税务部门仍应按照 30% 的最高税率对所有产品征收消费税。

背景资料：

财政部、国家税务总局《关于调整护肤护发品消费税税率的通知》（财税〔1999〕23 号）规定：自 1999 年 1 月 1 日起，除对香皂仍按现行政策规定依 5% 的税率征收消费税以外，其他护肤护发品的消费税税率统一由 17% 降为 8%。本通知下发前多征的税款，抵减以后月份应交消费税税额。

财政部、国家税务总局《关于酒类产品包装物押金征税问题的通知》（财税〔1995〕53 号）明确，为了确保国家的财政收入，堵塞税收漏洞，经研究决定：从 1995 年 6 月 1 日起，对酒类产品生产企业销售酒类产品而收取的包装物押金，无论押金是否返还与会计上如何核算，均需并入酒类产品销售额中，依酒类产品的适用税率征收消费税。

财政部、国家税务总局《关于调整和完善消费税政策的通知》（财税〔2006〕33 号）关于组成套装销售的计税依据：纳税人将自产的应税消费品与外购或自产的非应税消费品组成套装销售的，以套装产品的销售额（不含增值税）为计税依据。

2006 年 4 月 1 日，财政部、国家税务总局在《关于调整和完善消费税政策的通知》（财税〔2006〕33 号）中调整了汽车轮胎税率，将汽车轮胎 10% 的税率下调到 3%，子午线轮胎免征消费税。

包装影响消费税　处理不当有风险

长城橡胶工业公司是生产 A 品牌汽车轮胎的企业，2020 年实现销售 35 800 万元。A 品牌汽车轮胎销售价格为每只 500 元，其中包括包装物 100 元，2020 年共销售 716 000 个汽车用轮胎。长城橡胶工业公司采取轮胎连同包装物合并销售的方法，汽车轮胎的消费税税额为 10%，则长城橡胶工业公司 2020 年度实际缴纳消费税额为：

35 800 × 10% = 3 580（万元）

企业策划：

2020 年 1 月长城橡胶工业公司进行了人事调整。新来的财务总监王利民上任后对公司的会计核算及财务运行情况进行了深入的调查研究，他从税收策划角度出发，认为销售部门在销售轮胎签订合同时，应将包装物与轮胎分开，这样公司在销售包装物时，就不用缴纳消费税了。

2021 年长城橡胶工业公司总共销售了 720 000 只汽车轮胎，则公司申报缴纳消费税情况如下。

公司全年的销售额为：

（500−100）×720 000=288 000 000（元）

应纳消费税额：

288 000 000×10%=28 800 000（元）

税务认定：

2021 年 3 月 8 日，当地主管税务机关对长城橡胶工业公司 2019 年至 2020 年度消费税纳税情况进行检查，认为该企业 2020 年度存在偷税问题，应补缴消费税额：

100×720 000×3%=2 160 000（元）

对此，财务总监王利民不理解，认为税务人员认定有误。稽查人员提醒他需要注意消费税调整的问题。

税法对汽车轮胎的消费税政策做了调整，2006 年 4 月 1 日，财政部、国家税务总局在《关于调整和完善消费税政策的通知》（财税〔2006〕33 号）中调整了汽车轮胎税率，将汽车轮胎 10% 的税率下调到 3%，子午线轮胎免征消费税。

同时，税法规定，实行从价定率办法计算应纳税额的应税消费品连同包装销售的，无论包装物是否单独计价，也不论会计如何处理，均应并入销售额中计算消费税额。因此，企业如果想在包装物上节约消费税，关键是包装物不能作价随同产品销售。

策划思路：

通过稽查人员指点，王利民明白了，将汽车轮胎与包装物分开订合同，分开进行会计核算并不能解决节税问题，如果要进行税收策划，实现节税，应采取收取"押金"，此"押金"不并入销售额计算消费税额。

策划点评：

江河酿酒有限公司生产的酒类饮品、丽雅日用化妆品制造有限公司生产的化妆品、护肤护发品、小工艺品等，而长城橡胶工业公司生产的则是汽车轮胎，但是，都与包装物和包装方式有联系，而且都与消费税有关系，如果处理不当，就会增加企业的消费税的税收负担。

另外，如果涉及同种类应税消费品，且这些消费品适用不同税率时，要注意税法中有关兼营的规定。

纳税人兼营不同税率的应税消费品，应分别核算不同税率的应税消费品的销售额和销售数量。不分别核算销售额和销售数量的，或者将不同税率的应税消费品组成成套消费品销售的，从高适用税率。这一规定要求企业在兼营适用不同税率的应税消费品时，应分别核算其销售额、销售数量，做到账目清楚，以免蒙受不必要的损失；在消费品销售过程中的销售组合问题，作为生产企业而言，在一般的情况下，没有必要将不同税率的产品组成成套消费品销售，因为生产企业一般不面对消费者，如果将这项工作转让到商业企业去做，可以收到两全其美的效果。如果一定要将适用不同税率的应税消费品组合销售，则企业也应采用适当的操作方法。这样，既销售了"组合装礼品酒"，又达到了节税的目的。

策划难点：

消费税是在税法规定的应税消费品在原来征收增值税的基础上再征一道税，因此，对生产企业进行税收策划，难点在于产品的生产流程的熟悉与对有关政策的全面理解和系统把握上。本案例集中了三个包装问题来一起做分析，从而揭示类似的问题的难点就在于对计税依据的认识，如果策划人对有关政策不了解，就无法进行策划。另外，对包装物的业务处理也是一个难点问题，其中新准则下，对应税包装物的押金是否计消费税，如何计税，何时计税，以及相关业务如何进行账务处理，是困扰广大实务操作者的一个难题。

会计核算变方法　财务成果有差异

许多企业的负责人把主要精力都放在市场开拓上，毫无疑问，作为一个以谋取利益为主要目标的经济实体而言，如果没有市场，也就没有立足之地。但是，当企业初具规模之后，企业的管理，其中特别是财务管理就成了决策者不可轻视的方面，否则你就会品尝自己所不愿意吃到的苦果。不信？请看如下实例。

企业情况：

金龙酒业公司以生产多种酒而见长，主要生产粮食白酒、碳酸汽酒、活血提神药酒。该公司多年来的销售形势一直很好，但是经营业绩（利润）就是提升不上来。以 2020 年为例，公司共计实现销售额 9 000 万元而利润只有 401 万元，销售利润率不到 5%。公司董事会多次查找原因，但是没有结果。

公司的总经理李昶怀疑纳税方面有问题，因为他与其他厂曾做过比较，别的企业的税收负担都没有自己企业高。对此，2020 年年初他曾与公司的财务经理交流过，财务经理王亮认为本企业严格按照税收法缴税，不会有问题。

但是，李经理总是有点不放心。2021 年 1 月 8 日，李经理请普誉财税策划工作室的税务专家来公司进行纳税风险评估。

风险评估：

税务专家小方对公司的财务核算情况进行了全面的审查，发现该公司生产白酒、碳酸汽酒、活血提神药酒，但是在会计核算上是合并向税务机关申报，按20%的税率计算缴纳消费税的。全年共缴纳消费为：

90 000 000 × 20%+2 000 × 1 000 × 2 × 0.5=2 000（万元）

2020 年全年销售额 9 000 万元中包括白酒销售 2 000 吨，销售收入 4 600 万元；汽酒 1 900 万元；药酒 2 500 万元。

小方认为，如果将三种产品分别计税，则三种酒应纳消费税计算如下。

粮食白酒纳税额为：

46 000 000×25%+2 000×1 000×2×0.5=1 350（万元）

碳酸汽酒纳税额为：

19 000 000×10%=190（万元）

活血提神药酒纳税额为：

25 000 000×10%=250（万元）

合计纳税总额 1 790 万元。公司就可以节省消费税 210 万元（2 000-1 790）。

为什么要将三种酒合并计税呢？小方向公司的财务经理了解具体情况，财务经理王亮介绍说："我也知道三种酒的适用税率不同，应该分别计税，但是分别计税的前提是销售时分别开票，财务上分别核算。但是本公司对三种产品的生产没有进行具体划分，财务上无法对每一种产品的料、工、费进行具体的划分核算"。

小方明白了，该公司税收上的问题不在财务核算环节，而是因为公司没有一套相对完善的内部控制制度，从而不能按照税法的要求进行会计核算。

策划点评：

消费税是与增值税、营业税一起对个别特殊行业、个别产品进行调节的税种，因此在税目税率的设置上刚性很强，但是，这并不是说就不存在策划的空间。在消费税的税率方面进行税收策划，首先要注意不要人为地"从高适用税率"，其次才是在一定幅度内采用一定的方法降低税收负担问题。

进行正确的税收核算，降低纳税成本是企业最低层次的税收策划，这是每一个企业都必须做到的，这也是最基本的税收策划。对于企业兼营不同税率应税消费品的税务处理做了明确的规定。

（1）凡生产、进口、委托加工应税消费品的单位和个人，均应根据产品所对应的税目，按照消费税税目税率表所规定的税率（税额），计算缴纳消费税。

（2）纳税人兼营不同税率的应税消费品，应当分别核算不同税率应税消费品的销售额、销售数量，按不同税率分别征税。未分别核算销售额、销售数量的，从高适用税率。

纳税人兼营不同税率的应税消费品，指纳税人生产销售两种税率以上的应税消费品。所谓"从高适用税率"，就是对兼营高低不同税率的应税消费品，当不能分别核算销售额、销售数量时，就以应税消费品适用的最高税率与混合在一起的销售额或销售数量相乘，得出应纳消费税额。

（3）纳税人将不同税率的应税消费品组成成套消费品销售的，从高适用税率。

所谓"兼营"，指纳税人经营的是适用多种不同税率应税消费品的销售额、销售数量，并分别纳税，如企业未分别核算销售额和销售数量，或者将不同税率的应税消费品组成成套消费品销售的，应从高适用税率。也就是说，对兼营高低不同税率的应税消费品，当不能分别核算销售的，就以应税消费品中适用的高税率与混合在一起的销售额、销售数量相乘，得出应纳消费税。

而金龙酒业公司由于没有建立一套完整的内部控制制度，为进行正确的会计核算提供基础，从而大大地增加了税收成本 660 万元 [（1 900+2 500）×（25%−10%）]。

企业会计人员应针对消费税的税率多档，根据税法的基本原则，正确进行必要的合法核算和分开核算，以求达到合理策划目的。当企业兼营多种不同税率的应税消费产品的，应当分别核算不同税率应税消费品的销售额、销售数量。因为税法规定，未分别核算销售额、销售数量，或者将不同税率的应税消费品组成成套消费品出售的，应从高适用税率。这无疑增加企业的税收负担。

策划难点：

对不同税率的产品分开核算，关键在于是不是税法规定的分开或者独立核算。

背景资料：

由于独立核算的经销部门与生产企业之间存在关联关系，按照《税收征管法》第三十六条的规定，"企业或者外国企业在中国境内设立的从事生产、经营的机构、场所与其关联企业之间的业务往来，应当按照独立企业之间的业务往来收取或者支付价款、费用，而减少其应纳税收入或者所得额的，税务机关有权进行合理调整。"因此，企业销售给下属经销部的价格应当参照销售给其他商家当期的平均价格确定，如果销售价格"明显偏低"，主管税务机关将会对价格重新进行调整。

国家税务总局《关于酒类产品消费税政策问题的通知》（国税发〔2002〕109 号）对几个问题进行了规定。

其一，对酒类生产企业利用关联企业间关联交易规避消费税的，则根据《中华人民共和国税收征收管理法实施细则》第三十八条规定，纳税人与关联企业之间的购销业务，不按照独立企业之间的业务往来作价的，税务机关可以按照下列方法调整其计税收入额或者所得额，核定其应纳税额：（一）按照独立企业之间进行相同或者类似业务活动的价格；（二）按照再销售给无关联关系的第三者的价格所取得的收入和利润水平；（三）按照成本加合理的费用和利润；（四）按照其他合理的方法。

其二，对粮食白酒的适用税率问题规定：（一）对以粮食原酒作为基酒与薯类酒精或薯类酒进行勾兑生产的白酒应按粮食白酒的税率征收消费税；（二）对企业生产的白酒应按照其所用原料确定适用税率。凡是既有外购粮食，或者有自产或外购粮食白酒（包括粮食酒精），又有自产或外购薯类和其他原料酒（包括酒精）的企业其生产的白酒凡所用原料无法分清的，一律按粮食白酒征收消费税。

第四章

跨境税收

国际市场多风险　全局策划利保全

将全球的大市场作为"一盘棋"考虑做生意，是跨国公司经营的一般思路。驰风汽车公司是一家大型跨国公司，由于经营策略得当，该公司生产的汽车在世界汽车市场上已经占有一席之地。随着市场的进一步拓展，跨国税收策划也就成了该公司财务部门的日常活动了。

根据公司市场部提供的信息，A国最近几年经济有了长足的发展，人们的物质文化生活水平有了很大的提高，而对汽车的需求也越来越大，因此，有着巨大的市场潜力。2020年8月，该公司董事会决定打入A国市场，在A国境内有所作为。据了解A国的关税税则规定，汽车整车进口关税的税率为50%，汽车零配件进口关税的税率为18%。为了在打开市场的同时又能享受低税收待遇，驰风汽车公司请来税务咨询专家为其出谋划策。

业务梳理：

普誉财税策划工作室的税务专家认为，关税负担的高低与单位定税价格有很大的关系，进出口价格越高，应该缴纳的关税就越多；价格越低，应该缴纳的关税就越少。根据有关关税法律规定，关税的计算公式如下：

应纳税额 = 进（出）口应税货物数量 × 单位定税价格 × 适用税率

企业经营的目的就是要获得利润，任何一个企业在进出口贸易时，都不会愿意压低价格向其他企业销售货物，因为这就将自己的利润无偿地送给了他人。怎才能做到既压低了进出口的货物，又不至于将商业利润流入他人的腰包呢？一个简单的方法就是自己与自己做生意。

为配合价格下调节省关税的策划，有关企业的通常做法就是在相应国家设立自己的子公司，进行国际间的转让定价的策划。因此，大多数企业在对关税进行策划时，一般采用的办法就是压低进出口价格。

策划思路：

经过反复的论证，税务专家初步拟定了两套方案。

方案一：在 A 国设立一家销售企业作为驰风汽车公司的子公司，通过国际间转让定价，压低汽车进口的价格，从而节省关税，这样使得 A 国境内子公司利润增大，以便于扩大规模，占领 A 国汽车市场。

方案二：在 A 国境内设立一家总装配公司作为子公司，通过国际间转让定价，压低汽车零部件的进口价格，从而节省关税。这样也可以使得 A 国境内子公司利润增大，以便更好地占领 A 国汽车市场。

策划分析：

从驰风汽车公司的策划方案来分析，哪一个方案更好呢？

从大的动作思路来看，两者没有本质的区别，但是，如果对两个方案做具体的分析，我们就可以发现两个方案的具体操作对象有所不同，其政策风险也不一样。

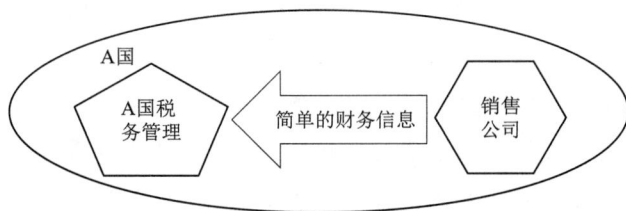

对于第一种方案，企业可以利用转让定价进行税收策划，从而实现关税的降低。尤其是 A 国正处于快速发展阶段，大力吸收外国资本，所以他们采取多种政策吸引外资，其中包括税收优惠，而在国内则实行区域性判别税率，沿海地带优惠较多，利润从高税国家转到低税国家可以节省税款。

但是，该国也与其他国家一样，对跨国公司通过转让定价有着严密的防范措施。而汽车市场的价格信息比较透明，A 国很容易获得与汽车销售相关的信息，并根据国际惯例对超出范围的转让定价行为依法进行纳税调整，从而导致公司税收策划的计划失败。

对于第二种方案，公司的目的也可以得到第一种方案所说的好处，但是操作起来更隐蔽，A 国对转让定价的防范的难度更大。这是因为：其一，由于零部件的进口关税比成品汽车的税率要低很多，较低的关税税率可以帮助公司节省不少税款。A 国汽车整车进口关税的税率为 50%，汽车零配件进口关税的税率为 18%，即使公司不进行转让定价的税收策划，也能得到 32% 的好处。其二，由于零部件的价格市场可比性不大，进行转让定价策划更加容易实现，从而可以大提高策划的经济效果。其三，可以获得税收以外的其他好处。比如 A 国的劳动力价格较低，可以进一步降低公司产品的制造成本；节约运费，进一步降低经营成本；离消费市场比较近，可以及时进行信息反馈，及时调整产品结构等。

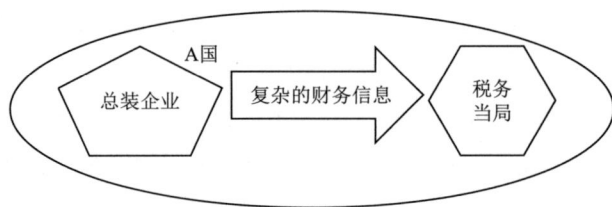

策划结论：

经过反复论证，驰风汽车公司董事会发现第二套方案更加优越，于是决定采纳。

策划点评：

在从事进出口贸易活动过程中，关税是影响跨国公司发展的诸多因素中很重要的一项。但是，如果对关税的税则进行进一步深入研究，人们不难发现，虽然整体税率是相对不变的，但各类产品之间的关税税率还是存在差异的。由于关税负担的高低与单位定税价格有很大的关系，进出口价格越高，应该缴纳的关税就越多；价格越低，应该缴纳的关税就越少。一般来说，原材料和零部件的关税税率最低，半成品税率次之，整机的税率最高。这种税率上的差异为纳税人提供了另一种策划思路：纳税人可以考虑将本来打算进口整机的产品，在经营组合上做必要的调整，分拆成半成品或是原材料或零部件进口，通关后再进行装配形成整机，这样可以很好地减少关税的支出。本案例中，方案二就是利用不同加工程度的产品之间关税税率上的差异进行策划的。关税策划的主要切入点就转移到通过降低商品的进（出）口价格，使关税的税基变窄。不过，企业采用上述思路时应对有关法律的规定和经营运作成本进行综合的分析。

注意事项：

在从事进出口业务的过程中，要注意对外付汇税收监管方法出现的新变化。自 2008 年《国家外汇管理局 国家税务总局关于服务贸易等项目对外支付提交税务证明有关问题的公告》（汇发〔2008〕64 号）施行以来，对外支付税务证明一直是税务机关加强跨境税源管理的重要抓手。随着近日《国家税务总局 国家外汇管理局关于服务贸易等项目对外支付税务备案有关问题的公告》（国家税务总局 国家外汇管理局公告 2013 年第 40 号，以下简称 40号公告）的发布，我国现有的对外支付税务管理模式实现了重大变化。

这里的变化主要体现在以下三个方面：一是监管起点提高。原来对外支付 3 万美元就要纳入税收监管，现在这一标准提高到了 5 万美元。二是监管方式改变。境内支付人原来在付汇时，必须首先向税务机关提交与交易相关的资料，待税务机关审核通过后方可取得付汇证明。现在，境内支付人只需要在付汇前备案即可。三是监管流程简化。境内支付人原来必须分别向国税机关和地税机关申请开具付汇证明，现在境内支付人统一向所在地主管国税机关进行备案即可。主管税务机关仅为地税机关的，境内支付人向所在地同级国税机关备案即可。

为了规避烦琐的汇兑流程对开展业务的影响，现在很多大型跨国企业往往会在集团内部建立净额结算程序——集团内各公司之间结算时，先用往来资金互抵，再支付差额部分即可，以此来减少实质性现金收付。40 号公告的发布，既是一个利好纳税人（扣缴义务人）的重要消息，又是有利于人民币走向国际化的重要一步。如果未来人民币完全国际化后，这种净额结算方式就会逐步消失，从而使企业资金流更加符合经济活动的实际情况。

近几年，我国服务贸易外汇收支规模的不断增长，境内机构和个人对外汇支付便利性的需求不断提高。40 号公告的发布，正好满足了境内机构和个人的这一现实需求。同时，自 2008 年企业所得税法实施以来，中国出台了一系列加强跨境税源管理的措施，特别是非居民税收管理的措施，国际税收政策体系日益完善。40 号公告的发布，为境内机构和个人对外付汇提供了便利，同时也体现出中国税务机关在跨境税源管理中更加专业，也更加自信。

策划难点：

这是一个系统性税收策划项目，对此类事项策划存在如下难点：其一，熟悉汽车的制造与销售情况。其二，熟悉关税情况，零部件的进口关税比成品汽车的税率要低很多，较低的关税税率可以帮助企业节省不少税款。如果不熟悉这个规定，则不能从事策划活动。其三，了解有关策划对象的市场经营情况以及国家反节税的具体实施情况。

进口设备为创业　善于策划添效益

振昌科技实业公司是一家技术创新型企业，与国际上多家公司具有良好的合作关系。为了从事国际贸易的需要，2020 年 3 月 12 日，从德国进口宝马新 760Li 型小轿车 1 部自用，报关进口时，海关审定的计税价为 1 250 000 元（含随同报关的车辆零部件 50 000 元）。

依照现行关税的有关规定，进口小轿车整车的税率相对较高，而进口零部件的税率则较低。根据我国加入 WTO 的相关协议，从 2006 年 1 月 1 日起进口汽车整车的关税税率为 28%（后来的关税税率会随着需要而不断调整，这里为了分析简便起见，仍然按 28% 来分析），进口零部件的税率为 10%。

对于这笔业务看似简单，但是，其中存在税收策划的机会。

策划建议：

税务专家结合具体业务，发现在这样的情况下，存在一定的操作机会，利用含随同报关的车辆零部件进行策划。换一句话说，这里存在两个操作的可能：一是振昌科技实业公司将自用车辆按海关审定的计税价为 1 250 000 元申报；二是将轿车的零部件 50 000 元与整车分开单独报关进口。

策划分析：

两种操作方式有什么不同吗？根据海关总署等四部委制定的《构成整车特征的汽车零部件进口管理办法》规定，进口汽车零部件构成整车特征有三条标准：一是进口全散件或半散件组装汽车的；二是在《办法》第四条规定的认定范围内，包括进口车身（含驾驶室）、发动机两大总成装车的；进口车身（含驾驶室）和发动机两大总成之一及其他3个总成（系统）（含）以上装车的；进口除车身（含驾驶室）和发动机两大总成以外其他5个总成（系统）（含）以上装车的；三是进口零部件的价格总和达到该车型整车总价格的60%及以上的。凡构成整车特征的，按整车适用税率征税；不构成整车特征的，按零部件适用税率并计征关税。下面我们来做具体分析。

方案一：振昌科技实业公司将车辆和零部件打包按海关审定的计税价为1 250 000元申请报关。

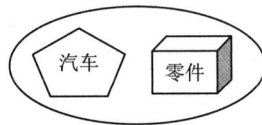

在这样的情况下，该公司应当缴纳进口关税的税额为：

1 250 000×28%=350 000（元）

应当缴纳进口环节消费税的税额为：

（1 250 000+350 000）÷（1-8%）×8%=139 130（元）

应当缴纳进口环节增值税的税额为：

（1 250 000+350 000+139 130）×17%=295 652（元）

纳税人进口自用的应税车辆的计税价格＝关税完税价格＋关税＋消费税

=1 250 000+350 000+139 130=1 739 130（元）

振昌科技实业公司应当缴纳的车辆购置税为：

组成计税价格 × 税率 =1 739 130×10%=173 913（元）

购置宝马车实际支付款项合计为：

1 250 000+350 000+139 130+295 652+173 913=2 208 695（元）

方案二：振昌科技实业公司进口报关时，将轿车的零部件50 000元与整车分开单独报关进口。

在这样的情况下，该公司纳税情况如下。

应当缴纳进口关税的税额为：

1 200 000×28%+50 000×10%=341 000（元）

小轿车应当缴纳进口环节消费税的税额为：

（1 200 000+341 000）÷（1-8%）×8%=134 000（元）

应当缴纳进口环节增值税的税额为：

（1 250 000+341 000+134 000）×17%=293 250（元）

应当缴纳的车辆购置税为：

关税完税价格 + 关税 + 消费税

=1 200 000+336 000+134 000=1 670 000（元）

应纳车辆购置税税额 = 组成计税价格 × 税率 =1 670 000×10%=167 000（元）

振昌科技实业公司购置轿车实际支付款合计为：

1 250 000+341 000+134 000+293 250+167 000=2 185 250（元）

策划结论：

将上述两种操作方式的结果进行比较。

少缴纳关税税额 =350 000−341 000=9 000（元）

少缴纳消费税税额 =139 130−134 000=5 130（元）

少缴纳增值税税额 =295 652−293 250=2 402（元）

少缴纳车辆购置税税额 =173 913−167 000=6 913（元）

将上述四个税种的少缴额进行累计：

9 000+5 130+2 402+6 913=23 445（元）

对于这个结果，我们还可以通过对振昌科技实业公司现金流量的减少额上验证出来，该公司现金流出额减少 23 445 元（2 208 695−2 185 250），与策划节税额一致。因此，经过简略的策划，该公司就可以合法地省下 23 445 元税额了。

策划点评：

正如本案例开头时就已经讲过：国家为了对有发展前途的产业或者与国民经济有紧密关系而需要扶持的产业进行鼓励，在进口环节往往会制定一些鼓励政策；对于其他行业的进口设备，国家也会针对具体情况制定相关的政策进行调节。在这样的情况下，对于一个企业从事进口设备，可能就会遇到利用不同的政策而策划进口环节的各项税费的可能。因此，本案例提供了进口环节的一个策划思路，纳税人可以从中得到一定的启示。

稀有产品好节税　完税价格是手段

华夏科学技术研究所经批准投资 3 亿元建立一个新能源实验室，其中的核心设备只有西欧某国才能制造。这是一种高新技术产品，由于这种新产品刚刚走出实验室，其确切的市场价格尚未形成，华夏科学技术研究所已确认其未来的市场价格将远远高于目前市场上的类似产品。因而，开发商预计此种产品进口到中国国内市场上的售价将达到 2 000 万美元，经过多次友好协商，华夏科学技术研究所以 1 800 万美元的价格作为该国技术援助项目购得该设备，而其类似产品的市场价格仅为 1 000 万美元，关税税率为 25%，银行美元汇率为 1：6.55。

策划分析：

在进出口货物业务中，不仅涉及增值税，消费税，而且涉及关税，尤其是关税是在进出口环节体现国家主权的主要税种。从税收策划的角度观察，关税的税收负担弹性较小。其在税目、税基、税率以及减免优惠等方面都规定得相当详尽、具体，不像所得税那样有较大的伸缩余地。

华夏科学技术研究所处于筹建期间，经费比较紧张，筹建组希望在经费上得到各方面的帮助，减免关税是他们考虑的一个重点。目前的问题是，虽然该项目是有关部门特批的，但是没有对关税减免的依据，这样，在报关环节还应该照章征收关税。

如果按照交易的实际情况进行申报，则该项设备在进口环节应缴纳的关税为：

1 800×6.55×25%＝2 947.5（万元）

策划思路：

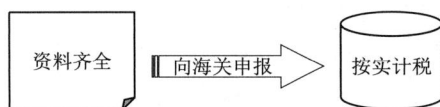

研究所筹建组成员觉得这个数目的关税难以承担，于是他们请来税务策划专家为他们出谋划策。普誉财税策划工作室的税务策划专家对该业务的情况进行了全面的调研之后，为他们提出了一个申报方案：以 900 万美元的价格向海关申报。

当华夏科学技术研究所向当地海关进行申报进口时，海关认为其资料不真实，于是立案调查。

经过调查，海关当局发现与该设备相近的产品的市场价格 1 000 万美元。而该设备是一种刚刚研制开发出来的新产品，其价格应当高于 1 000 万美元，于是，海关对这种进口新产品的完税价格进行估定。比照类似货物成交价格依法进行估价，确定其价格为 1 000 万美元。这样，研究所进口这套设备应当缴纳关税实际为：

1 000×6.55×25%＝1 637.5（万元）

策划思路：

这样，华夏科学技术研究所通过税收策划，实际节约关税 1 310 万元。

策划点评：

对货物进出海关进行经济利益确认，反映了一个国家的主权，所以各国都在这个环节进行严格管理，防止在这里出现漏洞。因此，各国的关税税则都制定得相当具体，相当严密。

在这个环节的一个重要问题，就是进出口货物价格的确定，也就是计税依据的确定。

我们知道，在税率固定的情况下，进出口货物完税价格的情况，直接关系到纳税人关税负担的多少。如果进出口货物在规定许可的范围内，能够制定或获取较低的完税价格，这显然可以达到节约税收成本的目的。

纳税人对税务机关采取本条规定的方法核定的应纳税额有异议的，应当提供相关证据，经税务机关认定后，调整应纳税额。

上述规定是就国内日常税务管理而言的，但是，在进出口环节存在一定特殊性。进口货物以海关审定的正常到岸价格为完税价格，出口货物以海关审定的正常离岸价格扣除出口税为完税价格，到岸价格和离岸价格不能确定时，完税价格由海关估定。海关按以下次序对完税价格进行估定：相同货物成交价格法、类似货物成交价格法、国际市场价格法、国内市场倒扣法。如上述方法都不能确定，则海关用其他合理方法估定完税价格。

但是，关税完税价格确定的依据和方法各国目前并不一致，不管是采用哪一种估价规则，都会遇到许多不确定因素，从而使关税体现出一定的弹性，给纳税人从事关税策划提供了接口。利用完税价格进行关税策划的关键在于怎样充分运用海关估定完税价格的有关规定。

注意事项：

本案例是针对稀有产品的税收策划。这里的稀有产品指的是目前市场上还没有或很少出现的产品，如高新技术、特种资源、新产品等。由于这些产品进口没有确定的市场价格，而且其预期市场价格一般要远远高于通常市场类似产品的价格，这就为进口完税价格的申报留下了较大的空间。这在理论上来说明某些策划原理是可行的，但是，在实务操作过程中，如果真的在进口环节策划税收问题，应当谨慎对待。

其一，注意研究特定通关部门的具体操作方法、流程和具体操作风格，分析在具体操作过程中的操作弹性有多大。

其二，研究策划对象的策划可行性，对不可比货物来讲，按照以上方案可能是可行的，而对于那些市场可比性较大的产品来说，其操作性也许就不存在。

其三，应当利用外脑。由于有关税则的刚性比较强，进行类似的策划存在较大的政策风险和技术风险，所以纳税人如果存在类似的策划业务，应当聘请有关专家来具体操作，从而化解企业的相关风险。

策划难点：

笔者在《企业涉税风险的表现及规避技巧》一书中曾对部分企业的业务流程进行过研究，从而得出一个结论性意见：企业进行税收策划的操作点几乎占 80% 以上也不在会计和财务环节。本案例就是一个典型的证明。该案例是一个综合性咨询项目，虽然其间的技术要求并不高，但是，需要大量的国际资料和国内统计资料。因此，了解策划对象的国际市场情况和有关关税细则的具体规定是提供有关服务的技术难点。

背景资料：

在经济交往和国际协作日益密切的今天，有 134 个成员参加的关税贸易协定可以看作海关进出口税则的国际基本准则。各国自主订立的海关进出口税则分类型目录逐步被《海关合作理事会分类目录》所取代，包括我国在内，世界上已有 150 多个国家和地区以这一目录为基础制定了各自的海关税则。该分类目录为 21 大类，99 章，1 011 个税目。

国家关税法则严　税收策划技巧活

风雷汽车公司是一家从事跨国经营的汽车生产厂商，由多个设在不同国家和地区的子公司提供零配件，并且其销售业务已遍布全球。最近，该公司发现中国具有巨大的汽车市场，而且在未来可以预见的几年内，中国的汽车消费呈增长之势。因此该公司的董事会决定 2020 年开始，将自己的产品打进中国市场，计划首批投入公司最近研制的新款甲品牌高档小汽车 100 辆。该种小汽车的市场销售价格为每辆 90 万元，而与此款汽车相近的其他品牌小汽车的市场销售价格为每辆 70 万元。据了解，小汽车的关税税率为 50%。作为风雷汽车公司应该如何策划才能够将关税降到最低水平？

策划思路：

策划关税，首先要了解与关税有关的具体规定。纳税人如果对现行的海关法、进出口条例和其他有关的海关法律法规进行深入细致的研究，就可以发现其中有很多对完税价格的规定可以用来进行关税策划。

利用有关税收法规进行策划的一般思路。

一是看其是否存在优惠条款，以便利用关税方面的优惠政策，使自己所经营的项目尽量往既定的优惠政策上靠。

二是寻找条款差别，通过不同的差别条款寻求降低税收负担的具体途径。

对于风雷汽车公司的这笔业务而言，有两个具体的操作思路。

其一，利用"原产地"条款进行策划。

其二，利用单证申报进行策划。

策划分析：

风雷汽车公司的跨国经营策略涉及多方面的问题需要运筹，这里主要分析与税收有关的问题。而税收方面，从不同主体的角度，考虑的问题同样也很复杂，为了简便起见，这里仅分析进出口环节的涉税事项。

方案一：利用"原产地"条款进行策划。

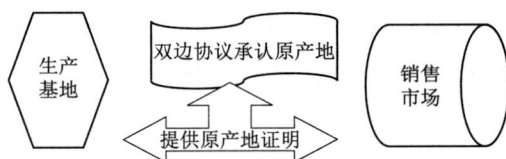

这个问题实质上是利用原产地与中国是否签订有关协议来进行税收策划。

中国进口税率分为普通税率和优惠税率两种，对于原产地未与中国签订关税互惠协议的国家和地区的进口货物，按普通税率征税；对于原产地与中国签订了关税互惠协议的国家或地区的进口货物，按优惠税率征税。

海关对进口货物原产地按全部产地标准和实质性加工标准两种方法来确定。

中国日益扩大的汽车需求，促使风雷汽车公司准备开拓中国市场。进入中国市场显然不得不面对高额的汽车进口关税，那么，为降低成本，风雷汽车公司怎样避免普通税率的重负，取得优惠税率？

由于风雷汽车公司是一家由多个不同国家和地区的子公司提供零配件的跨国经营企业，因而全部产地标准显然不适用。实际上，在应用优惠政策进行关税策划的时候，全部产地标准一般都没有很大的实际应用意义，因为其定义——"对于完全在一个国家内生产或制造的进口货物"刚性较强，灵活拓展的余地较小。

对于实际性加工标准，则有进行关税策划的可能。实质性加工标准有两个条件，满足其中一项标准即可。

第一个条件从定性的角度来判断。

指加工后的进口货物在进出口税则中的税目税率发生了改变。这里所说的"实质性加工"，是"经过几个国家加工、制造的进口货物，以最后一个对货物进行经济上可以视为实质性加工的国家作为该货物的原产国。"

如果这家汽车生产商在新加坡、菲律宾、马来西亚都设有供应零配件的子公司，那么其将制造汽车新产品整体形象的最终装配厂设在哪里呢？首先，要选择那些与中国签有关税互惠协议的国家或地区作为所在地，排除那些没有签订协议的国家和地区；其次，要综合考虑从装配所在国到中国口岸的运输条件、装配所在国的汽车产品进口关税和出口关税等因素；最后，还要考虑装配所在国的政治经济形象、外汇管制情况和出口配额控制情况等。在综合考虑上述因素的基础上挑出一个最优惠选择。

第二个条件从定量的角度来判断。

指"加工增值部分所占新产品总值的比例已经超过 30% 以上的"，可视为实质性加工。

如果风雷汽车公司已经在一个未与中国签订关税互惠协议的国家或地区建立了装配厂，要改变厂址，无疑需要付出较多的成本。那么这家厂商可以将原装配厂作为汽车的半成品生产厂家，再在已选定的国家和地区建立一家最终装配厂，只要使最终装配的增值部分占到汽车总价格的 30% 以上，生产出来的汽车即可享受优惠税率。

假如最终装配的增值部分没有达到所要求的 30%，则可以采取转让定价的方法，降低原装配厂生产半成品汽车的价格，减少半成品的增值比例，争取使最终装配的增值比例达到或超过 30%。

总之，根据实际情况进行测算、比较，选择最经济的国家和地区作为进口汽车的原产地，风雷汽车公司就会通过享受优惠税率而获得较大的比较收益。

方案二：利用单证申报进行策划。

实质上是利用海关对报关资料是否齐全而采用不同的定税方法来进行税收策划。

各国的税法对税务管理都比较严格，其中要求纳税人就有关具体纳税事项进行主动申报，否则将依法进行核定征收。例如我国《进出口关税条例》第十八条规定：进出口货物的收货人，或者他们的代理人，在向海关递交进出口货物的报关单证时，应当交验载明货物真实价格、运费、保险费和其他费用的发票（如有厂家发票应附着在内）、包装清单和其他有关单证。

而第二十条又指出：进出口货物的发货人和收货人或者他们的代理人，在递交进出口货物报关单时，未交验第十八条规定的各项单证的，应当按照海关估定的完税价格完税，事后补交单证的，税款不予调整。

认真研究上述两条规定，我们可以发现，第二十条规定中的"未"就给我们留下了进行税收策划的机会。也就是说，进出口商可以将其所有的单证全部交给海关进行查验，也可以不交验十七条所指的有关单证（当然这里不是指对有关账簿数字的隐瞒、涂改等），这时，海关将对进出口货物的完税价格进行估定。

如果一家进口商将进口某种商品，其实际上应申报的完税价格要高于同类产品的市场价格，那么它可以根据实际情况在法律许可的范围内少报或不报部分单证，以求海关估定较低的完税价格，从而减轻关各税负。对于风雷汽车公司而言，如果未按有关法律规定申报单证，海关将按同类产品或者相近产品的市场核定其关税的计税依据。

策划结论：

经过深入的调研，风雷汽车公司决定采纳第二个策划方案。在具体操作环节，他们出现"申报资料不全"的问题，请求海关谅解。海关则将该案交给海关稽查部门处理。海关稽查部门对该批汽车的市场行情进行了调研，取得了有关资料，最后按每辆 70 万元的价格作为计算关税的依据征收关税。

通过策划风雷汽车公司实际节省关税：

（90−70）×100×50%=1 000（万元）

在配合海关稽查部门调查期间发生费用 50 万元，实际取得策划收益 950 万元。

策划点评:

此类税收策划案例存在巨大的策划风险:其一,政策风险。要求参与具体策划的人员对有关政策的规定,当地有关管理机关的管理水平、管理程序、办事风格等方面都有比较全面的了解。其二,技术风险。包括对产品技术水平的认定、市场认可水平的认定和事态发展趋势把握的风险。其三,协调操作风险。目前中国的法制建设和管理手段都处于发展和成长阶段,在此过程中,许多具体事项的处理具体有很大的不确定性。

也正因为如此,笔者建议纳税人对此类业务的策划应该请专业人员进行。

策划难点:

这是一个系统性税收策划项目,对此类事项策划存在如下难点:其一,对有关关税法条有一个准确完整的理解,否则利用"原产地"条款进行策划或者利用单证申报进行策划都没有根据。其二,熟悉关税情况,零部件的进口关税比成品汽车的税率要低很多,较低的关税税率可以帮助企业节省不少税款。如果不熟悉这个规定,则不能从事策划活动。其三,了解有关国际协定的具体实施情况。

背景资料:

关于出口货物劳务增值税和消费税政策的通知(财税〔2012〕39号)

适用增值税退(免)税政策的出口货物劳务

对下列出口货物劳务,除适用本通知第六条和第七条规定外,实行免征和退还增值税〔以下称增值税退(免)税〕政策:

(一)出口企业出口货物。

本通知所称出口企业,指依法办理工商登记、税务登记、对外贸易经营者备案登记,自营或委托出口货物的单位或个体工商户,以及依法办理工商登记、税务登记但未办理对外贸易经营者备案登记,委托出口货物的生产企业。

本通知所称出口货物,指向海关报关后实际离境并销售给境外单位或个人的货物,分为自营出口货物和委托出口货物两类。

本通知所称生产企业,指具有生产能力(包括加工修理修配能力)的单位或个体工商户。

(二)出口企业或其他单位视同出口货物。具体指以下几点。

1. 出口企业对外援助、对外承包、境外投资的出口货物。

2. 出口企业经海关报关进入国家批准的出口加工区、保税物流园区、保税港区、综合保税区、珠澳跨境工业区(珠海园区)、中哈霍尔果斯国际边境合作中心(中方配套区域)、保税物流中心(B型)(以下统称特殊区域)并销售给特殊区域内单位或境外单位、个人的货物。

3. 免税品经营企业销售的货物(国家规定不允许经营和限制出口的货物、卷烟和超出免税品经营企业《企业法人营业执照》规定经营范围的货物除外)。具体指:(1)中国免税品(集团)有限责任公司向海关报关运入海关监管仓库,专供其经国家批准设立的统一经营、统一组织进货、统一制定零售价格、统一管理的免税店销售的货物;(2)国家批准的除中国免税品

（集团）有限责任公司外的免税品经营企业，向海关报关运入海关监管仓库，专供其所属的首都机场口岸海关隔离区内的免税店销售的货物；（3）国家批准的除中国免税品（集团）有限责任公司外的免税品经营企业所属的上海虹桥、浦东机场海关隔离区内的免税店销售的货物。

4. 出口企业或其他单位销售给用于国际金融组织或外国政府贷款国际招标建设项目的中标机电产品（以下称中标机电产品）。上述中标机电产品，包括外国企业中标再分包给出口企业或其他单位的机电产品。

5. 生产企业向海上石油天然气开采企业销售的自产的海洋工程结构物。海洋工程结构物和海上石油天然气开采企业的具体范围。

6. 出口企业或其他单位销售给国际运输企业用于国际运输工具上的货物。上述规定暂仅适用于外轮供应公司、远洋运输供应公司销售给外轮、远洋国轮的货物，国内航空供应公司生产销售给国内和国外航空公司国际航班的航空食品。

7. 出口企业或其他单位销售给特殊区域内生产企业生产耗用且不向海关报关而输入特殊区域的水（包括蒸汽）、电力、燃气。

除本通知及财政部和国家税务总局另有规定外，视同出口货物适用出口货物的各项规定。

（三）出口企业对外提供加工修理修配劳务。

对外提供加工修理修配劳务，指对进境复出口货物或从事国际运输的运输工具进行的加工修理修配。

跨国经营成本大　产地证明增效益

滨江远鹏船务工程有限公司是一家制造浮船坞的专业企业，增值税一般纳税人，2020年度实现销售收入126 237万元。由于原材料不断涨价，再加上劳动力成本成倍攀升，该公司三年来的效益一直不好。为了寻找出路，2020年年底，该公司的决策人周凤新决定到开拓海外市场。通过市场销售人员的努力，他们在H国获得3艘浮船坞的订单。

但是，他们在进行产品成本预算的过程中发现，这笔业务基本上没有利润可言。

这笔业务真的没有利润空间吗？该公司的董事长周凤新在反复地思考。为了弄清这类业务情况，为将来做市场打下坚实的基础，他决定聘请咨询专家。先后寻找过项目工程师、成本核算专家和税务专家。大家都从各自的专业角度为该公司提供了良好的建议。而其中贡献最大的要数普誉财税策划工作室的咨询专家了。

该公司的咨询专家马云峰认为：由于国内市场竞争激烈，所以，许多企业都在考虑拓展国际市场，从而为本企业争取更大的发展空间。但是，将产品销售到国外去，往往会受到产品输入国的抵制。产品输入国抵制外国产品的方法很多，比如税收壁垒、技术壁垒和行政壁垒等。为了推动国际贸易的发展，各国和有关经济组织也在以一定的手段对这些壁垒施加影响，并对特定的贸易对象给予相应的优惠，如对原产地企业给予低关税优惠等。有关企业如果了解并善于运用这些优惠措施，就可能为自己带来更大的盈利机会。

政策分析：

根据咨询专家马云峰介绍：原产地证书制度是为了适应世界经济发展的需要而产生的。原产地证书是货物出口国的特定机构出具的证明商品原产地，即货物的生产或制造地的一种证明文件，是进口国对进口货物确定税率待遇，进行贸易统计，实行数量限制和控制从特定国家进口的主要依据。

目前，原产地证书的种类和作用在逐渐增加和增强，种类已达 8 种，有优惠原产地证书和非优惠原产地证书之分。非优惠原产地证书只有 1 种，即一般原产地证书；其余 7 种都是优惠原产地证书。优惠原产地证书又分为单向优惠原产地证书和双向优惠原产地证书，单向优惠原产地证书只有 1 种，即普惠制原产地证书；其余 6 种都是双向优惠原产地证书，也就是签有自由贸易协定的区域性优惠原产地证书，贸易双方都可获得减免关税的优惠待遇。

能够签发优惠原产地证书的产品，首先是在普惠制给惠国实施给惠限定范围内的产品。其次是自由贸易区双方提供的降税清单范围内的产品。随着我国与越来越多国家和地区之间自由贸易区的建立，区域性优惠原产地证的种类还将继续增加，如中国—巴西自由贸易区、中国—冰岛自由贸易区、中国—海湾合作理事会自由贸易区等都在磋商谈判中，这些自由贸易区的建立，能给我国的出口企业带来可观的关税减免优惠。

目前，国际贸易中使用的税率基本上有 4 种。一是普通税率，针对没有建交的国家而使用的。二是最惠国税率，世贸组织成员国之间使用的。三是普惠制税率，是发达国家给予发展中国家的优惠税率，是在最惠国税率基础上又进行减免的税率。据统计，给予我国普惠制税率待遇的国家已有 28 个。凭普惠制原产地证书，我国企业出口产品在这些国家的海关能够享受到减免关税的好处，而我国不用提供给这些国家同等利益。四是区域性优惠关税的协定税率，针对签有双边和多边贸易协定、建立自由贸易区的区域性优惠关税的国家。目前已与我国签订自由贸易协定的国家有 19 个。我国出口企业的产品出口到这 19 个国家可申请相关的区域性优惠原产地证书，到对方海关可享受减免关税待遇。同时，这 19 个国家的出口产品进口到中国，凭出口国的相关原产地证书也能享受到同样的减免关税待遇。

策划建议：

长期以来，随着国际贸易规模的不断扩大和国际经济分工与合作的不断深入，原产地证书得到了越来越多的国家的重视，并在国际贸易中广泛应用。一般来说，在出口贸易中，出口企业在与对方谈判时，提供相关的优惠原产地证书，进口商在其报关时可以少缴关税，从而降低进口商品的成本，那么出口企业就可以相应抬高产品出口价格；在进口贸易中，进口企业要求对方提供相关的优惠原产地证书，也同样可以享受所在国的优惠关税待遇，从而降低进口商品成本。在世界经济不景气，企业生存艰难的今天，企业利用原产地证书制度对顺利享受关税优惠待遇，扩大出口，降低进口成本，提高进出口贸易效益等具有特别重要的意义。因此，滨江远鹏船务工程有限公司可以向进出口业务主管部门申请开具体原产地证书。

策划结论：

滨江远鹏船务工程有限公司向当地主管出入境检验检疫局提出申请，取得出口至 H 国的一艘浮船坞办理了一份《亚太贸易协定》原产地证书，从而让该公司成功享受到在 H 国海关通关时减免 2.5% 的关税优惠待遇，折合人民币 2 350 多万元。

案例点评：

滨江远鹏船务工程有限公司出口产品，享受减免关税约 3 000 万元人民币，其关键的一点，就是办理了产品的"原产地"证明。

近年来，随着世界范围内的区域合作不断升温，区域性优惠原产地证书在促进国际贸易、特别是区域性自由贸易的发展作用日益凸显，利用区域性优惠原产地证书已成为企业寻求扩大产品出口市场的新途径。随着我国与有关国家和地区建立更紧密的区域合作关系，优惠原产地证书已成为出口企业的助推器，持我国出入境检验检疫机构签发的区域性优惠原产地证书，产品进入相应国家时，不仅能享受关税减免待遇，还能在通关上得到便利。

只要花 40 元工本费，就能拥有一张优惠性原产地证书，出口企业就能享受关税优惠政策。但为什么企业没有享受到这项政策优惠呢？

其主要原因是部分企业领导者不了解原产地的税收优惠。一些原产地证书申领人员由于存在怕麻烦，怕增加工作量的想法，不愿意向企业高层管理人员或销售人员传达原产地证的优惠政策；企业管理层或外销人员又很少主动参加检验检疫机构组织的产地证业务知识培训，从而造成了企业获取关税优惠政策等信息的渠道不畅，致使企业决策者对优惠政策不了解、不掌握，不能充分利用。

此外，这里需要提醒的是，对于进口企业也要重视原产地证书制度。我国进口商也可以利用区域性或双边协议的关税优惠，降低进口成本。某些进口商品，在关税优惠范围内，可以通过出口商提供的优惠原产地证明书，在进口报关时享受优惠关税。例如编号为HS08111000 的冷冻草莓的最惠国关税税率为 30%，但泰国为零关税，其他东盟国家为 10%的关税。我国进口企业与外商签约，就要注意将由外方提供原产地证等单证的条款写入合同，遇到对方不能提供时可以提出理赔，原产地证书不符合填制规范时可要求外方修改。

注意事项：

出口企业申请原产地证书需要具备三个条件，一是货物必须是出口到给惠国和自贸区成员国；二是必须是在目的国可享受关税减让的货物；三是货物必须符合该区域的原产地规则。

企业申请原产地证书时需要提交的文件包括：原产地证书申请书、填制正确的原产地证书（实行电子签证的证书，发送电子数据）、出口货物商业发票副本。签证机构认为必要的其他证明文件包括：对含有非原产成分或签证机构需核实原产地真实性的货物，申请人还应提交产品成本明细单；对含有非原产成分或签证机构需核实原产地真实性的异地货物，申请人应提交货源地签证机构出具的异地货物原产地调查结果单；合同、信用证、报关单、海关手册等其他有关文件。

原产地证书应由出口成员方的有关政府机构在产品出口时签发，或在认定待出口产品符合该区域的原产地规则，并可视为在该成员方原产后立即签发。我国检验检疫部门规定，收到申请人的申请后，经审核符合规定的，签证机构应在 2 个工作日签出证书，特殊情况做急件处理。

为确保原产地证书的真实性和准确性，检验检疫机构可在签证时或签证后对所签产品进行原产地调查。被调查的单位应及时提供有关资料、证单，为调查工作提供便利。

遇到以下特殊情况，企业也可以申请原产地证书。

第一，后补证书的申请。在特殊情况下，企业由非主观故意的差错、疏忽或其他合理原因没有在货物出口时或出口后立即签发原产地证书，可以按规定申请补发。申请人申请补发证书时，应提交报关单、提单或运单，由签证机构在证书规定的栏内加盖"补发"印章。

第二，更改证书的申请。申请人要求更改已签发的证书内容时，应向原签证机构说明更改理由并提供依据，经检验检疫机构核实并收回原发证书后方准予换发新证书。

第三，重发证书的申请。如果已签发的原产地证书遗失或毁坏，原产地证书申请人可以向原签证机构申请重发。经检验检疫机构审查，同意重发时，检验检疫机构在规定的证书栏内加盖"经证实的真实的复制本"印章。重发证书的签证时间应为原证书的签证时间。

一般来说，出口企业的货物到达进口国时，出口企业应及时向进口国海关提交下列单证，以使产品享受关税优惠待遇：出口成员国有关政府签发的原产地证书正本、出口成员国签发的联运提单、货物的原始商业发票副本、证明产品符合直运规则的其他证明文件。

海外投资机会多　暗礁险滩需绕过

2009 年 2 月 12 日，中铝公司与力拓集团签署了合作与执行协议，中铝宣布将通过认购可转债以及在铁矿石、铜和铝资产层面与力拓成立合资公司，向力拓注资 195 亿美元。如果交易完成，中铝可能持有的力拓股份最多上升到 18%。中铝公司已经就此项交易完成了 210 亿美元的融资安排，并已陆续获得了澳大利亚竞争与消费者保护委员会、德国联邦企业联合管理局、美国外国投资委员会等各国监管机构的批准。

但 6 月 5 日力拓集团董事会宣布撤销对 2 月 12 日宣布的双方合作推荐，并将依据双方签署的合作与执行协议向中铝支付 1.95 亿美元的分手费。中铝收购力拓以失败告终。

专家点评：

普誉财税策划工作室的咨询专家提出他们的观点：随着国内企业的不断壮大，我国企业对海外投资已经风起云涌。近年来，中国企业外海投资目的地遍及世界五大洲的 160 多个国家和地区。据新华社报道，2010 年上半年我国境内投资者共对 105 个国家和地区的 1 016 家企业进行直接投资，累计实现非金融类对外直接投资 124 亿美元。其中第二季度投资高达 87 亿美元，同比增长 37.6%，环比增长 182%。

经济活动往往就是这样，既有成功的经验，当然也会有失败的教训。对于中铝公司来说，经过三个多月的拉锯战，中铝收购力拓的计划却以分手告终，其并购失败的原因不能排除因并购方所在国的政治干预。但是，在政治风险之外，并购重组协议中1.95亿美元（仅为交易金额的1%）的违约金处罚对于力拓来讲，可能也并不足以达到督促其信守合同的力度。因此，中铝遭遇到协议撕毁的法律风险。

值得注意的是，并购重组协议关系到双方今后的权利义务，是整个并购重组的核心。因此，并购双方对于协议的主体、双方权利义务、履行方式、履行期限、违约、争议解决等诸多细节条款的设计，均需要防范今后不必要的法律风险的发生。

举一反三：

本书是研究税收的，笔者通过研究发现，不少中国企业在对外投资时，往往缺乏明确的税收策划，特别是忽视了税收协定和国内税法的有关规定，使投资面临不少税收风险，这里我们结合一些资料对相关问题进行简要提示。

在海外投资过程中，中国税法会对海外投资架构与运营模式产生很大的影响。只有综合考虑国内税法、被投资国税法以及中国与被投资国（地区）签署的税收协定的影响，采取适当的投资架构与运营模式，才能获取好的投资收益。

中国企业对外投资，大体上可分为直接投资和间接投资两种类型。直接投资指直接到被投资国（地区）投资；间接投资指中国企业先在一个国家（地区）设立投资公司，再由该公司对目的地国家（地区）进行投资，间接投资比直接投资多了一个或一个以上的中间环节。

在直接投资方式下，中国企业从境外被投资企业取得的股息收入需要在当年计入中国企业的应纳税所得额，缴纳企业所得税。如果未来中国企业退出该投资，则需要在转让被投资企业股权的当年，就资本利得缴纳中国企业所得税。该股息和资本利得在境外缴纳的所得税可以在一定限额内抵免中国企业所得税。由于中国的企业所得税税率较高，因此从整体税负以及纳税时间上来看，采用直接投资的方式会产生比较重的税务负担。

在间接投资的方式下，未来被投资企业分配的股息可以暂时保留在海外低税率国家（地区）的中间控股公司，暂时不分配到中国母公司，并且如果在"合理商业目的"的前提下，中国母公司可以在中间控股公司的层面上将该股息再用于其他海外项目的投资，从而在一定程度上达到资金高效利用、递延中国税纳税义务的目的。在投资东道国所得税税率低于中国企业所得税税率的情况下，上述方法可以有效改善集团现金流、降低整体税负。

但是，无论是直接投资还是间接投资，我国所得税法对其投资收益都有影响。税法规定，依照外国（地区）法律成立、但实际管理机构在中国境内的企业，构成中国的居民企业，应当就其来源于中国境内、境外的所得缴纳企业所得税。因此，到海外投资的中国企业应特别关注海外公司的实际管理机构问题。最好采取向海外公司派驻人员进行管理，将其高层管理中心设在中国境外，在境外制定关键性决策和相关董事会决议，在中国境外保管公司签章、会计记录及账簿等方式，证明其投资设立的海外公司的实际管理控制机构在中国境外。同时，担任外国公司董事和高层管理人员的人士还应注意避免成为中国的税收居民。如果不注意上述操作，到海外投资的中国企业，不仅会面临在中国缴纳企业所得税的问题，也会面临被投资国政府要求征税的双重征税问题。

中国企业到海外投资时，还应重视税法中有关"受控外国公司制度"的规定。一些企业对外投资时，往往会在巴哈马、百慕大、开曼等低税率国家或地区设立控股公司，再由该公司对外投资。我国税法规定，由居民企业，或者由居民企业和中国居民控制的设立在实际税负明显低于 12.5% 的国家（地区）的企业，并非由于合理的经营需要而对利润不做分配或者减少分配的，上述利润中应归属于该居民企业的部分，应当计入该居民企业的当期收入。"受控外国公司制度"的规定，对上述采取间接投资方式的企业有很大影响，这种投资方式多数会受到"受控外国公司制度"的限制，投资利润在不分配的时候就需要在中国缴纳企业所得税。

因此，海外投资架构的设计还需要考虑中国企业设立的海外企业（尤其是中间控股公司）所在地的实际税负是否低于 12.5%，以及将利润（例如股息和资本利得）保留在该公司的做法是否具有"合理的经营需要"。中国企业所得税法并未对"合理的经营需要"进行明确定义。在实践中，如果中国企业将其在海外低税率地区设立的中间控股公司定位为某一地区的投资平台，例如将毛里求斯公司定位为非洲的投资平台，将其取得的投资收益用于该区域其他项目的投资，则有可能被税务局认可为"合理的经营需要"，而无须将利润分配回中国母公司缴纳所得税。

中国企业对外投资，其投资收益最终要汇回国内，需要在中国缴纳企业所得税。利息、股息在被投资国缴纳企业所得税的税率往往由中国和被投资国签订的税收协定规定，有的税收协定规定了 5% 的低税率，对减轻投资税负很有好处。此外，我国目前签订的税收协定对消除双重征税的规定有所不同，也值得投资者研究和利用。

税收优惠有"税收饶让"配合才能获得实惠。所谓"税收饶让"，指通过税收协定、议定书等规定，缔约国一方给予对方投资企业的税收优惠，对方政府予以承认。在投资企业的所得汇回母国缴纳企业所得税时，视同该优惠所得已按非优惠税率纳税，已缴纳税款可以抵免。"税收饶让"有单边饶让和双边饶让两种。我国同一些发达国家签署的税收协定规定了单边饶让制度，即这些国家承认我国给予对方企业的税收优惠。随着我国企业对外投资的增多，近年来我国同非洲、南美一些国家签订的税收协定，已经引入了双边饶让制度。

比如，中国企业到埃塞俄比亚投资设立企业，该企业按照埃塞俄比亚的税收法律，享受减免税优惠，少缴税 100 万元。在该企业的投资所得汇回中国计算纳税时，可抵免的税额包括因税收优惠少缴的 100 万元。如果没有"税收饶让"的规定，该企业的投资所得汇回中国计算纳税时，因税收优惠少缴的 100 万元不能抵免，实际上就是在埃塞俄比亚享受了税收优惠，在中国纳税时得补回来，中国投资者实际上等于没有享受到税收优惠。

因此，中国企业对外投资利用外国税收优惠时，要考虑中国和被投资国有没有税收协定，税收协定及议定书中有没有"税收饶让"的设计。如果没有"税收饶让"设计，则被投资国给予的税收优惠也就没有了实际意义。

常规思维大家做　逆向节税一招鲜

美国的税率为 50%，中国的税率为 20%（为了便于分析问题，这里仅仅是假设），美国福泰电子公司到中国开办了一家合营企业可梅勒公司，并负责原材料进口和产品的出口。对于这样的政策环境，作为美国福泰电子公司会如何操作？

业务分析：

按一般做法，美方合营者应向中国转移利润，如采用高价将可梅勒公司的产品卖给福泰电子公司，或采用低价从福泰电子公司购买原材料。

事情往往会发生意外。在一般的国际节税中，纳税人常常是尽可能避免高税管辖权，而进入低税管辖权，以进行国际节税。但是，客观上也存在着另一种节税现象，即跨国纳税人避免低税管辖权，而进入高税管辖权。

由于避免高税管辖权而进入低税管辖权所进行的国际节税是顺向的，而避免低税管辖权进入高科管辖权则正好相反，所以称之为逆向节税。逆向节税这一概念可以表述为跨国纳税人借助避免低税管辖权而进入高税管辖权，以最大限度地谋求所需利益的行为。

逆向节税除了在方向上与顺向节税相反外，还在谋利上有以下几个特点：一是谋利上的间接性。从表面上看，逆向节税并不能减轻国际纳税义务，反而会加重国际纳税义务，这似乎不可理解。但是，借助这种手段能达到最大限度地谋求利益的目的，具有极大的隐蔽性，往往不易引起人们的注意。二是谋利的非税性。逆向节税不仅不能直接谋取税收利益，而且还要牺牲税收利益。但通过牺牲税收利益，将带来所需的更大的非税收利益，它已不只是一个税收问题。三是谋利的多样性。逆向节税所要谋求的利益随具体情况而变，有时为了实现净利润最大化；有时是为有效地实现某项必要的经营策略；有时在当期不能谋利，但对将来有利。

实务操作：

根据普誉财税策划工作室的咨询专家利用相关资料对此进行的综合分析，进行逆向节税的方式有很多，最常见的大致有三种。

（1）以谋求即期净利润最大化为目标。

对于可梅勒公司来说，该公司应实现应税所得 100 万元，向中国纳税 20 万元，税后利润 80 万元，但由于外方合营者的操纵，可梅勒公司仅实现利润 50 万元，向中国纳税 10 万元，税后利润为 40 万元；而福泰电子公司多实现应税所得 50 万元，多向美国纳税 25 万元，同时增加税后利润 25 万元，福泰电子公司因独享所增加的利润 25 万元，将会实现净利润最大。假设税后利润对半分配，则有 $40 \times 50\% + 25 > 80 \times 50\%$。在这个过程中，中国减少税收 10 万元（20−10），美国增加税收 25 万元，跨国纳税人多纳 15 万元（25+10−20），而本国合营者少得利润 20 万元（80×50% −40×50%）。

这种逆向节税，以谋求即期利润最大化为目标，故与一般的国际节税较接近。

（2）以有效实现某项必要的经营策略为目标。

企业从事生产和经营，规节税收固然十分重要，但是，有时还得考虑其他战略目标的实现。这里有一个案例。

中国斋善食品公司在泰国开办了一家子公司孟丹食品公司，2007 年斋善食品公司因缺乏资本，需从孟丹食品公司补充，但由于泰国采取了较为严格的外汇管制措施，斋善食品公司难以从孟丹食品公司直接取得资本。

为了说明问题方便，我们假设中国的所得税税率为 30%，泰国的所得税税率为 20%。这时，可通过转让定价的方式使孟丹食品公司少实现应税所得 100 万元，而斋善食品公司多实现应税所得 100 万元。这样，跨国纳税人共需多纳税 10 万元（100×30% −100×20%），其中泰国减少税收 20 万元（100×20%），中国增加税收 30 万元（100×30%），但跨国纳税人借助税收损失 10 万元而有效地实现了资本转移 70 万元（100−30）。虽然以损失一定的即期税收利益为代价，但有效地实现了所需的资本转移，预期会带来更大的利益。

（3）以逃避预期风险为目标。

这里的预期风险主要指政治方面而非经营方面的，因而是一种政治性的逆向节税。例如，一国现行税率很低，但政局不稳或政策多变，跨国纳税人会因存在预期风险（没收财产，大幅度提高税率），而借助逆向节税以实现逃避预期风险的目标。跨国纳税人会采用种种手段尽可能将所得转走，以谋求预期最大利益。

一般来说，对于第一类型的逆向节税，纳税人是主动运用的；对于后两种类型的逆向节税，却是纳税人迫不得已而为之。

海外投资有风险　税收策划需先行

深圳华为技术有限公司是一家实力雄厚的民营科技企业，20 多年来已在世界范围内建立了 100 多个分支机构，并成为全球领先的电信供应商，但是 2009 年，一个税务问题险些让华为公司在俄罗斯的发展折戟沉沙。

案例简介：

原来，为了避免被国外税务机关认定为常设机构，华为公司经过税收策划，在俄罗斯采用了"由当地子公司签订服务合同，由总机构签订商品销售合同"的经营方式，以规避双重征税。但是 2009 年 2 月，俄罗斯某基层税务分局认定华为公司在俄罗斯构成常设机构，要求其补缴增值税、所得税和滞纳金等共计 2 000 多万美元。

华为公司虽然委托国际知名中介机构积极抗辩，并诉至俄罗斯法院，但收效甚微。国内主管税务机关了解到华为公司的处境后，对其境外税收争议焦点做了认真分析，建议华为公司按照中俄税收协定和《中国居民（国民）申请启动税务相互协商程序暂行办法》的相关规定，申请启动两国税务机关之间的相互磋商。经过两国税务机关多个回合的谈判，俄罗斯联邦税务局于 2009 年 11 月底复审裁决撤销原判罚，使华为公司避免了近 2 亿元的损失。

案例分析：

对于该案例，普誉财税策划工作室的咨询专家利用相关资料对此进行了综合分析。

中国企业在境外投资的势头十分强劲。根据商务部、国家统计局、国家外汇管理局 2012 年 8 月底联合发布的《2011 年度中国对外直接投资统计公报》显示，2011 年，中国对外直接投资净额达 746.5 亿美元，比上年增长 8.5%。截至 2011 年底，中国 13 500 多家境内投资者在国（境）外设立对外直接投资企业 1.8 万家，分布在全球 177 个国家（地区），对外直接投资累计净额达 4 247.8 亿美元，年末境外企业资产总额近 2 万亿美元。

联合国贸发会议（UNCTAD）《2012 年世界投资报告》显示，2011 年全球外国直接投资流出流量 1.69 万亿美元，年末存量 21.17 万亿美元。以此计算，2011 年中国对外直接投资分别占全球当年流量、存量的 4.4% 和 2%，2011 年中国对外直接投资流量名列按全球国家（地区）排名的第 6 位，存量位居第 13 位。

最近几年来中国对外直接投资主要有以下特点：增势强劲，再创新高；并购领域较为集中；利润再投资较上年实现小幅增长；对主要经济体投资快速增长，八成的投资流向发展中国家；行业分布广泛，流向交通运输业、金融业、商务服务业投资下降幅度较大；六成的投资流向英属维尔京群岛、开曼群岛；从地区分布情况看，对欧洲、大洋洲、非洲的投资快速增长，对北美洲投资略有下降；地方对外投资活跃，增幅高于全国；在非金融类对外直接投资流量中，国有企业仅占 55.1%。

国家发改委的有关人士介绍，我国实施"走出去"战略以来，中国企业境外投资势头很猛，取得了很大的成绩。即使在今年世界经济复苏不力、欧债危机不见消退的不利环境下，今年非金融类对外投资已超过 424 亿美元，仍然呈增长态势。

但是，在境外投资过程中也存在一些值得总结的教训，华为案例就从一个侧面反映了相关问题。该案例也是企业利用税收协定维护自身海外合法权益的典型案例。我国很多雄心勃勃开展海外投资的企业，由于对投资国的生产经营环境、税收法律环境等缺乏全面了解，忽视了税务风险管理的重要性，最终付出了高昂的税收成本，令人扼腕。拿华为公司来说，虽然最后胜诉了，但付出的代价也是巨大的。

这个案例从另一个方面来分析，恰恰说明了中国企业运用税收协定维护自身合法权益意识的缺乏。

与在国内投资相比，中国企业到海外投资，面临的税收风险更大。这是因为海外投资企业不仅受投资国税收法律的管辖，也受我国税收法律、法规的管辖；海外投资企业不仅要按照投资国的法律纳税，还要按照我国的税收法律、法规以及双边税收协定办理相关纳税事宜。中国企业到海外投资，不仅要熟悉、掌握我国的税法，还要掌握投资国的税法，此外还得了解相关的税收协定，哪一方面不了解、处理不到位，都会引发税收风险。

现实中，确实有一些"走出去"的企业因为不了解投资国的税收法律环境，特别是转让定价和税收抵免的相关规定，不清楚我国与投资国之间谈签税收协定的情况，不掌握与投资国税务当局进行沟通的技巧，不知道运用两国之间的相互协商机制维护自身的税收权益，不仅支付了高昂的税收成本，也会引发致命的税收风险，面临"走得出去"却"走不下去"的尴尬局面。

操作提示：

面对如此多而复杂的税收风险，到海外投资的中国企业应该如何防范和化解呢？普誉财税策划工作室的咨询专家提醒纳税人，落实到操作层面上，企业需要树立"税收先行"的理念，重视税收风险管理，充分利用税务机关、涉税中介机构等外部资源，在投资前算好税收账，做好策划。在投资前对投资涉及的税收问题做详细的调查和分析，特别是要重点关注我国与投资国是否有税收协定，是否有税收饶让的条款，比较各种投资方案的利弊、风险，制订可行的投资方案，合理安排投资架构。

比如，中国企业在海外投资时，往往会涉及资产收购的问题。资产收购可以通过直接购买资产的方式实现，也可以通过购买持有该资产企业的股权实现。在税收上，两种收购方式面临的税收处理方式存在很大不同。直接购买资产的优点是不需要承担目标企业潜在的债务、责任，所购资产可以按购买价提取折旧。缺点是资产产权转移的法律手续烦琐，还有可能产生较重的资产转让税负。股权收购的优点是转让手续简便，成本低。缺点是可能会承担目标企业潜在的债务，所购资产的计税成本不变，可抵扣的折旧少。曾经发生过这样的案例，中国企业以很便宜的价格购买了外国企业的股份，后来才发现该企业存在巨额的债务，收购这样的企业，无疑是跑去替别人还债了。

总之，资产收购和股权收购各有优缺点，必须结合投资目的、投资所在国的具体税收法律综合分析，才能做出有利的判断。

对于目前中国企业到海外投资的实际情况，各方专家都在研究税收风险的规避问题。综合有关专家的意见，可以归纳出以下几类。

1. 税收居民身份认定上的风险

通常而言，税收上将企业区分为居民企业和非居民企业。居民企业负有无限纳税义务，应就全球所得在注册国纳税；非居民企业仅负有有限纳税义务。比如我国企业所得税法规定，居民企业，指依法在中国境内成立，或者依照外国（地区）法律成立但实际管理机构在中国境内的企业。居民企业应当就其来源于中国境内、境外的全部所得缴纳企业所得税。非居民企业，指依照外国（地区）法律成立且实际管理机构不在中国境内，但在中国境内设立机构、场所的，或者在中国境内未设立机构、场所，但有来源于中国境内所得的企业。

境外投资企业是构成我国的居民企业，还是投资所在国的居民企业，身份认定的不同，会导致纳税的不同。由于不同国家对居民企业的认定标准会有所差异，既给企业选择纳税身份提供了一定的空间，同时也会带来很大的税收风险，搞不好就会面临重复征税的风险。

比如，中国企业到海外投资，依据外国（地区）法律在投资国注册成立的企业，如果其实际管理机构在中国境内，也可能被认定为中国的居民企业。2009 年，国家税务总局发布《关于境外注册中资控股企业依据实际管理机构标准认定为居民企业有关问题的通知》（国税发〔2009〕82 号），规定企业如果符合该通知所列的四个条件，即可被判定为我国的居民企业，在履行居民纳税人义务的同时，享受居民企业间股息、红利等权益性投资收益免税的优惠待遇。也就是说，如果海外投资设立的企业被认定为中国居民企业，那么其向国内母公司支付股息、红利时，母公司可以不用缴纳企业所得税。很多海外投资企业把上述规定视为一项税收优惠，纷纷层报国家税务总局审批。但这样做其实是有很大税收风险的。因为这样一来，该企业就成为两个国家（地区）的居民企业，需要在我国及投资国就全球所得缴纳企业所得税，纳税义务扩大了，可能埋下很大的税收隐患。

2. 税收优惠适用上的风险

很多企业选择海外投资地时，往往是冲着当地的税收优惠去的，可直到产生投资收益要拿回国内时，才发现在当地享受的税收优惠在国内不被承认，需要按中国的税法计算纳税。

这实际上涉及税收饶让抵免的问题。我国企业所得税法目前尚未单方面规定税收饶让抵免，但我国与一些国家签订的税收协定规定有税收饶让抵免条款。居民企业从与我国订立税收协定（或安排）的对方国家取得所得，并按该国税收法律享受了免税或减税待遇，且该所得已享受的免税或减税数额按照税收协定（或安排）规定，应视同已缴税额在我国应纳税额中抵免的，经企业主管税务机关确认，可在其申报境外所得税额时视为已缴税额。因此，企业在境外享受的税收优惠在境内能否抵扣，取决于我国与相关国家签订的税收协定是否有税收饶让的安排。如果没有税收饶让的安排，企业就无法实际享受到优惠。

3. 海外所得税收无法抵免的风险

根据企业所得税法及其实施条例的规定，我国对境外投资采用限额抵免法消除双重征税，超过抵免限额的部分可在 5 年之内向后结转，抵免方式为分国不分项。海外所得税收抵免有严格的条件限制，计算非常复杂，企业如果处理不好，就会造成无法抵免的后果。

比如，一些企业在海外投资过程中，考虑到投资地市场情况、其他投资伙伴的需求、业务经营安排以及证券市场的要求等限制，很多中国企业在投资时引入了多层实体结构。在最终开展实质经营的业务主体之上可能设置了多层的中间企业。许多中间控股企业不参与具体的业务，而仅仅充当境外业务的投资、融资平台。如果企业层级超过 3 层，按我国税法的规定，企业境外所得税收就无法抵免。

再比如，企业申报抵免境外所得税收时，应向其主管税务机关提交与境外所得相关的完税证明或纳税凭证（原件或复印件）。但问题在于，企业有时要取得"与境外所得相关的完税证明或纳税凭证"会面临很多困难。因为企业在一些国家缴纳税款时，采取直接转账的方式，并不会出具专门的完税证明或纳税凭证；在享受税收饶让的情况下，如何提供已在境外享受的所得税减免额的凭证也是很大的问题。

境外投资可抵免　策划方法有讲究

企业走上规模化经营之后，由于资源、市场等多方面因素的影响，往往导致企业需要走出去，到国外开公司、办厂等。而企业一旦到国外经营，在税收上就变化得复杂起来，因为不同国家税收制度存在差异尚且不说，处理国与国之间的税收关系就是一个重要课题，这里我们引用普誉财税策划工作室的咨询专家提供的部分资料对有关问题做一个简要分析。

案例之一：境内 A 公司持有境外 B 公司 20% 的股份，B 公司 2012 年适用所得税率是 30%，应纳税所得是 2 000 元，缴纳所得税 600 元，税后利润 1 400 元。分配股息 1 000 元，其中分配给 A 公司 200 元，扣缴预提所得税 20 元，A 公司净股息收入 180 元。B 公司所纳 600 元税额中，与分给 A 公司 200 元股息对应的部分是：

$600 \times 200 \div 1\,400 = 85.71$（元）

为简化计算，假定 A 公司境内应纳税所得额是正数，境外股息所得只能一层间接抵免，股息所得也没有需要对应调整的应扣除费用。只计算境外所得应补缴的税款。

股息所得直接抵免和间接抵免应补税额对比表　　　　单位：元

抵免方法	境外股息所得额	境外所得在境外负担的所得税	抵免限额	应补税额
直接抵免	180+20=200	20	200×25%=50	30
间接抵免	180+20+85.71=285.71	20+85.71=105.71	285.71×25%=71.43	0

操作分析：

境外所得税抵免的方法，可以分为直接抵免和间接抵免，不同的抵免方法，对应纳税额的影响是不同的。根据税法，只有符合条件的股息所得，才可以间接抵免，不符合条件的股息所得、利息、租金、经营所得等其他所得，只能直接抵免。这里以股息为例，分析直接抵免和间接抵免对应纳税额的影响。

从上面的比较可以看出，股息所得如果直接抵免，需要补缴所得税。如果间接抵免，在享受一层间接抵免的情况下，不用补缴所得税。

与直接抵免的股息所得是净股息所得加上被扣缴的预提所得税相比，可以间接抵免的股息所得，还要加上股息所得间接负担的所得税。可以抵免的所得税的增加额（假定是 X），要远远大于应缴纳的所得税的增加额（$X \times 25\%$）。这导致股息所得直接抵免时需要补缴所得税，间接抵免时就可能不用补缴或者少补所得税。因此，如果有来自境外的股息所得，应尽量享受间接抵免政策。

案例之二：境内 A 公司需要给境外 B 公司贷款 100 万元，每年取得 10 万元利息，预提所得税税率是 10%，每年可以净得 9 万元利息。为享受间接抵免待遇，A 公司将 100 万元贷款变成对 B 公司的投资 100 万元，假定持股比例超过 20%。B 公司有能力每年向 A 公司支付股息 10 万元，扣缴预提所得税 1 万元。假定 B 公司适用税率 20%，处于免税期，支付贷款利息时，年应纳税所得额是 100 万元，如果将 A 公司的贷款变为对 B 公司的投资，B 公司应纳税所得额是 110 万元，免缴所得税 22 万元。假定将税后利润全部分配，则与 10 万元股息对应的所得税是 2 万元。为简单计算，假定境外所得税抵免只有一层。通过下面的表格，可以看出利息所得与股息所得对最终应纳税额的不同影响。

境外利息所得与股息所得补税对比表 单位：万元

所得方式	境外股息所得	境外所得在境外负担的所得税	境外所得补税额
利息	10	1	1.5
股息	10+2	3	0

取得与贷款利息相等的股息后，A 公司可以采取撤资或转让股权的方式退出。

操作分析：

根据国家税务总局《关于发布〈企业境外所得税收抵免操作指南〉的公告》（国家税务总局公告 2010 年第 1 号），利息、租金、特许权使用费等所得，只能适用直接抵免。以利息收入为例，如果将只能适用直接抵免的利息所得，变为可以适用间接抵免的股息所得，就可以多抵免一部分税款。那么如何实现这种转换呢？这里提供一个基本操作思路。

第一步：将借款变成投资。

第二步：最后撤资或转让股份，收回成本。

采取这种方式，需要比较苛刻的前提条件，如境外企业须处于减免税期，而且其所在国与中国签订的税收协定有饶让抵免的规定。

注意事项：

普誉财税策划工作室的咨询专家提醒大家，间接抵免的境外第一层企业尽量放在有税收饶让待遇的国家。税收协定中的饶让待遇，可以使国内企业充分享受境外的税收优惠。但是，境外所得税收抵免实行分国不分项，享受三层间接抵免待遇的股息所得，按第一层企业所在国进行归集计算。所以，第一层企业尽量放在有税收饶让抵免待遇的国家，以最大限度地减轻税负。目前，与日本、韩国、新加坡、澳大利亚等国的协定，都有间接抵免的规定。

案例之三：境内 A 公司持有境外 B 公司 40% 的股权，2012 年，B 公司应纳税所得额为 100 万元，适用税率 30%，税后利润 70 万元全部分配，分给 A 公司股息 28 万元，股息协定税率 10%，扣缴预提所得税 2.8 万元。A 公司按照不同的计算方法，可以分配给与取得 B 公司股息所得有关的费用分别是 10 万元和 15 万元，相应的境内所得分别是 100 万元和 105 万元。下面比较分配 10 万元和 15 万元时，对 A 公司应纳税额的影响，间接抵免只算一层。

间接抵免分析计算表   单位：万元

分摊额	境外所得	境外股息所得	境外所得在境外负担的所得税	增外所得境内应纳税额	境外所得税抵免限额	实际应纳税税额	节税额
10	100	28+30×40%−10=30	2.8+12=14.8	30×25%=7.5	7.5	25	1.25
15	105	28+30×40%−15=25	2.8+12=14.8	25×25%=6.25	6.25	26.25	

从上表可以看出，如果境外所得境外应负担的所得额超过抵免限额时，在计算境外所得时，采取让境外收入少负担成本费用的方式，可以减少境内所得，以增加境外所得及抵免限额，从而减少最终的所得税额。

操作分析：

通过以上分析，我们可以观察境外所得大小对最终应纳税额的影响。

在境内外所得总额一定，以及境外所得已经缴纳的税额也一定的情况下，如果境外的所得额不同，则最终的应纳税额也会不同。这也为进行境外所得税抵免的税收策划提供了空间。

境外所得在境外负担的所得税是一定的，如果是利息、租金等，境外负担的所得税就是被扣缴的预提税，如果是可以间接抵免的股息，就是被扣缴的预提税再加上间接负担的所得税。但是，根据 1 号公告的规定，在计算境外所得额时，纳税人为取得境内外所得而发生的一些共同支出，可以按照合理的比例，在境内外所得之间分摊扣除。共同支出指与取得境外所得有关，但未直接计入境外应纳税所得的成本费用支出，包括未直接计入境外所得的营业费用、管理费用和财务费用。而境外所得应分担的支出，可以按照资产比例、收入比例、工资支出比例、其他合理比例确定。不同的分摊比例，导致境外所得可能不同。由于支出是在境内外所得之间的分配，并不会因此影响总的应税所得，境外所得大了，境内所得就小，反之亦然。因此，在境外所得负担的境外所得税一定的情况下，境外所得大小不同，可能影响最终应纳税额的大小。

如果境外的所得税大于抵免限额，境外所得越大，境内所得就越小。在境外所得税高于抵免限额的情况下，即使境外所得增大，也不需补缴税款，但由于境内所得变小，最终的应纳税额越小。所以，在计算境外所得时，应根据具体情况，确定境外所得分摊比例的具体方式。

案例之四：境内 A 公司持有境外 B 公司 40% 的股权，B 公司应纳税所得 100 万元，适用税率 10%，税后利润 90 万元全部分配，分给 A 公司 36 万元，扣缴预提所得税 36×5%=1.8（万元），境外股息协定税率是 5%。A 公司可以分配给与取得股息收入有关的费用，按照不同的计算方法，是 10 万元或 15 万元，相应的境内所得是 100 万元或 105 万元。下面比较分配 10 万元或 15 万元时，对 A 公司最终应纳税所得的影响。

计算方法差异分析表

单位：万元

分摊额	境外所得	境外股息所得	境外所得在境外负担的所得税	增外所得境内应纳税额	境外所得应补税额	实际应纳税税额
10	100	36+10×40%−10=30	1.8+10×25%=4.3	30×25%=7.5	1.7	100×25%+1.7=26.7
15	105	36+10×40%−15=25	5.8	25×25%=6.25	0.45	105×25%+0.45=26.7

操作分析：

如果境外所得负担的税额小于抵免限额，调整境内外所得就可能没有意义，因为境外所得需要补税，作为境内所得需要纳税。

综合点评：

这里汇集了境外投资抵免所得税的几种情景。上面的例子说明，如果境外所得需要补税，境内外收入共同负担的成本费用，采用不同的境内外分配方式，就可能没有实际意义。

在境内外所得总额一定，以及境内外应纳所得税额一定的情况下，合理计算境内、境外各自的所得，尽量多抵免境外所得负担的境外所得税，避免重复征税，减少最终应纳税额，降低所得税负担，已成为"走出去"企业境外所得税抵免过程中面临的最大问题。

本案例的策划分析，是在引用其他专家的研究成果的基础上进行的，目的是想通过系统的案例分析帮助大家建立投资涉税策划的思路和方法，特别是运用国家税务总局《关于发布〈企业境外所得税收抵免操作指南〉的公告》（国家税务总局公告 2010 年第 1 号）和《财政部 国家税务总局关于企业境外所得税收抵免有关问题的通知》（财税〔2009〕125 号）的有关规定，进行境外所得税抵免的税收策划思路。

第五章

进出口税收

进料来料可选择　税收成本为重点

　　亚美公司从事对外加工业务以及国内销售业务，2020 年年初接到一个订单：对外加工出口甲产品，经了解，甲产品国内成本构成计为材料成本 2 000 万元、其他成本 8 000 万元（工资、折旧等无进项税金）。在具体的加工方式上有进料加工和来料加工两种，如果采取进料加工方式，可取得销售收入 34 000 万元，如果采取来料加工方式，则可以取得加工费 13 000 万元。对于该业务，亚美公司应该采用哪一种方式好呢？

　　业务分析：

　　来料加工方式是由国外客户提供原材料，必须做成成品再出口，原材料不是正常购买的，而是外方提供，不需要企业支付货款。最后结算，客户只是付给企业一定的加工费。多余的原料还要退回给客户。而进料加工则是由生产企业所需要的原材料由企业通过正常的进口方式自己从国外进口，加工后再出口，这样企业可能获得的利润不光是加工费，还包含成品扣除成本费用后的差额（经营利润）。

　　加工利润 = 销售收入 − 销售成本 − 销售税金及附加。其中，

　　进料加工：销售成本 = 进口材料成本 + 国内成本 + 不予抵扣或退税进项税额，销售税金及附加 =− 免抵税额 ×（城建税税率 + 教育费附加 3%）。

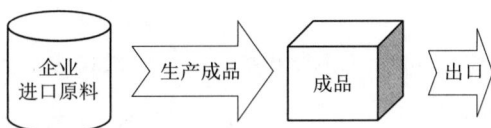

来料加工：销售成本＝国内成本＋耗用国内材料进项税额，销售税金及附加为零。

进料加工利润＝销售收入－进口材料成本－国内成本－不予抵扣或退税进项税额＋免抵税额×（城建税税率＋教育附加3%）。

来料加工利润＝加工费－国内成本－耗用国内材料进项税额。

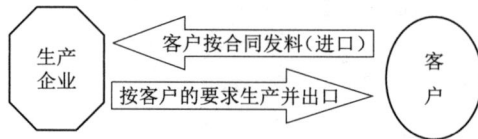

策划分析：

作为企业的行为其目的就是获取利润，因此，如果一项经济业务存在两种以上不同的操作方式，并且要在其中做出选择的话，就要看其中哪一种操作方式能给企业带来更多的利润。对于亚美公司目前的这笔加工业务，哪一种方式能够给企业带来更多的利润呢？

对进料加工与来料加工方式所组成利润的计算公式进行分析，我们不难发现：在一般的情况下，进料加工与来料加工所发生的"国内成本"是相同的，进料加工方式与来料加工方式哪个产生的利润比较大，只需比较进料加工"销售收入－进口材料成本－不予抵扣或退税进项税额＋免抵税额×（城建税税率＋教育附加3%）"差额与来料加工"加工费－耗用国内材料进项税额"差额大小，差额大的加工方式所产生的利润也大。

由于税收政策的不同，造成两种加工方式税负的不同，也就影响到加工企业的经济效益，那么，在两种加工方式之间如何选择呢？下面举例进行分析。

（1）采取进料加工方式。

甲产品当年出口销售收入34 000万元，加工甲产品进口材料成本（海关核销免税组成计税价格）20 000万元，当年应退税额300万元。适用"免、抵、退"出口退税政策，进料加工出口货物免、抵的增值税不征收城建税、教育费附加，甲产品征税率13%，这里假设出口退税率10%，城建税的税率7%，教育费附加费率3%。

进料加工效益计算。

成本30 560万元，其中，进口材料成本20 000万元，国内材料成本2 000万元，国内其他成本8 000万元，不予抵扣或退税进项税额：

34 000×（13%－10%）－20 000×（13%－10%）

=1 020－600

=420（万元）

应缴增值税：－免、抵税额=[（出口销售收入－进口材料成本）×退税率－应退税额]

=－（14 000×10%－300）

=－1 100（万元）

销售税金及附加 =- 免、抵税额 ×（7%+3%）

=-110（万元）

利润 = 销售收入 - 成本 - 销售税金及附加

=34 000-30 560-（-110）

=3 550（万元）

（2）采取来料加工方式。

加工费免征增值税，出口货物耗用国内材料进项税金不得抵扣计入成本，甲产品当年加工费13 000万元。

来料加工效益计算。

销售成本10 340万元，其中，国内材料成本2 000万元，国内其他成本8 000万元，耗用国内材料进项税额：

2 000×13%=260（万元）

利润 = 收入 - 销售成本 - 销售税金及附加

=13 000-10 340-0

=2 660（万元）

策划结论：

通过上述分析我们可以发现，进料加工可以获得利润3 550万元，来料加工的方式可以获得利润2 660万元，采用两种不同的加工方式所形成的利润相差890万元，因此，亚美公司应选择进料加工方式。

策划点评：

从现行政策的变化趋势来看，在出口环节进行税收策划的空间越来越小，类似的策划案例在各种媒体上多有介绍，这里仅引用了他人的研究成果，目的是使本书尽可能多地涉及各方面的内容，从而成为一个相对完整的体系，方便读者了解各方面的策划操作思路。

进料加工和来料加工是从事出口业务企业常见的经营方式。进料加工指有进出口经营权的企业，用外汇购买进口原材料、元器件、零部件等，经生产加工成成品或半成品返销出口的业务。对于进料加工贸易，海关一般对进口材料按85%或95%的比例免税或全额免税，货物出口按"免、抵、退"计算退（免）增值税。

来料加工是由外商提供一定的原材料、元器件、零部件，由加工企业根据外商要求进行加工装配完工后交外商销售，加工企业收取加工费的业务。来料加工贸易，海关对进口材料全额免税，货物出口免征增值税、消费税，加工企业加工费免征增值税、消费税，出口货物耗用国内材料支付进项税金不得抵扣应计入成本。

进料加工与来料加工两种业务的操作方式不同，其中的风险也不同，因此与之相适应，其经营的成果当然也不同。作为具体从事出口业务的企业，当然不能仅以某一方面的问题就可以对某经济业务进行决策，还需要从其他多方面的因素做综合性分析。比如，除了以上所说的利润差别需要考虑之外，还有资金筹措、市场变化等问题。纳税人应当以全方位的视角接受跨国经营的挑战。

背景资料：

《关于出口货物劳务增值税和消费税政策的通知》（财税〔2012〕39号）第六条规定对符合下列条件的出口货物劳务，除适用本通知第七条规定外，按下列规定实行免征增值税（以下称增值税免税）政策：

1.适用范围。

适用增值税免税政策的出口货物劳务，指以下方面。

2.出口企业或其他单位视同出口的下列货物劳务：

（1）国家批准设立的免税店销售的免税货物〔包括进口免税货物和已实现退（免）税的货物〕。

（2）特殊区域内的企业为境外的单位或个人提供加工修理修配劳务。

（3）同一特殊区域、不同特殊区域内的企业之间销售特殊区域内的货物。

3.出口企业或其他单位未按规定申报或未补齐增值税退（免）税凭证的出口货物劳务。

具体指：

（1）未在国家税务总局规定的期限内申报增值税退（免）税的出口货物劳务。

（2）未在规定期限内申报开具《代理出口货物证明》的出口货物劳务。

（3）已申报增值税退（免）税，却未在国家税务总局规定的期限内向税务机关补齐增值税退（免）税凭证的出口货物劳务。

对于适用增值税免税政策的出口货物劳务，出口企业或其他单位可以依照现行增值税有关规定放弃免税，并依照本通知第七条的规定缴纳增值税。

《财政部 税务总局 海关总署关于深化增值税改革有关政策的公告》（财政部 税务总局 海关总署公告2019年第39号）第三条规定，原适用16%税率且出口退税率为16%的出口货物劳务，出口退税率调整为13%；原适用10%税率且出口退税率为10%的出口货物、跨境应税行为，出口退税率调整为9%。

2019年6月30日前（含2019年4月1日前），纳税人出口前款所涉货物劳务、发生前款所涉跨境应税行为，适用增值税免退税办法的，购进时已按调整前税率征收增值税的，执行调整前的出口退税率，购进时已按调整后税率征收增值税的，执行调整后的出口退税率；适用增值税免抵退税办法的，执行调整前的出口退税率，在计算免抵退税时，适用税率低于出口退税率的，适用税率与出口退税率之差视为零参与免抵退税计算。

出口退税率的执行时间及出口货物劳务、发生跨境应税行为的时间，按照以下规定执行：报关出口的货物劳务（保税区及经保税区出口除外），以海关出口报关单上注明的出口日期为准；非报关出口的货物劳务、跨境应税行为，以出口发票或普通发票的开具时间为准；保税区及经保税区出口的货物，以货物离境时海关出具的出境货物备案清单上注明的出口日期为准。

产品归类多方面　征退税率可选择

大金公司专业生产各种规格的通用排液泵。该公司 2018 年 3 月份产品出口销售收入 3 000 万元，同时实现内销收入 2 000 万元。该公司上月进项税额留抵 100 万元，当月进项税额合计 800 万元。根据《中华人民共和国海关进出口税则》规定，该产品有两种不同的征退税率：一种是征税率 17%，退税率 13%（海关商品编码 8413502090）；另一种是征税率 13%，退税率 11%（海关商品编码 8413502010）。

该企业主管出口退税的经理认为：该商品既然可以按"征税率 17%，退税率 13%"进行操作，也可以按"征税率 13%，退税率 11%"，企业就存在选择权。显然，征退税率差率较大的方案对企业肯定是有利的。于是，就要求负责纳税申报的财务人员按"征税率 13%，退税率 11%"进行申报。

当企业的纳税申报做出来之后，该企业的税务顾问，普誉财税策划工作室的税务专家咨询部的马经理来到该企业进行例行沟通和交流。在交流过程中，企业税务专员就提出该企业目前刚遇到的关税征税率的选择问题。马经理提醒说："问题可能没有那么简单。"

那么，在这种有两种征退税率可以选择的情况下，企业在发生出口业务，需要进行免抵退税申报时，应该怎样进行选择呢？马经理结合企业的实际情况做出如下的分析。

策划分析：

出口退税环节是税务部门管理的重要环节，税务机关对出口退税管理比较严密。但是，这并不是说在出口退税环节就不存在税收策划的空间。大家都知道，作为每一个企业而言，所生产的产品是很具体的，而《中华人民共和国海关进出口税则》对出口产品的征退税率既有按某个具体产品来确定的，也有很多产品的征退税率是按产品的结构、性能和用途来确定的。因此，就生产具体产品的企业而言，在按照产品的结构、性能和用途确定征退税率的产品里，有一些产品根据产品的结构、性能和用途，既可以归入这一类，同时也可以归入另外一类，而这两个类别产品的征退税率并不一致，如果企业在其中做出选择，其结果也不一样。在这样的情况下，就需要对有关业务进行分析和策划。

在具体操作过程中，如果要进行策划，就需要对不同的方案或者几种可能性分别进行分析，从而得出不同的结果，并从中进行选择。

方案一：按照征税率 17%，退税率 13% 这一政策规定进行计算分析。

（1）由于企业出口的商品征税率为 17%，而退税率为 13%，中间存在一个征退税率差，征税税率差为 4%，所以企业在进行纳税申报时，需要将其差额做进项税额转出。计算当月进项税额转出数为：

3 000×4%=120（万元）

（2）计算当月销项税额为：

2 000×17%=340（万元）

（3）该企业当月实际应退税额为：

100+800-120-340=440（万元）

方案二：按照征税率13%，退税率11%这一政策规定进行计算分析。

（1）由于企业出口的商品征税率为13%，而退税率为11%，中间存在一个征退税率差，征税税率差为2%，所以企业在进行纳税申报时，需要将其差额做进项税额转出。计算当月进项税额转出数为：

3 000×2%=60（万元）

（2）计算当月销项税额为：

2 000×13%=260（万元）

（3）该企业当月实际应退税额为：

100+800-60-260=580（万元）

策划结论：

通过上述计算，我们可以发现，按照"征税率17%，退税率13%"这一政策规定，该企业当月可申请退税440万元；而按照"征税率13%，退税率11%"这一政策规定，该企业当月则可申请退税580万元。两种不同的征退税率，使得企业的当月应退税额相差140万元。

以上还只是就出口退税方面做了比较，其实，不同的政策背景对企业所得税方面也有很大的影响。我们在这里仍按照以上案例数据进行计算比较。

首先，按照"征税率17%，退税率13%"这一政策规定进行计算分析。

根据现行政策规定，进项税额结转额是作为产品销售成本计入费用的，也就是说这里有120万元应当作为销售成本入账，成为利润的减项，这样该企业就少了120万元利润。

其次，按照"征税率13%，退税率11%"这一政策规定进行计算分析。

同样道理，这里有60万元应当作为销售成本入账，成为利润的减项，这样，该企业仅少了60万元利润。

这样，通过比较可以发现，在其他条件不变的情况下，采用第一种政策规定，企业将减少利润120万元；而采用第二种政策规定，企业只减少利润60万元，相比之下，第二种操作方案可以为企业增加利润60万元。

策划点评：

我们无法理解企业为什么会做出利用"征税率17%，退税率13%"方案更有利的选择，但是，通过具体的分析，我们知道应当选择"征税率13%，退税率11%"的征税方法。这个案例可以给我们如下提示：一是对税收政策和有关规定不能简单、直观地判断，应当进行全面和系统的分析；二是有关法律是一个网，它可以对其所调节的内容进行规范，但是，任何法律无法穷尽所有的事物，在具体操作环节，纳税人存在结合实际进行操作的选择权，这与"打擦边球"和节税是两个概念。类似于本案例，生产性出口企业具体生产产品的品种与《中华人民共和国海关进出口税则》对出口产品的征退税率的规定可能还存在其他可以选择的操作地方，纳税人不妨举一反三。

策划难点：

本案例涉及如下难点：其一，企业所生产的出口产品确实存在可以按照不同类别划分，且有可以采用不同征退税率进行免抵退税申报的前提，但是，企业人士未必对有关规定把握到位，所以自由裁量权往往被海关或者主管税务人员所掌握；其二，在产品申请报关出口时，商品编码首先需要得到海关通关处的认可，所以，如果有关企业想进行选择性策划操作，就需要在通关前就进行选择性策划，从而掌握运作的主动权；其三，税务机关对该事项的认可程度有时也比较难把握，所以在具体操作过程中容易引起涉税争议。

背景资料：

《中华人民共和国海关进出口税则》（部分有关章节标题摘录）：

关税税则一般包括两个部分：海关征税规章和关税分类表。前者是海关征收关税的各种规章制度，后者则包括税则号列、货物分类目录和税率三个部分。

关税税则可以分为单式税则和复式税则两种。前者指一个税目下只有一个税率，对来自任何国家和地区的商品采取无差别待遇，目前只有如委内瑞拉、巴拿马、肯尼亚等少数发展中国家仍在采用这种单式税则；后者指一个税目下订有两个或两个以上的税率，对来自不同国家或地区的商品采取不同税率的差别待遇。各国复式税则也不同，有二、三、四、五栏不等，设有普通税率、最惠国税率、协定税率、特惠税率等，一般是普通税率最高，特惠税率最低。使用复式税则是为了贸易竞争的需要，对不同国家实行差别待遇，或者为了获取关税上的互惠，以保证其商品销售市场和材料来源。在现代国际贸易政策的发展过程中，有单式税则向复式税则转变的趋势，目前世界上绝大多数国家为了保护本民族经济，发展在平等互利基础上的经济合作，大多都已采用复式税则。

出口业务视内销　涉税风险需规避

企业从事的出口业务，在税收上不一定都能够享受到出口退税待遇。如果企业实际从事的出口业务，在税收上却不能享受相应的出口退税政策，在税务管理上叫作出口视同内销业务。国际金融危机爆发以来，许多国内出口企业很难在规定的退（免）税申报期实现收汇核销。出口货物逾期收汇核销的形成主要有两方面原因：一是受国际金融危机影响，国外客户付款不能及时到位，使国内企业无法在规定的时限内实现结汇并进行申报出口退（免）税；二是试行收汇核销无纸化的企业，虽然在网上提交了收汇核销信息，但有时由于系统或信息传输的原因导致提交不成功，使得税务机关无法收到外汇管理局转发的收汇信息。而在实务过程中，自营出口的生产和外贸企业、以进料加工复出口贸易方式的企业等，对于出口视同内销业务往往容易搞错，从而发生涉税风险，这里我们引用有关资料试分析之。

企业情况：

普誉财税策划工作室的咨询专家在对东江制衣有限公司（属于 C 类出口企业）提供咨询服务的过程中，发现该公司是一家新办生产型出口企业，该企业发生如下业务。

2018 年 1 月发生一笔 100 万元人民币（离岸价）进料加工复出口货物，因未在规定的时限内收齐单证进行退税申报，按内销货物进行纳税（自 2009 年 1 月 1 日起，生产与外贸企业的简易征收税率为 3%）。该货物的征税率为 17%，退税率为 16%。该公司 1 月已做账的免抵退税不得免征和抵扣税额为 9 000 元（此金额是已扣除进料加工免抵退税不得免征和抵扣税额抵减额的数额）。

2018 年 4 月，因未在规定期限内收齐前期已申报退税的出口货物报关单，在当期按出口视同内销货物自行计提了销项税额。该批货物的出口额为 117 000 元（换算为人民币的价格），征税率为 17%，退税率为 13%。

而同时该咨询专家还为安顺进出口贸易公司提供了咨询服务，该公司主要从事童装的出口贸易，该公司的如下业务引起了专家的注意。

2018 年 1 月 15 日购入一批童装，取得的增值税专用发票所列计税金额为 100 000 元，税额为 17 000 元，并按时办理了发票认证手续。该货物于 1 月 25 日全部报关出口，出口额为 120 000 元（换算为人民币的价格），月底均做了相应的账务处理。但是，由于该企业未在规定的时限内收齐出口货物报关单，无法实现退税申报，企业在 4 月按视同内销做了转账处理，同时向税务机关申请开具了《外贸企业出口视同内销征税货物进项税额抵扣证明》。该货物的征税率为 17%，退税率为 16%。

政策分析：

《关于出口货物劳务增值税和消费税政策的通知》（财税〔2012〕39 号）第七条适用增值税征税政策的出口货物劳务中明确，下列出口货物劳务，不适用增值税退（免）税和免税政策，按下列规定及视同内销货物征税的其他规定征收增值税（以下称增值税征税）：

适用增值税征税政策的出口货物劳务，指以下几个方面。

1. 出口企业出口或视同出口财政部和国家税务总局根据国务院决定明确的取消出口退（免）税的货物（不包括来料加工复出口货物、中标机电产品、列名原材料、输入特殊区域的水电气、海洋工程结构物）。

2. 出口企业或其他单位销售给特殊区域内的生活消费用品和交通运输工具。

3. 出口企业或其他单位因骗取出口退税被税务机关停止办理增值税退（免）税期间出口的货物。

4. 出口企业或其他单位提供虚假备案单证的货物。

5. 出口企业或其他单位增值税退（免）税凭证有伪造或内容不实的货物。

6. 出口企业或其他单位未在国家税务总局规定期限内申报免税核销以及经主管税务机关审核不予免税核销的出口卷烟。

《国家税务总局关于出口货物退（免）税若干问题的通知》（国税发〔2006〕102号）规定，出口货物如果发生下列情况时，除另有规定者外，应当视同内销计提销项税额或征收增值税。

1. 国家明确规定不予退（免）增值税的货物；

2. 出口企业未在规定期限内申报退（免）税的货物；

3. 出口企业虽已申报退（免）税但未在规定期限内向税务机关补齐有关凭证的货物；

4. 出口企业未在规定期限内申报开具《代理出口货物证明》的货物；

5. 生产企业出口的除四类视同自产产品以外的其他外购货物。

以上5种出口视同内销货物的应税情况、流转环节、申报期限不同，出口企业需要根据不同的贸易方式与企业类型进行相应的税额计算与会计处理。

对于出口视同内销货物的会计核算明细科目，主要涉及以下4项：一是"主营业务收入——出口视同内销"科目，主要用于核算出口视同内销业务的收入，冲减所对应的出口外销收入。二是"主营业务成本——出口视同内销"科目，主要用于核算出口视同内销业务的成本，冲减不应从销项税额中抵扣需转出的部分税额。三是"应交税费——应交增值税（进项税额）——出口视同内销"科目，主要用于核算出口视同内销货物的增值税进项税额，并通过此科目调整当期增值税进项税额的增减。四是"应交税费——应交增值税（销项税额）——出口视同内销"科目，主要用于核算出口视同内销货物的增值税销项税额，并通过此科目调整当期增值税销项税额的增减。

另外，一般纳税人以进料加工复出口贸易方式视同内销的出口货物，如果出口企业已办理了退（免）税，对已计算免抵退税的，生产企业应在申报纳税当月冲减调整免抵退税额；对已办理出口退税的，外贸企业应在申报纳税当月向税务机关补缴已退税款。公式为：

应纳税额 ＝（出口货物离岸价格 × 外汇人民币牌价）÷（1+ 征收率）× 征收率

根据税法规定，出口企业在申报出口货物退（免）税时，应当在规定的时限内提供出口收汇核销单。否则，对审核有误或到期仍未提供出口收汇核销单的，出口货物已退（免）税款一律追回；未办理退（免）税的，不再办理退（免）税，并视同内销货物予以征税。

业务讨论：

通过现场了解，上述企业的出口业务存在一定的涉税风险。对于出口企业而言，往往会出现进料加工出口和一般贸易出口两类业务，而对于这些业务的会计核算和税务处理都存在一定政策要求。

东江制衣有限公司作为生产企业已计算免抵退税，并做了视同内销处理。其进料加工出口业务的会计处理如下。

（1）冲减1月出口货物销售成本。

借：主营业务成本——出口视同内销　　　　　　　　　　　　9 000（红字）

贷：应交税费——应交增值税（进项税额转出）　　　　　　9 000（红字）

（2）计算应纳税额。

当期应纳税额 = （出口货物离岸价格 × 外汇人民币牌价）÷ （1+ 征收率）× 征收率 = 1 000 000 ÷ （1+3%）× 3%=29 126.21（元）

借：主营业务收入——出口收入 1 000 000

　　贷：主营业务收入——出口视同内销 970 873.79

　　　　应交税费——应交增值税 29 126.21

而安顺进出口贸易公司（一般纳税人）作为外贸企业，已计算但未办理退税，也做视同内销货物处理。其会计处理如下。

（1）冲减计提的出口退税。

借：主营业务成本——出口视同内销 100 000

　　贷：其他应收款——应收出口退税（增值税） 100 000

另外，对于在前期计算退税时，出口额乘以征、退税率之差转入主营业务成本的，不再做转回进项税额调整，应保持原会计分录与计算不变。

借：主营业务成本——出口商品 32 000

　　贷：应交税费——应交增值税（进项税额转出） 32 000

（2）冲减外销收入，按征收率计提视同内销税额。

当期应纳税额 =823 000 ÷ （1+3%）× 3%=23 970.87（元）

借：主营业务收入——出口收入 823 000

　　贷：主营业务收入——出口视同内销 799 029.13

　　　　应交税费——应交增值税 23 970.87

对于一般贸易方式下出口视同内销货物的会计核算，根据出口企业类型不同，划分为生产与外贸两种情况，其销项税额的计算公式为：销项税额 = 出口货物离岸价格 × 外汇人民币牌价 ÷ （1+ 法定增值税税率）× 法定增值税税率。

对于生产企业视同内销征税的出口货物，在账务上冲减出口销售收入的同时，应在生产企业出口退税申报系统 8.0 中进行负数录入，以冲减调整当期的出口销售收入。如果生产企业已按规定将计算的征、退税率之差税额转入主营业务成本科目的，还应冲减并转入进项税额科目；如果已办理出口退税的，应在生产企业出口退税申报系统 8.0 中，通过冲减出口销售收入来计算调整当期的免、抵、退税额，然后按规定视同内销征税。东江制衣有限公司 4 月无出口业务发生，因此，冲减成本不涉及与当期发生的免抵退税不得免征和抵扣税额合并计算。会计处理如下。

（1）冲减原出口销售收入，增加内销销售收入，并计提销项税额。

销项税额 =117 000 ÷ （1+17%）× 17%=17 000（元）

借：主营业务收入——出口收入 117 000

　　贷：主营业务收入——出口视同内销 100 000

　　　　应交税费——应交增值税（销项税额）——出口视同内销 17 000

（2）冲减销售成本。

前期已做账的免抵退税不得免征和抵扣税额 =117 000×（17%-13%）=4 680（元）

借：主营业务成本——出口视同内销 4 680（红字）

　　贷：应交税费——应交增值税（进项税额转出） 4 680（红字）

对于需要冲减的结转成本，可以在月底时并入主营业务成本的合并计算。如果经计算对于当月累计的免抵退税不得免征和抵扣税为负数时，按红字处理，正数时按蓝字处理，累计数的来源可根据当期生产企业免抵退汇总申报表中产生的免抵退税不得免征和抵扣税额填列。

外贸企业出口视同内销货物的会计处理与生产企业基本相似。如果是已按规定将计算征税率与退税率之差的税额转入成本科目的，应冲减并转入进项税额科目；如果是已经办理了出口退税的，应向税务机关补缴已退税款，再按视同内销征税，并将应收出口退税科目的金额转入应交增值税（进项税额）科目，同时凭税务机关出具的《外贸企业出口视同内销征税货物进项税额抵扣证明》进行抵扣。安顺进出口贸易公司由于该企业未在规定的时限内收齐出口货物报关单，无法实现退税申报，企业在 4 月按视同内销做了转账处理，同时向税务机关申请开具了《外贸企业出口视同内销征税货物进项税额抵扣证明》。该货物的征税率为 17%，退税率为 16%。其会计处理如下。

（1）4 月按内销征税时，冲减外销收入，同时确认内销收入，计提销项税额。

借：主营业务收入——出口收入——童装 120 000

　　贷：主营业务收入——出口视同内销——童装 102 564.10

　　　　应交税费——应交增值税（销项税额）——出口视同内销 17 435.90

（2）冲减出口货物销售成本。

1 月结转转入成本的税额 =100 000×（17%-16%）=1 000（元）

借：主营业务成本——出口视同内销——童装 1 000（红字）

　　贷：应交税费——应交增值税（进项税额转出） 1 000（红字）

（3）冲减 1 月计提的出口退税。

1 月计算做账的退税额 =100 000×16%=16 000（元）

借：应交税费——应交增值税（进项税额） 16 000

　　贷：其他应收款——应收出口退税（增值税） 16 000

（4）4 月底，申报缴纳税金。

计算应纳税额 =17 435.90-17 000=435.90（元）

借：应交税费——应交增值税（转出未交增值税） 435.90

　　贷：应交税费——应交增值税（未交增值税） 435.90

借：应交税费——应交增值税（未交增值税） 435.90

　　贷：银行存款 435.90

以上实务为外贸企业未发生退税时视同内销征税的会计处理，如果已办理退税后又发生视同内销情况的，应当先补缴原退税款，借记"其他应收款——应收出口退税（增值税）"，贷记"银行存款"，然后按上述步骤处理。

操作点评：

东江制衣有限公司和安顺进出口贸易公司在出口业务的会计处理方面都还比较到位，如果仅从会计业务核算的角度讲，对于一般纳税人以进料加工复出口贸易方式视同内销的出口货物，还有一些需要补充的内容。

对于外贸企业已办理退税的，这里我们假设安顺进出口贸易公司（一般纳税人）已办理退税 100 000 元，后因出口收汇核销单未在规定的时限内核销，按视同内销货物进行征税。

（1）补缴已退税款。

借：其他应收款——应收出口退税（增值税）　　　　　　　　100 000
　　贷：银行存款　　　　　　　　　　　　　　　　　　　　　　　100 000

同时，转入成本科目。

借：主营业务成本——出口视同内销　　　　　　　　　　　　　100 000
　　贷：其他应收款——应收出口退税（增值税）　　　　　　　　　100 000

（2）冲减外销收入，按征收率计提视同内销税额。

借：主营业务收入——出口收入　　　　　　　　　　　　　　　823 000
　　贷：主营业务收入——出口视同内销　　　　　　　　　　　　799 029.13
　　　　应交税费——应交增值税　　　　　23 970.87（按税率 3% 计算）

另外，对于在计算退税时，出口额乘以征、退税率之差转入主营业务成本的，不再做转回进项税额调整，应保持原会计分录与计算不变。

借：主营业务成本——出口商品　　　　　　　　　　　　　　　32 000
　　贷：应交税费——应交增值税（进项税额转出）　　　　　　　　32 000

对于出口视同内销货物的会计核算应当由出口企业自行进行调整，如被税务机关稽查未自行调整的，应按以下科目处理。

（1）出口企业在接到税务机关下发的《出口货物补征税核定通知书》时，做如下账务处理。

借：主营业务成本（本年度的出口货物）或以前年度损益调整（以前年度的出口货物）
　　贷：应交税费——增值税检查调整

（2）对该补征税的出口货物，已按规定计算免抵退税不得免征和抵扣税额并已转入科目的，从成本科目转入进项税额科目。

借：主营业务成本（原征退税率之差部分）红字　　　或
　　以前年度损益调整（原征退税率之差部分）红字
　　贷：应交税费——应交增值税（进项税额转出）红字

（3）开票入库。

借：应交税费——增值税检查调整

　　贷：应交税费——应交增值税（进项税额转出，如果当期有留抵税额可以冲减留抵
　　　　　税额部分）

　　　　银行存款（开票入库部分）

对于上述企业来说，其涉税风险主要表现在对税收政策的把握上。

为了帮助国内企业解决实际困难，降低税收风险系数，国家税务总局下发《关于出口企业延期提供出口收汇核销单有关问题的通知》（国税函〔2010〕89号）规定，对出口企业逾期取得出口收汇核销单的，税务机关可在对出口企业其他退税单证、信息审核无误后予以办理出口货物退（免）税。同时，对试行申报出口退税免予提供纸质出口收汇核销单的出口企业，因网上核销系统、信息传输等原因致使出口企业逾期收汇核销的，税务机关经审核无误后可按有关规定办理出口货物退（免）税。换句话说，东江制衣有限公司和安顺进出口贸易公司的上述业务中，部分业务就可以不作为视同内销处理。

注意事项：

对于出口退（免）税来讲，收汇核销是申报出口退（免）税的必要前提，出口收汇核销单是必不可少的单证之一。对于收汇核销单的管理，原有政策主要区分两种情况做出规定。

一是申报期内提供出口收汇核销单的企业。《国家税务总局关于出口货物退（免）税管理有关问题的通知》（国税发〔2004〕64号）规定，出口企业自发生之日起2年内，申报出口货物退（免）税时，必须提供出口收汇核销单。所述的申报期指出口退（免）税的申报期，生产企业为出口货物报关出口之日起90日内，如果到期之日超过了当月的"免、抵、退"税申报期（每月1日～15日，节假日顺延），应在次月的"免、抵、退"税申报期内。外贸企业为货物报关出口之日起90天后第一个增值税纳税申报期截止之日。

二是暂不能提供出口收汇核销单的企业。国税发〔2004〕64号文件规定，除上述6种情况以外，出口企业在申报出口货物退（免）税时，应提供出口收汇核销单。但对尚未到期结汇的，也可不提供出口收汇核销单，税务机关按照现行出口货物退（免）税管理的有关规定审核办理退（免）税手续。

以上所述"尚未到期结汇"，指出口货物报关之日（以出口货物报关单《出口退税专用》上注明的出口日期为准）起不到210天。210天是出口企业向所在地主管退税机关提供出口收汇核销单（远期收汇除外）的规定期限，包括增值税小规模纳税人及代理出口的货物。

另外，因改制、改组以及合并、分立等原因新设立并重新办理出口退（免）税登记的出口企业，如原出口企业不存在上述6条情形，经省级税务机关批准，在申报退（免）税时可不提供出口收汇核销单，按国税发〔2004〕64号文件有关规定采取事后审核。

国税函〔2010〕89号文件中所述的逾期收汇核销，并没有明确与出口退（免）税申报期

限的关系。对于第一种情况，超过 90 天申报期的收汇核销单为逾期单证；对于第二种情况，超过 210 天未结汇核销的为逾期单证。但是，国税函〔2010〕89 号文件只表明对出口企业逾期取得出口收汇核销单的，税务机关可在对出口企业其他退税单证、信息审核无误后予以办理出口货物退（免）税，这个逾期的规定时限为多少天，没有时间限制。对此，出口企业在申报退（免）税时，应当结合当地税务机关的明细规定谨慎操作。

目前，国际金融危机虽然对我国出口企业的经营情况影响较大，国家出台国税函〔2010〕89 号文件旨在帮助出口企业解决困难，促进外贸经济快速攀升。但我们也注意到，国税函〔2010〕89 号文件没有明确相关扶持政策的执行截止时限。在国内经济回暖以后，是否还按此规定继续执行还不一定。因此，出口企业应当尽可能地做到及时催要国外客户款项，并按规定时限进行核销。对于无纸化收汇核销的企业，在网上操作时，应注意检查是否提交成功，以免错过规定的出口退（免）税申报及收汇核销时限。

政策背景：

国家税务总局《关于出口企业延期提供出口收汇核销单有关问题的通知》（国税函〔2010〕89 号）：

近据一些地区反映，受国际金融危机影响，部分出口企业出现逾期收汇核销的问题，为缓解企业资金压力，帮助企业解决实际困难，经研究，现将有关事项通知如下：

一、对出口企业受 2008 年以来国际金融危机影响，逾期取得出口收汇核销单的，税务机关可在对出口企业其他退税单证、信息审核无误后予以办理出口货物退（免）税。

二、试行申报出口退税免予提供纸质出口收汇核销单的出口企业，因网上核销系统、信息传输等原因致使出口企业逾期收汇核销的，税务机关经审核无误后可按有关规定办理出口货物退（免）税。

出口方式有不同　税收成本存差别

宏远服装有限公司是服装出口企业，一般纳税人，预计 2018 年 3 月可以实现出口销售收入为 750 万美元（FOB 价）。预计出口销售成本为 4 050 万元人民币，增值税进项税额为 510 万元人民币，费用为 480 万元人民币。银行美元牌价为 1∶6.20，征税率为 17%，退税率为 15%，所得税税率为 25%，买断外汇牌价为 1∶7.10。企业应该采用什么出口方式比较有利？

策划分析：

从 2002 年起，生产型企业自营和委托出口货物，已全部实行"免、抵、退"税办法。自 2004 年 1 月 1 日起，国家推行新的出口退税机制，出口退税率也做结构性调整，平均水平降低 3 个百分点。出口退税率的降低，对部分生产企业产生了较大的影响。从表面上看，在出口退税环节没有进行税收策划的空间了，但是，如果我们对出口经营的具体方式，以及这些方式对税收的影响等各方面进行详细的分析，就可以找到一些税收策划的切入点。对于宏远服装有限公司而言，存在两种出口方式，即自营出口方式和买断出口方式，应该选择哪种方式更有利呢？（计算时保留两位数）

两种出口方式的政策规定

据普誉财税策划工作室的咨询专家介绍：目前，我国企业出口商品主要有生产企业自营（委托）出口和外贸买断出口两种方式。这两种方式在计算出口退税上有差异，税负也有所不同。

（1）自营出口。

一般说来，生产企业采取自营出口的贸易方式，减少了中间环节，有利于降低成本，提高经济效益，其业务操作流程图如下：

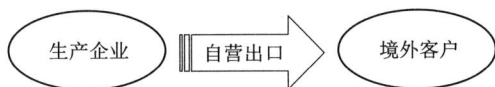

对于自营出口企业的相关税收问题分析如下。

生产企业自营（委托）出口应退增值税执行"免、抵、退"税办法，其计算公式为：

应纳税额＝内销货物销项税额－（进项税额－"免、抵、退"税不得免征和抵扣税额）

"免、抵、退"税不得免征和抵扣税额＝出口货离岸价外汇人民币牌价 ×（征税率－退税率）

"免、抵、退"税额＝出口货离岸价外汇人民币牌价 × 退税率

应退税额＝"免、抵、退"税额（当"免、抵、退"税额＜增值税期末留抵税额时），或者，应退税额＝增值税期末留抵税额（当"免、抵、退"税额＞增值税期末留抵税额时）。

（2）买断出口。

买断出口指生产企业与外贸出口企业订立购销合同，委托外贸出口企业报关出口，根据外销合同的外币数额乘以买断外汇牌价（比银行外汇牌价高）的金额计算出的销售额，开具增值税专用发票和出口货物税收专用缴款书的出口方式。外贸出口企业按照外汇收入数的买断外汇牌价，折算成人民币结算给生产企业，并办理出口退税，赚取银行外币结算额、退税与买断外汇额之间的差价。其业务操作流程图如下。

外贸企业出口货物应退增值税税额的计算公式为：

应退税额＝购进货物金额 × 退税率

出口货物库存账和销售账均采用加权平均价核算的企业，其应退税额＝出口货物数量 ×

加权平均进价 × 退税率。

生产企业应结合自身情况尽可能采用税负低、效益好的出口方式。

实例证明：

对于宏远服装有限公司究竟采用自营出口方式还是采用买断出口方式呢？下面我通过具体计算做出具体选择。

（1）自营出口：

利润 = 销售收入 × 银行外汇牌价 − 销售成本 − 费用 − （销售收入 × 银行外汇牌价）× 征退税率差

=750×6.20−4 050−480−750×6.20×（17%−15%）

=4 650−4 050−480−93

=27（万元）

免抵退税额 = 外销收入 × 银行外汇牌价 × 退税率

=750×6.20×15%=697.5（万元）

应纳增值税 = 销售收入 × 银行外汇牌价 × 征退税率差 − 增值税进项税额

=750×6.20×（17%−15%）−510

=−417（万元）

出口退税额 =417（万元）

应纳所得税 =27×25%=6.75（万元）

（2）买断出口：

利润 = 外销收入 × 买断外汇牌价 ÷ （1+ 征税率）− 销售成本 − 费用

=750×7.10÷1.17−4 050−480

=21.28（万元）

应纳增值税 = 外销收入 × 买断外汇牌价 ÷ （1+ 征税率）× 征税率 − 增值税进项税

=750×7.10÷1.17×17%−510

=263.72（万元）

应纳所得税 =21.28×25%=5.32（万元）

在不考虑其他因素的情况下，自营出口方式利润多 4.29（20.25−15.96）万元，企业应选择自营出口方式。

注意事项：

这是笔者第一本专著《实用税收策划》一书中的一个典型案例，后来许多网络多有引用，所以，在这里我们就不作修改，相关政策背景还是原来的。之所以将其列示在这里，目的是让读者通过这个案例了解相关业务流程的具体操作，同时提醒大家注意如下问题。

其一，综合权衡多方面的条件，做出有利于企业经营的选择。出口方式影响企业出口效益，一般而言，自营出口方式给出口企业提供了较大的利润空间。但是由于企业自身的情况比较复杂，在选择出口方式时，应结合具体实际来确定。在具有出口经营权的情况下，企业应尽可能选择自营出口方式。如果企业没有出口经营权，或者对退税政策操作不熟悉，在选择自营出口方式条件下可能存在政策风险，则应考虑选择买断出口方式。

其二，运用平衡点原理，把握谈判技巧。在该案例的几个因素中，销售增值税率和退税率是法定的，外汇牌价浮动的幅度不大，在策划过程中可以查到，但是买断汇率是生产企业与外贸企业协商而得。而在买断出口经营中，买断汇率的确定十分关键，买断外汇牌价有一个上限，高于此上限，外贸出口企业就会亏损，交易无法达成。如何测算买断外汇牌价呢？

测算买断外汇牌价的方法可以通过盈亏平衡方程求得。如果我们假设双方在交易过程中的经济利益相等，这个相等的经济数值就是盈亏平衡点，则公式如下：

买断外汇牌价（含税）＝国家外汇牌价＋[买断外汇牌价（含税）÷（1＋征税率）] × 退税率

买断外汇牌价（含税）＝[（1＋征税率）÷（1＋征税率－退税率）] × 国家外汇牌价

通过对平衡方程的分析我们可以发现，当增值税税率和出口退税税率相同时，买断外汇牌价会出现最大值。根据这个方程，生产企业在谈判过程中应接近盈亏平衡点提高买断牌价；而外贸出口企业也会从此点开始力争压低牌价。在上例中，买断外汇牌价的上限为 [1.17÷（1.17－15%）] × 6.2=7.11（元），说明原来 7.10 元的买断外汇牌价是在双方可能接受的范围之内。

策划难点：

这是一个综合性策划案例。出口退税环节的政策性很强，各种规定比较多，作为企业的办税人员来说，就一般情况而言，能够按照税法的要求做到正确处理有关出口退税事项，不给企业带来不必要的损失就不错了，哪有闲心去搞什么策划！因为在这个主题下存在的难点太多，主要包括：政策复杂，计算复杂，程序复杂，检查严格。

收购产品好经营　视同出口可退税

浙江 SBE 家电制造有限公司是增值税一般纳税人，拥有自营出口经营权。该公司目前在出口退税方面遇到难题，该公司从同一母公司控股下的另一兄弟公司（广东省）处购入产品（我公司不生产）再出口，出口报关地在深圳，出口退税申请在杭州，该公司已按这种模式运行了 3 年，涉及出口退税金额 400 多万元。

2018 年 6 月，当地国税局在进行税务检查时，认为该公司出口的外购产品不属于自产产品，不允许申报退税，以前年度已办理的退税要全部补缴，同时停办新的出口退税申请。

该企业的财务总监向普誉财税策划工作室的专家提出咨询："国税局对该公司的处理合适吗，该公司以后对外购产品的出口应如何申请退税？"

政策分析：

目前许多企业拥有自营出口经营权，且生产的产品大多出口国外市场，所以，出口业务的涉税问题在涉税咨询活动中也就不断出现，其中一个比较突出的问题，就是有不少企业对出口外购视同自产产品能否办理免抵退税申报的问题。比如某企业近来产品订单骤然增多，但由于企业受到生产能力等因素制约无法进一步扩大生产规模，加上国外市场竞争日益激烈等影响，计划向下属企业或者同行业的其他生产企业购进同类出口产品用于直接出口销售，那么，关于出口外购视同自产产品办理免抵退税如何，该企业在具体的操作过程中应当怎样掌握才不会发生涉税风险？

依据现行税法的有关规定，生产企业收购下属企业或是其他生产企业的同类产品用于直接出口销售，也能视同自产产品办理免抵退税申报，下面我们结合有关政策做一个简要分析。

一、视同自产产品办理免抵退税的条件

生产企业收购下属企业或者其他生产企业的同类产品用于直接出口销售，在税收上能否视同自产产品办理免抵退税的申报，首先得看该外购产品是否符合税法规定的视同自产产品的条件，同时注意有关政策的变化。

原来税法对视同自产产品有出口退税要求必须符合国家税务总局《关于出口退税若干问题的通知》（国税发〔2000〕165号）第六条规定的四种类型：一是外购的与本企业所生产的产品名称、性能相同，且使用本企业注册商标的产品；二是外购的与本企业所生产的产品配套出口的产品；三是收购经主管出口退税的税务机关认可的集团公司（或总厂）成员企业（或是分厂）的产品；四是委托加工收回的产品。

但是《财政部 国家税务总局关于出口货物劳务增值税和消费税政策的通知》（财税〔2012〕39号）对其进行了部分调整（以下简称新政策），对生产企业视同自产货物的范围进行了调整。

（1）增加了前置条件。对可按照视同自产货物享受退（免）税的企业，必须是持续经营以来从未发生骗取出口退税、虚开增值税专用发票或农产品收购发票、接受虚开增值税专用发票（善意取得虚开增值税专用发票除外）行为。

（2）扩大了视同自产货物范围。主要包括两个方面，第一，同时符合下列条件的生产企业，外购与本企业自产货物同类型或具有相关性的出口货物，可视同自产货物适用增值税退（免）税政策：一是已取得增值税一般纳税人资格；二是已持续经营2年及2年以上；三是纳税信用等级A级；四是一个年度销售额5亿元以上。第二，生产自产货物的外购设备和原材料（农产品除外）。

（3）调整了视同自产中配套货物的政策。新政策对配套出口视同自产进行了调整，由原来的外购与本企业自产产品组合成成套产品的货物调整为组合成成套设备的货物。

二、视同自产产品办理免抵退税的管理

不管是生产性内资企业，还是外商投资企业，其收购下属企业或是其他企业所生产的上述四类产品用于直接出口销售，均可视同自产产品办理免抵退税申报。

国家税务总局《关于发布〈出口货物劳务增值税和消费税管理办法〉的公告》（国家税务总局公告 2012 年第 24 号）明确生产企业出口的视同自产产品，按照有关规定实行免抵退税管理办法进行免抵退税的申报。

（一）申报程序和期限

经营视同自产产品的企业当月出口的货物须在次月的增值税纳税申报期内，向主管税务机关办理增值税纳税申报、免抵退税相关申报及消费税免税申报。

企业应在货物报关出口之日（以出口货物报关单〈出口退税专用〉上的出口日期为准）次月起至次年 4 月 30 日前的各增值税纳税申报期内收齐有关凭证，向主管税务机关申报办理出口货物增值税免抵退税及消费税退税。逾期的，企业不得申报免抵退税。

（二）申报资料

1. 经营视同自产产品的企业向主管税务机关办理增值税纳税申报时，除按纳税申报的规定提供有关资料外，还应提供下列资料：

（1）主管税务机关确认的上期免抵退税申报汇总表。

（2）主管税务机关要求提供的其他资料。

2. 企业向主管税务机关办理增值税免抵退税申报，应提供下列凭证资料：

（1）免抵退税申报汇总表及其附表。

（2）免抵退税申报资料情况表。

（3）生产企业出口货物免抵退税申报明细表。

（4）出口货物退（免）税正式申报电子数据。

（5）原始凭证：包括一是出口货物报关单；二是出口收汇核销单；三是出口发票；四是委托出口的货物，还应提供受托方主管税务机关签发的代理出口货物证明，以及代理出口协议复印件；五是主管税务机关要求提供的其他资料。

3. 生产企业出口的视同自产货物以及列名生产企业出口的非自产货物，属于消费税应税消费品（以下简称应税消费品）的，还应提供下列资料：

（1）生产企业出口非自产货物消费税退税申报表。

（2）消费税专用缴款书或分割单，海关进口消费税专用缴款书、委托加工收回应税消费品的代扣代收税款凭证原件或复印件。

此外，考虑到生产型集团公司收购下属成员企业产品出口经营方式的特殊性，国家税务总局公告 2012 年第 24 号文件同时还明确，需要认定为可按收购视同自产货物申报免抵退税的集团公司，集团公司总部必须将书面认定申请及成员企业的证明材料报送主管税务机关，并由集团公司总部所在地的地级以上（含本级）税务机关认定。集团公司总部及其成员企业

不在同一地区的，或不在同一省（自治区、直辖市，计划单列市）的，由集团公司总部所在地的省级国家税务局认定；总部及其成员不在同一个省的，总部所在地的省级国家税务局应将认定文件抄送成员企业所在地的省级国家税务局。

策划建议：

通过以上政策和文件的分析我们可以得出一个结论，有关企业是否能够按视同出口的处理，其关键是看有关企业是否按照规定的业务流程进行具体操作。

注意事项：

出口退税业务的政策性很强，经营视同自产产品的企业在实务操作过程中应当注意有关政策的具体规定。

1. 注意出口退（免）税资格认定

国家税务总局在《关于〈出口货物劳务增值税和消费税管理办法〉有关问题的公告》（国家税务总局公告 2013 年第 12 号）中明确，一是出口企业或其他单位申请办理出口退（免）税资格认定时，除提供《管理办法》规定的资料外，还应提供出口退（免）税资格认定申请表电子数据。二是出口企业或其他单位申请变更退（免）税办法的，经主管税务机关批准变更的次月起按照变更后的退（免）税办法申报退（免）税。企业应将批准变更前全部出口货物按变更前退（免）税办法申报退（免）税，变更后不得申报变更前出口货物退（免）税。

2. 注意出口退（免）税申报

经营视同自产产品出口企业或其他单位应使用出口退税申报系统办理出口货物劳务退（免）税、免税申报业务及申请开具相关证明业务。《管理办法》及本公告中要求出口企业或其他单位报送的电子数据应均通过出口退税申报系统生成、报送。在出口退税申报系统信息生成、报送功能升级完成前，涉及需报送的电子数据，可暂报送纸质资料。

此外，为减少出口退（免）税申报的差错率和疑点，进一步提高申报和审批效率，加快出口退税进度，国家税务总局在《关于调整出口退（免）税申报办法的公告》（国家税务总局公告 2013 年第 61 号）中明确，自 2014 年 1 月 1 日起，企业出口货物劳务及适用增值税零税率的应税服务（以下简称出口货物劳务及服务），在正式申报出口退（免）税之前，应按现行申报办法向主管税务机关进行预申报，在主管税务机关确认申报凭证的内容与对应的管理部门电子信息无误后，方可提供规定的申报退（免）税凭证、资料及正式申报电子数据，向主管税务机关进行正式申报。

3. 注意视同自产产品的范围

相对于国税发〔2000〕165 号文件，财税〔2012〕39 号文件对视同自产产品的出口退税政策进行了部分调整，增加了前置条件，同时又扩大了视同自产货物范围。纳税人在具体操作过程中应当结合企业的具体情况完善操作流程，规避涉税风险。

第六章

土地增值税策划案例

普通豪华分开算　操作得当税可断

岭南房地产开发公司 2020 年 1 月拆资开发了一个商品房工程，2021 年 1 月可以上市销售，预计销售收入为不含税价格（下同）3 亿元，该项目包括两个部分，一部分是豪华住宅，预计销售价格为 1 亿元，另一部分为价值 2 亿元的普通商品房。经过初步测算，整个工程中按照税法规定的可扣除项目金额为 2.2 亿元，其中普通住宅的可扣除项目金额为 1.6 亿元，豪华住宅的可扣除项目金额为 6 000 万元。根据当地主管税务机关的规定，该工程的两种商品房可以分开核算，也可以合并核算。

对于这个工程，在具体投资核算方法上，公司经理与财务部门的有关人员的意见发生了分歧，具体是：其一，总经理认为应该将两个工程合并在一起管理，实行统一核算，其理由是可以强化管理的力度；其二，公司的会计科长认为应该将两个工程分开进行核算，其理由是不同性质的开发项目混在一起核算，可能会计增加公司的开发成本；其三，公司负责财务管理和税收策划的财务总监则认为应该在分开进行工程核算的基础上，对普通住宅的增值率控制在 20% 以下，其理由是应该进行系统的税收策划，从而可以取得投资回报最大化。哪一种意见对这项投资活动最有利呢？

政策梳理：

税法规定，纳税人既建造普通住宅又建造其他商品房的，应分别核算土地增值额。其实，对纳税人分别开发不同的项目要求分别核算，是税法的一贯做法。《土地增值税暂行条例实施细则》规定，土地增值税以纳税人房地产成本核算的最基本的核算项目或核算对象为单位计算。对于既建普通标准住宅又搞其他类型房地产开发的混合项目，即对纳税人既建普通标准住宅又搞其他房地产开发的，应分别核算增值额。不分别核算增值额或不能准确核算增值额的，其建造的普通标准住宅不能适用普通标准住宅的免税规定。纳税人建造普通标准住宅出售，增值额未超过扣除项目金额 20% 的，免缴土地增值税。对居民个人拥有的普通住宅，在其转让时暂免征收土地增值税。普通标准住宅，指按所在地一般民用住宅标准建造的居住用住宅，高级公寓、别墅、度假村等不属于普通标准住宅。普通标准住宅与其他住宅的具体划分界限由各省、自治区、直辖市人民政府规定。

策划分析：

公司对此专门召开了一个会议进行了专题分析。通过分析，大家达成一项共识：在现有条件下，通过不同的操作方式影响投资活动的最重要因素就是税收，其中土地增值税对土地开发项目的获利成果影响最大。因此，只要让土地增值税在不同方式的运行模式下最小，那么该方案就是最优的。于是会议责成财务科聘请税收策划专家对不同方案的土地增值税问题进行深入研究。

普誉财税策划工作室的税收策划专家应邀到该公司，对公司的生产情况和经营环境考察后，结合公司的财务资料进行了如下分析和计算。

方案一：两个工程项目统一管理、统一进行会计核算。根据税法规定，如果两个项目不分开核算，该企业应缴纳土地增值税情况如下。

增值额与扣除项目金额的比例为：

（30 000−22 000）÷ 22 000 × 100% = 36%

因此适用 30% 的税率，应当缴纳土地增值税为：

（30 000−22 000）× 30% = 2 400（万元）

方案二：两个项目分开管理，分别进行会计核算。根据税法规定，如果将两个不同性质的开发项目分开进行会计核算，分别计算开发成本和开发成果，那么，应缴纳土地增值税情况如下。

普通住宅：增值率 =（20 000−16 000）÷ 16 000 × 100% = 25%，适用 30% 的税率，应纳税（20 000−16 000）× 30% = 1 200（万元）

豪华住宅：增值率 =（10 000−6 000）÷ 6 000 × 100% = 67%，适用 40% 的税率，应纳税（10 000−6 000）× 40%−6 000 × 5% = 1 300（万元）

二者合计应当缴纳土地增值税为 2 500 万元，分开核算比不分开核算多支出税金 100 万元。

方案三：在将两个项目分开管理、分别进行会计核算的基础上，对普通住宅的支出项目进行策划和控制，使普通住宅的增值率控制在 20% 以下。根据税法规定，如果将两个不同性质的开发项目分开进行会计核算，分别计算开发成本和开发成果，那么，应缴纳土地增值税情况如下。

普通住宅：将普通住宅的可扣除项目金额做适当的控制，使普通住宅的增值率限制在 20%，这可以通过增加公共生活实施，改善住房的设计或其条件等方法来实现，那么可扣除项目金额从（20 000-Y）÷M×100%＝20%等式中可计算出M＝16 666（万元）。即在可扣除项目为16 666万元的条件下，普通住宅免征土地增值税。

豪华住宅：增值率为（10 000-6 000）÷6 000×100%＝67%，适用40%的税率，应纳税（10 000-6 000）×40%-6 000×5%＝1 300（万元）

此时，该企业应缴纳的土地增值税仅为豪华住宅应缴纳的1 300万元。

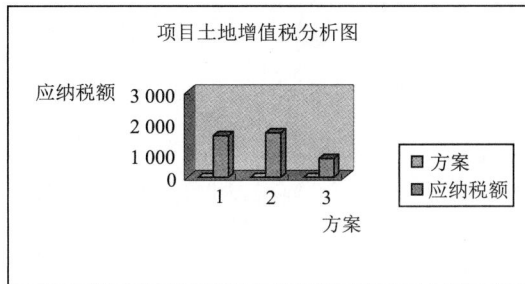

策划结论：

方案一应缴纳土地增值税2 400万元，方案二应缴纳土地增值税2 500万元，而方案三通过策划土地增值税实际支出1 300万元。

通过以上分析和计算，我们可以发现进行系统的税收策划比不分开核算少缴纳100万元，比分开核算少缴纳1 100万元。

策划点评：

税法规定，纳税人建造普通标准住宅出售，如果增值额没有超过扣除项目金额的20%，免予征收土地增值税。同时税法规定，纳税人既建造普通标准住宅，又搞其他房地产开发的，应分别核算增值额；不分别核算增值额的，其建造的普通标准住宅不享受免税优惠。

根据该规定，房地产开发企业如果既建造普通住宅，又搞其他房地产开发的话，分开核算与不分开核算税会有差异，这取决于两种住宅的销售额和可扣除项目金额。在分开核算的情况下，如果能把普通标准住宅的增值额控制在扣除项目金额的20%以内，从而免缴土地增值税，则可以减轻税负。

通过以上计算和分析，我们可发现在土地增值税的策划中，核算方法也是策划的一个重要手段。由于土地增值税是超率累进税率，在两个以上不同性质的开发项目中，如果合并计算，或者分开进行会计核算，就可能影响到有关项目的增值率。此外，作为普通住宅，还有特殊规定。就本案例而言，普通标准住宅的增值率为25%，超过20%，就得缴纳土地增值税。进一步策划关键就是通过适当控制土地的增值率，使普通住宅的增值率控制在20%以内。这样做的好处有两个：一是可以免缴土地增值税，二是降低了房价或提高了房屋质量、改善了房屋的配套设施等，可以在目前激烈的销售争夺战中取得优势。

控制土地增值税率的方法主要有两个：一是增加扣除项目；二是降低商品房的销售价格。

增加可扣除项目金额的途径有很多，比如增加房地产开发成本、房地产开发费用等，使商品房的质量进一步提高。但是，在增加房地产开发费用时，应注意税法规定的比例限制。税法规定，开发费用的扣除比例不得超过取得土地使用权支付的金额之和的10%，而各省市在10%之内确定了不同的比例，纳税人要注意把握。

另外，销售收入减少了，而可扣除项目金额不变，增值率自然也会降低。当然，这会带来另一种后果，即导致销售收入的减少，此时是否可取，就得比较减少的销售收入和控制增值率减少的税金支出的大小，从而做出选择。

假定上例中普通住宅的可扣除项目金额不变，仍为16 000万元，要使增值率为20%，则销售收入从（X－16 000）÷16 000×100%＝20%中可求出，X＝19 200（万元）。此时该企业应缴纳的土地增值税为1 300万元，节省税金1 200万元，与减少的收入800万元相比节省了400万元（因为土地增值税在计算企业所得税和企业的税后利润会产生影响，此处不再分析，读者可以进一步进行比较）。

注意事项：

税法规定：纳税人建造普通标准住宅出售，增值额未超过扣除项目金额20%的，免征土地增值税。但是如果普通标准住宅与非普通标准住宅不分开核算的话，即使增值额不超过20%，也将不能享受这一免税政策。因此，税务专家根据现行税法对这方面的严格规定，提出了分开核算，从而避免用政策限制的办法进行处理。为了使分开核算后的普通标准住宅不超过20%的增值率，税务专家提出了两种办法，或减少收入或增加扣除项目金额。这样，可以免税的项目得到了免税，该纳税的项目按照规定纳税，既达到少缴税款的目的，又符合税收政策规定。

但是，方案中提出的办法还是有一定的局限性，一是普通标准住宅的增值率是预计在20%以上且不能超过20%太多的范围之内，否则降价减少的收入太多或增加的成本开支太多，将会得不偿失。二是纳税人要及早进行预测并按照税法范围和标准处理，以免事后缺乏控制。

需要说明的是，虽然税法规定"纳税人既建造普通住宅又建造其他商品房的，应分别核算土地增值额"，但是《土地增值税暂行条例实施细则》也规定了"土地增值税以纳税人房地产成本核算的最基本的核算项目或核算对象为单位计算"，因而在实际中，纳税人应在了解当地具体政策规定的情况下，据实处理。

销售价格与费用 土地策划是关键

地处我国西部地区的秦岭房地产开发有限公司，2020年12月底在一个中心城市的卫星镇开发完工一个民生工程——阳光花园，该花园有可供销售的普通住房1万平方米。在开发这个项目的过程中，共发生如下费用：土地购买价格3 000万元，开发成本5 000万元，其他开发费用400万元，利息支出900万元，其他扣除项目为1 600万元。

公司董事会决定于 2021 年春节后统一对外销售。在进行该商品房的销售价格决策时，决策层出现了三种意见，即其一，每平方米 14 000 元；其二，每平方米 15 000 元；其三，每平方米 16 000 元。对于以上三种意见，究竟采用哪种意见更好呢？

这个看似简单的决策问题，但是，如果对其做深层次的分析，就会发现其中的具体操作性事项比较复杂。房地产开发的税收策划，涉及的具体政策和其他相关事项比较多，为了降低税收策划的涉税风险，董事会决定：请专业机构为其进行策划。于是他们请来了普誉财税策划工作室的策划专家。

策划分析：

咨询专家老刘是专门从事房地产专业的税收策划专家，他到公司后，与公司的领导层进行了详细的沟通和交流，对当地楼盘的销售情况进行了调研，对公司的账面情况进行了综合分析，从而取得了第一手资料。

他发现：由于这批商品房的开发已经完工，所以地皮购买价、开发成本、其他开发费用、利息支出以及其他扣除项目都已经确定，合计为 11 600 万元。在这个环节的可变因素主要的就是税收，其中土地增值税的变数最大，也是可策划的一个重要因素。

因此，老刘认为在这里只要将税收因素做一个具体分析，就可以对相关方案的优劣做出判断（为了便于分析，我们假设这里增值税适用简易征收办法，该开发商所在地的城建税为 7%，教育附加 3%）。

方案一：公司以每平方米 14 000 元的价格销售。

秦岭房地产开发有限公司销售完该楼盘应缴纳增值税为：

14 000×10 000×5% = 700（万元）

城建税及教育费附加合计为：

700×（7%+3%）= 70（万元）

那么，开发该商品房允许扣除金额合计为：

11 600+70 = 11 670（万元）

该项目土地开发的增值率为：

（14 000−11 670）÷ 11 670 = 19.97%

我国税法规定，土地开发的增值率在 20% 以下的，免征土地增值税。则该开发商通过开发这块土地可以获得利润为：

14 000−11 600−70 = 2 330（万元）

方案二：公司以每平方米 15 000 元的价格销售。

秦岭房地产开发有限公司销售完该楼盘应缴纳增值税为：

15 000×10 000×5% = 750（万元）

城建税及教育费附加合计为：

750×（7%+3%）= 75（万元）

那么，开发该商品房允许扣除金额合计为：

11 600+75 = 11 675（万元）

该项目土地开发的增值率为：

（15 000−11 675）÷ 11 675 = 28.48%

我国税法规定，土地开发的增值率在 20% 以上的，应按规定缴纳土地增值税。

(15 000−11 675)×30% = 997.5（万元）

则该开发商通过开发这块土地可以获得利润为：

15 000−11 600−75−997.5 = 2 327（万元）

方案三：公司以每平方米 16 000 元的价格销售。

秦岭房地产开发有限公司销售完该楼盘应缴纳增值税为：

16 000×10 000×5% = 800（万元）

城建税及教育费附加合计为：

800×（7%+3%）= 80（万元）

那么，开发该商品房允许扣除金额合计为：

11 600+80 = 11 680（万元）

该项目土地开发的增值率为：

（16 000−11 680）÷ 11 680 = 36.99%。

我国税法规定，土地开发的增值率在 20% 的以上的，应按规定缴纳土地增值税。

（16 000−11 680）×30% = 1 296（万元）

则该开发商通过开发这块土地可以获得利润为：

16 000−11 600−80−1 296 = 3 024（万元）

策划结论：

通过比较可见，三种不同售价从表面上看方案三为最高，利润最大，但存在风险也大。因为在相同面积、结构和相同的质量条件下，没有人愿意出更高的价钱购买。如果空房在一定时间内销售不出，开发商所负担的超过贷款期限的利息和罚息均不允许扣除，实际得到的利润可能不如方案一或方案二。

如果将前两种方案进行比较，方案一的售价每平方米低于方案二 1 000 元，但是，由于在较低房价条件下，可以免缴土地增值税 997.5 万元，这样操作的结果，开发商所取得的利润还高于方案二。这样，既有价格上的优势，又有利润上的优势，方案一当然成了我们首先选择的最佳方案。

控制增值分水岭　政策界限要分清

苏瑞房地产开发有限责任公司（以下简称苏瑞公司）是一家 2019 年年底注册兴办的，以开发、转让土地及房产为主要业务的小型公司。2021 年 1 月初，苏瑞公司根据"安居工程"的统一安排，按当地一般民用住宅标准建造了一座住宅楼，目前该工程已经完工，并准备以市场价格销售。

在这个住宅楼开发项目中，苏瑞公司共发生如下费用：支付 12 000 万元取得土地使用权，房地产开发成本 6 000 万元，其他扣除额为 6 350 万元。经过市场调研，苏瑞公司估计该住宅楼销售收入为 30 000 万元左右。公司财务人员对这笔业务的主要税收情况进行了测算。

如果适用简易征收办法，那么应缴纳增值税为：

30 000×5% = 1 500（万元）

城建税及教育费附加合计（城建税 7%、教育费附加 3%）为：

1 500×（7%+3%）= 150（万元）

应缴纳的土地增值税计算如下。

扣除金额为：

12 000+6 000+6 350+150 = 24 500（万元）

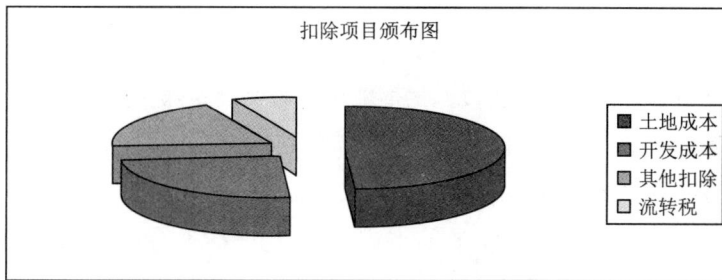

扣除项目颁布图

土地成本
开发成本
其他扣除
流转税

增值额为：

30 000−24 500 = 5 500（万元）

土地增值率为：

（30 000−24 500）÷24 500 = 22.45%

取得房地产转让收入 30 000 万元，应纳土地增值税额为：

（30 000−24 500）×30% = 1 650（万元）

策划分析：

对于这笔销售收入，该公司是否存在税收策划的可能呢？我们不妨对此做一个分析：在本案例中，苏瑞公司按一般民用住宅标准建造普通标准住宅，在这一点上符合《土地增值税暂行条例实施细则》规定的可以享受免税待遇的第一种情况，按扣除项目金额的 20% 计算，能够享受免税条件的最大增值额应为：

24 500×20% = 4 900（万元）

然而该公司产生的增值额为 5 500 万元。实际增值额仅仅超过了税法规定可以免税的标准 600 万元，如果按照上述方案进行销售，该公司就应全额按 30% 的税率缴纳土地增值税。

如果公司财务人员熟悉这项优惠政策，在该项销售业务销售收入还未进行的情况下（扣除项目金额已经确定），可以计算出享受优惠政策的最大增值额，并就此在实际增值额接近的时候进行适当的调整，使其不超过但很接近最大增值额的限度。

策划操作：

我们假设该项业务最终收入为 29 300 万元，增值额为 4 800 万元，没有超过 4 900 万元的最大限额，可以享受免征土地增值税的优惠。

应缴纳增值税为：

29 300 × 5% = 1 465（万元）

城建税及教育费附加合计（城建税 7%、教育费附加 3%）为：

1 465 × （7%+3%）= 146.5（万元）

策划结论：

通过策划可以比原来多得 911.5 万元 [29 300-（30 000-1 611.5）] 的利润。而且，苏瑞公司适当降低住宅售价，有利于缩短住宅楼的销售时间，加快收回投资成本，减少资金占用。

策划点评：

土地增值税是超率累进税制，所以，增值额十分重要。当然，控制增值"分水岭"，从销售价格的角度来操作比较容易，但是许多人往往看不到这一点而在价格上"吃了亏"。

最近一个朋友给我讲了这样一个有趣的故事：有位房地产开发商最近卖了两套相同条件的普通标准住房，卖 25 万元的那套赚了 41 000 元，而卖 26 万元的那套只得到 35 700 元的利润，同样的商品贵卖 10 000 元，却少赚了 5 300 元，原因何在？

原来，根据现行土地增值税的有关政策，纳税人建造普通标准住宅出售的，增值额未超过扣除项目金额 20% 的，免纳土地增值税，达到或超过 20% 的，全额计征土地增值税。正是因为缴纳的土地增值税不同，造成了多卖少赚的现象。

其中扣除项目金额包括：（1）取得土地使用权所支付的金额；（2）开发土地、新建房及配套设施的成本和费用；（3）已使用过的旧房及建筑物的评估价格；（4）与转让房地产有关的税金，包括转让房地产时缴纳的印花税、城市维护建设税，以及视同税金扣除的教育费附加；（5）财政部确定的其他扣除项目，目前规定对从事房地产开发的纳税人允许按取得土地使用权时所支付的金额和房地产开发成本之和的 20% 加计扣除。

该房地产开发公司建造这套普通标准住宅时，取得土地使用权所支付的金额为 5 万元，房地产开发成本为 10 万元，按规定允许扣除的房地产开发费用为 5.9 万元。笔者给他们做了如下计算。

（1）在售价为 25 万元，则按以上规定扣除项目计算的允许扣除金额为 20.9 万元。

增值额 = 25-20.9 = 4.1（万元）

增值率 = 4.1 ÷ 20.9 = 19.61%

增值额未超过扣除项目金额20%，免纳土地增值税，该公司净赚4.1万元。

（2）若售价为26万元，则按以上规定扣除项目计算的允许扣除金额为20.9万元。

增值额=26-20.9=5.1（万元）

增值率=5.1÷20.9=24.4%

增值额大于扣除项目金额20%，全额计征土地增值税，应纳土地增值税为5.1×30%=1.53（万元）。

公司净赚=5.1-1.53=3.57（万元）

虽然（2）售价比（1）高出1万元，公司却少赚了5 300元。

通过以上讨论，我们可以发现，在有一些处于政策平台的转换点附近的商品，在销售时就应该充分考虑商品价格对税收档次爬升的影响。

土地增值税除了从销售价格的角度进行以外，还可以在项目开发的各个可扣除项目中考虑策划。

税收优惠可利用　政策界限需分清

中江房地产开发公司最近准备开发一个项目——阳光花园，该项目属于民生工程，经过初步预算，该项目中，出售商品房取得销售收入5 000万元，其中普通标准住宅销售额为3 000万元，豪华住宅的销售额为2 000万元。扣除项目金额为3 200万元，其中普通标准住宅的扣除项目金额为2 350万元，豪华住宅的扣除项目金额为1 100万元。中江房地产开发公司的董事长想知道，该项目是否存在策划的余地？

业务分析：

对于房地产开发企业而言，进行税收策划的最大机会在于土地增值税的策划，在原有条件下，中江房地产开发公司应纳的土地增值税情况如下。

销售普通标准住宅计算如下。

在销售环节发生的增值税金为：

3 000×5%=150（万元）

城建税及附加合计为：

150×（7%+3%）=15（万元）

计算土地增值税的扣除项目金额合计为：

2 350+15=2 365（万元）

如果按照计划进行项目开发，最终实现的增值额为：

3 000-2 365=635（万元）

普通标准住宅土地开发的增值率为：

635÷2 365×100%=27%

根据现行土地增值税的政策规定，该项目的土地增值税适用为30%的税率，因此，中江房地产开发公司的阳光花园项目中的普通标准住宅应当计算缴纳的土地增值税为：

$635 \times 30\% = 190.5$（万元）

销售豪华住宅计算如下。

在销售环节发生的增值税金为：

$2\,000 \times 5\% = 100$（万元）

城建税及附加合计为：

$100 \times (7\% + 3\%) = 10$（万元）

计算土地增值税的扣除项目金额合计为：

$1\,100 + 10 = 1\,110$（万元）

如果按照计划进行项目开发，最终实现的增值额为：

$2\,000 - 1\,110 = 890$（万元）

豪华住宅土地开发的增值率为：

$890 \div 1\,110 \times 100\% = 80\%$

根据现行土地增值税的政策规定，该项目的土地增值税适用为40%的税率，因此，中江房地产开发公司的阳光花园项目中的豪华住宅应当计算缴纳的土地增值税为：

$890 \times 40\% - 1\,110 \times 5\% = 300.5$（万元）

两个部分合计共缴纳土地增值税为：

$190.5 + 300.5 = 491$（万元）

策划分析：

通过上述计算可以看出，普通标准住宅的增值率为27%，超过了普通标准住宅的20%，因此还要缴纳土地增值税。要使该公司承建的普通标准住宅获得免税待遇，就应当设法将其增值率控制在20%以内。

税务咨询专家针对企业的具体情况，提出两个策划的方法：一是增加普通标准住宅的扣除项目金额；二是降低普通标准住宅的销售价格。下面利用数学模型对这两个策划思路进行具体分析。

1. 增加扣除项目金额

假定上例中其他条件不变，只是普通标准住宅的扣除项目发生变化，假设其为 X，那么应缴纳土地增值税为：

扣除项目金额合计 $= X + 15$

增值额 $= 3\,000 - (X + 15) = 2\,985 - X$

增值率 $= (2\,985 - X) \div (X + 15) \times 100\%$

由等式 $(2\,985 - X) \div (X + 15) \times 100\% = 20\%$，解得 $X = 2\,485$（万元）。

此时普通标准住宅可以免税，缴纳的土地增值税仅为销售豪华住宅的部分，应纳税额为

300.5 万元。增加扣除项目金额的途径很多，例如可以增加房地产开发成本、房地产开发费用等。

2. 降低销售价格

降低销售价格虽然会使增值率降低，但也会导致销售收入的减少，影响企业的利润，这种方法是否合理要通过比较减少的收入和少缴纳的税金做出决定（这里为了简便起见，我们假设该企业的增值税采用简易计税方式）。仍假定其他条件不变，改变普通标准住宅的销售价格，假设其为 Y，那么应缴纳土地增值税为：

销售税金及附加 $= Y \times 5\% \times (7\%+3\%) = 0.5\%Y$

扣除项目金额合计 $= 2\,350+0.5\%Y$

增值额 $= Y-(2\,350+0.5\%Y) = Y-0.5\%Y-2\,350$

增值率 $= (Y-0.5\%Y-2\,350) \div (2\,350+0.5\%Y) \times 100\%$

由等式 $(Y-0.5\%Y-2\,350) \div (2\,350+0.5\%Y) \times 100\% = 20\%$，解得 $Y = 2\,970$（万元）。

策划结论：

通过策划，普通标准住宅实现了免税，此时缴纳的土地增值税仍为销售豪华住宅的部分300.5 万元。销售收入比原来的 3 000 万元减少了 30 万元，少纳税 190.5 万元，与减少的收入相比节省了 160.5 万元。

策划点评：

本案例体现了利用税收优惠政策策划的基本思路，此外，还可以利用以房地产进行投资、联营等手段策划土地增值税。房地产是土地和房屋及其权属的总称，在我国，土地归国家或集体所有，企业只能取得土地使用权。因此，房地产中的土地指土地使用权，房屋指土地上的房屋等建筑物及构筑物。《财政部 国家税务总局关于土地增值税若干问题的通知》（财税〔2006〕21 号）的出台，以前暂免征收土地增值税的政策规定出现了一些细节上的变化。因此，以房地产进行投资、联营要区分投资主体、被投资行业及股权转让三种情况确定土地增值税征免。

第一，股权转让不缴土地增值税。无论房地产开发企业还是非房地产开发企业将所投资形成的股权进行处置转让时，由于股权已不对应其初始投资所形成的房屋产权或土地使用权，所以《国家税务总局关于陕西省电力建设投资开发公司转让股权征税问题的批复》（国税函〔1997〕700 号）规定了，对房屋产权或土地使用权投资入股所形成的股权转让的行为，暂不征收土地增值税。这里需要提及的是对被投资、联营企业将上述房地产再转让的，根据财税字〔1995〕48 号第一条的规定，应征收土地增值税。

第二，要区分投资主体是房地产开发企业还是非房地产开发企业。对于房地产开发企业，以其建造的商品房对外投资或联营的，属于土地增值税的征税范围。这里的投资形式上是房地产开发企业建造的商品房而不是一般意义上的土地使用权与作为固定资产核算的房屋。对于非房地产开发企业，如果以土地（房地产）作价入股进行投资或联营的，凡所投资、联营的企业从事房地产开发的，应属于土地增值税的征税范围。凡所投资、联营的企业从事非房地产开发的，则不属于土地增值税的征税范围。

第三，要区分被投资联营企业是否属于从事房地产开发的行业。这里不再区分投资主体的行业性质，而以被投资、联营的企业所从事的行业是否属于房地产行业进行界定，对于以土地（房地产）作价入股进行投资或联营的，凡所投资、联营的企业从事房地产开发的，根据财税〔2006〕21号的规定，属于土地增值税的征税范围；凡所投资、联营的企业从事非房地产开发的，则适用财税字〔1995〕48号的规定，暂免征收土地增值税。但对房地产开发企业以其建造的商品房进行投资和联营的，不论被投资企业是否从事房地产开发均不适用财税字〔1995〕48号第一条暂免征收土地增值税的规定。

以上介绍了土地增值税税收策划的方法，房地产企业可根据实际情况灵活运用。其前提应是在合理和不违法的情况下，合理节税，减轻税收负担，增加税后利润，实现企业价值的最大化。

融资证明见效果　是否提供有讲究

对某个具体从事生产和经营的企业而言，从税收政策的角度去考虑有关问题，很难切入其中，如果从企业具体的业务流程的角度去考虑，投资人进行税收策划的具体运作就相对比较容易理解和操作。因此，我们在此结合具体的业务流程，引用一些具体操作案例来做分析。

策划案例：

案例之一：甲房地产公司2020年3月开发一处房地产，为取得土地使用权支付1 000万元，为开发土地和新建房及配套设施花费1 200万元，财务费用中可以按转让房地产项目计算分摊利息的利息支出为200万元，不超过商业银行同类同期贷款利率。对于是否提供金融机构证明，公司财务人员通过核算发现，如果不提供金融机构证明，则该公司所能扣除费用的最高额为（1 000+1 200）×10%＝220（万元）；如果提供金融机构证明，该公司所能扣除费用的最高额为200+（1 000+1 200）×5%＝310（万元）。可见，在这种情况下，公司提供金融机构证明是有利的选择。

案例之二：甲房地产公司2020年8月开发另一处房地产，为取得土地使用权支付1 000万元，为开发土地和新建房及配套设施花费1 200万元，财务费用中可以按转让房地产项目计算分摊利息的利息支出为80万元，不超过商业银行同类同期贷款利率。现在需要公司决定是

否提供金融机构证明。同案例一一样，如果不提供金融机构证明，则该公司所能扣除费用的最高额为（1 000+1 200）×10% ＝220（万元）；如果提供金融机构证明，该公司所能扣除费用的最高额为80+（1 000+1 200）×5% ＝190（万元）。可见，在这种情况下，公司不提供金融机构证明是有利的选择。

企业判断是否提供金融机构证明，关键在于所发生的能够扣除的利息支出占税法规定的开发成本的比例，如果超过5%，则提供证明比较有利，如果没有超过5%，则不提供证明比较有利。

案例之三：某房地产开发企业进行一个房地产项目开发，取得土地使用权支付金额300万元，房地产开发成本为500万元。如果该企业利息费用能够按转让房地产项目计算分摊并提供了金融机构证明，则其他可扣除项目＝利息费用+（300+500）×5% ＝利息费用+40（万元）。

如果该企业利息费用无法按转让房地产项目计算分摊，或无法提供金融机构证明，则其他可扣除项目＝（300+500）×10% ＝80（万元）。

对于该企业来说，如果预计利息费用高于40万元，企业应力争按转让房地产项目计算分摊利息支出，并取得有关金融机构证明，以便据实扣除有关利息费用，从而增加扣除项目金额；反之亦然。

案例点评：

对于土地增值税的策划操作而言，财务资料固然重要，但是其他相关因素也不可忽视。

（一）确定适宜的成本核算对象

（1）对房地产开发企业成本项目进行合理的控制，如加大公共配套设施投入，绿化、美化、亮化，改善住房环境，通过调整土地增值税的扣除项目金额，进而减轻税负。

（2）房地产开发企业可设立一家装饰装潢公司，专门为购房户装修。具体可与购房户签订两份合同，一份是房地产初步完工（毛坯房）时签订的销售合同，另一份是与装饰装潢公司签订的装修合同。房地产开发企业只就销售合同上注明房款增值额缴纳土地增值税，装修合同上注明的金额属于劳务收入，缴纳增值税，不缴土地增值税。这样分散经营收入，减少税基，降低税率，节省税款。

（二）巧用特殊扣除项目规定

《土地增值税暂行条例实施细则》规定，房地产开发企业的利息支出，凡能够按转让房地产项目计算分摊并提供金融机构证明的，允许据实扣除，但最高不得超过按商业银行同类同期贷款利率计算的金额。其他房地产开发费用，按取得土地使用权所支付的金额和房地产开发成本之和的5%以内计算扣除；凡不能按转让房地产开发项目计算分摊利息支出或不能提供金融机构证明的，利息支出不能单独计算，而应并入房地产开发成本中一并计算扣除。房地产开发费用按取得土地使用权所支付的金额与房地产开发成本之和的10%以内计算扣除。

房地产企业据此可以选择，如果企业预计利息费用较高，开发房地产项目主要依靠负债筹资，利息费用所占比例较高，则可计算分摊的利息并提供金融机构证明，据实扣除；反之，主要依靠权益资本筹资，预计利息费用较少，则可不计算应分摊的利息，这样可以多扣除房地产开发费用。

投资以后再转让　增值处理有风险

明珠实业公司是江南某地的一家化工集团，于 2018 年 12 月以 1 200 万元的价格取得一处土地的土地使用权。2019 年 5 月，明珠实业公司将该土地使用权作价 1 600 万元投资于一家制药公司春江公司，取得了春江公司 20% 的股权。2020 年 5 月，春江公司将该土地使用权以 1 800 万元的价格出售。

问题焦点：

将土地作价先投资再转让，是目前税收策划界人士经常采用的一种操作思路和策划方法。但是，实际上其操作过程中蕴含了较大的涉税风险。

对于本案例而言，由于该土地未开发，于是在土地使用权被出售后，其增值额如何确定的问题上，出现了两种不同的观点。

一种观点认为，因被投资的春江公司取得土地使用权的实际代价是按作价金额折合的 20% 股权，并非无偿取得。现春江公司转让该土地使用权时扣除的成本，应为明珠实业公司投资入股春江公司时该土地使用权作价入账的金额，也就是 1 600 万元。转让该土地使用权，土地增值税的纳税义务人为春江公司，春江公司应就再转让的增值额 200 万元（转让土地使用权金额 1 800 万元－投资作价金额 1 600 万元）缴纳土地增值税。

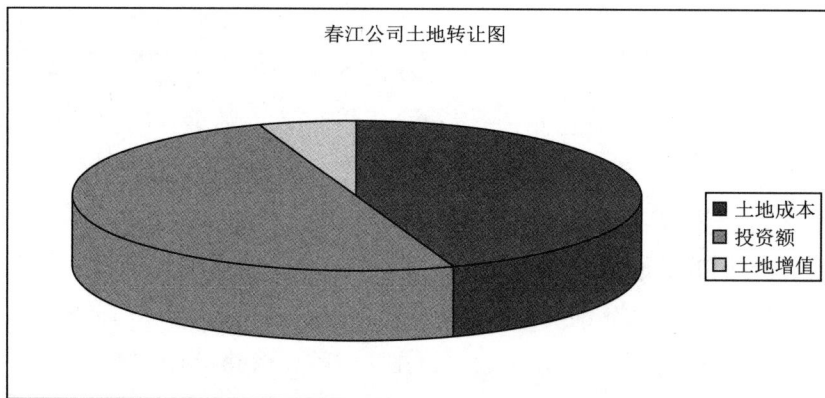

春江公司土地转让图

■ 土地成本
■ 投资额
□ 土地增值

另一种观点认为，明珠实业公司将该土地使用权作价入股对春江公司进行投资，当土地使用权转让给春江公司时，其增值的 400 万元（投资作价金额 1 600 万元－取得土地使用权金额 1 200 万元），享受了国家鼓励投资的税收优惠政策，暂免征收土地增值税。而春江公司现将该土地使用权再转让，其当初的投资性质已改变，所以不应享受税收优惠。所以，春江公司转让该土地使用权时扣除的成本，应为明珠实业公司取得该土地使用权时所支付的价格，也就是 1 200 万元。春江公司应就转让的增值额 600 万元（转让土地使用权金额 1 800 万元 − 取得土地使用权金额 1 200 万元）缴纳土地增值税。

问题集中在土地增值额应当如何确定上。

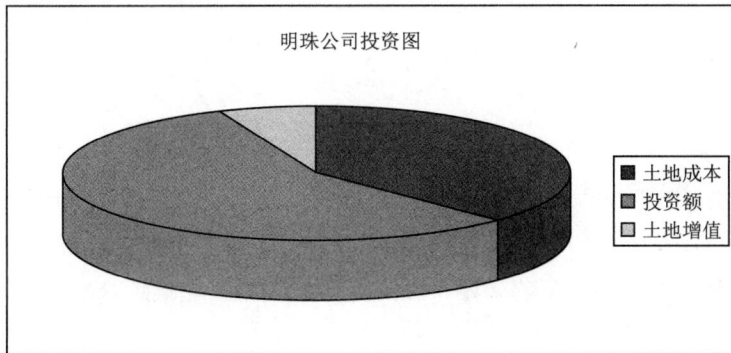

明珠公司投资图

■ 土地成本
■ 投资额
□ 土地增值

业务分析：

上述两种观点均有合理之处，又都不尽完善。前者合理分析了春江公司的纳税义务，而对明珠实业公司享受免税优惠的条件已发生了改变未加考虑；后者虽然充分考虑了明珠实业公司享受免税优惠的条件变化，却忽略了明珠实业公司的纳税义务，因土地增值产生的土地增值税都由春江公司承担显然不尽合理。因此，笔者认为，应该分别从两家公司的角度分析这块土地的增值额，进而确定其各自的税负。

对明珠实业公司来讲，土地再转让时是具有纳税义务的。根据《财政部 国家税务总局关于土地增值税一些具体问题规定的通知》（财税字〔1995〕48 号）规定，对于以房地产进行投资、联营的，投资、联营的一方以土地（房地产）作价入股进行投资或作为联营条件，将房地产转让到所投资、联营的企业中时，暂免征收土地增值税。对投资、联营企业将上述房地产再转让的，应征收土地增值税。因此，春江公司将该土地使用权再转让时，明珠实业公司不得再享受税收优惠，应恢复其纳税义务，补缴投资作价时增值额所对应的土地增值税额。明珠实业公司应就投资时取得的增值额 400 万元（投资作价金额 1 600 万元 − 取得土地的实际支付金额 1 200 万元）缴纳土地增值税。

对春江公司来讲，土地再转让时也是具有纳税义务的。根据《土地增值税暂行条例实施细则》第二条规定，转让国有土地使用权、地上的建筑物及其附着物并取得收入的单位和个人，为土地增值税的纳税义务人。因此，当春江公司将被投资的土地使用权再转让时，春江公司为土地增值税的纳税义务人。

那么，春江公司在缴纳土地增值税时又该如何确定土地增值额呢？根据《土地增值税暂行条例》第六条的规定，计算增值额的扣除项目有：取得土地使用权所支付的金额；开发土地的成本、费用；新建房及配套设施的成本、费用，或者旧房及建筑物的评估价格；与转让房地产有关的税金；财政部规定的其他扣除项目。本案例中，明珠实业公司将土地使用权以1 600万元作价投资到春江公司，拥有了春江公司20%的股权，在投资过程中，土地使用权的所有者发生了变更，明珠实业公司以取得春江公司价值1 600万元股权的方式有偿转让了土地使用权。因此，明珠实业公司投资入股时的土地使用权作价金额，就是春江公司取得该土地支付的成本。因此，春江公司转让土地使用权时，在不考虑相关税金的情况下，应按被投资后增值部分200万元（转让土地金额18 00万元－投资作价金额1 600万元）计算缴纳土地增值税。

策划点评：

随着国家对投资活动的引导和鼓励，各地投资资本十分活跃，各地的企业合并、分立以及其他方式的投资活动和投资规模进一步增加。国家对特定区域经济投资的政策引导和税收政策对基础性、创新型企业投资的鼓励，我国经济呈现新一轮跳跃式发展的势头。但是，在投资活动中，也暴露出一些问题。

比如，笔者最近刚刚遇到一个问题，A企业（母公司，建筑装饰类企业）将其名下一块土地（约300亩）注入其子公司（房地产开发企业）B企业，用于子公司增资扩股。该地块是三年前以1 000万元取得的，在注资时，当地资产评估机构评估其公允价值为3 000万元。母公司按成本价作如下核算，借：长期股权投资1 000万元，贷：无形资产1 000万元；子公司按评估价作如下核算，借：无形资产3 000万元，贷：实收资本3 000万元。该公司的策划操作虽然被税务稽查人员发现了，其本身也具有偶然性，由于A企业和B企业处于同一个地方，又是关联企业，税务机关在对B企业进行纳税检查的过程中，追查资金流向的时候，"拔出萝卜带上泥"问题才暴露出来。

对于解决土地成本确认的问题其实很简单，如果在投资环节要求A企业开具发票即可。但是问题在于目前还没有规定对土地或者不动产投资需要开发票。如果企业想开发票也找不到开发票的地方，这就使问题陷入尴尬。

而对于上例来说，同样也存在一个现实的问题，在具体实践中，如果明珠实业公司一直持有春江公司的股权，要求明珠实业公司补缴应纳税款是比较容易的，但是，如果明珠实业公司将其持有的春江公司股权转让给了第三方，要求其补缴税款可能还存在一定的难度。因为第三方持有春江公司股权的情况下，对于春江公司的土地转让而引起的应当由明珠实业公司承担的土地增值税，属于"或有负债"，对于这个"或有负债"和追索，法律关系就很难确认。

其实，类似本案例的情形在现实中还比较多，考虑到目前我国税法对于以房地产进行投资、联营的再转让的土地增值税成本扣除问题还没有详细的解释，在实际工作中容易出现理论和实务操作不一致的情形。

因此，希望国家税务总局能够尽快出台更加明确的规定，防止纳税人"先投资后转让"的避税行为，即采取抬高投资作价金额、压低转让增值额的手段，达到少缴或不缴土地增值税的目的。

转让旧房平常事　土地增值细分析

　　江风农村信用合作联社经所在省监管局批准，于 2012 年正式改制为农村合作银行。2020 年 11 月 23 日，税务机关在对该行 2018 及 2019 两个年度进行税务检查时发现，该行从 2018 年起以机构改革、资产整合为由对所辖乡镇等机构的房产进行分批处置，合计价款 1 000 万元，但均未申报缴纳增值税及土地增值税。

　　税务处理：

　　当地税务部门责令其对销售不动产补缴营业税。但是，由于该行所处置的不动产均为自行处置，未经过合法的评估机构评估，仅能提供房产原值，税务机关比照房地产开发企业的相关规定，按照预征率对其转让房地产的行为进行了征收。

　　企业质疑：

　　企业对处理不动产应当缴纳增值税没有异议，但是，对于土地增值税的处理意见，该行财务人员则有不同的看法，他们认为有的房产并未实现增值，甚至还亏损，这样统一征收土地增值税是否合适？

　　涉税分析：

　　税务专家认为，当地主管税务机关对江风农村信用合作联社按预征率进行清算是不合适的。这里需要区分以下几种情形进行具体认定。

　　（1）对江风农村信用合作联社处置旧房收入的认定。

　　纳税人转让房地产所取得的收入，包括转让房地产的全部价款及有关的经济收益，包括货币收入、实物收入和其他收入。但对纳税人有下列情形之一的，按照房地产评估价格计算征收。

　　一是转让房地产的成交价格低于房地产评估价格，又无正当理由的，由税务机关参照房地产评估价格确定转让房地产的收入。这主要指纳税人申报的转让房地产的实际成交价低于房地产评估机构评定的交易价，纳税人又不能提供凭据或无正当理由的行为。

　　二是隐瞒、虚报房地产成交价格，应由评估机构参照同类房地产的市场交易价格进行评估。税务机关根据评估价格确定转让房地产的收入。

　　同时，《财政部 国家税务总局 国家国有资产管理局关于转让国有房地产征收土地增值税中有关房地产价格评估问题的通知》（财税字〔1995〕61 号）中规定,凡转让国有土地使用权、地上建筑物及其附属物的纳税人，按照土地增值税的有关规定，需要根据房地产的评估价格计税的，可委托经政府批准设立，并按照《国有资产评估管理办法》规定的由省以上国有资产管理部门授予评估资格的资产评估事务所、会计师事务所等各类资产评估机构受理有关转让房地产的评估业务。

（2）对江风农村信用合作联社处置旧房时扣除项目金额的认定。

转让房地产扣除项目金额的认定，《财政部 国家税务总局关于土地增值税一些具体问题规定的通知》（财税字〔1995〕48 号）规定以下几个方面。

一是关于转让旧房如何确定扣除项目金额。转让旧房，应按房屋及建筑物的评估价格、取得土地使用权所支付的地价款和按国家统一规定缴纳的有关费用以及在转让环节缴纳的税金作为扣除项目金额计征土地增值税。对取得土地使用权时未支付地价款或不能提供已支付的地价款凭据的，不允许扣除取得土地使用权所支付的金额。另外，纳税人转让旧房及建筑物时因计算纳税的需要而对房地产进行评估，其支付的评估费用允许在计算增值额时予以扣除。

关于新建房与旧房的界定问题，新建房指建成后未使用的房产。凡是已使用一定时间或达到一定磨损程度的房产均属旧房。使用时间和磨损程度标准可由各省、自治区、直辖市财政厅（局）和地方税务局具体规定。

二是提供扣除项目金额不实的，应由评估机构按照房屋重置成本价乘以成新度折扣率计算的房屋成本价和取得土地使用权时的基准地价进行评估。税务机关根据评估价格确定扣除项目金额。但对纳税人隐瞒、虚报房地产成交价格等情形而按房地产评估价格计算征收土地增值税所发生的评估费用，不允许在计算土地增值税时予以扣除。

三是纳税人转让旧房的，如不能取得评估价格，计算土地增值税时确定准予扣除的项目应当按照财税〔2006〕21 号文件规定处理。《财政部 国家税务总局关于土地增值税若干问题的通知》（财税〔2006〕21 号）规定：纳税人转让旧房及建筑物，凡不能取得评估价格，但能提供购房发票的，经当地税务部门确认，可以将《土地增值税暂行条例》第六条第（一）项规定的取得土地使用权所支付的金额和第（三）项规定的旧房及建筑物的评估价格的金额，按发票所载金额并从购买年度起至转让年度止每年加计 5% 计算。

例如，以 1 000 万元购买房屋，第 8 年时转让，转让时不能取得评估价格，不考虑其他的扣除项目，此时的扣除金额为 $50 \times (1+5\% \times 8) = 420$（万元）。对纳税人购房时缴纳的契税，凡能提供契税完税凭证的，准予作为"与转让房地产有关的税金"予以扣除，但不作为加计 5% 的基数。

四是对于转让旧房及建筑物，既没有评估价格，又不能提供购房发票的，地方税务机关可以根据《税收征管法》第三十五条的规定，实行核定征收。

对非房地产开发企业而言，本例中的江风农村信用合作联社虽非房地产开发企业，但鉴于其能取得房产原值的原始发票，所以可以按财税〔2006〕21 号的规定进行扣除项目的认定，并据以计算土地增值税；如果既没有评估价格，又不能提供购房发票的，可按照税务部门核定的征收率进行计算征收。

分析结论：

由于江风农村信用合作联社所转让的房地产是一次性行为，不存在预征问题，实行核定征收，实际上就是进行了清算。对单位转让房地产中收入及扣除项目的认定，应按照《土地增值税暂行条例》及实施细则等相关文件的规定进行，以纳税人转让房地产所取得的收入减除计算增值额的扣除项目后的余额计算缴纳，对转让收入或扣除项目存在不实情形的，可以进行评估或核定征收。

当地主管税务机关按预征率进行征收是不合适的。

土地闲置费扣除　不同税种有差异

岭南房地产开发公司于 2018 年年初以支付土地出让金 3 000 万元的代价取得某小区商品房开发项目，由于资金周转等原因，企业取得土地使用权后，直到 2020 年 2 月份才动工建设，为此，当地国土部门责令其缴纳土地出让金 20%（即 600 万元）的土地闲置费。2021 年 6 月上旬小区商品房全部销售完毕。

企业已完成 2020 年企业所得税汇算清缴，目前正按税务机关要求进行土地增值税清算事宜。企业在进行所得税汇算清缴时，土地闲置费被允许扣除，但在土地增值税清算时，税务机关不允许作为扣除项目。对此，企业财务人员存在异议，并提出咨询。为了帮助有关企业认识和解决问题，税务专家对此进行了分析。

政策分析：

土地闲置费是房地产开发企业经常发生的一项费用，而该费用的处理，主要与企业所得税和土地增值税有关。

1. 土地闲置费的企业所得税处理

由于征收土地闲置费，是属于行政事业性收费行为，并不属行政处罚行为，无论是此前的《国家税务总局关于房地产开发业务征收企业所得税问题的通知》（国税发〔2006〕31 号）还是国家税务总局关于印发《房地产开发经营业务企业所得税处理办法》的通知（国税发〔2009〕31 号）均明确规定，开发企业以出让方式取得土地使用权进行房地产开发的，必须按照土地使用权出让合同约定的土地用途、动工开发期限开发土地。因超过出让合同约定的动工开发日期而缴纳的土地闲置费，可作为土地征用费及拆迁补偿费项目在开发产品计税成本支出中扣除。国税发〔2009〕31 号文件第二十七条明确规定，开发产品计税成本支出——土地征用费及拆迁补偿费指为取得土地开发使用权（或开发权）而发生的各项费用，主要包括土地买价或出让金、大市政配套费、契税、耕地占用税、土地使用费、土地闲置费、土地变更用途和超面积补缴的地价及相关税费、拆迁补偿支出、安置及动迁支出、回迁房建造支出、农作物补偿费、危房补偿费等。

另外，国税发〔2009〕31 号文件第二十二条还明确规定，企业因国家无偿收回土地使用权而形成的损失，可按照国家税务总局关于印发《企业资产损失税前扣除管理办法》（国税发〔2009〕88 号）通知第三条的规定，可作为财产损失，在按税收规定实际确认或者实际发生的当年申报扣除。

综合企业所得税法的相关规定，土地闲置费可以计入开发产品计税成本，能够在税前扣除。因国家无偿收回土地使用权而形成的损失也可作为财产损失在税前扣除。因此，土地闲置费可以在企业所得税前据实扣除。

2. 土地闲置费的土地增值税处理

为了遏止房价上涨过快问题，国务院发出《关于坚决遏制部分城市房价过快上涨的通知》（国发〔2010〕10号），要求税务部门要严格按照税法和有关政策规定，认真做好土地增值税的征收管理工作，对定价过高、涨幅过快的房地产开发项目进行重点清算和稽查。基于国发〔2010〕10号文件的规定要求，国家税务总局在《关于土地增值税清算有关问题的通知》（国税函〔2010〕220号）中明确，房地产开发企业逾期开发缴纳的土地闲置费不得扣除的原则性规定。房地产企业逾期开发缴纳的土地闲置费不得扣除。

分析结论：

通过上述分析我们可发现，税务机关在企业所得税汇算清缴和土地增值税清算中对于土地闲置费的不同处理方式，均有法可依，有据可查，企业应区别对待，区别处理。因此，房地产企业在土地增值税清算时，再不能按照企业所得税口径去计算土地成本了。

合作建房好进行　土地增值需清算

春江房地产开发公司（以下简称春江公司）与春水经济开发公司（以下简称春水公司）签订合作建房协议，共同开发A房地产项目，春江公司负责投入资金及全部开发活动，春水公司将其所有的土地使用权投入该项目，建成后春水公司分得30%的房产（包括住宅及商铺），春江公司分得其余房产。后来经过协商，春水公司将分得房产的住宅部分以4 000元／平方米出售给春江公司，共分得价款2 400万元，其余5 000平方米商铺自用，并开具转让土地使用权的发票给春江公司。这里需要解决的问题是，对合作建房相关土地增值税清算应当如何操作。

政策分析：

合作建房，是开发商在土地实施"招、拍、挂"之前拿地的重要途径之一。利用该方式开发的房地产项目，如今已基本符合国家税务总局《关于房地产开发企业土地增值税清算管理有关问题的通知》（财税〔2006〕187号）所规定的清算条件。由于《土地增值税暂行条例》《土地增值税暂行条例实施细则》及相关配套文件不够细化，在清算实务中对于合作建房的判定仍存在一定问题。这里我们结合部分资料对企业合作的不同情况的涉税问题进行归纳和分析。

1. 将土地使用权作价投入股

若春水公司将土地使用权作价投入春江公司，换取春江公司一定股份再由春江公司开发该项目，根据财税〔2006〕21号文件的规定，自2006年3月2日起，对于以土地（房地产）作价投资入股进行投资或联营的，凡所投资、联营的企业从事房地产开发的，或者房地产开发企业以其建造的商品房进行投资和联营的，均不适用财税字〔1995〕48号文件第一条暂免征收土地增值税的规定，应按规定缴纳土地增值税。所以，应将春水公司所获取春江公司股份的协议价或评估价作为转让收入，按转让土地使用权计算其应缴土地增值税。对春江公司来说，应将春水公司投入的土地协议价或评估价作为取得土地使用权的成本在清算土地增值税时予以扣除。

2. 取得房屋自用

若春水公司只取得房屋自用，根据《财政部 国家税务总局关于土地增值税一些具体问题规定的通知》（财税字〔1995〕48号）规定，对于一方出地，一方出资金，双方合作建房，建成后按比例分房自用的，暂免征土地增值税，建成后转让的，应征收土地增值税。因此，对春水公司暂免征收土地增值税，以后该公司将分得的房产转让应首先按转让土地使用权计算合作建房需缴纳的土地增值税，以分得房产当时的公允价值作为转让土地使用权的收入，再对转让的房产按转让旧房及建筑物征收土地增值税。其公允价值可按财税〔2006〕187号文件第三条第（一）款的要求确认：（1）按本企业在同一地区、同一年度销售的同类房地产的平均价格确定；（2）由主管税务机关参照当地当年、同类房地产的市场价格或评估价值确定。对春江公司来说，相当于用其建好的房产换取土地使用权，其应将分给春水公司房产的公允价值计入开发成本，并将该部分公允价值计入销售收入。

若春水公司获取的是部分货币资金和部分房产，如实务情况中所述，春水公司得到2 400万元现金及5 000平方米商铺，根据财税字〔1995〕48号文件的规定，其分得的商铺暂免征收土地增值税，但其分得的现金应征收土地增值税。

在现行规定下，春水公司应进行如下处理。

其一，对于春水公司取得的现金部分，应按照配比原则，与取得土地使用权的成本配比计算土地增值税。如春水公司获取的房产公允价值为4 000万元，而该地块土地使用权成本为3 200万元，在不考虑其他税费的情况下，则允许扣除的土地使用权成本为：

3 200÷（4 000+2 400）×2 400 = 1 200（万元），

相关房产实现的增值额为：

2 400−1 200 = 1 200（万元）

春水公司当期应当缴纳土地增值税额为：

1 200×40%−1 200×5% = 420（万元）

其二，对于分得的房产部分，处理方式为分房自用，暂不征收土地增值税，待其对外销售后再分别按转让土地使用权和销售旧房缴纳土地增值税。

对于春江公司，应将分给春水公司的现金加上房产的公允价值作为取得土地使用权的成本计入扣除项目，同时将房产的公允价值作为销售收入计算应缴纳土地增值税。

183

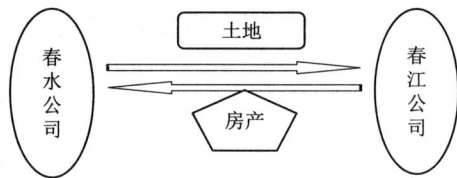

操作难点:

对于合作建房行为,应界定为非货币资产交换还是投资行为是进行土地增值税清算处理的前提。若为非货币资产交换,则出地方按转让土地使用权给出资方处理;若为投资行为,则应将出资方支付的股权价值和货币资金之和在该项目的开发成本中扣除。出资方支付给出地方的现金视为投资对价差异,为土地使用权的公允价值大于双方确定的股权价值的差额。界定基础应看合作建房的协议,若出地方承担项目开发的风险并享有开发利润,应视为投资行为;若只是获得固定面积的房产,不承担风险收益的,则应界定为非货币资产交换。

从上述分析可以看出,对于合作建房进行商品房开发项目来说,土地增值税清算涉及出地、出资双方,计算过程复杂,容易产生税企争议,对出地方清算的后续管理存在困难,如出地方再转让分得房产时,很容易忽视对其转让土地使用权的清算,造成国家税款流失。同时,很多房地产开发企业利用关联方合作建房来逃避或延迟土地增值税纳税义务,给该税种的征管带来困难。

涉税点评:

其实,不仅合作建房行为很容易忽视对其转让土地使用权的土地增值税清算,还有一些情况也会造成忽视土地增值税的清算,比如一家房地产开发公司的财务人员给笔者打电话咨询,他们公司分期开发房地产项目,一期已于去年完工,二期目前也已经销售了85%。但到目前为止,一期项目尚未办理竣工验收手续,财务人员想以此为由不进行土地增值税清算,不知道这样操作是否正确。

回答这个问题,就需要看有关规定了。我国《土地增值税法》规定,房地产企业开发的项目在两种情形下需要进行清算,一是税法规定应进行项目清算的时候,二是税务机关根据税法规定通知企业进行项目清算的时候。也就是说,在第一种情况下,纳税人届时必须自行履行纳税清算申报手续。在第二种情况下,企业进行土地增值税清算不是可以自行启动的,需要接到税务机关的通知后,才能履行清算申报手续。如果没有接到税务机关的通知,企业无须进行土地增值税清算。

那么,在什么条件下,就需要房地产企业自行清算呢?《国家税务总局关于房地产开发企业土地增值税清算管理有关问题的通知》(国税发〔2006〕187号)第二条第一项规定,符合下列情形之一的,纳税人应进行土地增值税清算:(1)房地产开发项目全部竣工、完成销售的;(2)整体转让未竣工决算房地产开发项目的;(3)直接转让土地使用权的。国家税务总局《关于印发〈土地增值税清算管理规程〉的通知》(国税发〔2009〕91号)第九条也做了相同的规定。

对于符合上述规定应进行土地增值税清算的项目，纳税人应当在满足条件之日起 90 日内到主管税务机关办理清算手续，即无须税务机关通知，纳税人要自行按规定时间进行清算。如果不按规定进行清算，税务机关可以按照违反《税收征收管理法》的相关规定进行处理和处罚；或者税务稽查机关在税务检查时，按规定进行清算检查，对发现纳税人少缴的税款，按照《税收征收管理法》的相关规定进行处理和处罚。

此外，在什么情况下要由税务机关通知纳税人进行清算呢？《国家税务总局关于房地产开发企业土地增值税清算管理有关问题的通知》（国税发〔2006〕187 号）第二条第二项规定，符合下列情形之一的，主管税务机关可以要求纳税人进行土地增值税清算：一是已竣工验收的房地产开发项目，已转让的房地产建筑面积占整个项目可售建筑面积的比例在 85% 以上，或该比例虽未超过 85%，但剩余的可售建筑面积已经出租或自用的；二是取得销售（预售）许可证满 3 年仍未销售完毕的；三是纳税人申请注销税务登记但未办理土地增值税清算手续的；四是省级税务机关规定的其他情况。

项目结束好清算　政策把握是关键

东方房地产开发有限公司是一家大型房地产开发企业，该公司的经营模式是实行项目制管理。其具体操作方式是，按项目注册成立项目管理公司，对开发项目进行单独核算和管理，项目开发结束，与该项目配套的公司就清算解散。

企业清算：

为了让自己的开发项目获得更高的利润，他们赶在国家宏观调控政策实施之前，就将自己手上的几个项目都销售完毕，到 2019 年年底，公司就有五个项目需要清算。2020 年年初，该公司就组织专业人员对下属项目公司进行清算，为了提高工作效率，他们将土地增值税的清算与企业所得税汇算清缴（清算）结合在一起进行操作。至 2020 年 4 月 30 日，该公司的五个项目公司的企业所得税和土地增值税全部清算结束。

税务意见：

当主管税务机关对有关资料进行审核的过程中，却发现了一些问题。

（1）商品销售收入中存在预收、未收（未开发票）划分不清等问题，在 3 个项目中涉及金额 215 万元。

（2）在 2 个项目中存在上缴质量保证金没有开具发票，涉及金额 334 万元。

（3）在 4 个项目中存在用开发产品安置回迁户涉及金额 636 万元。

（4）有 2 个项目存在因为逾期开发而缴纳的土地闲置费 665 万元等。

政策分析：

针对上述问题，当地主管税务机关对该公司发出限期整改通知。而该公司内部人员对此却不甚了解，于是请来咨询专家。咨询专家到公司现场了解情况后，就结合《国家税务总局关于土地增值税清算有关问题的通知》（国税函〔2010〕220号，以下简称《通知》）和其他资料对土地增值税清算中的部分业务问题进行了辅导。

第一，清算时以发票金额为标准确认收入。《通知》规定，土地增值税清算时，已全额开具商品房销售发票的，按照发票所载金额确认收入；未开具发票或未全额开具发票的，以交易双方签订的销售合同所载的售房金额及其他收益确认收入。销售合同所载商品房面积与有关部门实际测量面积不一致，在清算前已发生补、退房款的，应在计算土地增值税时予以调整。

第二，质量保证金以是否开具发票作为扣除前提。《通知》规定，房地产开发企业在工程竣工验收后，根据合同约定，扣留建筑安装施工企业一定比例的工程款，作为开发项目的质量保证金，在计算土地增值税时，建筑安装施工企业就质量保证金对房地产开发企业开具发票的，按发票所载金额予以扣除；未开具发票的，扣留的质量保证金不得计算扣除。

第三，契税计入"取得土地使用权所支付的金额"。《通知》规定，房地产开发企业为取得土地使用权所支付的契税，应视同"按国家统一规定交纳的有关费用"，计入"取得土地使用权所支付的金额"中扣除。

第四，逾期开发缴纳的土地闲置费不得扣除。《通知》规定，不论房地产开发企业因何种原因，逾期开发缴纳的土地闲置费都不得扣除。

第五，明确拆迁安置土地增值税计算问题。对于拆迁安置，《通知》规定了三项具体内容：一是房地产企业用建造的本项目房地产安置回迁户的，安置用房视同销售处理，按《国家税务总局关于房地产开发企业土地增值税清算管理有关问题的通知》（国税发〔2006〕187号）第三条第（一）款规定确认收入，同时将此确认为房地产开发项目的拆迁补偿费。房地产开发企业支付给回迁户的补差价款，计入拆迁补偿费；回迁户支付给房地产开发企业的补差价款，应抵减本项目拆迁补偿费。二是开发企业采取异地安置，异地安置的房屋属于自行开发建造的，房屋价值按国税发〔2006〕187号文件第三条第（一）款的规定计算，计入本项目的拆迁补偿费；异地安置的房屋属于购入的，以实际支付的购房支出计入拆迁补偿费。三是货币安置拆迁的，房地产开发企业凭合法有效凭据计入拆迁补偿费。

第六，补缴土地增值税不加收滞纳金。《通知》规定，纳税人按规定预缴土地增值税后，清算补缴的土地增值税，在主管税务机关规定的期限内补缴的，不加收滞纳金。

第七，使用自有资金可以按比例扣除开发费用。为了减少开发商通过虚报开发费用等方式来节税的空间，《通知》规定财务费用中的利息支出，凡能够按转让房地产项目计算分摊并提供金融机构证明的，允许据实扣除，但最高不能超过按商业银行同类同期贷款利率计算的金额。其他房地产开发费用，在按照"取得土地使用权所支付的金额"与"房地产开发成本"金额之和的5%以内计算扣除。凡不能按转让房地产项目计算分摊利息支出或不能提供金融机构证明的，房地产开发费用在按"取得土地使用权所支付的金额"与"房地产开发成本"金额之和的10%以内计算扣除。全部使用自有资金，没有利息支出的，按照以上方法扣除。上述具体适用的比例按省级人民政府此前规定的比例执行。房地产开发企业既向金融机构借款，又有其他借款的，其房地产开发费用计算扣除时不能同时适用上述两种办法。

土地增值税清算不认可会计准则中关于借款费用资本化的原则，在清算时，对于已经计入房地产开发成本的利息支出，应调整至财务费用中计算扣除。因此，需要将该处理原则与会计核算、企业所得税汇算清缴做出有效区分。

第八，明确转让旧房准予扣除项目的年限。《通知》规定，《财政部 国家税务总局关于土地增值税若干问题的通知》（财税〔2006〕21号）第二条第一款规定"纳税人转让旧房及建筑物，凡不能取得评估价格，但能提供购房发票的，经当地税务部门确认，《土地增值税暂行条例》第六条第（一）（三）项规定的扣除项目的金额，可按发票所载金额并从购买年度起至转让年度止每年加计5%计算"。计算扣除项目时"每年"按购房发票所载日期起至售房发票开具之日止，每满12个月计一年；超过一年，未满12个月但超过6个月的，可以视同为一年。

论证意见：

（1）商品销售收入中存在预收、未收（未开发票）划分不清等问题，在3个项目中涉及金额215万元，属于销售合同所载商品房面积与有关部门实际测量面积不一致，在清算前已发生补房款，在计算土地增值税时没有进行调整。

（2）在2个项目中存在上缴质量保证金没有开具发票，涉及金额334万元，扣留的质量保证金不得计算扣除。

（3）在4个项目中存在用开发产品安置回迁户涉及金额636万元，安置用房视同销售处理，按《国家税务总局关于房地产开发企业土地增值税清算管理有关问题的通知》（国税发〔2006〕187号）第三条第（一）款规定确认收入，同时将此确认为房地产开发项目的拆迁补偿费。

（4）有2个项目存在因为逾期开发而缴纳的土地闲置费665万元，在企业所得税前扣除，但是，在土地增值税清算的过程中，逾期开发缴纳的土地闲置费不得扣除。

当然，有关房地产业务的涉税策划问题相对比较复杂，如果读者想了解更多的内容，可参阅《投融资业务财税筹划演练》《经营管理财税筹划演练》《房地产企业财税筹划演练全集》以及《纳税筹划实例全集》等专著。

大楼转让如何做　税收才能不缴多

东方实业公司将2005年1月28日以1 000万元购置的一栋办公楼以3 000万元的价格出售给A公司，通过对于交易模式进行策划，从而实现了节税（土地增值税）收益。

但是，2016年5月1日以后在全国实行"营改增"，在增值税条件下，其计税依据发生了明显的变化，那么，在此条件下，相关事项应当如何策划？

这里我们在重温旧案例的基础上，再对新税法条件下大楼转让的土地增值税的策划方法进行探讨。

下面介绍原案例供读者参考。

大楼多次来转让　税收可以大幅降

东方实业公司是月星集团公司下属的一个子公司，为了进一步扩大经营规模，2005 年 1 月 28 日购置了一栋办公楼，价值 1 000 万元。由于资金出现问题，2015 年 1 月，东方实业公司以 3 000 万元的价格将这栋办公楼出售给 A 公司，其应缴各项税费计算如下（城建税适用税率为 7%，教育费附加率为 3%，不考虑其他费用）。

应缴纳营业税计算如下。

税法规定，从 2003 年 1 月 1 日起，单位和个人销售或转让其购置的不动产或受让的土地使用权，以全部收入减去不动产或土地使用权的购置或受让原价后的余额为营业额。东方实业公司应缴纳转让不动产的营业税为：

（3 000−1 000）×5% =100（万元）

应纳城建税、教育费附加合计为：

100×（7%+3%）=10（万元）

应纳土地增值税可按以下步骤计算。

转让这栋办公楼允许扣除项目金额合计为：

1 000+100+10 = 1 110（万元）

转让这栋办公楼可以实现的增值率为：

（3 000−1 110）÷1 110×100% =170.27%

大于 100%，根据税法规定分别适用 30%、40%、50% 三档税率。按速算扣除法计算，应缴纳土地增值税。

（3 000−1 110）×50%−1 110×15% =778.5（万元）

策划分析：

本来，转让不动产和无形资产按转让环节实行道道征收营业税，所以在原政策条件下，不动产和无形资产不便于多次流动。但是，从 2003 年 1 月 1 日起，单位和个人销售或转让其购置的不动产或受让的土地使用权，以全部收入减去不动产或土地使用权的购置或受让原价后的余额为营业额。这就为不动产和无形资产的多次流动消除了政策障碍。

从土地增值税的规定特定来看，该税种适用超率累进税率，增值率越高，适用税率也越高。如果设法降低增值率，就有可能实现节税目的。由此可见，对于土地转让活动而言，增加运营环节，降低增值率和适用税率是减轻土地增值税税负的有效途径。

策划思路：

东方实业公司可以先将这栋办公楼通过月星集团公司的其他子公司（如B公司）做一个流转环节，然后再以协议价格销售给A公司。具体做法如下。

第一个环节：以2 000万元的价格将这栋办公楼销售给B公司，在本环节东方实业公司应纳税费计算如下。

应缴转让不动产营业税：

（2 000－1 000）×5%＝50（万元）

应缴城建税、教育费附加合计为：

50×（7%+3%）＝5（万元）

应缴土地增值税计算如下。

本环节的扣除项目金额：

1 000+50+5＝1 055（万元）

在本环节的土地增值率为：

（2 000－1 055）÷1 055×100%＝89.57%

在本环节应缴纳土地增值税：

（2 000－1 055）×40%－1 055×5%＝325.25（万元）

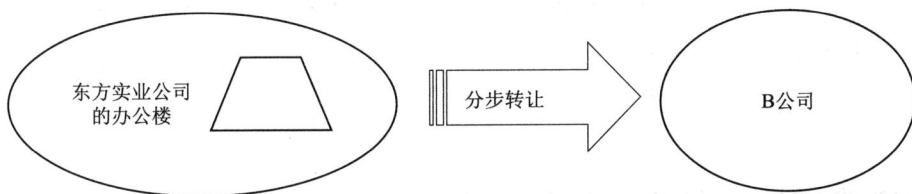

第二个环节：由B公司以3 000万元的价格将这栋办公楼销售给A公司，B公司应纳税费计算如下。

应缴转让无形资产营业税：

（3 000－2 000）×5%＝50（万元）

应缴城建税、教育费附加：

50×（7%+3%）＝5（万元）

应缴土地增值税计算如下。

该环节的扣除项目金额合计为：

2 000+50+5＝2 055（万元）

该环节的增值率为：

（3 000-2 055）÷2 055×100%＝46%

该环节应缴纳土地增值税为：

（3 000-2 055）×30%＝283.5（万元）

将两个操作环节的应纳税额进行汇总，可以发现月星集团公司的有关税收情况和策划结果。

应缴转让不动产营业税合计为：

50+50＝100（万元）

应缴城建税、教育费附加合计为：

5+5＝10（万元）

通过策划，月星集团公司实际缴纳土地增值税合计为：

325.25+283.5＝608.75（万元）

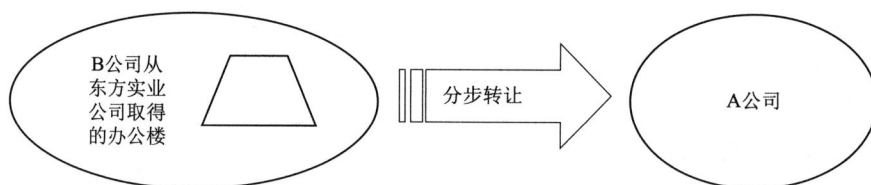

策划结论：

通过以上计算和分析我们不难看出，虽然通过策划增加了一道纳税环节，但是并没有增加销售不动产和转让无形资产的营业税负担（低于买价出售除外），策划前后营业税、城建税以及教育费附加合计负担都是 110 万元。但是，土地增值税的实际负担明显降低，比策划前下降了 169.75 万元（778.5 - 608.75）。

下面是新政策条件下案例之一。

大楼多次来转让　税收调整有影响

东方实业公司是月星集团公司下属的一个子公司，为了进一步扩大经营规模，2005 年 1 月 28 日购置了一栋办公楼，价值 1 000 万元。由于资金出现问题，2020 年 1 月，东方实业公司以 3 000 万元的价格将这栋办公楼出售给 A 公司，其应缴各项税费计算如下（城建税适用税率为 7%，教育费附加率为 3%，不考虑其他费用）。

根据《财政部 国家税务总局关于全面推开营业税改征增值税试点的通知》（财税〔2016〕36 号）附件 2《营业税改征增值税试点有关事项的规定》第一条第（八）款就销售不动产方面的规定：一般纳税人销售其 2016 年 4 月 30 日前取得（不含自建）的不动产，可以选择适用简易计税方法，以取得的全部价款和价外费用减去该项不动产购置原价或者取得不动产时的作价后的余额为销售额，按照5%的征收率计算应纳税额。东方实业公司应缴纳转让不动产的增值税为：

（3 000−1 000）×5% ＝100（万元）

应纳城建税、教育费附加合计为：

100×（7%+3%）＝10（万元）

应纳土地增值税可按以下步骤计算。

转让这栋办公楼允许扣除项目金额合计为：

1 000+10 ＝1 010（万元）

转让这栋办公楼可以实现的增值率为：

（3 000−1 010）÷1 010×100% ＝197.03%

大于100%，根据税法规定分别适用30%、40%、50%三档税率。按速算扣除法计算，应缴纳土地增值税。

（3 000−1 010）×50%−1 010×15%

＝995−151.5

＝843.5（万元）

策划分析：

本来，转让不动产和无形资产按转让环节实行道道征收营业税，所以在原政策条件下，不动产和无形资产不便于多次流动。但是，营改增以后实行按增值额计税，这就为不动产和无形资产的多次流动消除了政策障碍。

从土地增值税的规定特定来看，该税种适用超率累进税率，增值率越高，适用税率也越高。如果设法降低增值率，就有可能实现节税的目的。由此可见，对于土地转让活动而言，增加运营环节，降低增值率和适用税率是减轻土地增值税税负的有效途径。

策划思路：

东方实业公司可以先将这栋办公楼通过月星集团公司的其他子公司（如B公司）做一个流转环节，然后再以协议价格销售给A公司。具体做法如下。

第一个环节：以2 000万元的价格将这栋办公楼销售给B公司，在本环节东方实业公司应纳税费计算如下。

应缴转让不动产增值税：

（2 000−1000）×5% ＝50（万元）

应缴城建税、教育费附加合计为：

50×（7%+3%）＝5（万元）

应缴土地增值税计算如下。

本环节的扣除项目金额：

1 000+5＝1 005（万元）

在本环节的土地增值率为：

（2 000-1 005）÷1 005×100%＝99%

在本环节应缴纳土地增值税：

（2 000-1 005）×40%-1 005×5%

＝398-50.25

＝347.75（万元）

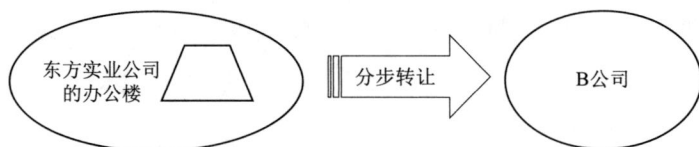

第二个环节：由 B 公司以 3 000 万元的价格将这栋办公楼销售给 A 公司，B 公司应纳税费计算如下。

根据《财政部 国家税务总局关于全面推开营业税改征增值税试点的通知》（财税〔2016〕36 号）附件 2《营业税改征增值税试点有关事项的规定》第一条第（八）款就销售不动产方面的规定：一般纳税人销售其 2016 年 5 月 1 日后取得（不含自建）的不动产，应适用一般计税方法，以取得的全部价款和价外费用为销售额计算应纳税额。

应缴转让无形资产增值税（这里应当按一般计税方法计税）：

3 000×9%-50＝220（万元）

应缴城建税、教育费附加合计：

220×（7%+3%）＝22（万元）

应缴土地增值税计算如下。

该环节的扣除项目金额合计为：

2 000+22＝2 022（万元）

该环节的增值率为：

（3 000-2 022）÷2 022×100%＝48.37%

该环节应缴纳土地增值税为：

（3 000-2 022）×30%＝293.4（万元）

将两个操作环节的应纳税额进行汇总，可以发现月星集团的有关税收情况和策划结果。

应缴转让不动产增值税合计为：

50+220 = 270（万元）

应缴城建税和教育费附加合计为：

5+22 = 27（万元）

通过策划，月星集团公司实际缴纳土地增值税合计为：

347.75+293.4 = 641.15（万元）

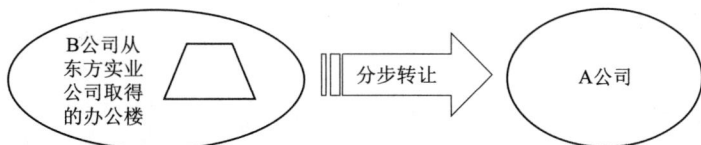

策划结论：

通过以上计算和分析我们不难看出，在营改增政策条件下，由于新老项目的政策差异的存在，虽然土地增值税的实际负担明显降低，比策划前下降了 202.35 万元（843.5-641.15），但是，增值税的税收负担大幅上升，增值税上升了 170 万元，从而抵销了策划成果，实行上出现了 -15.35 万元。

单位：万元

操作方案	增值税	城建及附加	土地增值税	综合税收负担
一步到位	100	10	843.5	953.5
分步操作	270	27	641.15	938.15

下面是新政策条件下案例之二。

大楼多次来转让　税收能否大幅降

东方实业公司是月星集团公司下属的一个子公司，为了进一步扩大经营规模，2016 年 5 月 28 日购置了一栋办公楼，价值 1 000 万元。由于资金出现问题，2020 年 1 月，东方实业公司以 3 000 万元的价格将这栋办公楼出售给 A 公司，其应缴各项税费计算如下（城建税适用税率为 7%，教育费附加率为 3%，不考虑其他费用）。

根据《财政部 国家税务总局关于全面推开营业税改征增值税试点的通知》（财税〔2016〕36 号）附件 2《营业税改征增值税试点有关事项的规定》第一条第（八）款就销售不动产方面的规定：一般纳税人销售其 2016 年 5 月 1 日后取得（不含自建）的不动产，应适用一般计税方法，以取得的全部价款和价外费用为销售额计算应纳税额。东方实业公司应缴纳转让不动产的增值税为：

（3 000-1 000）×9% =180（万元）

应缴城建税和教育费附加合计为：

$180 \times （7\%+3\%）=18$（万元）

应纳土地增值税可按以下步骤计算。

转让这栋办公楼允许扣除项目金额合计为：

$1\,000+18=1\,018$（万元）

转让这栋办公楼可以实现的增值率为：

$（3\,000-1\,018）\div 1\,018 \times 100\% =194.70\%$

大于100%，根据税法规定分别适用30%、40%、50%三档税率。按速算扣除法计算，应缴纳土地增值税。

$（3\,000-1018）\times 50\%-1\,018 \times 15\%$

$=991-152.7$

$=838.3$（万元）

策划分析：

本来，转让不动产和无形资产按转让环节实行道道征收营业税，所以在原政策条件下，不动产和无形资产不便于多次流动。但是，营改增以后实行按增值额计税，这就为不动产和无形资产的多次流动消除了政策障碍。

从土地增值税的规定特定来看，该税种适用超率累进税率，增值率越高，适用税率也越高。如果设法降低增值率，就有可能实现节税目的。由此可见，对于土地转让活动而言，增加运营环节，降低增值率和适用税率是减轻土地增值税税负的有效途径。

策划思路：

东方实业公司可以先将这栋办公楼通过月星集团公司的其他子公司（如B公司）做一个流转环节，然后再以协议价格销售给A公司。具体做法如下。

第一个环节：以2\,000万元的价格将这栋办公楼销售给B公司，在本环节东方实业公司应纳税费计算如下。

应缴转让不动产增值税：

$（2\,000-1\,000）\times 9\% =90$（万元）

应缴城建税和教育费附加合计为：

$90 \times （7\%+3\%）=9$（万元）

应缴土地增值税计算如下。

本环节的扣除项目金额：

$1\,000+9=1\,009$（万元）

在本环节的土地增值率为：

（2 000－1 009）÷1 009×100%＝98.22%

在本环节应缴纳土地增值税：

（2 000－1 009）×40%－1 009×5%

＝396.4－50.45

＝345.95（万元）

第二个环节：由 B 公司以 3 000 万元的价格将这栋办公楼销售给 A 公司，B 公司应纳税费计算如下。

根据《财政部 国家税务总局关于全面推开营业税改征增值税试点的通知》（财税〔2016〕36 号）附件 2《营业税改征增值税试点有关事项的规定》第一条第（八）款就销售不动产方面的规定：一般纳税人销售其 2016 年 5 月 1 日后取得（不含自建）的不动产，应适用一般计税方法，以取得的全部价款和价外费用为销售额计算应纳税额。

应缴转让无形资产增值税（这里应当按一般计税方法计税）：

（3 000－2 000）×9%＝90（万元）

应缴城建税和教育费附加合计为：

90×（7%+3%）＝9（万元）

应缴土地增值税计算如下。

该环节的扣除项目金额合计为：

2 000+9＝2 009（万元）

该环节的增值率为：

（3 000－2 009）÷2 009×100%＝49.33%

该环节应缴纳土地增值税为：

（3 000－2 009）×30%＝297.3（万元）

将两个操作环节的应纳税额进行汇总，可以发现月星集团的有关税收情况和策划结果。

应缴转让不动产增值税合计为：

90+90＝180（万元）

应缴城建税和教育费附加合计为：

9+9＝18（万元）

通过策划，月星集团公司实际缴纳土地增值税合计为：

345.95+297.3＝643.25（万元）

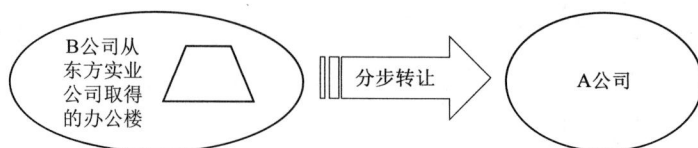

策划结论：

通过以上计算和分析我们不难看出，在营改增政策条件下，如果各个环节都适用增值税税一般纳税人的一般计税方法，那么，流转税没有变化，通过二次交易，土地增值税就实现收益，比策划前下降了195.05万元（1 036.3-841.25），在这样的前提下，其策划收益又是明显的。

单位：万元

操作方案	增值税	城建及附加	土地增值税	综合税收负担
一步到位	180	18	838.3	1 036.3
分步操作	180	18	643.25	841.25

策划点评：

这是一个逆向思维的典型案例。人们普遍认为，增加纳税环节会增加纳税负担，而减少纳税环节往往能够起到减轻税收负担的作用。减少不必要的纳税环节是进行税收策划的基本方法之一。但是，税收策划是在一定政策条件下行动的结果，是减少纳税环节，还是增加纳税环节，就要看策划对象所处的政策环境。

对于本案而言，我们所策划的对象是土地使用权的转让这样一个具体事项。而与土地使用权转让有关的政策最近发生了变化，财税〔2003〕16号文件改变了原来对土地使用权转让实行每一个转让环节都全额征收营业税的规定，从2003年1月1日起，单位和个人销售或转让其购置的不动产或受让的土地使用权，以全部收入减去不动产或土地使用权的购置或受让原价后的余额为营业额。这就是进行增加纳税环节达到策划节约土地增值税的依据。由此可见，纳税环节的增减对税收负担的作用并不是固定不变的，有时候适当增加纳税环节也能够减轻税负。

但是，政策总是在不断变化的。《财政部 国家税务总局关于全面推开营业税改征增值税试点的通知》（财税〔2016〕36号）对营改增设立了一个过渡性政策，在不同的政策环境里，其操作思路也应当随之发生变化。在这里，我们对大楼转让的土地增值税策划问题做一个相对比较全面的分析，希望对读者有所帮助。

注意事项：

笔者在《企业涉税风险的表现及规避技巧》一书中曾对部分企业的业务流程进行过研究，从而得出一个结论性意见：企业进行税收策划的操作点几乎占80%以上也不在会计和财务环节。本案例就是一个典型的证明，目的是方便说明策划原理，但是，在实务操作过程中，应当关注可行性。在实施上述策划方案时，企业需要注意三个问题。

一是注意税收策划过程的完整性。通过关联企业进行整体税收策划时，不能违反《税收征管法》及其《实施细则》有关关联交易的限制性规定。因此，相关企业需要有超前意识，在可以预见的期限内，所策划的对象——土地或者不动产市场价格持续上涨的，并且计划将其转让的情况下，可以提前进行策划并进行相关的操作，先以适当的价格在关联企业间进行销售，然后再销售给其他购买人。在转让过程中，不要将销售给关联企业的业务利润放得太低，从而防止出现偷税嫌疑。

二是注意转让环节应有适当的利润。事实上，只有在增值率超过 50% 时，土地增值税才存在纳税策划的空间。

三是产权转移时必须缴纳一定的费用，如过户手续费、印花税等。纳税人应当综合测算，在节约的税收与增加的费用之间做出分析，从而在降低税负的同时增加收益。

政策背景：

《财政部 国家税务总局关于全面推开营业税改征增值税试点的通知》（财税〔2016〕36 号）附件 2《营业税改征增值税试点有关事项的规定》第一条第（八）款就销售不动产方面的规定：

1. 一般纳税人销售其 2016 年 4 月 30 日前取得（不含自建）的不动产，可以选择适用简易计税方法，以取得的全部价款和价外费用减去该项不动产购置原价或者取得不动产时的作价后的余额为销售额，按照 5% 的征收率计算应纳税额。纳税人应按照上述计税方法在不动产所在地预缴税款后，向机构所在地主管税务机关进行纳税申报。

2. 一般纳税人销售其 2016 年 4 月 30 日前自建的不动产，可以选择适用简易计税方法，以取得的全部价款和价外费用为销售额，按照 5% 的征收率计算应纳税额。纳税人应按照上述计税方法在不动产所在地预缴税款后，向机构所在地主管税务机关进行纳税申报。

3. 一般纳税人销售其 2016 年 5 月 1 日后取得（不含自建）的不动产，应适用一般计税方法，以取得的全部价款和价外费用为销售额计算应纳税额。纳税人应以取得的全部价款和价外费用减去该项不动产购置原价或者取得不动产时的作价后的余额，按照 5% 的预征率在不动产所在地预缴税款后，向机构所在地主管税务机关进行纳税申报。

4. 一般纳税人销售其 2016 年 5 月 1 日后自建的不动产，应适用一般计税方法，以取得的全部价款和价外费用为销售额计算应纳税额。纳税人应以取得的全部价款和价外费用，按照 5% 的预征率在不动产所在地预缴税款后，向机构所在地主管税务机关进行纳税申报。

5. 小规模纳税人销售其取得（不含自建）的不动产（不含个体工商户销售购买的住房和其他个人销售不动产），应以取得的全部价款和价外费用减去该项不动产购置原价或者取得不动产时的作价后的余额为销售额，按照 5% 的征收率计算应纳税额。纳税人应按照上述计税方法在不动产所在地预缴税款后，向机构所在地主管税务机关进行纳税申报。

6. 小规模纳税人销售其自建的不动产，应以取得的全部价款和价外费用为销售额，按照 5%

的征收率计算应纳税额。纳税人应按照上述计税方法在不动产所在地预缴税款后，向机构所在地主管税务机关进行纳税申报。

7.房地产开发企业中的一般纳税人，销售自行开发的房地产老项目，可以选择适用简易计税方法按照 5% 的征收率计税。

8.房地产开发企业中的小规模纳税人，销售自行开发的房地产项目，按照 5% 的征收率计税。

9.房地产开发企业采取预收款方式销售所开发的房地产项目，在收到预收款时按照 3% 的预征率预缴增值税。

10.个体工商户销售购买的住房，应按照附件 3《营业税改征增值税试点过渡政策的规定》第五条的规定征免增值税。纳税人应按照上述计税方法在不动产所在地预缴税款后，向机构所在地主管税务机关进行纳税申报。

11.其他个人销售其取得（不含自建）的不动产（不含其购买的住房），应以取得的全部价款和价外费用减去该项不动产购置原价或者取得不动产时的作价后的余额为销售额，按照 5% 的征收率计算应纳税额。

另外，在财税〔2016〕47 号文件中第三条第（二）款规定：纳税人转让 2016 年 4 月 30 日前取得的土地使用权，可以选择适用简易计税方法，以取得的全部价款和价外费用减去取得该土地使用权的原价后的余额为销售额，按照 5% 的征收率计算缴纳增值税。

第七章

房产税

策划节约房产税　计税依据是核心

东华企业（集团）公司 2021 年年初计划兴建一座花园式工厂，工程分两部分：一部分为办公用房以及辅助设施，包括厂区围墙、水塔、变电塔、停车场、露天凉亭、游泳池、喷泉设施等建筑物，总计造价为 1 亿元，另一部分为厂房。该方案很快在董事会上获得通过。

在兴建过程中，当地的地方税务机关正巧开展了一次房产税专项检查，税务机关的纳税服务辅导，引起董事长对房产税相关问题进行思考。董事长对正在施工的项目进行了认真审查，发现与房产税有关的两个问题。

一是房产原值的确认。如果 1 亿元都作为房产原值的话，该企业自工厂建成的次月起就应缴纳房产税，每年应纳房产税（扣除比例为 30%）为 $10\,000 \times (1-30\%) \times 1.2\% = 84$（万元），这 84 万元的税负只要该厂存在，就不可避免。如果以 20 年计算，将是 1 680 万元。企业感到税收负担太重，希望寻找节税的方法和途径。

二是土地价值的分摊对房产税的影响。如果 2021 年 1 月 5 日征用 100 亩（66 666.66 平方米）土地，支付土地出让金 500 万元。企业按 50 年摊销。2021 年 4 月份，动用 5 000 平方米（长 100 米，宽 50 米）兴建 A 厂房。在具体操作中如何节省房产税？

政策梳理：

为了寻找解决问题的办法，企业就向普誉财税策划工作室的专家请教。专家指出，税法规定房产税的征税对象是房屋。企业自用房产依照房产原值一次减除 10% ～ 30% 后的余值按 1.2% 的税率计算缴纳。房产原值指纳税人按照会计制度规定，在账簿"固定资产"科目中记载的房屋原价。因此，对于自用房产应纳房产税的策划因当紧密围绕房产原值的会计核算进行。

按税法的有关规定，房产是以房屋形态表现的财产，可供人们在其中生产、工作、居住或储藏物资的场所。不包括独立于房屋之外的建筑物，如围墙、水塔、变电塔、露天停车场、露天凉亭、露天游泳池、喷泉设施等。

在这里，准确掌握房屋定义很重要。税法规定，独立于房屋之外的建筑物不征房产税，但与房屋不可分割的附属设施或者一般不单独计价的配套设施需要并入原房屋原值计征房产税。与房屋不可分割的各种附属设备或一般不单独计算价值的配套设施，指暖气、卫生、通风、照明、煤气等设备，各种管线，如蒸汽、压缩空气、石油、给水排水等管道及电力、电信、电缆导线，电梯、升降机、过道、晒台，等等。附属设备和配套设施往往不仅仅为房产服务，税法同时规定了其具体界限："附属设备的水管、下水道、暖气管、煤气管等从最近的探视井或三通管算起，电灯网、照明线从进线盒联接管算起。"这就要求我们在核算房屋原值时，应当对房屋与非房屋建筑物以及各种附属设施、配套设施进行适当划分。

另外，关于房屋中央空调设备是否计入房产原值的问题，《财政部 国家税务总局关于对房屋中央空调是否计入房产原值等问题的批复》（财税地〔1987〕28号）规定，新建房屋交付使用时，如中央空调设备已计算在房产原值之中，则房产原值应包括中央空调设备；如中央空调设备作单项固定资产入账，单独核算并提取折旧，则房产原值不应包括中央空调设备。关于旧房安装空调设备，一般都作单项固定资产入账，不应计入房产原值。

策划分析：

因此，对该企业除厂房、办公用房外的建筑物，如果把停车场、游泳池也都建成露天的，并且把这些独立建筑物的造价同厂房、办公用房的造价分开，在会计账簿中单独记载，则这部分建筑物的造价不计入房产原值，不缴纳房产税。该企业经过估算，除厂房、办公用房外的建筑物的造价为800万元左右，独立出来以后，每年可少缴房产税：

$800 \times （1-30\%） \times 1.2\% =6.72（万元）$

如果以20年计算，就是134万元！

有关地价的分摊问题，税务专家指出：会计准则规定，企业进行房地产开发时，应将相关的土地使用权予以结转。结转时，将土地使用权的账面价值一次计入房地产开发成本。该规定不仅适用于房产开发企业开发的商品房，对非房地产企业自行建造自用的房屋同样适用。同时，企业会计制度规定，企业购入或以支付土地出让金方式取得的土地使用权，在尚未开发或建造自用项目前，作为无形资产核算，并按本制度规定的期限分期摊销。房地产开发企业开发商品房时，应将土地使用权的账面价值全部转入开发成本；企业因利用土地建造自用某项目时，将土地使用权的账面价值全部转入在建工程成本。

根据这个规定，东华企业（集团）公司在取得土地使用权时，会计要将土地使用权记入"无形资产——土地使用权"账户中。每个月要进行无形资产摊销，其摊销的具体数额为：

$5\ 000\ 000 \div 50 \div 12 = 8\ 333.33（元）$

企业征用土地三个月，到2021年4月初，"无形资产——土地使用权"账面余额为：

5 000 000−8 333.33×3 = 4 975 000（元）

应结转至"在建工程"科目的金额为：

4 975 000÷66 666.66×5 000 = 373 125.04（元）

本月应摊销额为：

（4 975 000−373 125.04）÷（50×12−3）= 7 708.33（元）

以后各月仍按上述方法进行处理。这些费用将形成不动产的价值，作为计算缴纳房产税的计算依据。上述方法的可行性，在于会计核算时遵循了"相关性原则"和"配比"原则，避免了将整块土地结转至在建工程成本，从而减少了房产税的计税依据。

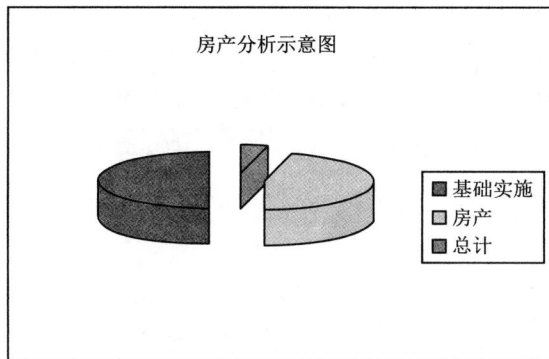

房产分析示意图

（图例：■ 基础实施　□ 房产　■ 总计）

策划点评：

这是一个投资人经常遇到的问题，因此，许多税收策划专家对此多有讨论。但是许多人往往对有关政策和法规做极端性理解，从而导致策划错误。本案例在吸收其他策划专家研究成果的基础上，对有些策划问题进行了完善，希望对读者有所启示。

在房产税的征收上，是以房产的原值作为征收依据的，因此，合理地确定了房产的原值，也就是合理地确定了房产税。房产税分为以房产余值和以租金收入计税两种计税方法，税率分别为 1.2% 和 12%。

以房产余值计税，适用于房产用于自己生产经营而不是收取租金的情况。房产余值是房产原值一次减除 10%~30% 后的余值（在 10%~30% 的范围内，由各省市自行确定具体减除比例）。房产原值指房屋的造价，包括与房屋不可分割的各种附属设备或一般不单独计算价值的配套设施。可见，房产原值的大小直接决定房产税的多少，合理地减少房产的原值是房产税策划的关键。

此外，税法还规定了暂免征收房产税的特殊情况，如微利企业和亏损企业的房产，企业停产、撤销后，其原有房产闲置不用的，经企业申请，税务机关批准，可在一定期限内暂免征收房产税，企业应加以利用。

对于地价的分摊问题，应该根据有关会计法规的规定。这里应当注意，一次结转的土地使用权账面价值只是与在建工程相关的土地。这里的"相关"应当理解为"对应"或"配比"。

对于企业在一块土地上建设多个项目的，应当以对应房产占用的土地面积按比例结转，对于非房产占用土地（如场地），应当予以摊销。

普誉财税策划工作室的专家进一步提醒大家，有人提倡推迟项目建设时间或者提前征用土地，以便在"管理费用"中多摊销土地价款，减少结转至"在建工程"的金额，从而达到减少房产税计税依据的目的。其实这种做法是不明智的。因为，推迟项目建设时间，会影响投资进度；提前征用土地，不仅降低了500万元资金的时间价值，也是也会增加该资金的机会成本。

另外还需要提醒纳税人注意的是，部分附属设施的价值处理存在政策变化，比如新装中央空调应并入房产原值。根据《国家税务总局关于进一步明确房屋附属设备和配套设施计征房产税有关问题的通知》（国税发〔2005〕173号）第一条和第四条的规定，自2006年1月1日起，凡为了维持和增加房屋的使用功能或使房屋满足设计要求，以房屋为载体，不可随意移动的附属设备和配套设施，如给排水、采暖、消防、中央空调、电气及智能化楼宇设备等，无论在会计核算中是否单独记账与核算，都应计入房产原值，计征房产税。因此，新安装的中央空调应并入办公楼原值中缴纳房产税。

背景资料：

《无形资产准则》第21条规定，企业进行房地产开发时，应将相关的土地使用权予以结转。结转时，将土地使用权的账面价值一次计入房地产开发成本。

《企业会计制度》第四十七条规定，企业购入或以支付土地出让金方式取得的土地使用权，在尚未开发或建造自用项目前，作为无形资产核算，并按本制度规定的期限分期摊销。房地产开发企业开发商品房时，应将土地使用权的账面价值全部转入开发成本；企业因利用土地建造自用某项目时，将土地使用权的账面价值全部转入在建工程成本。

财政部税务总局《关于房产税和车船使用税几个业务问题的解释与规定》（财税地字〔1987〕3号）中明确规定，房产是以房屋形态表现的财产，房屋指有屋面和围护结构（有墙或两边有柱），能够遮风避雨，可供人们在其中生产、工作、学习、娱乐、居住或储藏物资的场所。独立于房屋之外的建筑物，如围墙、烟囱、水塔、变电塔、油池油柜、酒窖菜窖、酒精池、糖蜜池、室外游泳池、玻璃暖房、砖瓦石灰窑以及各种油气罐等，不属于房产。房产原值应包括与房屋不可分割的各种附属设备或一般不单独计算价值的配套设施。主要有暖气、卫生、通风、照明、煤气等设备；各种管线，如蒸气、压缩空气、石油、给水排水等管道及电力、电信、电缆导线；电梯、升降机、过道、晒台等。属于房屋附属设备的水管、下水道、暖气管、煤气管等从最近的探视井或三通管算起。电灯网、照明线从进线盒联接管算起。

国家税务总局《关于进一步明确房屋附属设备和配套设施计征房产税有关问题的通知》（国税发〔2005〕173号），规定从2006年1月1日开始，为了维持和增加房屋的使用功能或使房屋满足设计要求，凡以房屋为载体，不可随意移动的附属设备和配套设施，如给排水、采暖、消防、中央空调、电气及智能化楼宇设备等，无论在会计核算中是否单独记账与核算，都应计入房产原值，计征房产税。对于更换房屋附属设备和配套设施的，在将其价值计入房产原值时，可扣减原来相应设备和设施的价值；对附属设备和配套设施中易损坏、需要经常更换的零配件，更新后不再计入房产原值。

《财政部 国家税务总局关于具备房屋功能的地下建筑征收房产税的通知》（财税〔2005〕181号）规定，自2006年1月1日起，凡在房产税征收范围内的具备房屋功能的地下建筑，包括与地上房屋相连的地下建筑以及完全建在地面以下的建筑、地下人防设施等，均应当依照有关规定征收房产税。上述具备房屋功能的地下建筑指有屋面和维护结构，能够遮风避雨，可供人们在其中生产、经营、工作、学习、娱乐、居住或储藏物资的场所。

房产原值税基础　合理操作有技巧

华源科技发展有限公司是沿海某一家规模性企业，2019年年初在开发区投资兴建了一个新的太阳能生产线。2021年3月12日，当地主管地方税务局稽查局对该企业的地方税种的纳税情况进行了检查。

税务稽查：

在查前准备阶段，检查人员了解到企业在郊区新建了厂房，生产车间全部迁到了新厂区。入户检查时，检查人员有目的地查阅了"固定资产"明细账和房产税纳税申报表。检查发现，企业生产车间的管网、空调系统、电梯等设备全部单独作为固定资产记账，在申报缴纳房产税时没有并入房产原值缴税。

为了确认哪些设备应根据文件规定计入房产原值计征房产税，检查人员在企业主管设备的张经理的引领下，深入厂房逐个车间进行实地查看。经双方沟通，最后确认2 000多万元的管网、电梯、空调系统等设备为与房屋不可分割的设备，应与房屋一起缴纳房产税。

经计算，该企业共补缴房产税款33.6万元，并按照规定缴纳了滞纳金和罚款。

政策分析：

房产税是以房产余值作为计税依据的，计税余值是按房产原值一次减除10%~30%的损耗价值以后的余额。房产原值应包括与房屋不可分割的各种附属设备或一般不单独计算价值的配套设施。主要包括暖气、卫生、通风、照明、煤气等设备，以及各种管线，如蒸汽、压缩空气、石油、给水排水等管道及电力、电讯、电缆导线，电梯、升降机、过道、晒台等。属于房屋附属设备的水管、下水道、暖气管、煤气管等应从最近的探视井或三通管起计算原值。电灯网、照明线从进线盒联接管起，计算原值。按照国家税务总局《关于进一步明确房屋附属设备和配套设施计征房产税有关问题的通知》（国税发〔2005〕173号）的规定，为了维持和增加房屋的使用功能或使房屋满足设计要求，凡以房屋为载体，不可随意移动的附属设备和配套设施，如给排水、采暖、消防、中央空调、电气及智能化楼宇设备等，无论在会计核算中是否单独记账与核算，都应计入房产原值，计征房产税。

业务提示：

企业自用房产要依照房产原值一次减除 10% 至 30% 后的余值按 1.2% 的税率计算缴纳房产税。房产原值指纳税人按照会计制度规定，在账簿"固定资产"科目中记载的房屋原价。因此，企业自用房产应纳房产税的策划可以从房产原值的会计核算入手。这里我们引用普誉财税策划工作室的专家提供的资料对房产税原值的策划做一个简要提示。

1. 科学界定房产

税法规定，独立于房屋之外的建筑物不征房产税，但与房屋不可分割的附属设施或者一般不单独计价的配套设施需要并入房屋原值计征房产税。策划时，企业应当对房屋、非房屋建筑物以及各种附属设施、配套设施加以划分。

所谓房屋，就是上面有顶，四面有墙（柱），能够遮风避雨，可供人们生产、休息、娱乐、活动、仓储等的场所。独立于房屋之外的建筑物，如围墙、假山、烟囱、水塔、变电塔、室外游泳池、砖瓦厂灰窑以及各种油气罐等均不属于房产，不征房产税。

与房屋不可分割的各种附属设备或一般不单独计算价值的配套设施，是指暖气、卫生、通风、照明、煤气等设备，各种管线如蒸气、压缩空气、石油、给水排水等管道及电力、电讯、电缆导线，电梯、升降机、过道、晒台等。税法规定，附属设备的水管、下水道、暖气管、煤气管等从最近的探视井或三通管算起，电灯网、照明线从进线盒联接管算起。

对于房屋中央空调设备是否计入房产原值的问题，财税地字〔1987〕第 28 号文件规定，新建房屋交付使用时，如中央空调设备已计算在房产原值之中，则房产原值应包括中央空调设备；如中央空调设备作为单项固定资产入账，单独核算并提取折旧，则房产原值不应包括中央空调设备。旧房安装空调设备，一般作为单项固定资产入账，不应计入房产原值。

2. 巧妙核算地价

《无形资产准则》第二十一条规定："企业进行房地产开发时，应将相关的土地使用权予以结转。结转时，将土地使用权的账面价值一次计入房地产开发成本。"非房地产企业自行建造自用的房屋同样适用这一规定。《企业会计制度》第四十七条规定，企业购入或以支付土地出让金方式取得的土地使用权，在尚未开发或建造自用项目前，作为无形资产核算，并按该制度规定的期限分期摊销。企业利用土地建造自用项目时，将土地使用权的账面价值全部转入在建工程成本。值得注意的是，一次结转的土地使用权账面价值指与在建工程相关的土地的价值。这里的"相关"应当理解为"对应"或"配比"。企业应该以对应房产占用的土地面积按比例结转土地使用权，对于非房产占用土地（如场地），应当予以摊销。

例如，2021 年 3 月 1 日，某企业支付土地出让金 1 000 万元征用 200 亩（133 333.34 平方米）土地，按 50 年期限摊销。2020 年 6 月，企业动用其中 10 000 平方米土地兴建一号厂房。相关账务处理如下。

取得土地使用权时：

借：无形资产——土地使用权   10 000 000

    贷：银行存款   10 000 000

2021 年 3 月、4 月、5 月，每月应摊销 10 000 000÷50÷12 = 16 666.67（元）。

借：管理费用——无形资产摊销　　　　　　　　　　　　　　　16 666.67

　　贷：无形资产——土地使用权　　　　　　　　　　　　　　　　16 666.67

2021 年 6 月初，"无形资产——土地使用权"账面余额为 10 000 000−16 666.67×3 = 9 950 000（元），应结转至"在建工程"金额为 9 950 000÷133 333.34×10 000 = 746 249.96（元）。

借：在建工程———号厂房　　　　　　　　　　　　　　　　　　746 249.96

　　贷：无形资产——土地使用权　　　　　　　　　　　　　　　　746 249.96

6 月份应摊销额为：（9 950 000 − 746 249.96）÷597 = 15 416.67（元）（这部分土地使用权应在 597 个月内摊销完毕）。

借：管理费用——无形资产摊销　　　　　　　　　　　　　　　15 416.67

　　贷：无形资产——土地使用权　　　　　　　　　　　　　　　　15 416.67

以后，企业仍按上述方法进行账务处理。

上述方法的可行性，在于会计核算时遵循了"配比"原则，避免了场地占用的土地结转至在建工程成本，从而减轻了房产税税负。

需要注意的是，有人提倡推迟项目建设时间，以便在"管理费用"中多摊销土地价款，从而减少结转至"在建工程"的金额，这种做法是不可取的。因为，推迟项目建设时间会影响投资进度，即使是提前征用土地，也会浪费 1 000 万元的资金成本，这种做法得不偿失。

3. 注意控制房产价值变化

房产税收策划除应考虑附属设备和公共设施外，改扩建与修理、合资合股建房也是策划的重要内容。改扩建与修理有税收上存在差异，这里进行更新改造或装饰装修而发生的相关费用，是否应计入房产原值则非常关键。

房租合同可签署　费用划分有讲究

南京石城投资公司 2016 年年底拆资在一个闹市区建成一栋商业楼，经营面积达 10 000 平方米。2021 年 1 月，投资公司与一家大型商业集团就商业楼的出租问题达成一项协议，投资公司将该商场租赁给这家商业集团做综合商场，石城投资公司的下属子公司（物业管理公司）负责该商业楼的水电供应和各项管工作，商业集团每月支付给石城投资公司租金 150 万元，合同约定租赁期限为 10 年。

企业核算：

根据这个协议，石城投资公司就该项租赁业务应缴纳增值税合计：

150×12×10×5% = 900（万元）（简易计税办法）

应缴纳城建税及教育费附加合计：

900×（7%+3%）= 90（万元）

应缴纳房产税：

150×12×10×12% ＝ 2 160（万元）

以上三项合计：900+90+2 160＝3 150（万元）

策划分析：

2021年3月18日，石城投资公司的税务顾问，普誉财税策划工作室的专家小王应公司的委托对公司上半年的纳税情况进行风险评估时，发现了这笔合同。小王对这笔业务的具体情况进行了分析，发现该中包括代收水电费用每月30万元，物业管理和其他综合费用合计每月40万元。小王认为：如果将上述事项在合同中分离出来单独签订合同，平时将有关项目分开进行会计核算，情况就将发生变化。

代收代付的水电费用，如果没有发生增值，就不用缴税。

物业管理费用作为物业管理公司的经营收入，应承担的增值税为：

40×12×10×5% ＝ 240（万元）（简易计税办法）

应缴纳城建税及教育费附加合计为：

240×（7%+3%）＝24（万元）

应缴纳房产税：

（150−30−40）×12×10×12% ＝1 152（万元）

以上各种税费合计为：

240+24+1 152＝1 416（万元）

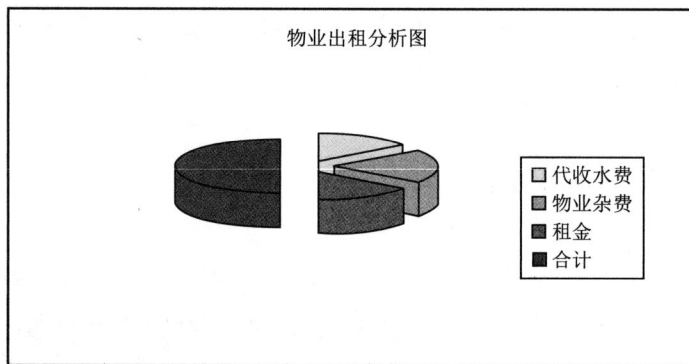

物业出租分析图

（图例：代收水费、物业杂费、租金、合计）

策划结论：

税收策划专家通过对企业有关费用的分拆和策划，可以帮助纳税人减少税收负担1 734万元（3 150−1 416）。

策划点评：

当人们采用租赁的方式租入经营用房的时候，同样也存在一个计税依据确定的问题，目前人们在签订房屋租赁合同时，往往采用"一揽子"协议办法。即将水费、电费和房屋租赁放在一起以一个价格签协议。殊不知水费、电费是应该缴纳增值税的，其中存在进项税额抵扣问题，而房屋租赁只应该缴纳 5% 的营业税和 12% 的房产税。由此可见，将有关的费用作适当的分离，明确不同的税种，划清不同的计税依据，可以降低企业的综合税收负担率，从而提高企业的生产经营效益。

租赁仓储巧转换　双赢策划天地宽

大成物资公司是某地省会城市的一大型批发零售兼营企业，公司创建于八十年代，在计划经济时期，商品较为短缺。为了保证企业的商业龙头地位，公司千方百计圈地建库，尽可能多地储存商品。随社会经济的发展，物质极大的丰富，物流业的崛起促使公司逐步向零库存发展，造成该公司的库房大量闲置。为了盘活存量资产，公司的管理者将这些库房对外出租，以便使国有资产实现保值和增值。

2019 年 11 月公司进行改组改制，对一些闲置资产进行出让。私营企业天元商贸实业公司（以下简称天元公司）以 24 000 万元的价格取得了大成物资公司处于市郊的十栋库房。天元公司取得这些资产后全部对外出租，仅 2020 年一年就可以取得租金收入 4 500 万元，为企业获得了新谋利渠道。

由于天元公司取得的十栋库房处于该市港口和车站之间，可以作为水陆交通转换的连接点，于是被某大型跨国零售企业看重。经过多次协商，该跨国公司决定承租天元公司的十栋库房，租赁期限为 10 年。考虑此事关系重大，公司的董事会决定请咨询机构进行论证。

策划分析：

2019 年 12 月 18 日，普誉财税策划工作室的咨询专家李明应天元公司的委托对公司的房屋出租情况进行了专项审计和纳税风险评估。李明发现：天元公司 2020 年取得收入 4 500 万元的租金收入，在不考虑增值税的进项税金的前提下，实际缴纳各种税金合计为 904.13 万元（当地的城市维护建议税的适用税率为 7%，教育费附加征收率为 3%）。其中，缴纳增值税为：

4 500 ÷（1+9%）× 9% = 371.56(万元)

缴纳城建税、教育费附加合计为：

371.56 ×（7% +3%）=37.16（万元）

缴纳房产税为：

4 500 ÷（1+9%）× 12% = 495.41（万元）

整个租赁业务的税收负担高达 20.09%。

李明认为，公司用租赁方式经营库房，税收负担明显过重。

有没有办法降低税收成本？回答是肯定的。天元公司与普誉财税策划工作室经过进一步磋商达成税收策划协议之后，李明又为天元公司的上述经营活动进行税收策划。

操作策划：

如果公司与客户进行友好协商，继续利用库房为客户存放商品，但将租赁合同改为仓储保管合同，增加服务内容，配备保管人员，为客户提供 24 小时服务。假设提供仓储服务的收入约为 4 500 万元，收入不变，其税收情况将会出现变化，具体变化情况如下：

4 500÷（1+6%）×6% =254.72(万元)

缴纳城建税、教育费附加合计为：

254.72×（7% +3%）=25.47（万元）

缴纳房产税为：

24 000÷（1+6%）×（1 −30%）×1.2% =190.19（万元）

在不考虑增值税的进项税金的前提下，合计应纳各税金额为 470.38 万元。

策划结论：

两项比较可以看出，库房仓储比房屋租赁每年节税 433.75 万元（904.13−470.38），10 年就可以节约税收合计 4 337.5 万元！

当然，将房屋出租变为仓储之后，公司需要增加经营成本，如需增加保管人员的工资费用、办公费用和其他管理费用等。对此李明指出，公司可以进行综合性税收策划，作为公司的仓储管理，技术要求不高，因此在招收职工时可以录用遵章守纪、责任心强的下岗职工，而录用下岗职工公司又可以享受有关税收优惠，从而进一步降低企业的经营成本。

天元公司董事会成员看过税务专家的策划建议之后喜出望外，立即派人与客户联络。跨国公司见改变操作方案后，不仅经营费用没有增加，反而降低了经营费用和管理费用，于是欣然接受。此次税收策划活动既满足了税收法规的要求，又满足了客户的需要，同时又达到了节税的目的。

策划点评：

这个策划案例具有一定的代表性。现在我国正处在产业、产品结构调整时期，社会资源不断地进行优化配置，部分社会闲置资源重新组合在所难免。如何在利用好闲置资源的同时，又降低税收成本，使企业能够在依法纳税的前提下，保持在较低的经营成本运行状态，是值得人们研究的课题。

在实践中，税法往往规定了两个以上的纳税可能性，以房产税的征收方法而言，由于房产税计税公式的不同，必然导致应纳税额的差异，这就为纳税人进行税收策划提供了机会。

结合本案的实际情况，要降低房产经营业务的税收负担，必须完成房屋租赁与库房仓储的转换，这是问题的关键。在这个环节进行税收策划，要明确租赁与仓储的含义。所谓房屋租赁指租赁双方在约定的期间内，出租方将房屋的使用权让渡给承租方，并收取租金的一种经营方式；仓储指在约定的期间内，房产所有人用该房产代客贮存、保管货物，并收取仓储费的一种经营方式。不同的经营方式适用不同的税收政策法规进行征税，这就为税收策划提供了可能。

当然，需要特别注意的是，进行有关业务的税收策划必须具有真实性、合法性，不能挂羊头卖狗肉，同时能够满足客户的利益要求。否则，再好的设想也不能取得理想的效果。

背景资料：

《营业税暂行条例》第二条规定：租赁业、仓储业均应缴纳营业税，适用税率相同，均为 5%。

《房产税暂行条例》及有关政策法规规定：租赁业与仓储业的计税方法不同。房产自用的，其房产税依照房产余值 1.2% 计算缴纳，即：应纳税额＝房产原值×（1-30%）×1.2%（注：房产原值的扣除比例各省、市、自治区可能略有不同）；房产用于租赁的，其房产税依照租金收入的 12% 计算缴纳，即：应纳税额＝租金收入金额×12%。

根据《财政部　国家税务总局关于全面推开营业税改征增值税试点的通知》（财税〔2016〕36 号）附件 2《营业税改征增值税试点有关事项的规定》第（九）款明确，不动产经营租赁服务。

1. 一般纳税人出租其 2016 年 4 月 30 日前取得的不动产，可以选择适用简易计税方法，按照 5% 的征收率计算应纳税额。纳税人出租其 2016 年 4 月 30 日前取得的与机构所在地不在同一县（市）的不动产，应按照上述计税方法在不动产所在地预缴税款后，向机构所在地主管税务机关进行纳税申报。

2. 公路经营企业中的一般纳税人收取试点前开工的高速公路的车辆通行费，可以选择适用简易计税方法，减按 3% 的征收率计算应纳税额。

试点前开工的高速公路，指相关施工许可证明上注明的合同开工日期在 2016 年 4 月 30 日前的高速公路。

3. 一般纳税人出租其 2016 年 5 月 1 日后取得的、与机构所在地不在同一县（市）的不动产，应按照 3% 的预征率在不动产所在地预缴税款后，向机构所在地主管税务机关进行纳税申报。

4. 小规模纳税人出租其取得的不动产（不含个人出租住房），应按照 5% 的征收率计算应纳税额。纳税人出租与机构所在地不在同一县（市）的不动产，应按照上述计税方法在不动产所在地预缴税款后，向机构所在地主管税务机关进行纳税申报。

5. 其他个人出租其取得的不动产（不含住房），应按照 5% 的征收率计算应纳税额。

6. 个人出租住房，应按照 5% 的征收率减按 1.5% 计算应纳税额。

综合商场多模式　房产税收有区别

昌源实业发展有限责任公司拆资在 H 市中心区建设一座独立的 5 层楼房，公司董事会决定将其作为综合商场对外招商。2021 年 1 月 18 日，昌源综合商场正式对外营业。整个大楼实行多项目经营，其中，第一层店面分为若干门面房，所有门面房都有单独的门且互不相通，商场只按月收取费用，各门面房的经营者可自主决定经营项目及营业时间；第二层进货销货都由此商场自主经营；第三层采用厂商联营的方式，商场统一收款，扣除一定比例后向各经销商返款；第四层租给经销商 A 某从事品牌服装专卖，商场不参与收款，只按月收取租金；第五层分租给 B、C、D 三户个体商贩，他们分别从事快餐、美容、网吧，商场也不参与收款。

经营了一段时间之后，当地主管税务机关便通知其申报缴纳房产税。这一下却让该公司的财务主管犯了难，该商场的经营模式多样，房产税具体该如何计算？

于是他们请来了普誉财税策划工作室的税务专家。税务专家听完财务人员的介绍后认为，该综合商场发挥地处市中心区的优势，实行多种经营模式，其应纳房产税的具体计算问题具有代表性，也给财务人员计算经营性楼房应纳房产税带来难题。于是，税务专家很耐心地按房产税的相关税收政策给商场财务人员进行了分析。

政策分析：

《房产税暂行条例》规定："房产税在城市、县城、建制镇和工矿区征收。房产税由产权所有人缴纳。产权出典的，由承典人缴纳。房产税依照房产原值一次减除 10% 至 30% 后的余值计算缴纳。具体减除幅度由省、自治区、直辖市人民政府规定。房产出租的，以房产租金收入为房产税的计税依据。房产税的税率依照房产余值计算缴纳的，税率为 1.2%；依照房产租金收入计算缴纳的，税率为 12%。"也就是说，商场拥有这座独立的五层经营性楼房地处市中心区，符合申报缴纳房产税的要求；商场使用的楼层应由其自己承担房产税，依照房产余值乘以税率 1.2% 计算缴纳；楼层出租的由承租人负担房产税，依照房产租金收入乘以税率 12% 计算缴纳。

现场调研：

在咨询实务中人们发现，企业人士介绍的事项有时与事实并不相符，所以，在一般的情况下，咨询专家是不会按照企业人员的描述去做出咨询意见的，而是到企业现场进行具体考察以后才根据实际情况提供咨询意见。该企业的情况也是如此。

（1）商场取得费用要明确其性质。

商场的第一层店面分为四个单元由公司的业务骨干承包经营。每个单元的门面房都有单独的门且互不相通，承包人以公司的名义从事营业活动，并且按月向商场缴纳承包费用，各单元的经营者可自主决定经营项目及营业时间。在这样的情况下，房产税计算应依照商场第一层店面的房产余值乘以税率 1.2% 计算缴纳，即应纳房产税的税额 = 应税房产原值 × [1−(10%~30%)] × 1.2%。

如果这些门面房的自主决定经营项目包括经营核算、经营风险等内容，则商场收取的"费用"便是租金，房产税计算应按商场实际收取的"费用"乘以税率12%来计算缴纳。

（2）自营商场按原值缴税。

商场的第二层进货销货都由此商场自主经营，属于商场自己使用，应由商场承担应纳房产税，依照商场第二层楼房的房产余值乘以税率1.2%计算缴纳，即应纳房产税的税额＝应税房产原值 ×[1-(10%~30%)] ×1.2%。

（3）"联营返点"要做具体分析。

商场的第三层采用厂商联营的方式，商场统一收款，扣除一定比例后向各经销商返款。既然是厂商联营，肯定要涉及经营利润分成与费用分担等问题。同时，联营各方的协议或合同之类的文件如何签订也是计算房产税的关键。

该商场的三层采用"联营返点"的合作方式与供货商（制造商）进行合作。从合同中"扣除一定比例后向各经销商返款"的条款来看，明显包含委托代销性质，却又与"厂商联营"的经营模式相冲突。如果商场以第三层楼房作为投资，并承担经营风险及独立进行经营核算，却又与"扣除一定比例后向各经销商返款"不相符合。在实际操作过程中，通常是商场与经销商签订联营合同，合同中注明经销商提供商品自主销售，年营业额应达到多少万元，如完成则按一定比例扣除费用（此费用中包括增值税、城建税、教育费附加、电费、管理费等），如超额完成，对超出部分减按预定比例扣除费用，如完不成，则按定额缴纳费用，风险是不共担的，利润也不共享。也就是说，该商场的第三层楼房名义上是采用厂商联营，其实质是出租楼房。

根据《国家税务总局关于安徽省若干房产税业务问题的批复》（国税函〔1993〕368号）第一条规定，对于以房产投资联营，投资者参与投资利润分红，共担风险的情况，按房产原值作为计税依据计征房产税，对于以房产投资，收取固定收入，不承担联营风险的情况，实行上是以联营名义取得房产的租金，应根据《房产税暂行条例》的有关规定由出租方按租金收入计缴房产税。为此，该商场第三层楼房的房产税计算应按商场实际收取的"扣除一定比例"乘以税率12%来计算缴纳。

（4）对外出租按租金计算缴纳房产税。

商场的第四层租给经销商 A 某从事品牌服装专卖，商场不参与收款，只按月收取租金。属于商场出租场地收取租金，应由承租人 A 某负担房产税，依照房产租金收入乘以税率12%计算缴纳。第五层分租给 B、C、D 三户个体商贩，他们分别从事快餐、美容、网吧，商场也不参与收款，也属于商场出租场地收取租金，应由承租人 B、C、D 三户个体商贩分别负担房产税，按其实际支付的房产租金收入乘以税率12%计算缴纳。

策划点评：

房产税作为对纳税人财产征收的一个特殊税种，既可以从价征税，又可以从租征税。因此，房产税的计税依据有两个，一个是房产原值，另一个是租金。所以，对于经营对象的房产，如果对外出租，无论是什么形式，都应当计算缴纳房产税。如果纳税人由于经营方面的需要将其对外出租，并且以房产原值计算缴纳房产税，与以租金计算缴纳的税金不同，企业就可能选择其中税收负担比较低的计算方式，而税务专家却不以为然。那么，纳税人究竟应当依照什么作为计税依据呢？

从税收政策规定的角度讲，作为房产的产权所有人，同时又发现其有出租房产的行为，纳税人必须缴纳房产税。因为按照税法规定，"租赁业，指在约定的时间内将场地、房屋、物品、设备或设施等转让他人使用的业务"，如果企业将自有房产租借给他人使用，已经发生了租赁行为，应该按租赁业税目申报缴纳营业税。税法同时规定，"房产税由产权所有人缴纳""房产出租的，以房产租金收入为房产税的计税依据"。

根据房产的使用过程中的经营方法不同，税法规定了不同的征收方法。《中华人民共和国房产税暂行条例》（国发〔1986〕90号）第三条明确房产税的征收方法有两种，一是按房产原值征收。房产税依照房产原值一次减除10%至30%后的余值计算缴纳。具体减除幅度，由省、自治区、直辖市人民政府规定。没有房产原值作为依据的，由房产所在地税务机关参考同类房产核定。二是按房屋出租的租金征收。房产出租的，以房产租金收入为房产税的计税依据。

所以，纳税人在缴纳房产税时应该注意综合运用政策，就目前的情况来看，纳税人应当注意如下事项。

第一，注意房产税的征税范围。据介绍，房产税征收范围包括城市、县城、建制镇和工矿区。其中，城市指国务院批准设立的市，具体区域为市区、郊区和市辖县县城，县城指未设立建制镇的县人民政府所在地，建制镇指经省、自治区、直辖市人民政府批准设立的建制镇，工矿区指工商业比较发达，人口比较集中，符合国务院规定的建制镇标准，但尚未设立镇建制的大中型工矿企业所在地。因此，外资企业和外籍个人统一适用房产税条例后，其在征税范围内拥有的应税房产，都应该缴纳房产税。

第二，注意房产税的计算方法。据介绍，在应纳税款的计算上，房产税要区分自用和出租两种情况分别计算。对于自用房产，计税依据是房产原值一次性减除10%~30%以后的余值（具体的减除幅度由省、自治区、直辖市人民政府规定），适用1.2%的税率。对于出租房产，计税依据是纳税人出租房产的租金收入，适用12%的税率。对个人出租住房和企事业单位、社会团体以及其他组织按市场价格向个人出租用于居住的住房，减按4%的税率征收房产税。

第三，注意房产税纳税的起始时间。根据规定，对于以前缴纳城市房地产税的外资企业和外籍个人，从2009年1月1日起改为缴纳房产税。对于外资企业和外籍个人2009年1月1日之后新建或新购置的房产，按以下规定执行：纳税人自建的房屋，自建成之次月起缴纳房产税；纳税人委托施工企业建设的房屋，自办理验收手续之次月起缴纳房产税；纳税人购置新建商品房，自房屋交付使用之次月起缴纳房产税；纳税人购置存量房，自办理房屋权属转移、变更登记手续之次月起缴纳房产税。根据《国家税务总局关于房产税城镇土地使用税有关政策规定的通知》（国税发〔2003〕89号）规定，出租、出借房产，自交付出租、出借房产之次月起计征房产税和城镇土地使用税；房地产开发企业自用、出租、出借本企业建造的商品房，自房屋使用或交付之次月起计征房产税和城镇土地使用税。

房产税收有减免　程序操作做在前

对房产税进行税收策划，争取减免是一个重要的手段。人们从事各种社会活动离不开房产，但是，并不是所有的人使用房产都需要纳税。在实务过程中，哪些人需要纳税，哪些人不需要纳税，在什么情况下才能够享受房产税的减免，税法对此做出了具体的规定。这里我们对有关政策和相关操作要求做一个提示。

（一）房产税的免税范围

《中华人民共和国房产税暂行条例》（国发〔1986〕第90号）第五条规定下列房产免纳房产税：

（1）国家机关、人民团体、军队自用的房产。

这里需要注意的是人民团体的具体概念，财政部、税务总局《关于房产税若干具体问题的解释和暂行规定》（财税地字〔1986〕第8号）明确，"人民团体"指经国务院授权的政府部门批准设立或登记备案并由国家拨付行政事业费的各种社会团体。国家机关、人民团体、军队自用的房产，指这些单位本身的办公用房和公务用房。事业单位自用的房产，指这些单位本身的业务用房。

但是，部队房屋出租是否要缴税？根据《财政部 国家税务总局关于暂免征收军队空余房产租赁收入营业税房产税的通知》（财税〔2004〕123号）的规定，自2004年8月1日起，对军队空余房产租赁收入暂免缴纳营业税、房产税。另根据《建设部 国家工商行政管理总局 国家税务总局 解放军总后勤部关于进一步加强军队空余房地产租赁管理工作的通知》（后营字〔2004〕第1285号）军队出租单位必须凭有效期内的《军队房地产租赁许可证》，才能向经营地主管税务机关办理免缴租赁收入营业税、房产税手续，否则应依法履行纳税义务。

（2）由国家财政部门拨付事业经费的单位自用的房产。

这里需要注意的是，"由国家财政部门拨付事业经费的单位"，是否包括由国家财政部门拨付事业经费，实行差额预算管理的事业单位？对此，财政部、税务总局《关于房产税若干具体问题的解释和暂行规定》（财税地字〔1986〕第8号）第四条明确，实行差额预算管理的事业单位，虽然有一定的收入，但收入不够本身经费开支的部分，还要由国家财政部门拨付经费补助。因此，对实行差额预算管理的事业单位，也属于是由国家财政部门拨付事业经费的单位，对其本身自用的房产免征房产税。由国家财政部门拨付事业经费的单位，其经费来源实行自收自支后，应征收房产税，但为了鼓励事业单位经济自立，由国家财政部门拨付事业经费的单位，其经费来源实行自收自支后，从事业单位经费实行自收自支的年度起，免征房产税三年。

（3）宗教寺庙、公园、名胜古迹自用的房产。

财政部、税务总局《关于房产税若干具体问题的解释和暂行规定》（财税地字〔1986〕8号）第六条明确，宗教寺庙自用的房产，指举行宗教仪式等的房屋和宗教人员使用的生活用房屋。公园、名胜古迹自用的房产，指供公共参观游览的房屋及其管理单位的办公用房屋。上述免税单位出租的房产以及非本身业务用的生产、营业用房产不属于免税范围，应征收房产税。

（4）企业办的各类学校、医院、托儿所、幼儿园自用的房产。

财政部、税务总局《关于房产税若干具体问题的解释和暂行规定》（财税地字〔1986〕第8号）第十条明确，企业办的各类学校、医院、托儿所、幼儿园自用的房产，可以比照由国家财政部门拨付事业经费的单位自用的房产，免征房产税。

（5）司法部所属的劳改劳教单位所用房产。

财政部、税务总局《关于对司法部所属的劳改劳教单位征免房产税问题的通知》（财税地字〔1987〕第21号）规定：其一，对少年犯管教所的房产，免征房产税。其二，对劳改工厂、劳改农场等单位，凡作为管教或生活用房产，例如：办公室、警卫室、职工宿舍、犯人宿舍、储藏室、食堂、礼堂、图书室、阅览室、浴室、理发室、医务室等，均免征房产税；凡作为生产经营用房产，例如：厂房、仓库、门市部等，应征收房产税。其三，对监狱的房产，若主要用于关押犯人，只有极少部分用于生产经营的，可从宽掌握，免征房产税。但对设在监狱外部的门市部、营业部等生产经营用房产，应征收房产税，对生产规模较大的监狱，可以比照本通知第二条办理。具体由各省、自治区、直辖市税务局根据情况确定。

财政部、税务总局《关于对司法部所属的劳改劳教单位征免房产税问题的补充通知》（财税地字〔1987〕29号）将有关司法部所属劳教单位征免房产税的问题明确：其一，由国家财政拨付事业经费的劳教单位，免征房产税。其二，经费实行自收自支的劳教单位，在规定的免税期满后，应比照我局（87）财税地字第021号文对劳改单位征免房产税的规定办理。

（6）个人所有非营业用的房产。

财政部、税务总局《关于房产税若干具体问题的解释和暂行规定》（财税地字〔1986〕8号）明确，个人所有的非营业用的房产免征房产税。因此，对个人所有的居住用房，不分面积多少，均免征房产税。

（7）经财政部批准免税的其他房产。

关于工商行政管理部门的集贸市场用房征收房产税的问题，财政部、税务总局《关于房产税和车船使用税几个业务问题的解释与规定》（财税地字〔1987〕3号）第三条明确，工商行政管理部门的集贸市场用房，不属于工商部门自用的房产，按规定应征收房产税。但为了促进集贸市场的发展，省、自治区、直辖市可根据具体情况暂给予减税或免税照顾。

工会服务型事业单位用房产。国家税务局《关于工会服务型事业单位免征房产税、车船使用税、土地使用税问题的复函》（国税函发〔1992〕1440号）明确：对由主管工会拨付或差额补贴工会经费的全额预算或差额预算单位，可以比照财政部门拨付事业经费的单位办理，即：对这些单位自用的房产、车船、土地，免征房产税、车船使用税和土地使用税；从事生产、经营活动等非自用的房产、车船、土地，则应按税法有关规定照章纳税。

（二）房产税减免的操作要求

为方便纳税人更好地掌握相关政策，充分享受减免税收优惠，这里结合国家税务总局关于印发《〈税收减免管理办法〉（试行）的通知》（国税发〔2005〕129号）等文件，结合房产税减免问题，对减免税相关政策进行了整理。

1. 现行一般性房产税减免规定

房产税是对城市、县城、建制镇和工矿区内经营性房产征收的一种税，由产权所有人缴纳。产权属于全民所有的，由经营管理的单位缴纳。产权出典的，由承典人缴纳。产权所有人、承典人不在房产所在地的，或者产权未确定及租典纠纷未解决的，由房产代管人或者使用人缴纳。《房产税暂行条例》规定，纳税人纳税确有困难的，可由省、自治区、直辖市人民政府确定，定期减征或者免征房产税。财政部、国家税务总局《关于房产税若干具体问题的解释和暂行规定》（财税地字〔1986〕8号）规定，经有关部门鉴定，对毁损不堪居住的房屋和危险房屋，在停止使用后，可免征房产税；房屋大修停用在半年以上的，经纳税人申请，税务机关审核，在大修期间可免征房产税。

2. 房屋大修期间免缴房产税要提前登记备案

财税地字〔1986〕8号文件第二十四条规定，房屋大修停用在半年以上的，经纳税人申请，税务机关审核，在大修期间可免征房产税。这里强调经税务机关审核，在大修期间才可免征房产税。国家税务总局《关于房产税部分行政审批项目取消后加强后续管理工作的通知》（国税函〔2004〕839号）规定，纳税人因房屋大修导致连续停用半年以上的，在房屋大修期间免征房产税，免征税额由纳税人在申报缴纳房产税时自行计算扣除，并在申报表附表或备注栏中作相应说明。纳税人房屋大修停用半年以上需要免缴房产税的，应在房屋大修前向主管税务机关报送相关的证明材料，包括大修房屋的名称、坐落地点、产权证编号、房产原值、用途、房屋大修的原因、大修合同及大修的起止时间等信息和资料，以备税务机关查验。具体报送材料由各省、自治区、直辖市和计划单列市地税局确定。这里提醒纳税人注意，"房屋大修导致连续停用半年以上"这个概念，一要连续，二要6个月以上。

国税发〔2005〕129号文件规定，纳税人享受备案类减免税，应提请备案，经税务机关登记备案后，自登记备案之日起执行。纳税人未按规定备案的，一律不得减免税。因此，房屋大修期间，纳税人要想享受房产税减免优惠，应及时提请税务机关登记备案。

3. 办理税收减免需提供完备资料

国税发〔2005〕129号文件规定，纳税人申请报批类减免税的，应当在政策规定的减免税期限内，向主管税务机关提出书面申请，并报送以下资料：减免税申请报告，列明减免税理由、依据、范围、期限、数量、金额等；财务会计报表、纳税申报表；有关部门出具的证明材料；税务机关要求提供的其他资料。同时，纳税人报送的材料应真实、准确、齐全。

综合各省现行政策规定，申请房产税减免税需提供以下证件、资料：（1）减免税申请报告，申请报告基本内容包括纳税人基本情况，申请减免理由，申请减免法律依据，申请减免事项，包括税种、税款所属年度、金额等。（2）减免税审批表，即房产税、城市房地产税、城镇土地使用税减免税申请／申报表。（3）企业工商营业执照复印件。（4）税务登记证复印件。（5）产权证或其他证明材料，如房产税扣除计税房值审核情况表、城镇土地使用税扣除计税面积审核情况表。（6）固定资产（房屋）明细账。（7）税务机关要求报送的其他资料，如所属年度会计财务报表、企业所得税纳税申报表以及纳税人房产税、城市房地产税、城镇土地使用税纳税申报表。

4. 注意税收减免审批范围与权限

国税发〔2005〕129 号文件规定，纳税人享受报批类减免税，应提交相应资料，提出申请，经按本办法规定具有审批权限的税务机关（以下简称有权税务机关）审批确认后执行。未按规定申请或虽申请但未经有权税务机关审批确认的，纳税人不得享受减免税。各级税务机关应按照规定的权限和程序进行减免税审批，禁止越权和违规审批减免税。

由于房产税减免审批范围与权限由省、自治区、直辖市人民政府确定，各省的规定往往不同，减免房产税的审批管理权限也不同，因此，纳税人要注意，各省对办理房产税收减免审批范围与权限的区别。如吉林省规定，对符合减免税条件，年减免房产税、土地使用税税额分别在 10 万元以下的，由市州地税局审批；年减免房产税、土地使用税税额在 10 万元以上（含 10 万元）的，报省地税局审批。

国税发〔2005〕129 号文件规定，遭受"风、火、水、震"等严重自然灾害地区和国家确定的"老、少、边、穷"地区以及西部地区新办企业年度减免，属于中央收入的税收达到或超过 100 万元的，国家税务总局不再审批，审批权限由各省级税务机关具体确定。审批税务机关应分户将减免税情况（包括减免税项目、减免依据、减免金额等）报省级税务机关备案。而仔细查阅各省、自治区、直辖市对上述各税提出减免税收时限的要求，发现各省规定不一。这就意味着符合财税〔2008〕62 号文件规定可以享受上述税收减免优惠的纳税人，务必掌握所在地主管财税部门有关申请受理时限等规定，以免因逾期申报减免税而不能及时享受税收优惠。

5. 把握税收减免相关政策规定

国税发〔2005〕129 号文件还明确了与税收减免的有关政策，纳税人应予以关注。主要包括以下四方面：一是纳税人已享受减免税的，应当纳入正常申报，进行减免税申报。纳税人享受减免税到期的，应当申报缴纳税款。税务机关和税收管理员应当对纳税人已享受减免税情况加强管理监督。二是减免税审批是对纳税人提供的资料与减免税法定条件的相关性进行的审核，不改变纳税人真实申报责任。减免税批复未下达前，纳税人应按规定办理申报缴纳税款。三是减免税期限超过 1 个纳税年度的，进行一次性审批。纳税人享受减免税的条件发生变化的，应自发生变化之日起 15 个工作日内向税务机关报告，经税务机关审核后，停止其减免税。四是纳税人依法可以享受减免税待遇，但未享受而多缴税款的，凡属于无明确规定需经税务机关审批或没有规定申请期限的，纳税人可以在《税收征管法》第五十一条规定的期限内申请减免税，要求退还多缴的税款，但不加算银行同期存款利息。

从价计征房产税　计税余值是关键

地处苏南某市的振昌商贸有限责任公司（以下简称振昌公司）成立于 2005 年，主要从事日用品的生产和零售，自成立以来一直执行企业会计制度。随着经营规模的扩大和发展战略的需要，该公司自 2020 年开始执行企业会计准则。由于经营管理的需要，2020 年 1 月，该公司委托某施工企业新建一栋房产用作仓库；2020 年 6 月购进一栋新建的写字楼；2020 年 8 月以融资租赁方式租入一栋房产用作产品的包装车间，公司全部房产均为自用。对于振昌公司而言，应如何计算缴纳房产税呢？这里引用上海普誉财务咨询有限公司提供的资料对有关问题进行分析。

政策分析：

按照现行房产税法规定，对纳税人经营自用的应税房产实行从价计征，将房产原值一次性减除 10% ~ 30% 后的余值按照 1.2% 的年税率计算缴纳房产税，具体减除幅度由省、自治区、直辖市人民政府规定。根据《江苏省房产税暂行条例施行细则》规定，振昌公司减除的比例为 30%。

对将房产出租的实行从租计征，即以房产租金收入为房产税的计税依据按照 12% 税率计算缴纳房产税。振昌公司原有的房产和新建及外购的房产均为自用，显然应按照房产余值从价计征；对于融资租入的房产，《财政部 国家税务总局关于房产税城镇土地使用税有关问题的通知》（财税〔2009〕128 号）规定，融资租赁的房产，由承租人自融资租赁合同约定开始日的次月起依照房产余值缴纳房产税。

因此，振昌公司计算缴纳房产税的关键是准确确定公司原有和新增房产的原值。根据财政部、国家税务总局《关于房产税城镇土地使用税有关问题的通知》（财税〔2008〕152 号）在"关于房产原值如何确定的问题"中明确规定，对依照房产原值计税的房产，不论是否记载在会计账簿固定资产科目中，均应按照房屋原价计算缴纳房产税。房屋原价应根据国家有关会计制度规定进行核算。对纳税人未按国家会计制度规定核算并记载的，应按规定予以调整或重新评估。由此可见，对于房产原价的确定，财税〔2008〕152 号文件虽然强调纳税人要"根据国家有关会计制度规定进行核算"，但并没有统一规定是哪一种会计制度。也就是说，在确定房产计税余值时，纳税人根据企业会计准则或者企业会计制度规定核算的房屋原价，都会得到税法的承认。

财务处理：

根据企业会计制度的规定，土地使用权是计入房产原值的。例如《企业会计制度》第四十七条规定，企业购入或以支付土地出让金方式取得的土地使用权，在尚未开发或建造自用项目前，作为无形资产核算，企业因利用土地建造自用某项目时，将土地使用权的账面价值全部转入在建工程成本。振昌公司在 2013 年之前执行的是企业会计制度，因此在计算房产税时房产的原价是包含土地使用权价值的。

振昌公司自 2013 年开始执行企业会计准则，根据《企业会计准则第 6 号——无形资产》应用指南第六条规定，自行开发建造厂房等建筑物，相关的土地使用权与建筑物应当分别进行处理。外购土地及建筑物支付的价款应当在建筑物与土地使用权之间进行分配。难以合理分配的，应当全部作为固定资产。显然，按照企业会计准则的规定，原则上是将建筑物和土地使用权分别单独核算的，房产原值通常不包括土地使用权的价值。振昌公司 2013 年委托建造的仓库和购进的写字楼，应将土地使用权单独作为无形资产核算，不需要计入房产原值计算缴纳房产税。当然，如果振昌公司对于外购写字楼支付的价款难以在建筑物与土地使用权之间进行分配，应当全部作为房产原值计算缴纳房产税。

振昌公司 2013 年 8 月融资租入的包装车间应根据财税〔2009〕128 号文件的规定由承租人依照房产余值缴纳房产税。由于该公司已经开始执行企业会计准则，《企业会计准则第 21 号——租赁》的规定，融资租赁中，在租赁期开始日，承租人应当将租赁开始日租赁资产公允价值与最低租赁付款额现值两者中较低者作为租入资产的入账价值，将最低租赁付款额作为长期应付款的入账价值，其差额作为未确认融资费用。承租人在租赁谈判和签订租赁合同过程中发生的，可归属于租赁项目的手续费、律师费、差旅费、印花税等初始直接费用，应当计入租入资产价值。在此基础上，公司将按照企业会计准则核算的房产原值减除 30% 之后即可得到房产计税余值并计算缴纳房产税。

注意事项：

鉴于振昌公司自成立以来一直执行企业会计制度，自 2013 年开始执行企业会计准则，在计算缴纳房产税时该公司应注意两个方面的问题，一是如何进行新旧会计制度的衔接，二是对房产税的计税余值有何影响。根据《企业会计准则第 38 号——首次执行企业会计准则》应用指南的规定，首次执行日之前企业已计入在建工程和固定资产的土地使用权，符合《企业会计准则第 6 号——无形资产》的规定应当单独确认为无形资产的，首次执行日应当进行重分类，将归属于土地使用权的部分从原资产账面价值中分离，作为土地使用权的认定成本，按照《企业会计准则第 6 号——无形资产》的规定处理。就振昌公司而言，一方面，公司 2010 年之前原有的房产，应在 2013 年首次执行会计准则时将原本计入房产原值的土地使用权从房产原值中剥离出来，单独作为无形资产进行核算；另一方面，由于土地使用权不再属于房产原值的组成部分，因此土地使用权不需要并入房产原值计算缴纳房产税。

此外，振昌公司还应注意新增房产的房产税纳税义务发生的时间。根据现行房产税政策的规定，委托施工企业建设的仓库，从办理验收手续的次月起缴纳房产税，在办理验收手续前已使用的，自使用的次月起缴纳房产税。购置的写字楼，应自写字楼交付使用的次月起缴纳房产税。融资租赁的包装车间，应自融资租赁合同约定开始日的次月起缴纳房产税，合同未约定开始日的，由承租人自合同签订的次月起缴纳房产税。

综上所述，在从价计征房产税时，计税余值的确定是参照国家有关会计制度的规定。由于目前我国企业执行的既有企业会计准则，也有企业会计制度，而不同的会计制度关于土地使用权规定的差异，导致房产原值的确定标准亦不相同。纳税人在计算缴纳房产税时，应根据具体的情况进行处理。对于采取新会计准则的企业，还要注意新旧会计制度的衔接对房产税计税余值的影响。

第八章

契税策划案例

买房换房有技巧　如何选择需策划

最近，某大学的中年教师王老师想改善一下居住条件，计划把一套已居住5年的旧房出售，然后再买一套面积较大的新房。按照中介机构的评估，该房产的价值为40万元。

说来也巧，与他同在一个单位的老教授张老师也想买一套大小适中的二手房，以便自己退休后安度晚年。有人就建议王老师，将自己的旧房卖给张老师，张老师听说王老师要出售房子，心想买自己单位的房子质量知根知底，可以买个放心，于是也向王老师提出想买房的意向。

正当王老师不知应当如何处理时，王老师的一个朋友就向王老师出了一个主意：请张老师购买王老师所需要的商品房，然后再以该房与王老师交换，这样，王老师就可以节省一笔数量可观的契税。

听了这话，王老师就心动了：我是自己买房呢，还是与张老师换房好呢？

王老师的住房　换房或者购房　新房

策划分析：

经过多方了解，王老师得知个人在住房买卖过程中，要缴纳印花税等税费，其中税负较重的要数契税。契税一般按购房价款的3%~5%缴纳，具体税率由各省、自治区、直辖市政府在此幅度内确定。同时，税法还特别规定以下两种情况税收优惠。

一是城镇职工按规定第一次购买公有住房，免征契税。

二是相互交换房屋，以房屋的价格差价征契税，交换价格相等时，免征契税。

因此，纳税人若充分利用上述两项税收优惠政策，合理利用换房这一方式可节约契税，即由享受"第一次购买公有住房免征契税"政策的人购买自己想买的房屋，然后再用自己的住房和对方交换。这样，买房时就可免征契税，交换时按房屋差价缴纳契税，从而降低契税税负。

但是，这样操作必须具备两个基本前提：找到熟悉可靠，而且符合"第一次购买公有住房条件"的换房对象；自己想买的房屋也属于公有住房，而且换房对象也有资格购买。这些情况多是在同一单位统一调整住房、集资建房时发生。王老师进行策划时恰好具备以上前提条件。

王老师现在居住的房屋是已购买产权的公有住房，已居住 5 年，面积约 80 平方米，价值 40 万元左右。他现在想买的住房也属于单位公有新住房，面积 120 平方米，价值约 80 万元。如果王老师直接购买该新房，因其不属于第一次购买，不能享受免征契税的优惠，需要缴纳契税 4 万元（当地契税税率为 5%）。该大学的张老师也有资格购买面积 120 平方米的新房，但因为积蓄少，有心而无力，只想购买一套二手房。于是王老师与张老师商量，提出了一个方案：请张老师按王老师的要求购买新房，所需资金由王老师提供。新房买下来后，双方再交换。王老师的住房按 40 万元计算，王老师把手上的 40 万元存款付给张老师。

通过这样的安排，王老师可以得到自己中意的住房，张老师也实现了自己的愿望。最重要的是，王老师仅需在双方交换住房时，按房屋价款差价 40 万元缴纳契税 2 万元，比自己直接购买新房节约税金 2 万元。

正当王老师准备要与张老师交换房屋时，朋友又来提醒他：张老师购买了二手房之后，肯定需要对旧房进行装修，如果在交换前装修，可以增加房屋的价值，进一步缩小旧房和新房的差价，王老师缴纳的契税将更少。王老师觉得此话有道理，于是，就跟张老师进一步协商，按照张老师的设想和要求，由王老师在交换前先装修，装修费用由张老师负责。

而张老师觉得，反正都是装修，何不成人之美？于是按计划行事。

策划结论：

通过策划，该房产又增加装修费用 10 万元，原旧房的价值增加到 50 万元，王老师仅需按差价 30 万元缴纳契税 1.5 万元，可节省税金 2.5 万元。

策划点评：

契税属于财产行为税，契税由财产承受人缴纳。根据《契税暂行条例》的规定，发生产权转移变动的土地、房屋；在我国境内转移土地、房屋权属，承受的单位和个人是契税的纳税人。本案例就是利用税法对一些特殊行为的优惠规定进行策划的。

对此类业务的策划，其关键是需要对有关政策十分熟悉，在具体操作过程中按照有关规定进行适当策划。

政策背景：

《契税暂行条例》规定，在中华人民共和国境内转移土地、房屋权属，承受的单位和个人为契税的纳税人，应当依照条例的规定缴纳契税。条例所称转移土地、房屋权属的行为包括：（一）国有土地使用权出让；（二）土地使用权转让，包括出售、赠与和交换；（三）房屋买卖；（四）房屋赠与；（五）房屋交换。《契税暂行条例细则》第八条视同土地使用权转让、房屋买卖或者房屋赠与征税的行为包括，（一）以土地、房屋权属作价投资、入股；（二）以土地、房屋权属抵债；（三）以获奖方式承受土地、房屋权属；（四）以预购方式或者预付集资建房款方式承受土地、房屋权属。同时，税法还特别规定：

（1）从 2000 年 11 月 29 日起，城镇职工按规定第一次购买公有住房，免征契税。

（2）相互交换房屋，以房屋的价格差价征契税，交换价格相等时，免征契税。

买房过程有契税　房产价格好操作

时下，通过房产搞投资是人们十分关心的话题。在广州某高校任教的李先生，年初购买了一套 35 万元的房屋，之前因移居上海一转手就卖了 45 万元，虽然房子升值了不少，但他计算了一下，扣除买卖过程中的税收，没赚到什么钱，其中契税就是影响他获利的问题之一。有没有什么办法可以合法降低房屋买卖中的契税成本呢？

普誉财税策划工作室的咨询专家对这个问题给予肯定的回答。在这里，他们从房产价格的角度给人们提供了一些操作思路和方法。

案例之一：如果甲、乙两位当事人是在一个单位上班的同事，都想卖房后再买房，双方又可以交换各自房屋所有权，甲的房屋市场价格大约为 100 万元，乙的房屋市场价格大约是 50 万元。如果乙方购买甲方的房产，则乙应该缴纳的契税，其计算如下。

应纳税额 =（100-50）× 3% =1.5（万元）

业务分析：

根据前述案例所介绍的原理，我们可以将本事项进行如下操作。

（1）房屋交换，仅需就差额部分缴纳契税。

（2）由于甲、乙两位当事人进行房屋所有权交换总是会用于某一特定目的，双方当事人交换房屋所有权之后再进行改造，与双方当事人在交换之前便进行改造，其实际效果是一样的，都可以将房屋改造得适合于该项用途。这就给纳税人进行策划创造了一定条件。

策划建议：

由乙方将自己的房屋按照甲的要求进行改造，以满足甲的特定目的。该项改造应控制在一定的限度内，即不要使乙拥有的该房屋价格高于甲的房屋价格。假定通过这次改造，乙拥有的房屋市场价格可以升为 90 万元或更高一点，当然能控制在 100 万元是最理想的，也省事，如果采用乙装修、装潢其房屋价值 95 万元后进行交换。

那么，乙方应当缴纳的契税额为：

（100-95）×3% =0.15（万元）

通过策划，可以节约税收：

1.5-0.15=1.35（万元）

案例之二：广州市某房地产开发企业以"买一送一"的形式促销精装修房，即买住房送精装修（或者送空调）。陈先生购买住房一套，单价4 500元/平方米，建筑面积150平方米（其中包括车库10平方米），合计67.5万元。对于陈先生来说，其契税有没有策划的机会呢？

策划分析：

房地产开发企业以"买一送一"的形式促销精装修房，其直接的后果就是抬高了房价。本来，对于买房者来说，赠送的设备可能也需要，精装修也能够省去了很多麻烦，但是，这样操作的后果就是增加了契税的计税依据，陈先生应缴契税为：

675 000×3% =20 250（元）

按照广东省的有关规定，从2005年7月起，普通住房可以享受1.5%契税优惠，其余非普通住房契税为3%，广东普通住房的标准是：一是所在楼房建筑容积率在1.0以上；二是每套住房套内面积120平方米或建筑面积144平方米以内；三是实际成交价低于当地同级土地上住房平均价1.44倍以内。

而上述陈先生所要购买的住房具有以下特点。

其一，面积过大（150平方米 > 144平方米）。

其二，是房价过高（同级均价为3 000元，3 000×1.44＝4 320元），4 500元/平方米 > 4 320元/平方米，被列入非普通住房，按3%计交契税。

策划建议：

税务专家根据政策规定和实际情况，给出如下建议。

（1）如可能，陈先生将停车位约10平方米以购改为租，或单独分开购买以确保面积小于144平方米。

（2）如可能，将随房赠送价值3万元的电器家具退回开发商；或与开发商协商，将每套装修费5万元直接支付给装修公司（或买毛坯房自行装修也可以）。总之，确保调整后总单价小于4 320元/平方米，即可享受普通住房的契税优惠！

策划结果：陈先生则可以按1.5%交契税，节约50%。

策划点评：

根据《契税暂行条例》的规定，就房屋买卖而言，其契税一般应按成交价格的3%~5%缴纳。契税的适用税率，由省、自治区、直辖市人民政府在《条例》规定的幅度内按照本地区的实际情况确定，并报财政部和国家税务总局备案。但在具体的税收政策操作中，应区分普通住宅和非普通住宅的界限，按适用税率缴纳契税。

因此，在住宅买卖过程中，购房者应根据当地省、自治区、直辖市人民政府的规定，正确区分普通住宅与非普通住宅,并依适用税率申报缴纳契税。比如乌鲁木齐市征收契税的标准是:面积在 140 平方米以上或者每平方米单价在 3 000 元的房屋,征收 3% 的契税。面积或者单价没有超过这个标准的房屋,减半征收契税。

双方在交换土地使用权或房屋所有权时,也可采用自由定价的方法进行策划,使两者价格差额较小甚至没有,但这种策划,应控制在一定的限度内,因为税务机关具有一定的调整权。成交价格明显低于市场价格并且无正当理由的,或者所交换土地使用权、房屋的价格差额明显不合理并且无正当理由的,由征收机关参照市场价格核定。

单纯地从价格上进行调节,很容易导致税务机关的纳税调整,反而得不偿失,如果加之以适当的改造,这种策划便完美多了。

资产转移有契税　内部划转能免缴

张某以其个人独资企业的全部房产——价值 500 万元的一套临街两层商铺从事商业活动,今年市场形势看好,便想和朋友成立一家公司。开公司得有经营场地,房产投入正合适。可是张某听税务局的朋友说个人房产做投资得缴纳契税,按 4% 计算,需要缴税 20 万元。

投资要回报,没有回报先付出,张某有点不甘心。于是,就请普誉财税策划工作室的税务咨询专家为其出谋划策。咨询专家到现场考察了张某的资产情况,然后,从政策的角度为其进行了辅导。

政策分析:

《契税暂行条例》规定,在中华人民共和国境内转移土地、房屋权属,承受的单位和个人为契税的纳税人,应当依照条例的规定缴纳契税。条例所称转移土地、房屋权属的行为包括:(一)国有土地使用权出让;(二)土地使用权转让,包括出售、赠与和交换;(三)房屋买卖;(四)房屋赠与;(五)房屋交换。《契税暂行条例细则》第八条视同土地使用权转让、房屋买卖或者房屋赠与征税的行为包括(一)以土地、房屋权属作价投资、入股;(二)以土地、房屋权属抵债;(三)以获奖方式承受土地、房屋权属;(四)以预购方式或者预付集资建房款方式承受土地、房屋权属。虽然《契税暂行条例》及其细则均没有关于投资入股的政策规定,但是国家税务总局《关于以土地、房屋作价出资及租赁使用土地有关契税问题的批复》(国税函〔2004〕322 号)明确,根据《契税暂行条例细则》第八条的规定,以土地、房屋权属作价投资入股的,视同土地使用权转让、房屋买卖征收契税。

为支持企业进行公司化改造,国家在契税方面出台了很多优惠政策。如对自然人与其个人独资企业、一人有限责任公司之间土地、房屋权属无偿划转的契税问题做出规定,对承受县级以上人民政府或国有资产管理部门按规定进行行政性调整、划转国有土地、房屋权属的单位,免征契税。

同一投资主体内部所属企业之间土地、房屋权属的划转，包括母公司与其全资子公司之间，同一公司所属全资子公司之间，同一自然人与其设立的个人独资企业、一人有限公司之间土地、房屋权属的划转，免征契税。

策划方案：

张某的情况适用上述优惠政策吗？答案是否定的，因为张某要成立的不是一人有限公司或个人独资企业。如果想享受上述有关免税优惠，就必须前期做好税务规划。

当咨询专家了解了合作双方的投资意图和操作过程之后，便拿出策划的具体操作思路和方案：张某以房屋和一定的货币资金设立一人有限公司（先用其个人独资企业的房产投资成立一人有限责任公司），公司运转后，再等价转让部分股权（一人有限公司再通过吸收新股东变更为新的公司）。

根据上述规定，个人独资企业与一人有限公司属于同一投资主体，其房产和土地的产权转移不需要缴纳契税，企业增资扩股也不需要缴纳契税，按此方案实施后，可以让张某少缴契税20万元。如果股权转让过程中其股权没有发生增值，也不需要缴纳个人所得税。

策划点评：

为支持企业改革，国家在契税方面出台了一系列阶段性优惠政策，对自然人与其个人独资企业、一人有限责任公司之间土地、房屋权属无偿划转的契税问题做出规定，明确企业改制重组过程中，同一投资主体内部所属企业之间土地、房屋权属的无偿划转，不征收契税。自然人与其个人独资企业、一人有限责任公司之间土地、房屋权属的无偿划转属于同一投资主体内部土地、房屋权属的无偿划转，可比照上述规定不征收契税。

本案例就是利用了上述规定，在具体的操作流程上，对企业的资产整合，从而实现免缴契税的目的。

政策背景：

财政部、国家税务总局《关于继续支持企业 事业单位改制重组有关契税政策的通知》（财税〔2018〕17号）第六条就资产划转问题明确，对承受县级以上人民政府或国有资产管理部门按规定进行行政性调整、划转国有土地、房屋权属的单位，免征契税。同一投资主体内部所属企业之间土地、房屋权属的划转，包括母公司与其全资子公司之间，同一公司所属全资子公司之间，同一自然人与其设立的个人独资企业、一人有限公司之间土地、房屋权属的划转，免征契税。母公司以土地、房屋权属向其全资子公司增资，视同划转，免征契税。

债务重组有契税　操作得当税无累

华伟实业发展有限公司从未来发展的角度考虑，拟购买方圆科技研究中心（个人独资企业）的全部资产和债务，实现合并。现对方圆科技研究中心的房产、土地进行了评估，评估价值为 5 000 万元。

在这笔业务中，华伟实业发展有限公司取得方圆科技研究中心房产、土地应缴纳契税 200 万元（5 000×4%）。对于这个问题，华伟实业发展有限公司的董事长李鸣有些想法，他想，能不能通过策划节约一些契税？

政策分析：

董事长李鸣的想法是可以尝试的。《契税暂行条例》及《契税暂行条例细则》赋予财政部、国家税务总局等部门根据经济发展情况确定契税的减征和免征权，所以，相应的部门根据具体情况制定了部分优惠规定。

1. 社会力量办学契税优惠

财政部、国家税务总局《关于社会力量办学契税政策问题的通知》（财税〔2001〕156 号）规定，对县级以上人民政府教育行政主管部门或劳动行政主管部门批准并核发《社会力量办学许可证》，由企业事业组织、社会团体及其他社会组织和公民个人利用非国家财政性教育经费面向社会举办的教育机构，其承受的土地、房屋权属用于教学的，比照《契税暂行条例》第六条第（一）款的规定，免征契税。财政部、国家税务总局《关于教育税收政策的通知》（财税〔2004〕39 号）第三条第 2 款进一步明确规定，用于教学的，指教室（教学楼）以及其他直接用于教学的土地、房屋。

2. 企业改制重组的契税优惠

财政部、国家税务总局《关于继续支持企业 事业单位改制重组有关契税政策的通知》（财税〔2018〕17 号）明确，为了支持企业、事业单位改革，促进国民经济持续、健康发展，自 2018 年 1 月 1 日至 2020 年 12 月 31 日，企业改制重组涉及的契税给予免征。

策划方案：

由此可见，契税在实务操作过程中存在一定的策划空间。对于本案例而言，因为本例中方圆科技研究中心不是法人企业，所以，华伟实业发展有限公司取得方圆科技研究中心房产、土地应缴纳契税 200 万元（5 000×4%）。因此，可以通过下述思路进行操作。

方圆科技研究中心可以先改制为一人有限公司，然后华伟实业发展有限公司再吸收合并一人有限公司。因为一人有限公司属于法人企业，所以华伟实业发展有限公司吸收合并一人有限公司取得房产、土地，不需要负担契税。

策划点评：

根据《契税暂行条例》的规定，发生产权转移变动的土地、房屋；在我国境内转移土地、房屋权属，承受的单位和个人是契税的纳税人。因此，房产契税指房屋所有权发生变更时，就当事人所订契约按房价的一定比例向产权承受人征收的一次性税收。也就是说，它是在房地产产权变动时征收的一种专门税种。是在土地、房屋不动产所有权发生转移，按当事人双方订立契约等对产权随人征收的，是以所有权发生转移变动的不动产为征税对象，向产权承受人征收的一种财产税。

《中华人民共和国土地管理法》规定，城市市区的土地属于国家所有，单位和个人依法使用的国有土地，由县级以上人民政府登记造册，核发证书，确认使用权。国有土地使用权的取得，主要有土地使用权划拨和土地使用权出让两种形式。土地使用权划拨指土地使用者通过各种方式依法无偿取得的土地使用权；土地使用权出让指土地使用者向国家交付土地使用权出让费用，国家将国有土地使用权在一定年限内让予土地使用者的行为。国有土地使用权出让；土地使用权转让，包括出售、赠与、交换，不包括农村集体土地承包经营权的转移；房屋买卖；房屋赠与；房屋交换。

所以，在一般情况下，作为承受土地、房屋者都应当缴纳契税。但是，特殊情况下也有例外。为了配合企业改制，财税〔2018〕17号文件对企业改制重组契税优惠政策进行了具体明确。本案例就是利用这个特殊规定进行操作的。

土地转移好策划　买主应当缴契税

最近，当地主管税务机关对B公司和C公司的纳税情况进行检查时，发现上述公司从A公司承受的土地使用权价值1 000万元没有计算缴纳契税。于是，责令其补缴契税。同时，根据《税收征管法》第六十三条的规定，对其处以一倍的罚款。

对于税务机关的处理，两个公司的股东表示不能理解，更不能接受。这是怎么一回事儿呢？

税务稽查：

A公司分立为B公司和C公司。A公司的原有甲、乙、丙、丁四名股东，分立后B公司股东为甲、乙，C公司股东为丙、丁。A公司的原有土地的评估价值为2 000万元，分立后B公司和C公司各取得土地1 000万元。

甲、乙、丙、丁四名股东都认为，财政部和国家税务总局曾经出台文件对企业合并、分立、股份制改造等事项，制定了一些契税优惠政策。他们认为：他们不仅认真学习了有关文件，而且还请当地的税务师事务所参与策划的，怎么会有问题呢？

为了弄清问题的由来，他们请来普誉财税策划工作室的咨询专家进行咨询。

现场调查：

普誉财税策划工作室的咨询专家马云峰到企业的现场进行了调查。在调查过程中，马云峰指出，土地是纳税人的一项特殊资产，在我国，任何单位和个人不得侵占、买卖或者以其他形式非法转让土地所有权，但土地使用权可以依法转让。在日常经济生活中，通常所说的土地实际上指的是土地使用权，而非土地所有权。对于企业取得土地使用权后如何进行账务处理，有哪些涉税风险？马云峰建议企业应当做如下会计核算。

《企业会计准则第6号——无形资产》应用指南中规定，企业取得的土地使用权通常应确认为无形资产，但改变土地使用权用途，用于赚取租金或资本增值的，应当将其转为投资性房地产。自行开发建造厂房等建筑物，相关的土地使用权与建筑物应当分别进行处理。外购土地及建筑物支付的价款应当在建筑物与土地使用权之间进行分配。难以合理分配的，应当全部作为固定资产。企业（房地产开发）取得土地用于建造对外出售的房屋建筑物，相关的土地使用权账面价值应当计入所建造的房屋建筑物成本。《企业会计制度》第四十七条规定，企业购入或以支付土地出让金方式取得的土地使用权，在尚未开发或建造自用项目前，作为无形资产核算，并按本制度规定的期限分期摊销。房地产开发企业开发商品房时，应将土地使用权的账面价值全部转入开发成本。企业因利用土地建造自用某项目时，将土地使用权的账面价值全部转入在建工程成本。从会计的角度来说，土地使用权作为无形资产核算而不是作为固定资产核算，是从其作为一种权利且无实物形体的特征出发的，但是企业改变土地使用权用途，其价值将转移，比如在在建项目完工后，作为无形资产核算的土地使用权价值，最终应转入固定资产价值中。

这里以 B 公司为例说明。B 公司是一家执行《企业会计制度》的企业，2020 年 3 月购入一块土地的使用权，面积为 1 万平方米，不含税金额为 1 000 万元，B 公司在会计核算上应计入"无形资产——土地使用权"。6 月 B 公司开始利用该土地开发建造厂房，则应将土地价值1 000 万元从"无形资产——土地使用权"全部转入在建工程成本。12 月 B 公司开发建造的厂房竣工决算，则 B 公司在会计核算上应将转入在建工程成本的土地价值 1 000 万元列入"固定资产——建筑物或构筑物"。

政策分析：

A 公司分立为 B 公司和 C 公司。从目前的情况来看，B 公司和 C 公司涉及如下几个税种需要缴纳。

契税。《契税暂行条例》规定，在中华人民共和国境内转移土地、房屋权属，承受的单位和个人为契税的纳税人，应当依照本条例的规定缴纳契税。国有土地使用权出让、土地使用权出售、房屋买卖，契税的计税依据为成交价格。对于 B 公司而言，则应当缴纳契税 40 万元（1 000 × 4%）。

城镇土地使用税。《关于房产税、城镇土地使用税有关政策的通知》（财税〔2006〕186 号）在"关于有偿取得土地使用权城镇土地使用税纳税义务发生时间问题"中明确，以出让或转让方式有偿取得土地使用权的，应由受让方从合同约定交付土地时间的次月起缴纳城镇土地使用税；合同未约定交付土地时间的，由受让方从合同签订的次月起缴纳城镇土地使用税。

对于 B 公司而言，B 公司应从 2014 年 4 月依规定税额标准按面积计算缴纳城镇土地使用税。假设 B 公司新购土地适用年税额标准为 16 元 / 平方米，则 B 公司 2020 年新购的土地应缴纳土地使用税 12 万元（16 × 1 ÷ 12 × 9）。

房产税。《房产税暂行条例》第三条规定，房产税依照房产原值一次减除 10% ~30% 后的余值计算缴纳。具体减除幅度由省、自治区、直辖市人民政府规定。《关于房产税城镇土地使用税有关问题的通知》(财税〔2008〕152号)第一条规定,对依照房产原值计税的房产,不论是否记载在会计账簿固定资产科目中,均应按照房屋原价计算缴纳房产税。房屋原价应根据国家有关会计制度规定进行核算。对纳税人未按国家会计制度规定核算并记载的,应按规定予以调整或重新评估。由于原企业会计制度规定土地使用权价值在开发利用时以"无形资产——土地使用权"的账面价值,转入开发商品房成本,或转入在建工程成本;开发利用完成后,在会计核算上列入"固定资产——建筑物或构筑物"或"开发商品——商品房",因此对于依照房产原值计税的房产,执行原会计制度的,房屋原值应包含土地使用权价值在内。

对于B公司而言,由于土地使用权价值已按照会计制度规定转入了竣工决算的"固定资产——建筑物或构筑物"中,因此,在计算厂房的房产税计税依据时要把土地使用权价值1 000万元包括在内。

印花税。《财政部 国家税务总局关于印花税若干政策的通知》(财税〔2006〕162号)第三条规定,对土地使用权出让合同、土地使用权转让合同按产权转移书据征收印花税。

企业所得税。《企业所得税法》第二十一条规定,在计算应纳税所得额时,企业财务、会计处理办法与税收法律、行政法规的规定不一致的,应当依照税收法律、行政法规的规定计算。也就是说,有税收政策的按照税收政策执行,无税收政策的按照财务、会计处理办法执行。

《企业所得税法》第十一条规定,单独估价作为固定资产入账的土地不得计算折旧扣除;《企业所得税法实施条例》第六十五条规定,企业所得税法第十二条所称无形资产,指企业为生产产品、提供劳务、出租或者经营管理而持有的、没有实物形态的非货币性长期资产,包括专利权、商标权、著作权、土地使用权、非专利技术、商誉等。《企业所得税法实施条例》第六十七条规定,无形资产按照直线法计算的摊销费用,准予扣除。无形资产的摊销年限不得少于10年。作为投资或者受让的无形资产,有关法律规定或者合同约定了使用年限的,可以按照规定或者约定的使用年限分期摊销。因此,结合财务、会计对土地使用权的相关处理规定,土地使用权在建造房屋及建筑物前,计入"无形资产——土地使用权",应按照税法有关无形资产的规定按期摊销;在建造房屋及建筑物时,将"无形资产——土地使用权"的账面价值转入在建工程;在房屋及建筑物完工后,土地使用权成本随房屋及建筑物工程成本,一同转入"固定资产——房屋及建筑物",不可单独作为"固定资产——土地"或者无形资产核算,应按照税法有关固定资产的规定,随同"固定资产——房屋及建筑物"按期计算折旧扣除。执行新会计准则的,土地使用权则可以分开单独按无形资产相关规定核算。

策划分析:

马云峰同时还指出,现行政策对企业的改组改制行为进行了具体规范,纳税人在进行改组改制时,应当针对这些限制条件,进行必要的纳税策划。

根据现行政策规定,企业依照法律规定、合同约定分设为两个或两个以上投资主体相同的企业，对派生方、新设方承受原企业土地、房屋权属，不征收契税。公司依照法律规定、合同约定分立为两个或两个以上与原公司投资主体相同的公司，对分立后公司承受原公司土地、房屋权属，免征契税。在 A 公司分立为 B 公司和 C 公司的过程中，A 公司原有甲、乙、丙、丁四名股东，分立后 B 公司股东为甲、乙，C 公司股东为丙、丁。A 公司原有土地的评估价值为 2 000 万元，分立后 B 公司和 C 公司各取得土地 1 000 万元。因为在上述改组分立后的新设公司与被分立公司的投资主体不完全相同，所以 B 公司和 C 公司取得原 A 公司土地，应当分别缴纳契税 40 万元（1 000×4%）。

策划方案：

A 公司可以先分立出投资主体完全相同的 B 公司和 C 公司，即 B 公司和 C 公司投资主体均为甲、乙、丙、丁，然后丙、丁将其持有的 B 公司股权转让给甲、乙，甲、乙将其持有的 C 公司股权转让给丙、丁。

策划结论：

按此方案实施后，分立环节和股权转让环节均不需要缴纳契税，因此可少负担契税 80 万元（40 ＋ 40）。

策划提示：

契税的纳税义务发生时间，为纳税人签订土地、房屋权属转移合同的当天，或者纳税人取得其他具有土地、房屋权属转移合同性质凭证的当天；纳税人应当自纳税义务发生之日起 10 日内，向土地、房屋所在地的契税征收机关办理纳税申报，并在契税征收机关核定的期限内缴纳税款。

与国有土地使用权有关的项目可以进行变更。在这些与国有土地使用权有关的变更中，既要进行土地使用权出让金的补缴和调整，也要补缴契税。纳税义务发生时间为确认土地用途改变的当天。

国家税务总局《关于改变国有土地使用权出让方式征收契税的批复》（国税函〔2008〕662 号）对土地改变用途需补缴的契税进行了明确："对纳税人因改变土地用途而签订土地使用权出让合同变更协议或者重新签订土地使用权出让合同的，应征收契税。计税依据为因改变土地用途应补缴的土地收益金及应补缴政府的其他费用。"该文适用对象是土地的具体使用权人不变，所有权性质也没有发生变化，但是土地用途发生变化的情况。一般来说，纳税人只会把土地转向更具有投资价值的用途，所以，要补缴出让金，补缴契税。

纳税人需要关注的有：（1）土地用途变更主要的两类，即非经营性用地转为经营性用地和经营性用地中不同用途的变更，两类变更都要在补缴出让金后及时补缴契税。（2）纳税义务发生时间的确定。《契税暂行条例》第八条规定，契税的纳税义务发生时间，为纳税人签订土地、房屋权属转移合同的当天，或者纳税人取得其他具有土地、房屋权属转移合同性质凭证的当天。但是，土地性质变更是契税的特例，原始的权属转移合同已经存在，不能认为土地使用权出让合同变更协议签订，或者土地使用权出让合同重新签订时为纳税义务发生时间。应该根据《契税暂行条例细则》规定，纳税人因改变土地、房屋用途应当补缴已经减征、免征契税的，其纳税义务发生时间为改变有关土地、房屋用途的当天。纳税人应当自纳税义务发生之日起10日内，向土地、房屋所在地的契税征收机关办理纳税申报，并在契税征收机关核定的期限内缴纳税款。如工业用地改为娱乐用地，就应在娱乐项目开始当天确认纳税义务，而不是在相关管理部门重新签订出让合同时确认，强调的是实质重于形式原则。（3）计税依据包括向政府缴纳的所有费用项目，不能认为只是补缴的土地收益金。如土地出让金、土地补偿费、安置补助费、地上附着物和青苗补偿费、拆迁补偿费、市政建设配套费等承受者向政府支付的货币、实物、无形资产及其他经济利益都是契税的计税依据。（4）原减征、免征单位改变用途易忽略纳税申报。如国家机关、事业单位、社会团体承受土地、房屋用于办公、教学、医疗、科研等方面免征契税，但是发生对外出租或商用等应补税项目时，容易忽略契税的申报补缴。

土地流转有优惠　契税减免看条件

振华科技发展有限公司是一家高新技术企业，目前产销两旺，其产品在市场上供不应求。公司董事会决定进一步扩大生产能力，再投资兴办一家企业。对于如何对外投资，公司的投资部提出，在某地收购一家亏损企业，这个方案得到公司董事会的认可。

在具体操作过程中，由于收购企业，涉及不动产和土地使用权，与契税有关。而投资部在契税问题上感到陌生。契税方面有哪些税收优惠？如何才能最大限度地利用税收优惠实现对外投资？于是他们请教普誉财税策划工作室的税务咨询专家。

咨询专家马云峰结合公司的具体情况，对契税优惠政策等相关问题进行了介绍。他指出：与其他税种一样，契税也规定了相关优惠政策，因此，纳税人可以根据具体情况策划运用相关优惠。主要表现为以下两个方面。

（一）契税条例规定的税收优惠

《契税暂行条例》及其《契税暂行条例细则》规定，纳税人符合以下四种情况的可减免契税。

（1）国家机关、事业单位、社会团体、军事单位使用的土地、房屋，用于办公、教学、医疗、科研和军事设施的，免征契税。

（2）城镇职工按规定第一次购买公有住房的，免征契税。此外，财政部、国家税务总局《关于公有制单位职工首次购买住房免征契税的通知》（财税〔2000〕130号）规定，对各类公有制单位为解决职工住房而采取集资建房方式建成的普通住房或由单位购买的普通商品住房，经当地县以上人民政府房改部门批准，按照国家房改政策出售给本单位职工的，如属职工首次购买住房，免征契税。

（3）因不可抗力使住房损失而重新购买住房的，酌情准予减征或者免征契税。

（4）财政部规定的其他减征、免征契税的项目。

（二）专项税收优惠

《契税暂行条例》及其《契税暂行条例细则》赋予财政部、国家税务总局等部门根据经济发展情况确定契税的减征和免征权，所以，相应的部门根据具体情况制定了部分优惠规定。

1. 社会力量办学契税优惠

财政部、国家税务总局《关于社会力量办学契税政策问题的通知》（财税〔2001〕156号）规定，对县级以上人民政府教育行政主管部门或劳动行政主管部门批准并核发《社会力量办学许可证》，由企业事业组织、社会团体及其他社会组织和公民个人利用非国家财政性教育经费面向社会举办的教育机构，其承受的土地、房屋权属用于教学的，比照《契税暂行条例》第六条第（一）款的规定，免征契税。财政部、国家税务总局《关于教育税收政策的通知》（财税〔2004〕39号）第三条第（二）款进一步明确规定，用于教学的，指教室（教学楼）以及其他直接用于教学的土地、房屋。

2. 个人自用房交易契税优惠

国家税务总局对房地产的有关税收政策做了调整，规定个人购买自用普通住宅享受减半缴纳契税的政策。

3. 企业改制重组的契税优惠

财政部、国家税务总局《关于继续支持企业 事业单位改制重组有关契税政策的通知》（财税〔2018〕17号）明确，为了支持企业、事业单位改革，促进国民经济持续、健康发展，自2018年1月1日至2020年12月31日，企业、事业单位改制重组等涉及的契税政策明确如下。

（1）企业改制。

企业按照《中华人民共和国公司法》有关规定整体改制，包括非公司制企业改制为有限责任公司或股份有限公司，有限责任公司变更为股份有限公司，股份有限公司变更为有限责任公司，原企业投资主体存续并在改制（变更）后的公司中所持股权（股份）比例超过75%，且改制（变更）后公司承继原企业权利、义务的，对改制（变更）后公司承受原企业土地、房屋权属，免征契税。

（2）事业单位改制。

事业单位按照国家有关规定改制为企业，原投资主体存续并在改制后企业中出资（股权、股份）比例超过50%的，对改制后企业承受原事业单位土地、房屋权属，免征契税。

（3）公司合并。

两个或两个以上的公司，依照法律规定、合同约定，合并为一个公司，且原投资主体存续的，对合并后公司承受原合并各方土地、房屋权属，免征契税。

（4）公司分立。

公司依照法律规定、合同约定分立为两个或两个以上与原公司投资主体相同的公司，对分立后公司承受原公司土地、房屋权属，免征契税。

（5）企业破产。

企业依照有关法律法规规定实施破产，债权人（包括破产企业职工）承受破产企业抵偿债务的土地、房屋权属，免征契税；对非债权人承受破产企业土地、房屋权属，凡按照《中华人民共和国劳动法》等国家有关法律法规政策妥善安置原企业全部职工，与原企业全部职工签订服务年限不少于三年的劳动用工合同的，对其承受所购企业土地、房屋权属，免征契税；与原企业超过 30% 的职工签订服务年限不少于三年的劳动用工合同的，减半征收契税。

（6）资产划转。

对承受县级以上人民政府或国有资产管理部门按规定进行行政性调整、划转国有土地、房屋权属的单位，免征契税。

同一投资主体内部所属企业之间土地、房屋权属的划转，包括母公司与其全资子公司之间，同一公司所属全资子公司之间，同一自然人与其设立的个人独资企业、一人有限公司之间土地、房屋权属的划转，免征契税。

（7）债权转股权。

经国务院批准实施债权转股权的企业，对债权转股权后新设立的公司承受原企业的土地、房屋权属，免征契税。

（8）划拨用地出让或作价出资。

以出让方式或国家作价出资（入股）方式承受原改制重组企业、事业单位划拨用地的，不属上述规定的免税范围，对承受方应按规定征收契税。

（9）公司股权（股份）转让。

在股权（股份）转让中，单位、个人承受公司股权（股份），公司土地、房屋权属不发生转移，不征收契税。

4. 中国农业银行改制有关契税政策

国家税务总局《关于明确中国农业银行改制有关契税政策的通知》（国税函〔2009〕618 号）明确有关契税政策，原中国农业银行整体改制为中国农业银行股份有限公司所涉及契税的纳税义务发生时间为 2008 年 10 月 21 日。原中国农业银行整体改制为中国农业银行股份有限公司所涉及契税问题，适用《财政部 国家税务总局关于企业改制重组若干契税政策的通知》（财税〔2003〕184 号）。因此，对中国农业银行股份有限公司承受原中国农业银行的土地、房屋权属，免征契税。对中国农业银行股份有限公司以国家作价出资方式承受原中国农业银行划拨用地，不征契税。

国家税务总局《关于明确国有土地使用权出让契税计税依据的批复》（国税函〔2009〕603 号）明确，根据《财政部 国家税务总局关于土地使用权出让等有关契税问题的通知》（财税〔2004〕134 号）规定，出让国有土地使用权，契税计税价格为承受人为取得该土地使用权而支付的全部经济利益。对通过"招、拍、挂"程序承受国有土地使用权的，应按照土地成交总价款计征契税，其中的土地前期开发成本不得扣除。

卖房促销送契税　不如折价来销售

天然居房地产开发有限公司是江南一家小有名气的高档楼盘开发商，其开发的产品以造型独特，环境优美而为业内人士称道。但是，近日该公司的董事长兼总经理于奋进为一则产品促销广告犯起了愁。

原来，该公司经过近一年的紧张工作，精心打造开发的房屋产品"优雅居"别墅公园即将隆重推出销售。为了取得较好的销售业绩，公司在全市各大媒体做了广告宣传，承诺在开盘当日对前 20 名购买小洋楼别墅的购房者给予赠送契税的优惠，预计该项支出为 160 万元。公司打算在为购房者代理办证时，由公司自行支付契税款项，并作为销售费用在所得税税前列支。

在做销售预算的时候，于奋进认为，在销售过程中发生的支出可以抵缴企业所得税，从而少缴所得税 40 万元（160×25%），实际上公司进行促销而赠送的契税所支付的资金流出为 120 万元（160-40）。

广告宣传活动进行了一段时间后，咨询电话不断，其中对契税处理的最多。为了进一步落实有关政策，财务人员到税务部门与税政科的有关人员进行了沟通才了解到，因公司赠送契税不属于税法规定的可以税前扣除的公益救济性捐赠，不能税前列支扣除。

税务机关的答复让董事长兼总经理的于奋进十分尴尬。看来，公司不能抵扣所得税了，将超预算支出 40 万元。但是，他又不甘心自己的决策给公司带来损失，于奋进想到了税收策划。

政策分析：

他拨通了普誉财税策划工作室的咨询电话，咨询专家马云峰热情地接待了他。听了于奋进的情况介绍后，马云峰与他一起学习了有关文件。

国家税务总局《关于确认企业所得税收入若干问题的通知》（国税函〔2008〕875 号）第一条第五款明确，企业为促进商品销售而在商品价格上给予的价格扣除属于商业折扣，商品销售涉及商业折扣的，应当按照扣除商业折扣后的金额确定销售商品收入金额。

财政部、国家税务总局《关于营业税若干政策问题的通知》（财税〔2003〕16 号）规定，单位和个人在提供营业税应税劳务、转让无形资产、销售不动产时，如果将价款与折扣额在同一张发票上注明的，以折扣后的价款为营业额；如果将折扣额另开发票的，不论其在财务上如何处理，均不得从营业额中减除。

策划建议：

马云峰给出了一个策划方案：由于楼市产品尚未开盘，购销双方没有签订合同与协议，按照消费者的实际利益和公司利益都不受损失的原则，公司可以采取变通方式，由赠送契税改为打折销售。

策划分析：

当地契税的税率为房屋价值的3%，公司可以降低销售房价3个百分点，按九七折销售楼房。如此，购房者提前获得赠送，实际利益不受任何影响；房地产公司虽然提前时间支付160万元赠送金，但资金时间价值与获得的抵缴所得税相比可以不予考虑，而且还获得了少缴160万元部分的增值税、印花税和土地增值税的利益，双方完全可以接受。更重要的是，公司仍然没有违背营销广告承诺，信誉不会受到任何影响且符合税法规定。

折扣销售使销售额降低后，该房地产公司除了可以顺利实现抵扣160万元的应纳税所得额外，其他税收也可通过该项策划而节省下来，其具体的计算如下。

节省增值税、城市维护建设税和教育费附加为（这里假设按简易计税办法）：

$160 \times 5.5\%$（综合税率比例）$= 8.8$（万元）

节省的印花税为：

$160 \times 0.05\% = 0.08$（万元）

节省的土地增值税为：

$160 \times 1\%$（预征率）$= 1.6$（万元）

除所得税外，以上各税合计10.48万元。由于节约10.48万元税金将多缴纳企业所得税2.62万元（$10.48 \times 25\%$）。

如果忽略不考虑资金时间价值，此赠送契税变通折扣销售方案实现现金净流入为：

$160 \times 25\% - 10.48 - 10.48 \times 25\% = 47.86$（万元）

公司实际付出112.14万元（160-47.86），不仅符合赠送契税的预算支出120万元，还低于预算支出7万多元。

策划点评：

由于房产契税指房屋所有权发生变更时，就当事人所订契约按房价的一定比例向产权承受人征收的一次性税收。也就是说，它是在房地产产权变动时征收的一种专门税种。是在土地、房屋不动产所有权发生转移，按当事人双方订立契约等对产权随人征收的，是以所有权发生转移变动的不动产为征税对象，向产权承受人征收的一种财产税。对于房产承受人来说，是一种负担，所以，往往被房地产开发商用来作为促销的一种工具。但是，如果操作不当，又往往会事与愿违，给自己带来损失，这就是所谓涉税风险。

通过合理的策划，不仅可以帮助投资人规避这些风险，而且还能够实现其投资目的。

利用重组做策划，土地投资免契税。

自然人甲有一幢商品房价值1 000万元，自然人乙有货币资金500万元，两人谋划共同投资开办新华有限责任公司，注册资本为1 000万元。但是，在操作过程中遇到契税问题让两人出现了烦恼（假设该地缴纳契税的税率为4%）。

显然，在这里新华有限责任公司接受房产投资后应缴纳契税40万元（1 000×4%）。有没有方法通过策划让这笔税款免掉呢？

政策分析：

为贯彻落实《国务院关于进一步优化企业兼并重组市场环境的意见》（国发〔2014〕14 号），继续支持企业、事业单位改制重组，《财政部 税务总局关于继续支持企业 事业单位改制重组有关契税政策的通知》（财税〔2018〕17 号）明确自 2018 年 1 月 1 日起至 2020 年 12 月 31 日。

（1）企业改制。

企业按照《中华人民共和国公司法》有关规定整体改制，包括非公司制企业改制为有限责任公司或股份有限公司，有限责任公司变更为股份有限公司，股份有限公司变更为有限责任公司，原企业投资主体存续并在改制（变更）后的公司中所持股权（股份）比例超过 75%，且改制（变更）后公司承继原企业权利、义务的，对改制（变更）后公司承受原企业土地、房屋权属，免征契税。

（2）事业单位改制。

事业单位按照国家有关规定改制为企业，原投资主体存续并在改制后企业中出资（股权、股份）比例超过 50% 的，对改制后企业承受原事业单位土地、房屋权属，免征契税。

（3）公司合并。

两个或两个以上的公司，依照法律规定、合同约定，合并为一个公司，且原投资主体存续的，对合并后公司承受原合并各方土地、房屋权属，免征契税。

（4）公司股权（股份）转让。

在股权（股份）转让中，单位、个人承受公司股权（股份），公司土地、房屋权属不发生转移，不征收契税。

策划分析：

为了充分享受免征契税的优惠政策，应通过将非公司制企业，按照《中华人民共和国公司法》的规定，整体改建为有限责任公司（含国有独资公司）或股份有限公司，有限责任公司整体改建为股份有限公司，股份有限公司整体改建为有限责任公司，或通过企业合并和股权转让等企业重组，满足财税〔2018〕17 号文件的规定。

方案实施：

第一步，自然人甲到工商局注册登记成立甲个人独资公司，将自有房产投入甲个人独资公司，由于房屋产权所有人和使用人未发生变化，故无需办理房产变更手续，不需缴纳契税。

第二步，自然人甲对其个人独资公司进行公司制改造，改建为有限责任公司。吸收自然人乙投资，改建为新华有限责任公司，改建后的新华有限责任公司承受甲个人独资公司的房屋。

通过以上纳税策划，新华公司免征契税，比减少契税支出 40 万元。

策划点评：

上述内容是根据《财政部 税务总局关于继续支持企业 事业单位改制重组有关契税政策的

通知》（财税〔2018〕17号）进行原理分析的案例，从策划原理上讲，该文件留给纳税人的操作空间比较大。为了说明这个问题，在这里不妨引用资料再做一个分析。

金盛有限责任公司将于2019年1月向国有独资公司兴业有限责任公司购买一幢商品房，价值700万元，假设缴纳契税的税率为4%，金盛有限责任公司应缴纳契税28万元（700×4%）。

根据财税〔2018〕17号文件的规定，可以给出策划方案如下。

第一步，2019年1月，金盛有限责任公司与兴业有限责任公司签订投资协议，共同出资组建兴盛有限责任公司，注册资本为1000万元，金盛有限责任公司出资300万元，出资方式为货币资金，投资比例为30%，兴业有限责任公司出资700万元，出资方式为一幢商品房，投资比例为70%，并约定兴盛有限责任公司成立后，于6个月内办理商品房产权变更手续。办理商品房产权变更手续时，新设立的兴盛有限责任公司承受兴业有限责任公司投入的房产。根据财税〔2018〕17号文件的规定，办理商品房产权变更手续时，新设立的兴盛有限责任公司承受兴业有限责任公司投入的房产，因该公司投资比例超过50%，享受免征契税28万元。

第二步，办理完商品房产权变更手续后，2019年1月，金盛有限责任公司与兴业有限责任公司另签订一份股权转让协议，约定兴业有限责任公司将所持兴盛有限责任公司700万元股份原价转让给金盛有限责任公司股东。根据财税〔2018〕17号文件的规定，在股权（股份）转让中，单位、个人承受公司股权（股份），公司土地、房屋权属不发生转移，不征收契税。

第三步，股权转让手续办理完毕后，金盛有限责任公司与兴盛有限责任公司于2019年3月签订合并协议，由金盛有限责任公司合并兴盛有限责任公司，合并后金盛有限责任公司承受原兴盛有限责任公司的房产。

根据财税〔2018〕17号文件的规定，两个或两个以上的公司，依据法律规定、合同约定，合并为一个公司，且原投资主体存续的，对其合并后的公司承受原合并各方的土地、房屋权属，免征契税。因此，合并后金盛有限责任公司承受原兴盛有限责任公司的房产，享受免征契税28万元。

但是，最后笔者还是要提醒纳税人，契税政策的时效性和区域性特色十分明显，有些事项看似可以策划，但是，在实务过程中可能就不能操作。因此，大家需要注意涉税风险的规避。

第九章

企业所得税策划案例

企业发展再投资　策划得当增效益

江风公司注册资本 1 000 万元，有甲、乙两个自然人股东。截至 2020 年年末，该公司所有者权益 1 000 万元，其他公积金和未分配利润为零。2021 年年初通过市场调研后，该公司决定新上一生产经营项目，经测算需新增资金 3 000 万元，甲、乙股东商定此笔资金由公司股东按原出资比例分别筹集。

对于企业增资的问题，除了应当考虑有关股东的投资意愿以外，还有一个重要的问题，那就是税收问题。因为增资方案不同，对投资人的投资回报产生一定的影响。为了科学策划相关涉税事项，该企业的投资人专门聘请了咨询专家为其提供服务。

现场调研：

咨询专家到现场了解了该企业的生产经营情况、企业目前的积累情况以及下一步的发展规划等因素进行了调研，在掌握投资人的基本情况和发展愿景之后，结合企业的实际给出三种资金投入方案。

方案一，通过股权投资的方案对公司投入 3 000 万元。

方案二，公司向股东借款 3 000 万元。

方案三，股东向公司股权投资 350 万元，公司向股东借款 2 650 万元。

策划分析：

不同的投资方案，对企业未来的生产和经营产生影响，但是，这个影响的具体方案和效果又当如何呢？这里我们对上述各种方案分别进行分析（假设此投资项目不包括利息支出的年应纳税所得 500 万元）。

方案一，增资扩股。

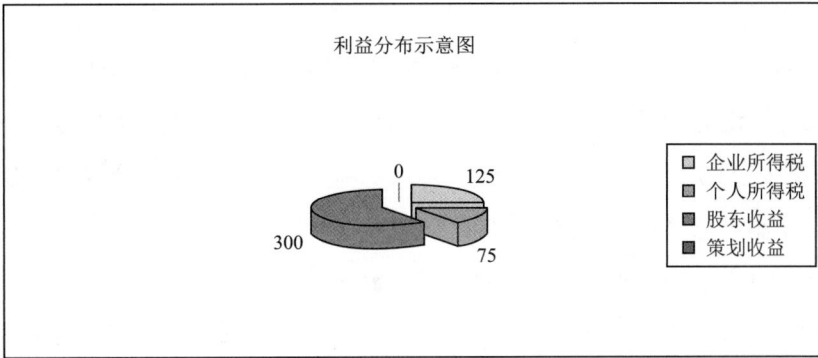

利益分布示意图

甲、乙两个自然人股东通过股权投资的方案为公司增资，假设该投资项目在以后年度，每年取得税前所得500万元。对该公司及股东相关企业所得税、个人所得税、股东收益计算如下。

应缴企业所得税＝500×25%＝125（万元）

应缴股息分红个人所得税＝（500−125）×20%＝75（万元）

综合以上两个因素，该企业应纳税合计＝125+75＝200（万元）；股东收益＝500−125−75＝300（万元）。

方案二，向股东借款。

根据国家税务总局《关于企业向自然人借款的利息支出企业所得税税前扣除问题的通知》（国税函〔2009〕777号）的规定，企业向股东或其他与企业有关联关系的自然人借款的利息支出，应根据《企业所得税法》第四十六条及《财政部 国家税务总局关于企业关联方利息支出税前扣除标准有关税收政策问题的通知》（财税〔2008〕121号）规定的条件，计算企业所得税扣除额。

由于财税〔2008〕121号文件规定，企业向股东或有关联关系的自然人借款的利息支出可以在企业所得税前扣除，为企业的股东对企业进行再投入时是采取股权投资还是对公司借款提供了可选择的可能。如本案例中股东对企业的投入由方案一的股权投入改为对公司借款，整体税负及股东收益测算如下。

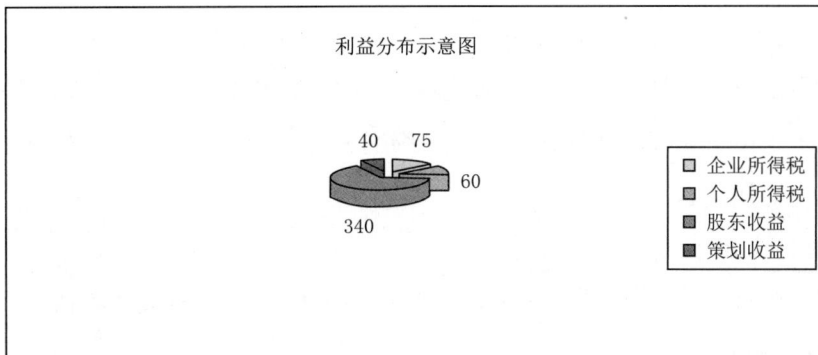

利益分布示意图

（1）企业所得税。

假设股东对公司借款 3 000 万元（该公司本年度除向股东借款外没有向其他关联方借款，并且年度内没有变化），年利率 10%，年利息为 300 万元，该年度金融企业同期同类贷款利率为 11.5%。根据《企业所得税法实施条例》第三十八条的规定，非金融企业向非金融企业借款的利息支出，不超过按照金融企业同期同类贷款利率计算的数额的部分，准予扣除，该公司向股东借资发生的利息支出 300 万元，没有超过税法的规定。

财税〔2008〕121 号文件规定，根据《企业所得税法》第四十六条和《企业所得税法实施条例》第一百一十九条的规定，企业接受关联方债权性投资的利息支出，在计算应纳税所得额时，企业实际支付给关联方的利息支出，除符合"企业如果能够按照《企业所得税法》及其实施条例的有关规定提供相关资料，并证明相关交易活动符合独立交易原则的；或者该企业的实际税负不高于境内关联方的，其实际支付给境内关联方的利息支出，在计算应纳税所得额时准予扣除"的条件外，债权性投资与其权益性投资的比例不超过"金融企业 5∶1，其他企业 2∶1"和《企业所得税法》及其实施条例有关规定计算的部分，准予扣除，超过的部分不得在发生当期和以后年度扣除。

由于该公司是向公司的股东借款，因此，此借款利息应根据财税〔2008〕121 号文件的规定，在"按照《企业所得税法》及其实施条例的有关规定提供相关资料，并证明相关交易活动符合独立交易原则"的基础上，按与股东权益性投资比例不超过 2∶1 的借款额计算的利息可在所得税前列支，超过部分不得列支。

关联债资比例为 3 000÷1 000＝3

不得扣除利息支出＝300×（1-2÷3）＝100（万元）

可扣除的利息支出＝300-100＝200（万元）

仍以该项目年应纳税所得 500 万元为前提计算，应纳税所得为 300 万元（500-200）；应缴企业所得税＝300×25%＝75（万元）。

（2）个人所得税。

股东利息收入应缴纳个人所得税 60 万元（3 000×10%×20%）。

企业所得税前列支利息 200 万元，但实际会计列支利息 300 万元，所以，可分配利润为 125 万元（500-300-75），股东股息分红收入应缴纳个人所得税 25 万元（125×20%）。

应缴个人所得税＝60+25＝85（万元）

（3）整体税收负担。

综合以上两个因素，该企业应纳税合计 75+85＝160（万元）；股东收益＝（300-60）+（200-75-25）＝340（万元）。

方案三，既扩股又借款。

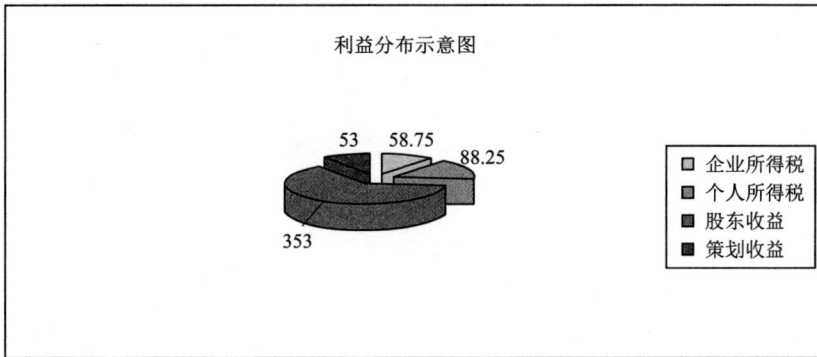

利益分布示意图

（1）企业所得税。

假设仍以该项目年应纳税所得 500 万元，公司向股东借款年利率 10%，该公司本年度除向股东借款外没有向其他关联方借款并且年度内没有变化为前提计算。

关联债资比例 2 650÷1 350＝1.963

该公司的借款比例没有超出税法规定，实际支付的 265 万元利息可全额扣除。

应纳税所得为 235 万元（500−265）；应缴企业所得税＝235×25%＝58.75（万元）。

（2）个人所得税。

股东利息收入应缴纳个人所得税 53 万元（2 650×10%×20%）。

企业所得税前列支利息 265 万元，可分配利润为 176.25 万元（500−265−58.75），股东股息分红收入应缴纳个人所得税 35.25 万元（176.25×20%）。

应缴个人所得税小计＝53+35.25＝88.25（万元）。

（3）整体税收负担。

综合以上两个因素，该企业应纳税合计 147 万元（58.75+88.25）；股东收益＝（265−53）+（235−58.75−35.25）＝353（万元）。

策划方案分析表　　　　　　　　　　　　　　　　　　单位：万元

操作方案	企业所得税	个人所得税	股东收益	税后利润
方案一	125	75	300	0
方案二	75	60	340	40
方案三	58.75	88.25	353	53

策划结论：

在方案一条件下，股东获得收益 300 万元；在方案二条件下，股东获得收益 340 万元；而在方案三条件下，股东则可以获得收益 353 万元。方案三与其他两种方案相比，税收负担低而股东收益高，应为该公司的最佳选择。

这是一则由普誉财税策划工作室提供的案例。随着企业的发展，再投入是企业持续经营中经常发生的经济行为。以什么方案来增加对企业的再投入，企业股东应算好税收账，争取以较低的税收成本取得较高的经济收益。

对于本案例而言，从对上述三种资金投入方案的分析中可以发现，股权投入的税收负担高于公司向股东借款的税收负担，而股东收益则是股权投入收益低于向公司股东借款收益。在公司向股东借款方案中，由于受债权性投资与其权益性投资比例的限制，超过比例的借款利息不得在企业所得税前列支。本案例中方案三针对此问题，将方案一合理地拆分为公司向股东借款和股权投资两部分，使债权投入与其权益性投资比例符合了税法的规定，公司借款发生的利息得以全额扣除，降低了公司再投入业务的税收负担。因此，方案三与其他两种方案相比，税收负担低而股东收益高，应为该公司的最佳选择。

股票炒作如何搞　时间窗口很重要

目前金融市场十分发达，如果投资人手中有钱，既可以进行直接投资，也可以从事间接投资，其中比较简捷的方式就是从事间接投资——通过股票市场博取股票差价收益和红利收益。对于机构投资者来说，在间接投资过程中投资收回的时机选择，对投资回报有时会产生很大的影响。

投资案例：

正昌财务公司 2019 年 5 月初决定以 1 000 万元投资于股票市场。5 月 15 日，接受投资顾问的建议，通过上海股票交易所以每股 10 元的价格购买了 B 公司的股票 100 万股。至 2020 年 4 月 16 日 B 公司的股票升值至每股 18 元。当天该公司发出公告：2020 年 5 月 16 日发放股利每股 4 元（税后）。

2020 年 5 月 14 日该公司接到一笔业务，需要运用这笔资金，因此，董事长决定将这笔投资收回。当日 B 公司的股票价格为每股 20 元。我们假设 B 公司除权前一天的股票交易价格为每股 20 元，除权以后股票的净值不变，即每股 16 元。正昌财务公司应当如何选择股票转让的时机，才能取得投资利益最大化？

政策分析：

新的企业所得税法对机构投资者对外投资所取得投资收益的涉税问题进行了具体的规定。企业所得税法第二十六条第（二）项规定，企业取得符合条件的居民企业之间的股息、红利等权益性投资收益为免税收入。企业所得税法实施条例第八十三条明确，企业所得税法第二十六条第（二）项所称符合条件的居民企业之间的股息、红利等权益性投资收益，指居民企业直接投资于其他居民企业取得的投资收益。企业所得税法第二十六条第（二）项和第（三）项所称股息、红利等权益性投资收益，不包括连续持有居民企业公开发行并上市流通的股票不足 12 个月取得的投资收益。换句话说，如果居民企业连续持有居民企业公开发行并上市流通的股票达到或者超过 12 个月以上，其取得的投资收益也是免税收入。

按照国家税务总局《关于贯彻落实企业所得税法若干税收问题的通知》（国税函〔2010〕79 号）第三条规定，企业转让股权收入，应于转让协议生效、且完成股权变更手续时，确认收入的实现。文件同时规定，转让股权收入扣除为取得该股权所发生的成本后，为股权转让所得。企业在计算股权转让所得时，不得扣除被投资企业未分配利润等股东留存收益中按该项股权所可能分配的金额。也就是说，虽然体现在留存收益中的税后利润一般为免税收入，但如果不进行分配而随着股权一并转让的，不视为免税收入处理。

国家税务总局《关于加强非居民企业股权转让所得企业所得税管理的通知》（国税函〔2009〕698 号）第三条明确股权转让所得指股权转让价减除股权成本价后的差额。

股权转让价指股权转让人就转让的股权所收取的包括现金、非货币性资产或者权益等形式的金额。如被投资企业有未能分配的利润或税后提存的各项基金等，股权转让人随股权一并转让该股东留存收益权的金额，不得从股权转让价中扣除。

策划分析：

在假设所购买的股票净值不变的前提下，正昌财务公司可以在行权前转让股票，也可以在行权后转让股票，但是，根据现行政策的规定，其结果有所差异。现根据具体实例进行计算和分析。

方案一：持股时间 12 个月以下。

正昌财务公司 2020 年 5 月 14 日转让 B 公司的股票 100 万股，取得价款 2 000 万元。在该笔价款中，虽然包括 400 万元股息、红利等权益性投资收益，由于这笔股息、红利等权益性投资收益在 B 公司宣告发放之后，但是，在实施发放日之前，且时间没有达到 12 个月以上，所以属于应税所得。

也就是说，正昌财务公司 2020 年 5 月 14 日转让 B 公司的股票 100 万股，取得价款 2 000 万元属于股票转让所得，应当全额作为企业所得税的计税所得，扣除投资成本 1 000 万元，那么，公司应当计算缴纳企业所得税额为：

（2 000−1 000）×25% ＝250（万元）

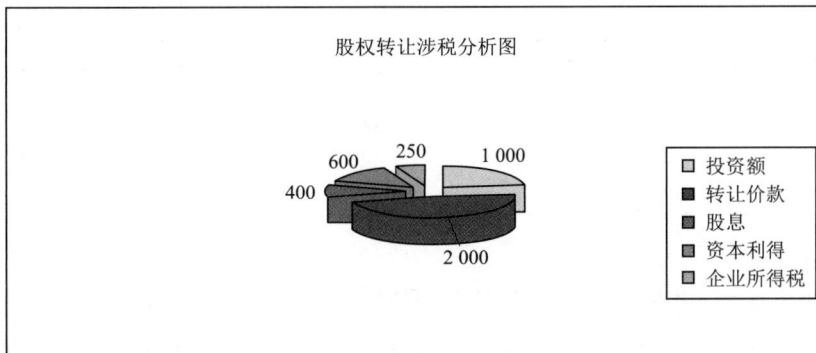

股权转让涉税分析图

图例：
□ 投资额
■ 转让价款
▨ 股息
▩ 资本利得
▨ 企业所得税

数据标注：600　250　1 000　400　2 000

方案二：持股时间 12 月以上。

正昌财务公司 2020 年 5 月 16 日转让 B 公司的股票 100 万股，取得价款 2 000 万元。该款项包括两部分，一部分为 B 公司宣告发放的股利。

$4 \times 100 = 400$（万元）

由于正昌财务公司 2019 年 5 月 15 日取得该笔股票，并于 2020 年 5 月 16 日通过二级市场转让 B 公司的股票 100 万股，持有时间超过 12 个月以上，根据现行税法的规定，如果居民企业连续持有居民企业公开发行并上市流通的股票达到或者超过 12 个月以上，其取得的投资收益是免税收入。

另一部分为股票转让所得。

$2\,000 - 400 = 1\,600$（万元）

这部分收益属于股票投资所得，扣除投资成本 1 000 万元，那么，公司应当计算缴纳企业所得税额为：

$（1\,600 - 1\,000） \times 25\% = 150$（万元）

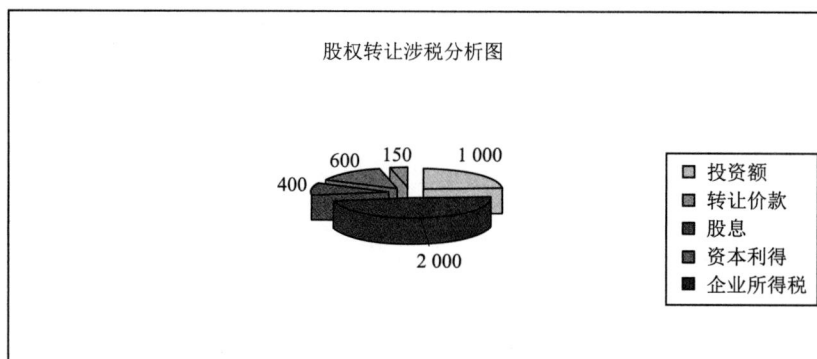

股权转让涉税分析图

策划结论：

通过上述分析，我们可以发现两种操作方案在投资净收益上存在差异。两者相差 100 万元（250−150）。而这个差异，就来自于股票转让的时间选择上。

投资方案分析表

单位：万元

投资方案	投资额	转让价款	股息	资本利得	企业所得税
方案一	1 000	2 000	400	600	250
方案二	1 000	2 000	400	600	150

策划点评：

通过二级市场进行股权投资已经是投资者经常利用的一个投资平台。人们通常选择比较简捷的方式从事间接投资——通过股票市场博取股票差价收益和红利收益，也就是人们通常所说的"炒股"。从事股票投资需要掌握有关常识。

1. 掌握股票市场的基本概念

在股票交易过程中应当注意掌握如下概念。

（1）转送股。

具有转送行为的股票叫作转送股。转送是一种分配形式，是送红股的意思，按持股比例有 10 送 1 到 10 送 10，高转送是高比例送股。转送也是一种股票分拆现象，是上市公司按比例将公积金转赠股本或按比例送红股的意思。

送红股是上市公司将本年的利润留在公司里，发放股票作为红利，从而将利润转化为股本。送红股后，公司的资产、负债、股东权益的总额结构并没有发生改变，但总股本增大了，同时每股净资产降低了。转增股本则指上市公司将资本公积转化为股本，转增股本并没有改变股东的权益，却增加了股本的规模，因而客观结果与送红股相似。

转增股本与送红股的本质区别在于：红股来自公司的年度税后利润，只有在公司有盈余的情况下，才能向股东送红股；而转增股本却来自资本公积，它可以不受公司本年度可分配利润的多少及时间的限制，只要将公司账面上的资本公积减少一些,增加相应的注册资本金就可以了。因此，只有盈利较高或公积金较高的企业才有实力进行高转送。一般情况下，高转送的股票都会经历转送前的抢权和除权之后的填权行情，如果操作得当，可以得到比较高的获利。

（2）成分股。

通过对股票市场上一些有代表性的公司发行的股票价格进行平均计算和动态对比后得出的数值被称为股票价格指数。股票价格指数能综合考察股票市场的动态变化过程，反映股票市场的价格水平，为社会公众提供股票投资和合法的股票增值活动的参考依据。那么，这些有代表性的公司股票被笼统地称为成分股。成分股就是一整套股票里的每只股票，比如上证 50ETF 里的股票就叫 50ETF 成分股。

上证 180 指数和深证 100 指数就是目前沪、深股市中两个具有典型代表性的指数，而构成上述指数的股票就分别称为上证 180 指数成分股和深圳 100 指数成分股。

（3）ETF 基金。

ETF 是交易所交易基金的简称，但为了突出 ETF 这一金融产品的内涵和本质特点，现在一般将 ETF 称为"交易型开放式指数基金"。

从本质上讲，ETF 属于开放式基金的一种特殊类型，投资者既可以向基金管理公司申购或赎回基金份额，又可以像封闭式基金一样在证券市场上按市场价格买卖 ETF 份额。不过，ETF 的申购赎回必须以一揽子股票换取基金份额或者以基金份额换回一揽子股票，这是 ETF 有别于其他开放式基金的主要特征之一。

2. 注意政策风险

投资于二级市场，存在涉税风险。对于机构（有限责任公司）投资者而言，需要关注《企业所得税法》第二十六条第（二）项、《企业所得税法实施条例》第八十三条的规定。税法规定，如果居民企业连续持有居民企业公开发行并上市流通的股票达到或者超过 12 个月以上，其取得的投资收益也是免税收入。

但是，在具体操作环节还需要注意如何交易，国家税务总局《关于贯彻落实企业所得税法若干税收问题的通知》（国税函〔2010〕79 号）规定，企业转让股权收入，应于转让协议生效、且完成股权变更手续时，确认收入的实现。转让股权收入扣除为取得该股权所发生的成本后，为股权转让所得。企业在计算股权转让所得时，不得扣除被投资企业未分配利润等股东留存收益中按该项股权所可能分配的金额。也就是说，虽然体现在留存收益中的税后利润一般为免税收入，但如果不进行分配而随着股权一并转让的，不视为免税收入处理。

对于非居民企业股权转让所得的处理，应当注意股权转让所得指股权转让价减除股权成本价后的差额。这里的股权转让价指股权转让人就转让的股权所收取的包括现金、非货币性资产或者权益等形式的金额。如被投资企业有未能分配的利润或税后提存的各项基金等，股权转让人随股权一并转让该股东留存收益权的金额，不得从股权转让价中扣除。

当然，有关投融资业务的涉税策划问题相对比较复杂，如果读者想了解更多的内容，可参阅《投融资业务财税筹划演练》《经营管理财税筹划演练》以及《纳税筹划实例全集》等专著。

合伙公司两企业　费用政策存差异

通过前述案例分析我们可以发现，合伙企业和个人独资企业与有限责任公司在经营成果上存在差异，但是，不能说谁优谁劣。那么为什么会出现这种情况呢？为了说明这个问题，我们在这里仍然以案例的形式加以阐述。

自由执业人李哲民发现我国的职业教育存在很大的操作空间和发展空间，于 2020 年 1 月初，他和一个朋友合伙投资创办了一个教育咨询服务性企业。在开业的两年里，年收入大约为 1 000 万元，计税利润在 316 万元左右。

在这样的情况下，他们是创办一个合伙企业好，还是注册一个有限责任公司公司好呢？

业务分析：

从税收策划的角度讲，经营平台的选择，关键是要看他们的经营项目以及经营过程中的操作空间是否足够的大。当然，要回答广大投资人和企业家们关心的问题，还需要进行具体分析（为了分析简便，在这里我们利用公司作为分析对象分析时，计算工资的过程中不考虑专项扣除事项和"四金"对税收的影响）。

1. 合伙企业的税收负担水平

合伙企业在此利润水平下适用税率为 35%，同时可以扣除投资者费用 6 万元／年，李哲民和他的合伙人则应缴纳个人所得税：

[（316×50%-6）×35%-6.55]×2＝93.3（万元）

也就是说，如果李哲民和他的朋友成立合伙企业，根据现行政策，其税收负担率为：

93.3÷316×100%＝29.53%。

2. 有限责任公司的税收负担水平

李哲民如果和他的朋友共同成立的是有限责任公司，为了便于比较，李哲民和他的朋友平时的工资也是每月5 000元，那么，他们最终取得的收益需要缴纳两道税。其具体纳税情况计算如下。

其一，工资的税收负担。公司的投资者如果每月发放5 000元工资，全年发放6万元工资，则免缴个人所得税。

其二，企业所得税。公司年度应缴纳企业所得税：

（316-6×2）×25%＝76（万元）

其三，红利应缴纳个人所得税。投资者个人分回股利收入应缴纳个人所得税：

（316-12-76）×20%＝45.6（万元）

作为有限公司，其三个纳税事项合计应当缴纳个人所得税与企业所得税为：

0+76+45.6＝121.6（万元）

然后再计算出投资人经营这个公司，在所得税上的税收负担率为：

121.6÷316×100%＝38.48%

将两种性质企业的税收负担进行比较，有限责任公司的税收负担水平比合伙企业的税收负担水平高8.95个百分点（38.48%-29.53%）。在这样的情况下，显然有限责任公司的税收负担比较高。

也就是说，从税收的角度讲，李哲民和他的朋友应当注册合伙企业比较好。

分析结论：

如果不做任何策划，通过上述分析我们可以发现，他们应当设立一个合伙企业去做经营。

那么，这个结论是不是绝对正确的呢？下面我们先对相关因子做些调整，然后做具体分析。

策划分析：

（1）适当提高投资人月工资，为8 000元下税收负担水平。

假设在他们注册成立的有限责任公司的基础上进行进一步分析，两个人股权所占比重各为50%（现实生活中这种情况很少出现，这里的假设为了公平）。在新税法条件下，有限责任公司所发生的合理性工资可以在企业所得税前列支。这里我们假设将两个老板的月工资以每月8 000元发放，即全年发放工资9.6万元，并且已经得到当地主管税务机关的认可。

其一，工资的税收负担。公司如果给老板李哲民每月发放8 000元工资，则其投资者个人年度工资薪金收入应缴纳个人所得税：

[（9.6-6）×3%]×2＝0.216（万元）

其二，企业所得税。公司年度应缴纳企业所得税：

（316−9.6×2）×25% =74.2（万元）

但是，为进一步支持小型微利企业发展，财政部 税务总局在《关于实施小微企业普惠性税收减免政策的通知》（财税〔2019〕13 号）明确对小型微利企业年应纳税所得额不超过 100 万元的部分，减按 25% 计入应纳税所得额，按 20% 的税率缴纳企业所得税；对年应纳税所得额超过 100 万元但不超过 300 万元的部分，减按 50% 计入应纳税所得额，按 20% 的税率缴纳企业所得税。

上述小型微利企业指从事国家非限制和禁止行业，且同时符合年度应纳税所得额不超过 300 万元、从业人数不超过 300 人、资产总额不超过 5 000 万元等三个条件的企业。

从业人数，包括与企业建立劳动关系的职工人数和企业接受的劳务派遣用工人数。所称从业人数和资产总额指标，应按企业全年的季度平均值确定。具体计算公式如下。

季度平均值 =（季初值 + 季末值）÷2

全年季度平均值 = 全年各季度平均值之和 ÷4

年度中间开业或者终止经营活动的，以其实际经营期作为一个纳税年度确定上述相关指标。

根据上述规定，公司年度应缴纳企业所得税：

100×25%×20%+（316−100−19.2）×50%×20%

=5+19.68

=24.68（万元）

其三，红利应缴纳个人所得税。投资者个人分回股利收入应缴纳个人所得税：

（316−9.6×2−24.68）×20% =54.424（万元）

从投资人的角度讲，其缴纳个人所得税和企业所得税三个纳税事项合计为：

0.216+24.68+54.424=79.32（元）

然后再计算出投资人经营这个公司，在所得税上的税收负担率为：

79.32÷316×100% =25.10%

（2）投资人月工资为 17 000 元下税收负担水平。

在新税法条件下，有限责任公司所发生的合理性工资可以在企业所得税前列支。这里我们假设将老板李哲民的月工资以每月 17 000 元发放，即全年发放工资 20.4 万元，两个人合计发放 40.8 万元，并且已经得到当地主管税务机关的认可。

其一，工资的税收负担。公司如果给老板李哲民每月发放 17 000 元工资，则其投资者个人年度工资薪金收入应缴纳个人所得税：

[（20.4−6）×10%−0.252]×2 =2.376（万元）

其二，企业所得税。根据财税〔2019〕13 号文件规定，公司年度应缴纳企业所得税：

100×25%×20%+（316−100−40.8）×50%×20%

=5+17.52

=22.52（万元）

其三，红利应缴纳个人所得税。投资者个人分回股利收入应缴纳个人所得税：

（316−40.8−22.52）×20%＝50.536（万元）

从投资人的角度讲，其缴纳个人所得税和企业所得税三个纳税事项合计为：

2.376+22.52+50.536＝75.432（万元）

然后再计算出投资人经营这个公司，在所得税上的税收负担率为：

75.432÷316×100%＝23.87%

（3）投资人月工资为3万元下税收负担水平。

在新税法条件下，有限责任公司所发生的合理性工资可以在企业所得税前列支。这里我们假设将老板李哲民和他的合作者的月工资以每月3万元发放，即全年发放工资36万元，两人合计发放72万元，并且已经得到当地主管税务机关的认可。

其一，工资的税收负担。公司如果给两个投资人每月发放3万元工资，则其投资者个人年度工资薪金收入应缴纳个人所得税：

[（36−6）×20%−1.692]×2＝8.616（万元）

其二，企业所得税。根据财税〔2019〕13号文件规定，该公司2020年度应缴纳企业所得税：

100×25%×20%+（316−100−72）×50%×20%

＝5+14.4

＝19.4（万元）

其三，红利应缴纳个人所得税。投资者个人分回股利收入应缴纳个人所得税：

（316−72−19.4）×20%＝44.92（万元）

从投资人的角度讲，其缴纳个人所得税和企业所得税三个纳税事项合计为：

8.616+19.4+44.92＝72.936（万元）

然后再计算出投资人经营这个公司，在所得税上的税收负担率为：

72.936÷316×100%＝23.08%

（4）投资人月工资为4万元下税收负担水平。

在新税法条件下，有限责任公司所发生的合理性工资可以在企业所得税前列支。这里我们假设将两个投资人的月工资以每月4万元发放，即全年发放工资96万元，并且已经得到当地主管税务机关的认可。

其一，工资的税收负担。公司如果给两个投资人的月工资以每月4万元发放，则其投资者个人年度工资薪金收入应缴纳个人所得税：

[（48−6）×25%−3.192]×2＝14.616（万元）

其二，企业所得税。根据财税〔2019〕13号文件规定，该公司2020年度应缴纳企业所得税：

$100 \times 25\% \times 20\% + （316-100-96） \times 50\% \times 20\%$

$=5+12$

$=17$（万元）

其三，红利应缴纳个人所得税。投资者个人分回股利收入应缴纳个人所得税：

（316-96-17）× 20% = 40.6（万元）

从投资人的角度讲，其缴纳个人所得税和企业所得税三个纳税事项合计为：

14.616+17+40.6 = 72.216（万元）

然后再计算出投资人经营这个公司，在所得税上的税收负担率为：

72.216 ÷ 316 × 100% = 22.85%

（5）投资人月工资为 6 万元下税收负担水平。

在新税法条件下，有限责任公司所发生的合理性工资可以在企业所得税前列支。这里我们假设将两个投资人的月工资以每月 6 万元发放，即全年发放工资 144 万元，并且已经得到当地主管税务机关的认可。

其一，工资的税收负担。公司如果给两个投资人每月发放 6 万元工资，则其投资者个人年度工资薪金收入应缴纳个人所得税：

[（72-6）× 30%-5.292] × 2 = 29.016（万元）

其二，企业所得税。根据财税〔2019〕13 号文件规定，该公司 2020 年度应缴纳企业所得税：

$100 \times 25\% \times 20\% + （316-100-144） \times 50\% \times 20\%$

$= 5+7.2$

$= 12.2$（万元）

其三，红利应缴纳个人所得税。投资者个人分回股利收入应缴纳个人所得税：

（316-144-12.2）× 20% = 31.96（万元）

从投资人的角度讲，其缴纳个人所得税和企业所得税三个纳税事项合计为：

29.016+12.2+31.96 = 73.176（万元）

然后再计算出投资人经营这个公司，在所得税上的税收负担率为：

73.176 ÷ 316 × 100% = 23.16%

将上述分析汇总起来，就得到如下数据（见工资与综合税收对照表）。具体分析有关数据我们可以发现如下有趣的情况：如果不进行策划，有限责任公司的税收负担水平比合伙企业的税收负担水平高 8.95 个百分点（38.48%-29.53%）。在这样的情况下，显然有限责任公司的税收负担比较高。但是，当可以在税前列支的费用增加时，其情况就发生了变化。当工资费用增加到 19.2 万元的时候，税收负担率就下降到 25.10%，比合伙制企业的税收负担率低 4.43 个百分点。后面的情况就变化不大了。

工资与综合税收对照表

单位：万元

月工资	企业所得税	缴税合计	税收负担率	策划收益
方案一	1 000	2 000	400	600
方案二	1 000	2 000	400	600

策划结论：

对于投资者而言，经营平台存在税收策划的空间和可能。

（1）如果不做任何税收策划，显然应当选择合伙企业或者个人独资企业。

（2）如果既是投资人，又是实际经营者，在实际经营过程中就应当注意：通过费用的策划可能影响到企业的经营成果。

（3）投资人的工资支付存在策划的空间。

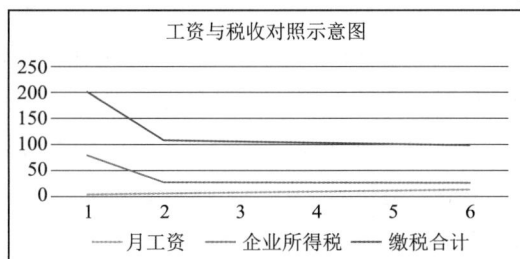

工资与税收对照示意图

注意事项：

这里我们是通过工资选项来进行具体分析的，对于老板的工资发放问题的涉税策划是一个复杂问题，需要全面分析和考量。这里需要提醒投资人注意以下三点。

（1）工资的"合理性"必须得到主管税务机关的认可。根据现行政策，对于应当计缴企业所得税的企业可以根据实际情况和需要核发员工的工资，包括在职投资人的工资支出，也就是税法规定的"合理的工资"支出。在本案例中，为了分析问题方便，我们仅假设了同口径对比分析，但是，对于一个具体公司而言，则可以在合理性上做文章。

（2）注意企业所得税的适用税率。本案例分析如果基于小型企业的适用税率20%的企业所得税，所产生的结论已经十分明显，但是对企业的财务核算提出更高的要求，否则，一旦计税利润超过标准，企业的税收负担就会相应的上升5个百分点。

（3）注意小型企业的标准。我国适用低税率的小型企业有三个临界点：一是年度应纳税所得额；二是从业人数；三是资产总额。而三个标准又会发生阶段性变化，因此，纳税人需要根据政策的变化随时调整。

利息工资有人做　涉税风险谁感知

随着我国工业生产发生转型的趋势日益明显，从事数控机床程序设计的软件工程师李睿坤看到了机会，计划做进一步发展。他看到我国的智能汽车事业很有发展前途，于是在2021年年初准备再上一个新项目。他投资的企业2020年度的基本情况如下：职工人数为29人，资产为1 500万元，年销售收入为2 000万元。经过测算，如果再投资300万元，销售额可以增加500万元，利润可达320万元。

但是，这笔资金到哪里筹措呢？他盘算着，公司经营了两年赚到了200多万元，但是，下一步经营还需要流动资金，不能全部拿出来买设备，最好通过其他渠道再筹措200万元。说来也巧，他的弟弟李睿宇在某事业单位上班，收入相对比较稳定，手上还有200万元闲置资金可以利用。双方协商以后决定按10%支付利息。

企业疑虑：

在签署借款协议的时候，弟媳在一旁提醒道："合同怎么签，影响到未来收益，也要注意风险啊！"

李睿坤知道弟媳所说的风险指涉税风险。我国目前的经济政策不断变化，但是，总的趋势是不断完善。而对未来企业收益影响最大的，就数税收政策问题，所以，事先的策划十分重要。

李睿坤对税收政策不甚熟悉，为了弄清楚与筹款有关的政策规定，他找了几个懂行的人请教了一下。营改增以后，根据现行税法规定，借款人要按贷款缴6%的增值税和20%的个人所得税，另外还要缴纳其他相关税费等。但是，有人出主意："都是自家兄弟，如果私下里操作不就什么事儿也没有啦？"

对于这个问题，他向几个要好的民营企业家打听了一下，发现他们都是如此操作的。这就让他迷惑了。

他知道，弟弟的20万元利息是税后净得，如果让他缴税，羊毛出在羊身上，这里的税收最终还是自己承担的。私下里操作怎么做？对自己的生产和经营将产生什么影响？对于这个问题，他一时搞不清楚，身边的人也说不明白。

"旁观者清，当局者迷"。于是他向专业咨询机构进行了咨询。当地的一家咨询机构的专家为其提供了服务。

税收策划咨询专家与李老板进行了深度沟通以后，结合目前的涉税政策（包括增值税、企业所得税和个人所得税）规定，给他进行了涉税分析。

假设李睿坤的企业是一家有限责任公司，扩大投资规模后2020年度的计税利润为320万元。在此情况下，他向弟弟借款200万元。这里有两个问题：一是开票还是不开票？二是有没有税收策划的机会和空间？

业务分析：

对于李睿坤来说，他考虑的应当是通过经营自己最终所取得的净收入是多少，在这个前提下，分析是否开票问题和其他策划方案。咨询专家在综合分析各种情况后，给出三种操作方案。

第一种情况：不开票。

在日常生活中，许多小企业的老板们都是如此操作的，他们认为，这样操作可以节税。那么，我们来计算一下，公司2020年的计税利润为320万元（不考虑其他因素，只分析增值税、企业所得税和个人所得税对经营成果的影响）。

由于公司的计税利润为320万元，适用25%的企业所得税，因此该公司需要缴纳企业所得税如下。

320×25%＝80（万元）

为了说明问题，我们假设李睿坤将税后利润全部用于分配，因此，还需要再缴纳一道20%红利个人所得税。

（320-80）×20%＝48（万元）

李睿坤合计缴纳128万元（80+48），公司获得的税后净利润为192万元。在这样的情况下，李睿坤还要支付他弟弟的利息20万元。因此，李睿坤当年只净赚了172万元。

第二种情况：开票。

到了年底，结算的过程中，李睿坤向其弟弟支付借款利息。于是，到当地主管税务机关开具借款发票。贷款的增值税适用税率为6%，但是，自然人偶然发生一笔经营业务按小规模纳税人在税务机关代开发票，适用征收率为3%，因此，李睿坤需要以其弟弟的名义缴纳增值税（20万元利息收入是不含增值税的）。

20×3%＝0.6（万元）

李睿坤需要以其弟弟的名义缴纳利息个人所得税：

20×20%＝4（万元）

李睿坤需要以其弟弟的名义缴纳增值税和个人所得税合计：

0.6+4＝4.6（万元）

然后，李睿坤就取得税务机关以其弟弟名义开具的发票。而这张发票是可以在公司的税前全额扣除的，公司的计税利润为320万元，于是，李睿坤的公司年利润为300万元，适用20%的企业所得税率，并对计税所得分别按25%和50%减征，因此该公司需要缴纳企业所得税如下。

100×25%×20%＝5（万元）

（300-100）×50%×20%＝20（万元）

因此，该公司2020年应缴纳企业所得税合计为25万元。

假设李睿坤将税后利润全部用于分配，因此，还需要再缴纳一道20%红利个人所得税。

（300-25）×20%＝55（万元）

李睿坤的公司合计缴纳80万元（25+55），另外，以其弟弟的名义缴纳了4.6万元，合计承担的总税负为84.6万元。在这样的情况下，李睿坤当年净赚了215.4万元。

第三种情况：将其弟弟聘为公司的员工，以发工资的形式抵利息。

据介绍，以工资的形式支付企业内部的集资款和借款，是许多中小型的习惯性做法。对于这种方法，咨询专家进行了全面的分析。

李睿坤如果向其弟弟私下里借款，但是将其弟弟聘为公司的员工，并为其发工资抵顶利息，两种情况下，其发生的费用相同，即借款在私下操作（可以按正规操作做比较），公司未扣除投资者工资的情况下，年度计税利润都为320万元。下面我们进行具体分析。

在新税法条件下，有限责任公司所发生的合理性工资可以在企业所得税前列支。这里我们假设将其弟弟李睿宇的月工资以每月17 000元发放，即全年发放工资204 000元，并且已经得到当地主管税务机关的认可。

其一，工资的税收负担。一人公司的投资者如果每月发放17 000元工资，则其投资者个人年度工资薪金收入应缴纳个人所得税：

（204 000−60 000）×20%−16 920＝1.188（万元）

其二，企业所得税。因公司给其弟弟每月发放工资17 000元，全年合计204 000元，那么，公司的年利润就低于300万元，适用20%的企业所得税率，并对计税所得分别按25%和50%减征，因此该公司需要缴纳企业所得税如下。

100×25%×20%＝5（万元）

（320−100−20.4）×50%×20%＝19.96（万元）

因此，该公司2020年应缴纳企业所得税合计为24.96万元。

其三，红利应缴纳个人所得税。投资者个人分回股利收入应缴纳个人所得税：

（320−20.4−24.96）×20%＝54.928（万元）

从李睿坤的角度讲，他替弟弟承担了工资薪金个人所得税1.188万元、缴纳企业所得税24.96万元、自己从公司分红承担红利个人所得税54.928万元。其三个纳税事项合计应当缴纳个人所得税与企业所得税为：

1.188＋24.96＋54.928＝81.076（万元）

李睿坤的公司合计缴纳81.076万元。在这样的情况下，李睿坤当年净赚了218.524万元（320−20.4−81.076）。

借款业务策划分析表　　　　　　　　　　　　　　　　　　单位：元

操作方案	替缴税款	企业所得税	个人所得税	税负总计	策划收益
方案一		800 000	480 000	1 280 000	0
方案二	46 000	250 000	550 000	846 000	434 000
方案三	11 880	249 600	549 280	810 760	469 240

分析结论：

通过以上分析我们可以发现，李睿坤向其弟弟借款来增加投资，如果按正规操作，即取得合法有效的票据入账，其税收负担要比不正规操作增加税后将收益434 000元。

风险提示:

在"融资难"的社会大背景下,这个案例具有一定的普遍性。因此,我们在这里做具体分析,以便大家在日常经营过程中做到举一反三,从而规避涉税风险。

(1)方案一是人们经常采用的一种模式,在此操作背景下,李睿坤从其弟弟处筹资,其支付的利息在私下处理。这种模式相当于投资模式,李睿坤所经营的企业合计缴纳企业所得税和红利个人所得税 128 万元,投资人获得的税后净利润为 192 万元。在这样的情况下,李睿坤还要用税后的利润支付他弟弟的利息 20 万元。因此,李睿坤当年只净赚了 172 万元。

所以,这个操作模式从税收的角度讲其筹资成本较高。

(2)在方案二的操作背景下,李睿坤以借款的形式从其弟弟处筹资,并从税务机关以其弟弟名义开具的发票。因此,其相应的利息可以列入公司的财务费用在税前全额扣除。公司的计税所得扣除利息后为 300 万元(320-20)。为进一步支持小型微利企业发展,财政部和税务总局在《关于实施小微企业普惠性税收减免政策的通知》(财税〔2019〕13 号)就小型微利企业所得税政策明确,自 2019 年 1 月 1 日至 2021 年 12 月 31 日,对小型微利企业年应纳税所得额不超过 100 万元的部分,减按 25% 计入应纳税所得额,按 20% 的税率缴纳企业所得税;对年应纳税所得额超过 100 万元但不超过 300 万元的部分,减按 50% 计入应纳税所得额,按 20% 的税率缴纳企业所得税。

上述小型微利企业指从事国家非限制和禁止行业,且同时符合年度应纳税所得额不超过 300 万元、从业人数不超过 300 人、资产总额不超过 5 000 万元等三个条件的企业。

从业人数,包括与企业建立劳动关系的职工人数和企业接受的劳务派遣用工人数。所称从业人数和资产总额指标,应按企业全年的季度平均值确定。具体计算公式如下:

季度平均值 =(季初值 + 季末值)÷2

全年季度平均值 = 全年各季度平均值之和 ÷4

年度中间开业或者终止经营活动的,以其实际经营期作为一个纳税年度确定上述相关指标。

李睿坤所办的公司正好符合上述规定,从低适用企业所得税。李睿坤去税务局开取临时经营发票,李睿坤的公司合计缴纳 80 万元(25+55),另外,以其弟弟的名义缴纳了 4.6 万元,合计承担的总税负为 84.6 万元。在这样的情况下,李睿坤当年净赚了 215.4 万元。

(3)在方案三的操作模式下,从李睿坤的角度讲,他替弟弟承担了工资薪金个人所得税 1.188 万元,公司则缴纳企业所得税 24.96 万元,自己从公司分红承担红利个人所得税 54.928 万元。其三个纳税事项合计应当缴纳个人所得税与企业所得税为 81.076 万元。在这样的情况下,李睿坤当年净赚了 218.524 万元。

应当说,上述计算仅仅是一个理论数据,但是,实务操作未必可行,主要有两个因素决定:一是李睿坤的弟弟李睿宇在某事业单位上班,实际上并未到该企业任职,如此操作有弄虚作假之嫌,一旦被税务稽查,则会被认定为偷税;二是即使其弟弟到该企业兼职,在税务管理手段进入"金三"时期，如此操作存在涉税风险。

企业筹建有困难　开办费用细打算

飞驰实业发展有限公司是一家新办企业，2019年9月办理了营业执照及税务登记，目前处于筹建期。投资了一套化肥生产设备，于2020年10月开始动工，直至2021年1月才开始生产经营。在筹建期间共支出4亿元，其中固定资产投资3.5亿元。截至2020年12月31日，为联系业务需要发生了宴请关系人员、赠送纪念品、业务关系人员的差旅费等开支，都按照有关财务、会计制度的规定，计入"管理费用——开办费"。筹建期开办费用5 000万元。

目前该企业财务经理张励感到困惑的是，根据《中华人民共和国企业所得税法实施条例》第四十三条规定，企业发生的与生产经营活动有关的业务招待费支出，按照发生额的60%扣除，但最高不得超过当年销售（营业）收入的5‰。由于这家企业2020年还处于筹建期，没有进行生产经营，也没有取得营业收入。那么对于以上支出，该企业在2021年度进行企业所得税汇算时如何扣除？是不是业务招待费发生年度没有取得营业收入就不得扣除？企业所得税法不考虑企业筹建期的特殊情况吗？

税务咨询专家对此问题进行了具体分析。

企业在筹建期间内会发生很多支出，包括购置固定资产、无形资产、存货等资本性支出，也包括人员工资、福利费、办公费、差旅费、注册登记费、财务费用、业务招待费、广告费、业务宣传费等支出。根据《企业会计准则——应用指南》（财会〔2006〕18号）、《小企业会计准则》（财会〔2011〕17号）的相关规定，企业在筹建期间内发生的开办费，包括人员工资、办公费、培训费、差旅费、印刷费、注册登记费以及不计入固定资产价值的借款费用等支出，应在实际发生时计入"管理费用（开办费）"科目，其他支出则按照相应的会计准则规定核算。而对于企业在筹建期间发生支出的税前扣除问题，企业所得税法及其实施条例均没有单独的条款规定，但实务中有关开（筹）办费的税前扣除存在很多问题。随着《关于企业所得税应纳税所得额若干税务处理问题的公告》（国家税务总局公告2012年第15号）的出台，以上问题得以明确。现归集如下。

其一，关于开办费是资本性支出还是收益性支出的问题。

2008年1月1日开始实施的企业所得税法及其实施条例没有延续原税法规定将开（筹）办费列作长期待摊费用。国家税务总局《关于企业所得税若干税务事项衔接问题的通知》（国税函〔2009〕98号）规定，企业的开（筹）办费可以在开始经营之日的当年一次性扣除，也可以按照新税法有关长期待摊费用的处理规定。"新税法有关长期待摊费用的处理规定"主要指按照企业所得税法第十三条第（四）项所称的其他应当作为长期待摊费用的支出，自支出发生月份的次月起，分期摊销，摊销年限不得低于3年。以上两种方式纳税人可以选择，但一经选定，不得改变。对于企业在企业所得税法实施以前年度的未摊销完的开办费，也可根据上述规定处理。以上规定在赋予纳税人选择权的同时,要求企业所得税的处理应保持一贯性。根据以上规定,飞驰实业发展有限公司 5 000 万元开办费用可以在 2021 年度进行企业所得税汇算时一次性扣除,也可以从 2021 年 2 月起,分 3 年扣除。但若在 2021 年度选择一次性扣除,以后纳税年度则不得再变更为长期待摊费用,分 3 年扣除。

其二,关于企业筹建期间是否计算为亏损年度的问题。

根据企业所得税法的相关规定,企业纳税年度发生的亏损,准予向以后年度结转,用以后年度的所得弥补,但结转年限最长不得超过 5 年。而企业在筹建期间一般是处于亏损状态的,若按照这一规定,势必会造成筹建时间过长的纳税人与其他纳税人不同的税收待遇,从而加大纳税人的负担。例如上例中的飞驰实业发展有限公司若从 2024 年开始盈利,2019 年的亏损由于已经超过 5 年,若无法弥补,则其纳税负担是不言而喻的。这样处理也不符合企业所得税法及其实施条例规定的权责发生制原则。

因此,国家税务总局充分考虑了筹建期的特殊情况,出台了《关于贯彻落实企业所得税法若干税收问题的通知》(国税函〔2010〕79 号),规定企业自开始生产经营的年度,为开始计算企业损益的年度。企业从事生产经营之前进行筹办活动期间发生筹办费用支出,不得计算为当期的亏损,应按照《关于企业所得税若干税务事项衔接问题的通知》(国税函〔2009〕98 号)第九条规定执行。上例中的飞驰实业发展有限公司应当自 2024 年起才为开始计算企业损益的年度,5 000 万元开办费支出不计入 2019 年—2023 年度的亏损。

其三,关于企业筹建期间发生业务招待费、广告费及业务宣传费能否扣除,如何计算扣除的问题。

业务招待费是企业在正常的经营过程中为联系业务、招待客人而发生的各种交际应酬支出。广告及业务宣传费则是企业为增加知名度、提升企业形象及开展业务宣传活动所支付的费用。对于这两类支出的税前扣除,目前税法均采取了按销售(营业)收入的一定比例限额扣除的做法。但这一规定也造成了一部分企业由于销售(营业)收入较少,计算扣除限额小,实际发生的业务招待费得不到税前扣除的问题。特别是对于新办企业,往往处于业务拓展期,客观存在没有实现销售却需要发生大量业务招待费和广告及业务宣传费的情况。这时仍然采取按照销售(营业)收入的一定比例限额扣除的做法显然不利于新办企业的发展。因此,国家税务总局考虑到以上费用本质上属于筹办费的范畴,在 2011 年度企业所得税汇算清缴期内出台了《关于企业所得税应纳税所得额若干税务处理问题的公告》(国家税务总局公告 2012 年第 15 号),明确了企业在筹建期间,发生的与筹办活动有关的业务招待费支出,可按实际发生额的 60% 计入企业筹办费,并按有关规定在税前扣除;发生的广告费和业务宣传费,可按实际发生额计入企业筹办费,并按有关规定在税前扣除。

综合以上规定,案例中的企业筹办期发生的业务招待费及广告费和业务宣传费在财务上直接归集计入"管理费用——开办费"的同时,在税务处理上按照业务招待费实际发生额的 60%(广告费和业务宣传费按实际发生额)或在企业开始经营之日的当年一次性扣除,也可以从开始经营之日的次月起，分期摊销，摊销年限不得低于3年，无需考虑销售（营业）收入的因素。但若已经选择一次性扣除，以后纳税年度则不得再变更为长期待摊费用，分3年扣除。

操作建议：

税法规定，企业自开始生产经营的年度，为开始计算企业损益的年度。企业从事生产经营之前，即筹办活动期间发生的筹办费用支出，不得计算为当期的亏损，应按照《国家税务总局关于企业所得税若干税务事项衔接问题的通知》（国税函〔2009〕98号）第九条的规定执行，即企业所得税法中开（筹）办费未明确列作长期待摊费用，企业可以在开始经营之日的当年一次性扣除，也可以按照企业所得税法有关长期待摊费用的处理规定进行处理，但一经选定，不得改变。企业在企业所得税法实施以前年度未摊销完的开办费，也可根据上述规定处理。

这些规定，是从纳税人利益的角度去考虑的。

企业自开始生产经营的年度，是开始计算企业损益的年度。如果筹办期的结束和经营期的开始，两者处于同一年度，则应分别按照有关规定确认筹办费摊销及经营年度的开始。

对于飞驰实业发展有限公司而言，该企业2021年开始生产经营，如果把2019年~2020年筹建期计算为亏损年度，由于2021年开始有收入，根据国税函〔2010〕79号文件第七条的规定，对企业来说就意味着亏损弥补期少了两年（2019年~2020年）。而按照国税函〔2009〕98号文件的规定，即企业所得税法中开（筹）办费未明确列作长期待摊费用，企业可以在开始经营之日的当年一次性扣除，也可以按照新税法有关长期待摊费用的处理规定处理，但一经选定，不得改变。如果企业在开始生产经营年度的2021年开始一次性或分期扣除开办费，则2021年产生亏损，亏损年度就从2021年开始起算，这样就延长了亏损弥补期限。

在实务过程中，投资人应当根据企业的战略规划全盘策划，从而做出适合自己的选择。

估价入账权宜计　后续处理最要紧

振华实业公司的财务总监李大明在对本公司进行2020年度的会计结算和企业所得汇算清缴的过程中遇到如下业务问题：其一，12月购进A材料1 000件，不含税单价2 000元，年末未取得发票，已估价入账。其二，振华实业公司以出包方式建造一幢管理办公大楼，2020年9月已达到预定可使用状态，其工程预算造价2 000万元。因施工方暂未提供工程决算报告，按2 000万元估价入账。

由于李总监是其他专业转岗过来的，目前财税业务还不太熟悉，对于第一笔业务的处理还说得过去，但是，对于第二笔业务的处理感觉没有把握。因此，他向咨询专家讨教：企业资产估价入账的会计和税收方面问题应当如何处理？在具体操作过程中应当注意什么？

对于企业资产估价入账的会计和税收的处理，咨询专家从政策和业务处理两个层面上给予指导，这里结合有关资料对相关事项进行了简要分析。

政策规定：

资产估价入账是一个常见的财会处理。现行《企业会计准则》和税法分别对存货、固定资产的估价做了规范。从会计角度，其主要目的是解决账实不符问题，如实反映账务状况和经营成果；从税法角度，涉及纳税调整事项，应正确计算应税所得额和应纳税额。资产估价处理在税收和会计上存在一定的差异。

对估价资产初始计量和后续计量，《企业会计准则——应用指南》对存货估价入账规定是，对于尚未收到发票账单，但货物已验收入库的，应在月份终了估价入账，待下月初再用红字予以冲回。

已达到预定可使用状态但尚未办理竣工决算的固定资产，应当按照估计的价值确定其成本，并计提折旧；待办理竣工决算后，再按实际成本调整原来的暂估价值，但不需要调整已计提折旧。

但是，税法上的规定则有所不同，国家税务总局《关于贯彻落实企业所得税法若干税收问题的通知》（国税函〔2010〕79号）第五条规定，企业固定资产投入使用后，由于工程款项尚未结清未取得全额发票的，可暂按合同规定的金额计入固定资产计税基础计提折旧，待发票取得后进行调整。但该项调整应在固定资产投入使用后12个月内进行。

根据国家税务总局《关于企业所得税若干问题的公告》（国家税务总局2011年34号，以下简称34号公告）规定，企业当年度实际发生的相关成本、费用，由于客观原因未能及时取得该成本、费用的有效凭证，企业在预缴季度所得税时，可暂按账面价值发生额进行核算；但在汇算清缴时，应补充提供该成本、费用的有效凭证。该公告对存货、固定资产由于估价涉及成本、费用税前扣除做了规定。

差异分析：

通过比较，存货、固定资产的会计与税收政策主要有以下区别。

（1）对取得合法票据的时间规定不同。

会计准则对估价入账存货，何时取得发票未做硬性规定。34号公告规定其估价入账并已结转成本、费用的存货，应在汇缴期内取得合法票据。如果未在汇缴期内取得发票，应作纳税调增，待以后年度取得时，再纳税调减。但34号公告未规定估价金额与发票金额之间的差异是否调整及调整所属期。根据国家税务总局《关于做好2009年度企业所得税汇算清缴工作的通知》（国税函〔2010〕148号）精神，企业在计算应纳税所得额及应纳所得税时，财务、会计处理办法与税法规定不一致的，应按照企业所得税法规定计算。企业所得税法规定未明确的，在没有明确规定之前，暂按会计规定。在实务中，对于估价金额与发票金额之间的差异数，通常计入实际取得发票的年度，在"主营业务成本"（或其他业务成本）中核算。

对于振华实业公司2020年12月份购进的A材料，假设当期全部生产领用，且生产的库存商品已全部结转成本。2021年4月取得供应商发票1 000件，单价为2 010元。2021年4月末"A材料"明细账中结存数量栏为0、结存金额为1 000×（2 010-2 000）=10 000（元）。由于在汇缴期内取得发票，不需纳税调整。4月末应做调整分录如下。

借：主营业务成本   10 000

  贷：原材料   10 000

不需要通过"以前年度损益调整"科目反映调整2020年"主营业务成本"项目金额。

（2）对固定资产后续计量要求不同。

按《企业会计准则——会计估计变更》规定，固定资产折旧的调整属于会计估计变更，指由于资产和负债的当前状况及预期经济利益和义务发生了变化，从而对资产或负债的账面价值或者资产的定期消耗金额进行调整。对会计估计变更应当采用未来适用法处理。在会计估计变更当期及以后期间，采用新的会计估计，不改变以前期间的会计估计，也不调整以前期间的报告结果。

国税函〔2010〕79号文件和34号公告对固定资产估价计提折旧有不同的规定。前者规定对估价计提折旧与实际到票计提折旧之间的差额，应纳税调整，且应在12月内进行；后者要求应在汇缴期内取得发票，但对差额是否调整未明确。

对于企业估价固定资产，在汇算清缴期内取得发票涉及调整折旧，比较容易做到。但如果折旧调整跨两个不同的汇缴年度，则存在退税或补税问题，实务操作中相对比较麻烦。

振华实业公司建造的办公大楼，如果2021年4月施工方提供竣工决算报告，其实际造价2 200万元，双方均确认，施工方已开具发票。假设会计与税法规定的使用寿命均为20年，那么，残值率为0（为了分析方便，这里假设残值率为0），2020年按估价金额计提折旧 = 2 000 ÷ 20 × 3 ÷ 12 = 25（万元）。

按发票金额应计提折旧 = 2 200 ÷ 20 × 3 ÷ 12 = 27.5（万元）

其差额 = 27.5 − 25 = 2.5（万元）

按国税函〔2010〕79号文件规定，应在2020年度企业所得税申报表附表九"资产折旧、摊销纳税调整明细表"中反映调减金额2.5万元。但按会计准则规定，不需要做调整分录。

如果我们假设振华实业公司取得工程竣工决算报告及发票时间在2021年8月。因2020年汇缴时未调整折旧额，如果按国税函〔2010〕79号文件规定，企业需向税务机关申请2020年退税款。假设所得税税率为25%，应退税额为：

25 000 × 25% = 6 250（元）

实务中，为减少税务机关的执法成本和纳税人的遵从成本，按新法优于旧法的原则，34号公告具有操作性。对固定资产折旧差异金额不作为以前年度的纳税调整事项，除非发生会计差错。这样使会计与税法规定保持一致，均采用未来适用法。如上述振华实业公司2020年应计提折旧额：

（22 000 000 − 250 000）÷（20 × 12 − 3）× 12 = 1 101 265.82（元）

注意事项：

（1）应真实反映估价入账资产。有的企业为了人为调节利润，往往先结转成本，再用倒轧法来估价存货。这样做违背了会计信息质量可靠性原则。由于毛利率是所得税纳税评估中的主要指标，通过对比分析毛利率的异常，容易发现问题，也是税收检查中的高风险领域。因此，企业应实事求是地反映估价资产，不能人为调节成本。

（2）估价入账资产的资料应翔实。企业应提供与估价存货相关的资料，如购销合同、存货验收入库单、供货单位的送货通知以及企业出具给供应商的收货证明等。财会部门除了设置二级明细账外，还应按供应单位设置三级明细账，以方便对账。

（3）尽可能在汇缴期内取得合法票据。企业在日常会计核算中，应按照会计准则的规定，做好存货与固定资产的估价入账，在年度终了应及时督促采购、基建部门，与供货商、施工单位抓紧时间，开具发票进行结算。

（4）保持与供应商的沟通。估价存货是动态的，一般在以后期间陆续取得发票。企业在与供应单位结算时，有时会集中开具发票，使存货估价明细与发票无法一一对应。出现这种情况，容易引起税务机关、税务师事务所与企业之间的争议。为避免此类问题，建议企业与供应单位协商，对估价的存货应单独开具发票，使前期估价存货的数量、规格、批次型号与开具发票及清单保持一致。

融资租赁与贷款　如何选择有讲究

某企业因生产需要增设一条流水线，价值1 000万元，每年可增加利润400万元，残值50万元。该企业有两种选择方案，一是向固定资产租赁公司融资租赁，年折旧（租金）200万元（融资租赁不能在税扣除租金，但是可以计提折旧，我们假设折旧期限为6年，按直线法计提折旧，这时的折旧正好等于租金。下同），租赁期6年；二是向银行贷款，期限6年，年利率为10%，分期付息一次还本。设备折旧情况相同，在此可不予考虑。（复利现值系数：PVIF10%，6 = 0.565；年金现值系数：PVIFA10%，5 = 3.791；年金现值系数：PVIFA 10%，6 = 4.355）

融资年租金为200万元、贷款年利率为10%利益对照表（表一） 单位：万元

计算项目	融资租赁	银行贷款	
时间	第1~6年	第1~5年	第6年
税前息前利润	400	400	450
折旧（租金）/利息	200	100	100
税前利润	200	300	350
所得税（25%）	50	75	87.5
税后利润	150	225	262.5

从上表可知，通过融资租赁，其税后利润的现值和为：

150 × 4.355 = 653.25（万元）

向银行贷款，其税后利润的现值和为：

225×3.791+262.5×0.565＝1 001.287 5（万元）

表面上看，后者的现值要大于前者，但实际上后者因为第6年要支付1 000万元的贷款，所以银行贷款的现值应为436.287 5万元（1 001.287 5－1 000×0.565）。相比之下，企业采用融资租赁方式更合算。

策划分析：

但是，如果融资租赁的租金或者银行贷款的利率发生变化，结果就有可能发生变化。

下面我们假设融资租赁的利息不变，而银行贷款的利率从10%下调至5%，看情况如何。

该设备的价值1 000万元，每年可增加利润400万元，残值50万元。该企业有两种选择方案，一是向固定资产租赁公司融资租赁，年折旧（租金）200万元，租赁期6年；二是向银行贷款，期限6年，年利率为5%，分期付息一次还本。设备折旧情况相同，在此可不予考虑。（复利现值系数：PVIF5%, 6＝0.746；年金现值系数：PVIFA5%, 5＝4.329；年金现值系数：PVIFA5%, 6＝5.075）

融资年租金为200万元、贷款年利率为5%利益对照表（表二） 单位：万元

计算项目	融资租赁	银行贷款	
时间	第1~6年	第1~5年	第6年
税前息前利润	400	400	450
折旧（租金）/利息	200	50	100
税前利润	200	350	350
所得税（25%）	50	87.5	100
税后利润	150	262.5	300

从上表可知，通过融资租赁，其税后利润的现值和为：

150× 5.075＝761.25（万元）

向银行贷款，其税后利润的现值和为：

262.5×4.329+300×0.746＝1 360.162 5（万元）

通过以上分析我们可以发现，虽然银行利率下调，使企业通过银行贷款筹资经营实现的利润现值有所增加，但是当银行利率为5%时，该企业归还银行贷款后的利润的净现值为614.162 5万元（1 360.162 5－1 000×0.746）。相比之下，企业采用融资租赁方式仍然比较合算。

如果融资租金发生变化的情况如何？下面我们假设融资租赁的租金由200万元变为250万元，而银行贷款的利率5%。

该设备的价值1 000万元，每年可增加利润400万元，残值50万元。该企业有两种选择方案，一是向固定资产租赁公司融资租赁，年租金（折旧）250万元，租赁期6年；二是向银行贷款，期限6年，年利率为5%，分期付息一次还本。设备折旧情况相同，在此可不予考虑。（复利现值系数：PVIF5%, 6＝0.746；年金现值系数：PVIFA5%, 5＝4.329；年金现值系数：PVIFA5%, 6＝5.075）

融资年租金为 250 万元、贷款年利率为 5% 利益对照表（表三） 单位：万元

计算项目	融资租赁	银行贷款	
时间	第 1~6 年	第 1~5 年	第 6 年
税前息前利润	400	400	450
租金（折旧）/ 利息	250	50	50
税前利润	150	350	400
所得税（25%）	37.5	87.5	100
税后利润	112.5	262.5	300

从上表可知，通过融资租赁，其税后利润的现值和为：

$112.5 \times 5.075 = 570.9375$（万元）

向银行贷款，其税后利润的现值和为：

$262.5 \times 4.329 + 300 \times 0.746 = 1360.1625$（万元）

策划点评：

通过以上分析我们可以发现，虽然银行因为第 6 年要支付 1 000 万元的贷款，所以银行贷款的现值为 614.162 5 万元（1 360.162 5−1 000×0.746）。但是，由于融资租赁业务的租金（折旧）成本增加对企业的税后利润有所影响，其税后利润的现值比银行贷款方式少一些，因此，在这样的情况下，企业采用银行贷款方式更合算。

研发产品有操作　税收因素是关键

长城科技发展有限公司 2021 年准备开发一则专利产品，预计开发费用 1 000 万元。在具体操作过程中，公司决策机构获得两个产品开发的方案：一是内部成立技术研发部；二是另外再成立一个独立核算的公司专门从事技术研发，然后将研的产品对外销售。

根据预测，该产品如果对外销售，可以取得收入 500 万元，长城科技发展有限公司当年税前利润 2 500 万元，研究开发费用已全部计入当期损益，没有其他纳税调整。

策划分析：

方案一：长城科技发展有限公司内部成立技术研发部，2020 年该部门全年研究开发费用 1 000 万元，技术转让收入 500 万元，该公司当年税前利润 2 500 万元，研究开发费用已全部计入当期损益，没有其他纳税调整。

有关税务处理为，按税法规定，技术转让收入免征增值税；所得税前除可扣除实际发生的技术开发费 1 000 万元外，还加计扣除 500 万元，2021 年长城科技发展有限公司应交企业所得税为：

（2 500−500）×25% = 500（万元）

方案二：如果长城科技发展有限公司将研发部门独立出来成立一家全资的高新技术企业

或研发企业 A 公司。

不考虑成立新公司新增的管理费用，则 A 公司技术转让收入 500 万元，技术开发成本 1 000 万元，公司亏损实际发生亏损 500 万元。

所以，A 公司无需缴纳企业所得税，享受不到企业所得税的税收优惠。

对于长城科技发展有限公司来说，如果将研发部门独立出来后，其 1 000 万元的研发费用将不再发生，换一句话说，就是该公司增加税前利润 1 000 万元。那么，公司的税前利润变为：

2 500+1 000-500＝3 000（万元）

公司应交企业所得税：

3 000×25% ＝750（万元）

两家公司合计应交企业所得税 750 万元。

策划结论：

在研发产品的销售收入为 500 万元的条件下，长城科技发展有限公司内部设立研发部更节税，少缴 250 万元（750-500）。

策划点评：

对于研发费用的涉税策划问题，这里引用普誉财税策划工作室提供的一个资料进行分析，试图证明技术能力必须是内生的，企业的技术创新必须加强自主研究开发。我国为激励企业技术创新，特别是对专门从事技术研究开发的高新技术企业出台了一系列税收优惠政策。对企业的研究开发业务，可以在企业内部设立研发部，也可以将此业务独立出来设立全资子公司，这样就给企业研究开发业务带来了纳税策划空间。

如果估计其开发产品的市场价值较大，价值远远大于开发成本，则思路与以上分析正好相反，可以考虑将企业的研发部门分离出来。根据财政部、国家税务总局关于贯彻落实《中共中央国务院关于加强技术创新，发展高科技，实现产业化的决定》（财税〔1999〕273 号）有关税收问题的通知，对单位和个人从事技术转让、技术开发业务和与之相关的技术咨询、技术服务业务取得的收入，免征营业税。根据 2008 年 1 月 1 日实施的《企业所得税法实施条例》，一个纳税年度内，居民企业技术转让所得不超过 500 万元的部分，免征企业所得税；超过 500 万元的部分，减半征收企业所得税。技术转让所得，即技术转让收入减去技术开发成本。

如果估计企业的研发部门能够分离出来认定为国家需要重点扶持的高新技术企业，可以考虑将技术开发部门独立出来设立高新技术企业，享受高新技术企业的税收优惠。根据新《企业所得税法》，自 2008 年 1 月 1 日起，国家需要重点扶持的高新技术企业，减按 15% 的税率征收企业所得税。根据《国务院关于经济特区和上海浦东新区新设立高新技术企业实行过渡性税收优惠的通知》（国发〔2007〕40 号），对深圳、珠海、汕头、厦门和海南经济特区和上海浦东新区内在 2008 年 1 月 1 日（含）之后完成登记注册的国家需要重点扶持的高新技术企业，在经济特区和上海浦东新区内取得的所得，自取得第一笔生产经营收入所属纳税年度起，第一年至第二年免征企业所得税，第三年至第五年按照 25% 的法定税率减半征收企业所得税。

企业内部设研发部的税收优惠。2008年1月1日实施的《企业所得税法》和《实施条例》规定，开发新技术、新产品、新工艺发生的研究开发费用可以在计算应纳税所得额时加计扣除。研究开发费用，未形成无形资产计入当期损益的，在按照规定据实扣除的基础上，按照研究开发费用的50%加计扣除；形成无形资产的，按照无形资产成本的150%摊销。2008年12月10日，为了配合《企业所得税法》及其《实施条例》的实施，进一步规范企业研究开发费用的税务管理，国家税务总局下发了《关于印发企业研究开发费用税前扣除管理办法（试行）的通知》（国税发〔2008〕116号），该通知对"研究开发活动"做出明确定义和具体范围，从新划定了"研究开发费用"的开支范围，细化了加计扣除的规定。该通知规定，企业根据财务会计核算和研发项目的实际情况，对发生的研发费用进行收益化或资本化处理的，可按下述规定计算加计扣除：（1）研发费用计入当期损益未形成无形资产的，允许再按其当年研发费用实际发生额的50%，直接抵扣当年的应纳税所得额。（2）研发费用形成无形资产的，按照该无形资产成本的150%在税前摊销。除法律另有规定外，摊销年限不得低于10年。

从以上税收优惠政策看出，对研究开发业务，软件企业实行增值税即征即退政策，技术有关收入免征营业税，所以税收策划主要是所得税的策划。

注：更多的企业所得税策划案例，请参阅笔者的《所得税纳税筹划实战案例精选》。

费用归集不合理　不能再算高新企

在一般人看来，上市公司人才集中，管理严格，不会出现涉税风险。但是，贝因美（002570）曾被取消高新技术企业资格，而且还被追缴税款。这是怎么一回事儿呢？

企业情况：

2011年9月29日贝因美发布了《关于收到补缴税款通知的公告》，公告称公司于近日收到杭州市滨江区国家税务局的通知：根据《审计署关于浙江省国家税务局2009年至2010年税收征管情况的审计决定》（审财决〔2011〕193号），审计署认定，我单位存在2008年申报高新技术企业资格时，前三年实际投入的研发费用占销售收入的比重仅为0.65%，且申报的发明专利与其主要产品的核心技术不直接相关。减免的2008年度和2009年度高新技术企业所得税，需补缴税款58 927 096.40元。本事项，将减少公司的净资产及公司资金58 927 096.40元，将影响2008年、2009年度净利润分别为10 822 485.57元、48 104 610.83元。公司将于2011年9月29日补缴上述税款。

2012年5月23日贝因美发布重大事项公告，公告称公司收到《关于浙江贝因美科工贸股份有限公司不具备高新技术企业资格的通知》（浙科发〔2012〕19号）文件：鉴于浙江贝因美科工贸股份有限公司认定前三年研发费用归集不合理，根据《高新技术企业认定管理办法》（国科发火〔2008〕172号），经省高新技术企业认定管理领导小组研究决定，浙江贝因美科工贸股份有限公司不具备高新技术企业资格。根据以上通知，公司将于2012年5月30日前补缴税款

27 852 597.94 元，此事项将影响公司 2012 年费用 27 852 597.94 元。

贝因美（002570）于 2011 年 4 月 12 日上市，却于 2011 年、2012 年先后两次被追缴税款且被取消高新技术企业资格，其原因却是内部管理方面——收入和费用的处理不当。

政策分析：

对于企业内部的管理问题，目前在我国的企业中还是十分普遍。特别是涉及税收方面，企业人士对相关政策在本企业的落实上难以契合。比如 L 企业研发费用归集在自查过程中发现如下问题：企业职工总数 35 人，研发人员 31 人，31 人在 2015 年的工资、公司支付的社保、住房公积金共计 280 万，全部计入研发费用。

其实，类似的问题不是个别，《科技部 财政部 国家税务总局关于高新技术企业认定管理工作重点检查有关情况及处理意见的通知》（国科发火〔2015〕299 号），三部门对高新技术企业的检查中，发现因研发费用不达标取消资格的企业占比最高。国科发火〔2015〕299 号文件公布的最终处理意见中，企业研发费用归集主要存在以下问题：一是费用总额未达到规定比例；二是费用与研发活动的关联性不足；三是费用归集缺乏相关依据。

上述 L 企业研发费用归集是否合理？

扩大高新研发费用归集范围，研发人员占据总人数比例过高，将研发人员的全部工资均计入研发费用缺乏合理依据，应当根据实际参与研发人员的职责分工，区分专门研发人员及辅助研发人员，编制研发人员工时比例分配表，结合研发人员的考勤或工作记录等辅助证明研发费用归集的合理性。

高新研发费用由人员人工、直接投入、资产折旧摊销、设计、装备调试、委托研发等费用构成。《高新技术企业认定管理工作指引》（国科发火〔2016〕195 号）分别对各项费用做出了严格定义。实践中，往往普遍存在计提未实际发生的费用违规归集问题，应重点关注。此外，对于委托研发的费用应按实际发生额的 80% 计入，对于受托研发费用不应列为本企业的研发费用，人员人工费用中五险一金的是否计入应按新老办法执行期间分类处理，归集的其他费用应不超过研发总费用的 10%（老指引规定）或 20%（新指引规定）。

实务操作：

企业的研究开发费用是以单个研发活动为基本单位分别进行测度并加总计算的。企业应对包括直接研究开发活动和可以计入的间接研究开发活动所发生的费用进行归集，并填写附件 2《高新技术企业认定申请书》中的企业年度研究开发费用结构明细表。

在具体操作过程中应当注意把握以下三个方面：其一，规范研发费用的会计核算方法，根据企业实际经营状况选择会计科目。其二，编制工时分配表、领料单、审批单等作为研发费用合理归集的有效凭证。其三，编制研发费用辅助账，注重原始凭证、各项目费用、各科目费用归集的合理性与一致性。

企业应按照企业年度研究开发费用结构明细表设置高新技术企业"专用研发费用辅助核算账目"并提供相关明细表，并按《工作指引》要求进行核算。

（1）人员人工费用；（2）直接投入费用；（3）折旧费用与长期待摊费用；（4）无形资产摊销费用；（5）设计费用；（6）装备调试费用与试验费用；（7）委托外部研究开发费用；（8）其他费用（资助研发"加计扣除"辅助账）。

专家点评：

国家高新技术企业认定由科技部、财政部、税务总局指导管理。按照规定，只有当企业研发投入占比、高新技术产品收入占比、科技人员数量、技术创新能力等核心指标满足一定条件才能获此认定。所以，高新技术企业的认定有难度，有些行业很难被认定为高新技术企业，比如互联网企业，据资料介绍，安徽省蚌埠市有一家从事互联网的软件企业在 2016 年通过了高新技术企业认定，成为当地首家获国家高新技术企业认定的互联网企业。高新技术企业的认定，进一步巩固了该企业在本地区软件和信息服务业的领先地位，标志着该企业由企业定制软件开发向软件平台与技术创新并重的互联网文化企业的转型取得了阶段性成果和重要突破，对于提升该企业的整体品质、拓展信息技术服务盈利模式奠定了坚实的基础。同时，高新技术企业的认定也将使该企业在技术创新、项目研发、税收等方面获得更多政策优惠和资金支持的有利条件，有助于企业团队加快转型升级步伐，全面提高参与互联网行业竞争力。

据了解，类似此类的企业能够被认定为高新技术企业的还不多。可见高新技术企业的门槛还是挺高的。但是，目前我国的企业家往往将更多的时间和精力放在市场开拓上，而对企业的内部管理，其中特别是具体专业性的财税管理不在行，又缺乏咨询意识，从而导致涉税风险发生，导致不太容易取得的资源丢失。已认定的高新技术企业有下列行为之一的，由认定机构取消其高新技术企业资格。

（1）再申请认定过程中存在严重弄虚作假行为的。

（2）发生重大安全、重大质量事故或有严重环境违法行为的。

（3）未按期报告与认定条件有关重大变化情况，或累计两年未填报年度发展情况报表的。

对被取消高新技术企业资格的企业，由认定机构通知税务机关《税收征管法》及有关规定，追缴其自发生上述行为之日所属年度起已享受的高新技术企业税收优惠。

就一般的高新技术企业来说，其后续管理中常见的风险事项主要以下几个方面。

（1）两个收入比例计算不正确。

（2）企业未按规定设置研发费用辅助账。

（3）企业科技人员占全年职工总数未达到规定比例。

（4）将非研发人员的工资薪金和"五险一金"归集为研发人员人工费用。

（5）将业务招待费用、应酬交际费及赠品费用列入研发费用支出。

（6）将对外支付的其他费用误归集入委托外部研究开发费用中。

（7）企业委托外部研发费用占总研发费用的比例过高。

（8）研发领用原料与生产领用原料一致，且领用材料金额、数量较大。

（9）年度申报表填报数据与留存备查资料数据不一致。

高新产品有范围　企业认定需谨慎

高新技术企业指在《国家重点支持的高新技术领域》明确的范围内从事研究开发与技术成果转化，并以此为基础开展经营活动的居民企业。这类企业的共同特点是，知识密集、技术密集、成长迅速，有自己的专有技术、有较强的赢利能力。由于属于国家和地方鼓励发展的企业，所以，能够享受到多种收入和扣除类的税收优惠政策，这类业务，如果不能正确进行税务处理，会在税务检查中被发现而给企业带来税务风险。

企业案例：

浦江科技开发有限公司是 2017 年 1 月 12 日在当地主管工商行政管理部门注册成立的技术服务性企业，当年实现主营业务收 3 580 万元。2018 年 1 月 18 日被认定为高新技术企业，2018 年度实现高新技术产品销售收入为 6 830 万元，其中，高新技术产品销售收入为 6 359 万元，占销售收入的 93%。

税务稽查：

2019 年 9 月 18 日，上海市某区国家税务局在稽查工作中，发现所属区内浦江科技开发有限公司在申请认定时高新技术领域为高新技术专业服务，且申报的主要高新产品（服务）收入为技术性收入，但其实际主营收入为产品销售收入，且占年度总收入 90% 以上。

但是，在税务检查过程中，税务人员发现，该企业所销售产品并非自身生产制造，也非委托外单位加工制造，而是源自纯粹"购销关系"的商业购销行为。

税务处理：

浦江科技开发有限公司被取消高新技术企业资格，检查人员按规定调增了当年度应纳税所得额并进行了处理、处罚。

专家点评：

这种提交虚假材料的行为必然会给企业带来巨大的税务风险。《科技部 财政部 国家税务总局关于修订印发〈高新技术企业认定管理办法〉的通知》（国科发火〔2016〕32 号）和《科技部 财政部 国家税务总局关于修订印发〈高新技术企业认定管理工作指引〉的通知》（国科发火〔2016〕195 号）对高新产品（服务）的范围进行了具体规定，高新技术企业在申请认定和享受税收优惠时中，通常较为关注的是核心知识产权以及科技人员、研发费用、高新收入三项指标是否达标，却易忽视高新技术产品（服务）的范围，往往存在如上述案例中企业主要产品（服务）与申请认定的高新领域不一致情形。

国科发火〔2016〕195 号文件对这一产品（服务）的范围做出了专项规定，高新技术产品（服务）指对其发挥核心支持作用的技术属于《国家重点支持的高新技术领域》规定范围的产品（服务）。主要产品（服务）指高新技术产品（服务）中，拥有在技术上发挥核心支持作用的知识产权的所有权，且收入之和在企业同期高新技术产品（服务）收入中超过 50% 的产品（服务），由此企业以主要产品（服务）所属的高新领域为主领域，其他的为次领域。

此类案例在日常经营过程中时有发生，比如 A 企业以研发、生产舞台用音响、灯光、扩声设备为主，主要客户为各广播电台，电视台等，A 企业研发所采用核心技术及知识产权主要为网络数字化音频采集、扩声系统调试等。根据《认定办法》对领域的调整，从产品角度考虑，应当属于"八、高技术服务 1. 创作、设计与制作技术'舞台美术、灯光、音响、道具、乐器、声学产品等的新技术及集成化舞台设计技术'"；从产品所采用的技术考虑，属于"一、电子信息（五）广播影视技术 1. 广播电视节目采编播系统技术。"A 企业应当如何选择，面临什么风险？

根据《认定办法》第十一条第（三）款的规定，对企业主要产品（服务）发挥核心支持作用的技术属于《国家重点支持的高新技术领域》规定的范围。因此，企业在选取领域时，一是注意技术和产品的区别，立足研发时采用的技术对照最新的高新领域解释，精确把握所属领域。二是若高新技术产品相对多样，采用技术分属不同领域，要根据占高新收入比重较高的产品所采用技术确定所属领域。

注意事项：

企业在申请认定高新技术企业的过程中应当注意如下事项。

（1）主要产品的核心技术必须拥有自主知识产权。

一是高新技术企业认定所指的知识产权须在中国境内授权或审批审定，并在中国法律的有效保护期内。知识产权权属人应为申请企业。

二是不具备知识产权的企业不能认定为高新技术企业。

三是高新技术企业认定中，对企业知识产权情况采用分类评价方式，其中：发明专利（含国防专利）、植物新品种、国家级农作物品种、国家新药、国家一级中药保护品种、集成电路布图设计专有权等按 Ⅰ 类评价；实用新型专利、外观设计专利、软件著作权等（不含商标）按 Ⅱ 类评价。

四是按 Ⅱ 类评价的知识产权在申请高新技术企业时，仅限使用一次。

在实务过程中，是否具有核心知识产权十分重要，"核心自主知识产权"指企业对知识产权的主体或者核心部分，拥有自主权或绝对控制权，高新产品（服务）是基于自主核心知识产权生产的。实践中，往往存在企业的高新产品（服务）与所拥有的核心知识产权不一一对应情况，即产品中所包含的技术等知识产权并非自主核心知识产权范围，以此"偷梁换柱"，管理中应对知识产权对应产品予以对照确认。这里我们引用一个实例来做具体说明。B 企业是一家环保工程企业，在申报高新技术企业认定年度之前共获取专利 6 项，技术领域主要为"资源与环境（三）固体废弃物处置与综合利用技术 3. 生活垃圾处置与资源化技术。"但是，该企业 50% 以上的高新收入所属技术领域为"资源与环境（一）水污染控制与水资源利用技术 1. 城镇污水处理与资源化技术。"那么试问，该企业知识产权的数量和质量是否符合要求？

根据《科技部 财政部 国家税务总局关于修订印发〈高新技术企业认定管理办法〉的通知》（国科发火〔2016〕32 号）第十一条第（二）款规定：企业通过自主研发、受让、受赠、并购等方式，获得对其主要产品（服务）在技术上发挥核心支持作用的知识产权的所有权。根据《高新技术企业认定管理工作指引》（以下简称《工作指引》），主要产品（服务）指高新技术产品（服务）中，拥有在技术上发挥核心支持作用的知识产权的所有权，且收入之和在企业同期高新技术产品（服务）收入中超过 50% 的产品（服务）。依照 B 企业高新技术产品收入的取得情况，应当对污水处理技术拥有核心知识产权，但企业的 6 项实用新型均为垃圾焚烧领域，也就是说，对企业的主要产品，是缺乏知识产权作为支撑的。实践中，企业往往对知识产权只重量，不重质，但新的规定对知识产权采用定量和定性双重评价的方法，更加注重知识产权→研发技术→孵化产品（技术）之间的关联。

因此企业取得高新技术企业资质后，一是应当重视知识产权数量的申报，对产品或服务的研发起到核心支持作用的技术要积极申报，尽可能多地获取知识产权。二是应当注重知识产权与最终研发产品（服务）的关联。高新技术产品或服务的产生需要知识产权转化为技术（实践中也存在现有技术，后根据技术申报知识产权的情况），技术支撑做研发，最终形成产品（服务）。

（2）正确确认高新技术企业研发活动，注重科技成果转化能力。

研究开发活动指为获得科学与技术（不包括社会科学、艺术或人文学）新知识，创造性运用科学技术新知识，或实质性改进技术、产品（服务）、工艺而持续进行的具有明确目标的活动。不包括企业对产品（服务）的常规性升级或对某项科研成果直接应用等活动（如直接采用新的材料、装置、产品、服务、工艺或知识等）。国科发火〔2016〕32 号文件明确，科技成果指通过科学研究与技术开发所产生的具有实用价值的成果（专利、版权、集成电路布图设计等）。科技成果转化指为提高生产力水平而对科技成果进行的后续试验、开发、应用、推广直至形成新产品、新工艺、新材料，发展新产业等活动。

在实务过程中，部分企业往往在做研究开发活动，但是对科技成果转化能力的提升做得不够。比如 C 企业为新技术新材料研发生产公司，而申报所用知识产权多为配件管理系统（软件著作权）。但是检查人员发现 C 企业的问题：一是研发项目管理不规范，与知识产权关联度不高；二是科技成果转化证明材料的时间与项目研发周期无法匹配。产品已经于 2015 年 3 月取得高新收入，但研发周期持续到 2015 年 12 月。企业应当重视项目的管理，研发项目立项、结题报告等应当尽量完善，注重措辞的严谨性。

因此，企业应当加强对项目管理，在立项时要着重关注知识产权—研发立项—高新产品之间的关联性，对项目实行全流程管理。另外，科技成果转化的证明材料要力求严谨并多样化，保持时间上的逻辑性，并尽可能提供第三方证明材料（如检测报告、新产品证书等）。

（3）注意提高研发组织管理水平。

高新技术企业税收优惠资格有效期为三年，许多企业重视申报，忽视资格维持，从而带来潜在的税务风险。根据科技部、财政部、国家税务总局联合发布的《高新技术企业认定管理办法》（国科发火〔2016〕32 号），"科技部、财政部、税务总局建立随机抽查和重点检查机制，加强对各地高新技术企业认定管理工作的监督检查。"因此，企业不仅要重视申报高新技术企业认定时资料的准备，更应当注重资格维持，为期满后重新认定及后续可能面临的检查做好充分准备。

但是，有些企业在研发组织和管理上重视得不够。比如 E 企业制定了较为完善的研发组织管理制度，包括立项报告模板、结题报告模板及流程、立项审批程序、研发投入核算条例等，文件落款均为某某公司研发部，但文件的发布时间早于研发部的设立时间；研发设施设备在研发费用归集中未找到相对应设备的折旧明细。试问：E 企业研发组织管理制度方面存在哪些问题？

《高新技术企业认定管理工作指引》丰富了研发组织管理水平的考核内容，主要包括：一是研发组织管理制度；二是研发投入核算条例；三是研发机构；四是研发设施设备；五是研发人员培养进修制度；六是科技成果转化激励制度。上述 E 企业研发部的设置时间应当早于立项管理制度、研发投入核算体系等制度的颁布时间，若研发部设置存在人员及下设部门的调整，应当提供原始设立文件及更改后的决议文件。研发用设施设备列表应当明确设备的采购时间、研发用途等信息。

当然，研发组织管理水平在资料的准备方面，相对最为容易，对照打分表也最为简单。因此，企业应当对照打分表逐项完善，将打分表中所需各项证明材料结合企业实际精心准备。同时，注重与高校合作，开展多种形式的产学研合作。同时企业应当注重制度运用的常态化，在后续的资格维持中沿用申报时文件格式。如立项报告及结题报告的格式、立项审批文件、研发人员的奖励文件、研发设备具体的使用记录等。

高新企业变名称　操作不当有风险

近日，某生态科技有限公司收到省高新技术企业认定管理工作领导小组办公室的通知，由于公司 2019 年更名后不再符合高新技术企业条件，通知决定自 2019 年起终止公司高新技术企业资格。

依照规定，公司自 2019 年起企业所得税须按应纳税所得额的 25% 计算缴纳，主管税务机关还将追补公司已经享受的高新技术企业所得税优惠。公司财务负责人感叹："都是更名惹的祸。"

政策分析：

在高新技术企业认定后的经营活动中，常常因为融资、股权变动等原因而发生公司名称变更，却未能及时按规定办理变更业务相关涉税事项，引发税务风险，影响高新技术企业复审资格。

高新技术企业认定后发生公司名称变更，应及时按规定办理变更税务登记。根据《税收征管法》第十六条的规定，从事生产、经营的纳税人，税务登记内容发生变化的，应当自工商行政管理机关办理变更登记之日起 30 日内，持有关证件向主管税务机关申报办理变更税务登记。未按照规定的期限申报办理变更税务登记的，根据《税收征管法》第六十条第一款的规定，由主管税务机关予以责令限期改正，可以处 2 000 元以下的罚款；情节严重的，处 2 000 元以上 1 万元以下的罚款。

高新技术企业认定后发生公司名称变更，还应及时按规定向认定管理机构报告并按规程申请办理公司更名确认、公示和备案事项。《高新技术企业认定管理办法》（国科发火〔2016〕32 号）第十七条，高新技术企业发生更名或与认定条件有关的重大变化（如分立、合并、重组以及经营业务发生变化等）应在三个月内向认定机构报告。经认定机构审核符合认定条件的，其高新技术企业资格不变，对于企业更名的，重新核发认定证书，编号与有效期不变；不符合认定条件的，自更名或条件变化年度起取消其高新技术企业资格。

《国家税务总局关于实施高新技术企业所得税优惠政策有关问题的公告》（国家税务总局公告 2017 年第 24 号）第二条明确，对取得高新技术企业资格且享受税收优惠的高新技术企业，税务部门如在日常管理过程中发现其在高新技术企业认定过程中或享受优惠期间不符合《认定办法》第十一条规定的认定条件的，应提请认定机构复核。复核后确认不符合认定条件的，由认定机构取消其高新技术企业资格，并通知税务机关追缴其证书有效期内自不符合认定条件年度起已享受的税收优惠。

上述某生态科技有限公司自 2019 年起终止公司高新技术企业资格，2019 年度企业所得税已经过了汇算清缴期限，已经享受的高新技术企业所得税优惠，应按规定申报补缴；2020 年已经享受的高新技术企业所得税优惠，在参加年度企业汇算所得税清缴时申报缴纳。

业务操作：

《高新技术企业认定管理工作指引》（国科发火〔2016〕195 号）就更名及重大变化事项中明确，高新技术企业发生名称变更或与认定条件有关的重大变化（如分立、合并、重组以及经营业务发生变化等），应在发生之日起三个月内向认定机构报告，在"高新技术企业认定管理工作网"上提交高新技术企业名称变更申请表（附件 7），并将打印出的高新技术企业名称变更申请表与相关证明材料报认定机构，由认定机构负责审核企业是否仍符合高新技术企业条件。

企业仅发生名称变更，不涉及重大变化，符合高新技术企业认定条件的，由认定机构在本地区公示 10 个工作日，无异议的，由认定机构重新核发认定证书，编号与有效期不变，并在"高新技术企业认定管理工作网"上公告；有异议的或有重大变化的（无论名称变更与否），由认定机构按《认定办法》第十一条进行核实处理，不符合认定条件的，自更名或条件变化年度起取消其高新技术企业资格，并在"高新技术企业认定管理工作网"上公告。

有关企业应当准备备案和留存备查资料，具体地讲主要有以下两个方面。

1. 备案资料

（1）企业所得税优惠事项备案表。

（2）高新技术企业资格证书。

2. 主要留存备查资料

（1）高新技术企业资格证书。

（2）高新技术企业认定资料。

（3）年度研发费专账管理资料。

（4）年度高新技术产品（服务）及对应收入资料。

（5）年度高新技术企业研究开发费用及占销售收入比例，以及研发费用辅助账。

（6）研发人员花名册。

（7）省财务机关规定的其他资料。

高新企业讲界限　人工比例最难缠

高新技术企业在税务管理方面要求比较高，在认定前，需要专业人士的具体指导，而在日常经营过程中，也需要做好维护工作，一不小心就可能被检查确认为不达标。

企业案例：

2010 年 6 月 8 日，上市公司精艺股份（股票代码 002295）发布了《关于控股子公司所得税变动情况的公告》，公告内容为发行人控股子公司精艺万希因不符合高新技术企业条件遭致追缴企业所得税事宜。精艺万希根据广东省科学技术厅、广东省财政厅、广东省国家税务局和广东省地方税务局联合下发的《关于公布广东省 2008 年第一批高新技术企业名单的通知》（粤科高字〔2009〕28 号）被认定为高新技术企业，自 2008 年 1 月 1 日至 2010 年 12 月 31 日享受 15% 的企业所得税优惠税率。精艺万希在 2009 年第 1 至第 4 季度按 15% 的所得税率向佛山市顺德区国家税务局北滘税务分局预缴了企业所得税。由于精艺万希 2009 年末人员变动，导致其研发人员占公司员工比例未达高新技术企业认定标准规定的"研发人员占企业当年职工总数的 10% 以上"，在 2010 年 6 月 4 日完成的 2009 年度所得税汇算清缴工作中，佛山市顺德区国家税务局北滘税务分局要求精艺万希 2009 年度企业所得税年度申报需按 25% 税率计缴企业所得税，精艺万希因税率差应补缴所得税为 5 790 208.55 元，将减少上市公司归属于母公司所有者权益 4 342 656.41 元。补缴税款将计入 2010 年当期费用，会对公司 2010 年经营业绩造成一定影响。为谨慎起见精艺万希将按 25% 的税率计提并预缴 2010 年企业所得税，2010 年度精艺万希实际适用税率将根据年终所得税汇算清缴情况确定。

精艺股份系有色金属冶炼和压延加工业，人员管理难度比较大，好在发起人事先做出承担补缴责任的承诺。招股书具体表述如下："如果由于广东省有关规定与国家有关部门颁布的行政规章存在差异，导致国家有关税务主管部门认定公司及子公司自 2005 年起享受的企业所得税率优惠的条件不成立，公司可能需按照法定的所得税率补缴 2005 年度至发行上市前的所得税差额。如果按法定的所得税税率计算，公司近三年可能补缴的所得税税款分别为 937.65

万元、836.17万元和920.56万元，占各年度净利润的比例分别为12.93%、12.61%和15.27%。公司发起人股东已做出承诺，愿意按其在发起设立精艺股份时的持股比例承担公司及子公司需向税务部门补缴的全部所得税差额和一切相关费用。"

业务分析：

对于已经被认定高新技术企业并且享受15%的税率的企业而言，人工的管理是一个难题，大量虚列的隐患比较严重。比如税务人员在对高新企业M的检查过程中，经过仔细对比发现，M企业研发费用中"在职人员费用"一项填列的数额过大，十几人的项目团队配置，居然列支了高达数百万元的人工费用。税务随即调取了其项目组的成员名单，同时要求企业提供并检查项目执行期间企业员工的花名册和其中部分人员的工作合同。发现其中不乏企业部门领导和销售部门采购人员。其中薪水高的人员往往并不是直接参与某项目研发活动的核心技术人员，而是仅仅起辅助作用的。如此多不直接参与研发的人员工资充斥其中，自然就形成了一笔巨大的人工费用。

风险提示：

根据《财政部 国家税务总局 科技部关于完善研究开发费用税前加计扣除政策的通知》（财税〔2015〕119号）规定，直接从事研发活动人员的工资薪金、基本养老保险费、基本医疗保险费、失业保险费、工伤保险费、生育保险费和住房公积金，外聘研发人员的劳务费用准予加计扣除。这里关键必须是"直接从事研发活动的人员"。

税务人员在检查一些企业的人工费用中项目明细时往往还会发现人工费用名目繁多问题。除了基本的工资和"五险一金"之外，还有"高温补贴""交通补助"等各种费用，根据财税〔2015〕119号文件规定，人工费用中可以加计扣除的项目包括工资薪金、"五险一金"以及外聘研发人员的劳务费用。这里的规定是正列举，并不包含其他费用。总而言之，只要不在规定范围内的一律不得加计扣除。

专家点评：

其实，有些企业有争取高新技术企业的过程中往往采用五花八门的策划手段，比如笔者就曾经看到以下一则案例：甲公司是一家劳动密集型企业，有工人1 200多名。其中具备大学专科以上学历的科技人员250名，研发人员82名。根据我国高新技术企业认定管理办法，具有大学专科以上学历的科技人员需占企业当年职工总数的30%以上，其中研发人员占企业当年职工总数的10%以上。对照要求，该企业发现其目前用工情况达不到要求。为了申报高新技术企业，甲公司成立了一个独立核算的乙劳务公司，将甲公司的一线操作工400名的劳动关系转移到乙劳务公司，再由甲公司与乙劳务公司签订劳务用工合同，该400名工人仍然在甲公司上班。这样，甲公司在申报高新技术企业时材料中就仅有用工800名，科技人员和研发人员就达到了规定的比例。

甲公司的做法是否合法合理呢？我们先从有关定义和国家相关政策开始进行分析。劳务派遣是用工单位使用来自劳务派遣单位的劳动者的一种特殊用工形式。用工单位直接管理和指挥劳动者为本单位从事劳动工作，但是与劳动者之间建立的并不是一般意义上的劳动关系。用工单位向劳务派遣单位支付的是劳务报酬。从财务核算的角度看，劳务报酬一般通过"生产成本""管理费用""销售费用"的科目核算，而工资报酬的支付通过"应付工资"核算；从税务管理角度看，工资报酬的支付应用工资表按实列支，并按规定代扣代缴工资薪金类个人所得税。支付劳务报酬则需要取得相应的劳务发票，并由劳务公司按规定代扣代缴个人所得税。使用劳务输出机构（公司）提供的劳务工，按照"谁发工资谁统计"的原则，其人数和工资应由劳务输出方统计。

劳务派遣工与企业正式用工在使用特点上有明确的区别。《劳动合同法》第六十六条规定：劳务派遣一般在临时性、辅助性或者替代性的工作岗位上实施。很明显，法律的用意是要限制劳务派遣的使用，使其不成为用工的主流。关于"临时性、辅助性、替代性"，全国人大法工委已向劳动部给出答复。所谓辅助性，即可使用劳务派遣工的岗位须为企业非主营业务岗位；替代性，指正式员工临时离开无法工作时，才可由劳务派遣公司派遣一人临时替代；临时性，即劳务派遣期不得超过 6 个月，凡企业用工超过 6 个月的岗位须用本企业正式员工。笔者检查中发现，甲公司长期雇用乙劳务公司劳务工，已经不符合"临时性、辅助性、替代性"的解释，所以说其获得的税收优惠是不合理的。

事实上，国家为了鼓励企业加大科技投入、促进特定对象的就业，科技部、财政部和国家税务总局在《关于修订印发〈高新技术企业认定管理办法〉的通知》（国科发火〔2016〕32号）中明确，企业从事研发和相关技术创新活动的科技人员占企业当年职工总数的比例不低于 10%；而企业科技人员占比，《高新技术企业认定管理工作指引》（国科发火〔2016〕195号）对企业科技人员数和职工总数界定及计算方法也进行了明确。

（1）科技人员。

企业科技人员指直接从事研发和相关技术创新活动，以及专门从事上述活动的管理和提供直接技术服务的，累计实际工作时间在 183 天以上的人员，包括在职、兼职和临时聘用人员。

（2）职工总数。

企业职工总数包括企业在职、兼职和临时聘用人员。在职人员可以通过企业是否签订了劳动合同或缴纳社会保险费来鉴别；兼职、临时聘用人员全年须在企业累计工作 183 天以上。

（3）统计方法。

企业当年职工总数、科技人员数均按照全年月平均数计算。

月平均数 =（月初数 + 月末数）÷ 2

全年月平均数 = 全年各月平均数之和 ÷12

年度中间开业或者终止经营活动的，以其实际经营期作为一个纳税年度确定上述相关指标。

注意事项：

针对某些企业随意改变用工模式骗取国家税收优惠的现状，笔者认为其中的涉税风险巨大。有关企业应当注意涉税风险的防范。

（1）企业接受外部劳务派遣用工支出税前扣除。

根据《国家税务总局关于企业工资薪金和职工福利费等支出税前扣除问题的公告》（国家税务总局公告2015年第34号）规定，企业接受外部劳务派遣用工所实际发生的费用，应分两种情况按规定在税前扣除：按照协议（合同）约定直接支付给劳务派遣公司的费用，应作为劳务费支出；直接支付给员工个人的费用，应作为工资薪金支出和职工福利费支出。其中属于工资薪金支出的费用，准予计入企业工资薪金总额的基数，作为计算其他各项相关费用扣除的依据。

《国家税务总局关于研发费用税前加计扣除归集范围有关问题的公告》（国家税务总局公告2017年第40号）明确，若企业是为技术开发使用劳务派遣用工，包括研究人员、技术人员、辅助人员，其按劳务派遣协议所支付给劳务派遣人员的工资薪金，可以享受加计扣除的税收优惠。

（2）劳务派遣人员在高新企业职工人数中的认定。

国科发火〔2016〕32号文件明确，企业从事研发和相关技术创新活动的科技人员占企业当年职工总数的比例不低于10%。但是企业当年职工总数中是否包括企业使用的劳务派遣人员？在认定时政府部门间、中介机构认识不一致，认定的标准也不一致。劳务派遣人员是否属于高新技术企业的员工，直接关系到企业申报高新技术企业时研发费用的归集问题，以及研发人员、科技人员占企业员工总数的比例问题。

劳务派遣在实务中的操作流程，是劳务人员与劳务派遣公司签订劳动聘用合同，完全归属于劳务派遣公司职工，接受劳务单位只是与劳务派遣公司签订劳务合同，并按合同付劳务费。在劳务派遣活动中，从法理上讲，劳动合同关系存在于派遣单位与被派遣劳动者之间，但劳动力给付的事实则发生于被派遣劳动者与用人单位之间。劳务派遣的最显著特征就是劳动力的雇用和使用相分离，劳动者的社会保险、代扣代缴个人所得税等都由派遣单位负责，所以，就从属关系上讲劳动者是派遣单位的人，而不是用工单位的人。

根据《高新技术企业管理工作指引》中有关研究开发人数的统计规定，"主要统计企业的全时工作人员，可以通过企业是否签订了劳动合同来鉴别。对于兼职或临时聘用人员，全年须在企业累计实际工作183天以上。"在高新技术企业认定的实际操作中，基本上是按企业与劳动者签订劳动合同并且全年在企业累计实际工作183天以上的标准来确定企业当年职工总数的，因为劳务派遣人员没有和企业签订劳动合同，所以不包涵企业使用的劳务派遣人员。

但是根据北京市科学技术委员会制定的高新技术企业年度信息备案表中的填报解释，"从业人员期末人数：指报告期末最后一日24时在本单位工作，并取得工资或其他形式劳动报酬的人员数。该指标为时点指标，不包括最后一日当天及以前已经与单位解除劳动合同关系的人员，是在岗职工、劳务派遣人员及其他从业人员之和。"从这条解释中，我们可以理解成高新技术企业的员工总数应该包括劳务派遣人员。

由此可见，政策上的不明确，再加上政策规定与法律的冲突，就带来了高新技术企业职工总数确定的难题。所以笔者认为政策上需要明确指标口径，针对高新技术企业存在的劳务派遣用工的现象，进一步明确如何确定职工总数。而从纳税人的角度讲，在高新技术企业的认定复审工作中应当将在企业全年累计实际工作天数为 183 天以上的劳务派遣人员计入企业的职工总数中，但是企业的劳务派遣人员占企业员工总数的比例不宜过多，企业应在符合临时性、辅助性、替代性的岗位上使用劳务派遣人员，如果企业的劳务派遣人员在企业工作的时间较长并且工作较为稳定，企业可以与这类员工直接签订劳动合同。

（3）注意与当地主管税务机关和劳动部门沟通。

《劳动合同法》第六十六条规定了劳务派遣与正式用工的比较原则。但是，我们发现这一比较原则在概念上较为模糊，缺乏明确的类似于法规条文的界定，这给了不少企业"钻空子"的理由和空间。笔者建议进一步修改和完善《劳动合同法》，将劳务派遣与正式用工的比较原则以法律的形式明确下来，以便实务环节有法可依。管理部门应对本企业员工与劳务用工在工作安排、考核、奖金计发以及用工时间长短上面的区别，检查是不是符合劳务派遣必须是临时性、辅助性或者替代性的工作岗位，而不能单纯地看是否有用工合同，从而规避涉税风险。

高新企业收入多　操作口径有界限

国科发火〔2016〕32 号文要求近一年高新技术产品（服务）收入占企业同期总收入的比例不低于 60%。这个总收入概念常被某些高新技术企业误解，既有执行会计准则中销售（营业）收入口径的，也有执行《企业所得税法》第六条规定中收入总额口径的，在计算收入指标比例及纳税申报中，往往存在一定的涉税风险。

案例之一：2019 年 9 月 18 日，南京市税务局某区税务稽查人员在对该区所属某高新技术企业 2018 年度的纳税情况进行纳税检查时，发现该企业收到高新区财政局拨付的奖励 500 万元，但是，该企业的财务人员在进行会计核算时计入其他应付款，且作为不征税收入进行了处理。

涉税分析：

税务人员发现这个情况后，便问及企业财务人员对该项收入的所得税为什么做出这样的处理时，财务人员回答，这是财政性资金，属于不征税收入，所以未计入当期应纳税所得额。那么，该企业对科技进步奖的税务处理是否正确呢？

根据《企业所得税法》的相关规定，不征税收入、免税收入各有不同的定义，并且有不同的税务处理要求。国科发火〔2016〕195 号文对总收入也做出了专项解释，文件中规定总收入指收入总额减去不征税收入。收入总额与不征税收入按照《企业所得税法》及《企业所得税法实施条例》的规定计算。可见，总收入是税法规定的收入总额减除不征税收入，包括销售货物收入、提供劳务收入、转让财产收入、股息红利等权益性投资收益、利息收入、租金收入、特许权使用费收入、接受捐赠收入、其他收入。各企业、税务机关应得以重视，据此严格测算收入指标比例。

但一些高新技术企业对取得的上述收入未正确区分，有意无意间少计算应纳税所得额，导致少缴企业所得税款问题的出现。

根据《企业所得税法》第七条和《企业所得税法实施条例》第二十六条规定，不征税收入指从性质和根源上不属于企业营利性活动带来的经济利益、不负有纳税义务并不作为应纳税所得额组成部分的收入。不征税收入共有三类：一是财政拨款；二是依法收取并纳入财政管理的行政事业性收费、政府性基金；三是国务院规定的其他不征税收入。财政部、国家税务总局《关于专项用途财政性资金企业所得税处理问题的通知》（财税〔2011〕70号）规定，财政性资金作为不征税收入，在计算应纳税所得额时从收入总额中减除，须具备三个条件：一是企业能够提供规定资金专项用途的资金拨付文件；二是财政部门或其他拨付资金的政府部门对该资金有专门的资金管理办法或具体管理要求；三是企业对该资金以及以该资金发生的支出单独进行核算。

涉税处理：

上述规定表明，财政性资金并不等同于不征税收入，只有具备相应条件时，才可以作为不征税收入进行处理。该企业收到的奖励资金500万元虽有拨付文件，但并未规定该资金的专项用途，没有满足作为不征税收入进行税务处理的条件，因此，被查单位未把500万元科技进步奖励计入当期应纳税所得额是不正确的，检查人员依据相关规定调增了当期应纳税所得额，并给予了处理、处罚。

无独有偶，这里有一则高新企业的收入划分不清的案例。

案例之二：常州市某区税务检查人员根据上海、深圳证券交易所提供的交易信息，在对某高新技术企业2018年度限售股减持所得纳税申报情况进行检查时发现，当年该企业减持了部分股票，取得543万元的所得作为免税所得进行了处理。

业务分析：

具体地讲，从操作层面上该企业对这部分减持所得是如何进行所得税处理的呢？从该企业当年度的企业所得税年度纳税申报表上，检查人员看到，报表17行"免税收入"栏，填写金额为543万元，询问财务人员并核对相关账目、凭证后证明，该项收入实际为限售股减持、转让所得。

根据《企业所得税法》第二十六条规定，免税收入有四类：国债利息收入；符合条件的居民企业之间的股息、红利等权益性投资收益；在中国境内设立机构、场所的非居民企业从居民企业取得与该机构、场所有实际联系的股息、红利等权益性投资收益；符合条件的非营利组织的收入。

涉税处理：

该企业把投资转让所得作为权益性投资收益，将非免税收入作为免税收入进行处理显然是错误的，检查人员按规定调增了当期应纳税所得额并进行了处理、处罚。

专家点评：

企业的收入内容很多，从税收的角度讲总收入是税法规定的收入总额减除不征税收入，包括销售货物收入、提供劳务收入、转让财产收入、股息红利等权益性投资收益、利息收入、租金收入、特许权使用费收入、接受捐赠收入、其他收入。而高新技术企业由于在高新技术产品（服务）收入占比上有具体要求，所以部分高新企业的财务人员往往会在收入上做文章，但是，需要注意政策界限。

1. 高新技术产品（服务）收入

高新技术产品（服务）收入指企业通过研发和相关技术创新活动，取得的产品（服务）收入与技术性收入的总和。对企业取得上述收入发挥核心支持作用的技术应属于《技术领域》规定的范围。其中，技术性收入包括如下方面。

（1）技术转让收入：指企业技术创新成果通过技术贸易、技术转让所获得的收入；

（2）技术服务收入：指企业利用自己的人力、物力和数据系统等为社会和本企业外的用户提供技术资料、技术咨询与市场评估、工程技术项目设计、数据处理、测试分析及其他类型的服务所获得的收入；

（3）接受委托研究开发收入：指企业承担社会各方面委托研究开发、中间试验及新产品开发所获得的收入。

企业应正确计算高新技术产品（服务）收入，由具有资质并符合本《工作指引》相关条件的中介机构进行专项审计或鉴证。

2. 总收入

总收入指收入总额减去不征税收入。

收入总额与不征税收入按照《中华人民共和国企业所得税法》（以下简称《企业所得税法》）及《中华人民共和国企业所得税法实施条例》（以下简称《实施条例》）的规定计算。

专利费用运筹税　操作不当会受罪

企业在日常经营过程中可能取得某种特许权，比如被允许在某一地区经营或销售某种特定商品，或是接受其他企业使用其商标、商号、技术秘密等权利。特许权业务涉及特许权转让人和受让人。转让人一般要向受让人提供商标、商号等使用权，传授专有技术，提供经营所必需的设备和特殊原料，受让人则需要在开业后按营业收入的一定比例或其他计算方法支付转让人特许权费。由于上述特许权使用费收入或者支出不是经常发生的，所以，部分"有策划意识"的人往往会在这个方面动脑筋。比如转让人对收到的特许权使用费不入账，或者受让人增加特许权使用费列支，通过特许权使用费来调节利润。由于这些活动不是常规业务，与此有关的费用也是难得发生，所以往往不容易被税务检查人员发现。

案例之一：

新昌科技开发有限责任公司（以下简称新昌公司）是一家品牌机床生产企业，主要生产A品牌机床，2018年度实现销售收入625 600万元，由龙昌机床股份有限公司（以下简称龙昌公司）投资。

当地主管税务机关的税务检查人员老李和小袁到新昌公司检查，很快查出了一些小问题。多次到新昌公司检查工作的老李清楚地记得，前几次检查时，检查人员对新昌公司存在的问题都指明了改正方法，财务部经理也都答应整改，但这次检查发现新昌公司对相关问题仍然是我行我素。

这个现象引起了有丰富稽查工作经验的老李的注意，是新昌公司认为问题小且处罚轻而感到"无所谓"呢？还是为了掩盖其他问题而采取的障眼法？

老李回顾了对新昌公司历年检查的情况。新昌公司于2012年1月成立，当年实现销售收入163 350万元，其经营方式、核算方法及盈利水平虽未发生大的变化，而生产规模和销售收入却已翻了几番，但是，公司近几年账面一直处于微利的状态。

老李感觉该公司有人为地调节利润的嫌疑。为此，老李和小袁商量之后，决定以新昌公司的成本核算和费用开支为检查重点。

通过检查发现，新昌公司成本、费用核算的方式方法与往年几乎没有变化，而且成本结转和费用开支都比较规范，没有明显的违规问题。细心的老李对该公司近几年的财务指标进行了动态分析，当分析到成本和各类费用与往年的比率变化情况时，发现近年来销售费用增长较快，进一步核实，系销售费用中的专利使用和转让费用增幅很大。当老李询问该费用增加的原因时，胸有成竹的财务经理马上提供了与龙昌公司签订的A专利使用和转让的协议，且新昌公司使用A专利使用所对应产品的销售收入确已实现。

看到支付商标使用费，老李联想到新昌公司在管理费用中有专利权的摊销费用，每年摊销5 000万元，遂要求新昌公司提供专利权证明及相关手续，但新昌公司仅提供了龙昌公司将A专利权投资给新昌公司的协议，未能提供相关证明。新昌公司解释说，有关证明和手续仍在办理中。

老李与该公司的财务经理一起分析，如果龙昌公司确实将A专利权投资给新昌公司，则不应该再收取专利权使用费；如果投资不成立，则新昌公司不应该摊销专利权。

后来，老李到龙昌公司所在科技局查询，发现A专利权仍归龙昌公司所有，龙昌公司根本没有向科技局提出过转让申请。至此，老李断定龙昌公司对新昌公司的专利权投资属于虚假投资。

原来，龙昌公司当初成立新昌公司，但由于资金不足，遂以投资专利权来凑数，骗取了工商登记，实际上根本没有办理专利权转让手续。新昌公司成立后，新昌公司和龙昌公司都同时使用A专利。为了调减新昌公司利润，龙昌公司又与新昌公司订立虚假的专利使用协议，只要新昌公司销售的产品有利润，龙昌公司就按销售额的5%收取专利权使用费。由此可见，新昌公司专利权转让及专利使用费都存在虚假问题。

案例之二：

东风公司是一家于2008年注册成立的软件开发企业，经过多年的经营，该公司M管理软件已经有较高的知名度，于是有许多企业希望使用他们的品牌或者经销M软件产品，因此，他们每年都有可观的软件转让收入。比如，东风公司授权长江公司特许经营其生产的M软件，双方在签订的特许权合同中约定，长江公司每年向东风公司缴纳特许权使用费200万元。于是，东风公司的财务经理刘东海在特许权转让收入方面进行了"策划"。

当地主管税务机关的税务检查人员在检查长江公司时，注意到长江公司给东风公司支付了特许权使用费，遂向长江公司索要与东风公司签订的特许权授权合同。检查人员小袁依据合同，对长江公司被检查年度缴纳费用的金额进行了核对，未见异常。但敏感的小袁发觉长江公司收到的特许权使用费发票有异常，于是专门调阅了长江公司3年来支付特许权使用费的12份会计凭证，并集中进行了比较和分析，果然发现了问题。一是12张发票有3种不同的笔迹。二是12份会计凭证后面所附的12张发票存在不同序号交叉使用和同一序号非顺序使用的情况。三是东风公司收取特许权使用费的银行账户与其正常销售货物的账户不一致，尽管存在这些异常，但经过仔细辨认，这12张发票全部是真发票。由于长江公司列支特许权使用费的依据和手续齐全、合法，所以不能对长江公司列支特许权使用费的真实性提出异议。

根据上述3种异常情况，小袁预感到东风公司很可能在收取特许权费方面存在问题。按照工作职责，他们仅需对被检查单位的纳税情况负责，对与被检查单位存在业务往来的其他单位可能存在的纳税问题则完全可以不考虑。

但是，长期从事税务工作的职业敏感度和工作责任心让小袁不安，于是小袁把自己的疑虑与检查组老李进行了交流。老李听后十分赞同小袁的分析意见。事情也凑巧，东风公司所在地的税务机关正好有老李的老同学，可以请他帮助核实。

核实的结果没出乎小袁的预料，东风公司确实存在收取长江公司及其他多家被授权公司特许权使用费没有入账的问题。最后，税务机关检查确认，东风公司在最近的4年里一共隐瞒了8 500万元的特许权使用费收入。事情发展这里，刘经理才发现自己的所谓税收策划，实际上是搬起石头砸自己的脚。

政策分析：

对于无形资产的处置，现行政策有明确的规定，从目前的情况来看，处置无形资产涉及会计核算、业务流程管理和税收政策的执行三个方面。

其一，无形资产的会计核算。

《企业会计准则第6号——无形资产》规定，无形资产指企业拥有或控制的没有实物形态的可辨认非货币性资产。无形资产主要包括专利权、非专利技术、商标权、著作权、土地使用权、特许权等。由此可见，企业拥有的专利权在无形资产科目核算。有关企业应当注意正确核算无形资产的转让和使用情况。新昌公司将一笔无形资产专利既作为投资摊销专利权费用，同时又列支专利使用费,出现了"一女二嫁"的问题;而对于东风公司来说,将对外转让的特许权使用费不做收入处理,这在会计处理上显然是有问题的。

其二,无形资产处置的业务流程管理。

在日常经济生活中,企业间经常会发生用专利权投资的业务,如果投资双方并未向科技局提交转让专利申请书,科技局也未发给被投资方相应的证明并予以公告,则投资行为不成立,企业也不应将投资作为无形资产进行摊销。

其三,无形资产处置的涉税问题。

《财政部 国家税务总局关于全面推开营业税改征增值税试点的通知》(财税〔2016〕36号)附件1《营业税改征增值税试点实施办法》第一条规定,在中华人民共和国境内(以下称境内)销售服务、无形资产或者不动产(以下称应税行为)的单位和个人,为增值税纳税人,应当按照本办法缴纳增值税,不缴纳营业税。

财税〔2016〕36号文件附件1第四十四条规定,纳税人发生应税行为价格明显偏低或者偏高且不具有合理商业目的的,或者发生本办法第十四条所列行为而无销售额的,主管税务机关有权按照下列顺序确定销售额:(一)按照纳税人最近时期销售同类服务、无形资产或者不动产的平均价格确定。(二)按照其他纳税人最近时期销售同类服务、无形资产或者不动产的平均价格确定。(三)按照组成计税价格确定。组成计税价格的公式为:组成计税价格 = 成本 ×(1+ 成本利润率),成本利润率由国家税务总局确定。不具有合理商业目的,指以谋取税收利益为主要目的,通过人为安排,减少、免除、推迟缴纳增值税税款,或者增加退还增值税税款。

财税〔2016〕36号文件附件1第四十五条规定,增值税纳税义务、扣缴义务发生时间为:(一)纳税人发生应税行为并收讫销售款项或者取得索取销售款项凭据的当天;先开具发票的,为开具发票的当天。收讫销售款项,指纳税人销售服务、无形资产、不动产过程中或者完成后收到款项。取得索取销售款项凭据的当天,指书面合同确定的付款日期;未签订书面合同或者书面合同未确定付款日期的,为服务、无形资产转让完成的当天或者不动产权属变更的当天。(二)纳税人提供建筑服务、租赁服务采取预收款方式的,其纳税义务发生时间为收到预收款的当天。(三)纳税人从事金融商品转让的,为金融商品所有权转移的当天。(四)纳税人发生本办法第十四条规定情形的,其纳税义务发生时间为服务、无形资产转让完成的当天或者不动产权属变更的当天。(五)增值税扣缴义务发生时间为纳税人增值税纳税义务发生的当天。

此外,企业所得税法也对收入的确认、费用的扣除等方面进行了明确的规定。上述企业存在少计收入、虚列费用从而逃避缴纳增值税和企业所得税等问题。

行政处理:

龙昌公司是一家集团公司,在四年里,通过专利权转让关联交易商标,就将新昌公司的27 800万元转移出去,从而达到逃避企业所得税的目的。当地主管税务机关确认,剔除了新昌公司已摊销的专利权费用20 000万元,并认定该项费用属于偷税,按照《税收征管法》第六十三条的规定进行处罚，同时对其列支的专利使用费按照特别纳税调整的规定进行了处理。

而东风公司在四年里隐瞒850万元的特许权使用费收入，也被当税务稽查机关责令补缴税款、缴纳滞纳金并处以一倍的罚款。

案例点评：

目前部分企业存在这样的怪现象：一旦发生纳税义务，首先想到的是如何通过策划不缴或者少缴。他们在具体实施"策划"的时候，往往都取得了"成功"，甚至于税务稽查人员也没有发现其中的问题。也许他们当时也曾庆幸自己做了策划，让自己的企业获得了好处。但是，事实证明是暂时的，更是徒劳的，其结果不是给企业带来什么利益，而是造成更大的经济和信誉上的损失。

特许权使用费问题对一般企业而言，由于其不是经常发生，也就不容易被人们所注意，所以常常被一些"策划专家"用来做税收游戏。从企业进行税收策划的角度来分析，我们可以给上述企业下一个定论，这是一个失败的策划。新昌公司想通过虚列商标相关费用的办法增加费用，从而减少企业所得税。东风公司则采用反相操作，隐瞒特许要使用的授权合同和收入，从而达到逃避纳税之目的。在实践过程中，这样的策划，往往都能够取得暂时的"成功"，但是，就像其他逃避纳税行为一样，这些"策划"毕竟是违法的，所以最终会被揭露出来。

那么，这些"明白人"为什么又要去操作类似的"策划事项"呢？事后笔者与东风公司的财务经理刘东海和新昌公司的财务经理张家龙进行过一次深刻的交流，他们从自身的实际情况和对税务机关的认识两个方面谈了自己"策划"之前的想法。

其一，想通过企业不经常发生的业务"以奇制胜"。由于无形资产处置业务一般不是常规业务，税务机关在具体实施检查过程中往往不会对此关注。刘东海早就看到对外授予特许经营权收取的特许权使用费不像销售产品收入一样容易被发现，只要隐瞒了双方签订的授权合同和收入，检查人员就很难从账面上发现问题。所以他从开始实行特许权授权制度的第二年起，就把收取的部分特许权使用费计入了账外收入。为了不引起注意，东风公司不仅隐瞒了与这些企业签订的授权合同，而且还从其设立在生产基地的3家专卖店轮换开取"大头小尾"发票，并加盖东风公司公章后再向长江公司收款，这就造成了长江公司收到的发票都是真的，但如果把前后收到的发票进行比较就发现了异常。由于收入没有入账，东风公司账面上根本不可能查到这部分特许权使用费收入。事实上，自从他们按照上述操作后，税务机关已经到企业检查过三次，结果都没有发现其中的问题。

其二，利用检查人员知识面窄的弱点"蒙混过关"。税务检查人员是税务专家，但是，他们不懂企业管理，不了解其他情况。从税务检查的角度来说，如果要检查相关问题，不仅要熟悉财务、会计和税收方面的法律法规，还要熟悉与生产经营相关的其他法律法规。在上述案例中，如果检查人员不知道以商标专用权投资需要到商标局办理转移证明及公告等事项，就很难发现虚假投资的问题。实际上，这种虚假投资对以检查会计账簿为基础的税务、财政、审计等部门的检查人员而言，不仅很容易忽视，而且很难发现问题。

其三，利用税务管理"各管一方"的特点周旋过关。许多税务检查人员往往仅关心自己所检查企业的纳税情况，而不关心从被检查企业中发现的其他企业可能存在的纳税问题。他们认为，对于企业存在账外经营问题，是很难甚至不可能从其本单位的账面上发现的，对企业存在的账外经营问题，很可能会从对方单位账面记载的异常情况中发现。这就要求检查人员不仅要关心被检查企业的纳税情况，而且还要对检查中发现的其他企业可能存在的重大问题做出必要的分析和判断，并主动告知其他（或外地）企业的主管税务机关。而现实的情况是，当地税务机关还可以通报一下检查的情况，而要与外地税务机关合作的可能性很小。

其四，业务本身的关联度不大，一些问题检查过程中不容易发现。从税务检查的角度讲，要运用比较和分析的方法，当对单个问题分别进行检查时，很可能发现不了问题，但将两个相关或类似问题进行比较、分析时，就容易发现问题。如上述案例中，当检查人员单独检查商标使用费支出和商标权费用摊销的会计处理时，因会计凭证后面的手续和附件齐备，没有发现问题，只有将两项费用的处理联系起来分析、比较，才发现了问题的关键。

如果对上述"策划人"的想法做一个归纳，我们可以发现其中有一个共同的特点：想当然地认为自己所做的事情别人不知道，或者认为自己的操作水平高，别人无法发现……总之，造成税收策划失败的根本原因，就是侥幸心理在作怪。

第十章

个人所得税策划案例

一次性奖如何发　综合权衡有讲究

春花公司业务人员李元霸 2020 年每月平均发放工资 6 000 元，允许扣除的社保等专项扣除费用 500 元、每月专项附加扣除 3 000 元；李元霸 2020 年 2 月份取得 2019 年度全年一次性奖金 36 000 元，没有劳务报酬等其他综合所得收入。

对于李元霸这样的员工来说，他的年终奖应当如何发放，在计算个人所得税的时候才更有利呢？

政策分析：

为贯彻落实修改后的《中华人民共和国个人所得税法》，《财政部 税务总局关于个人所得税法修改后有关优惠政策衔接问题的通知》（财税〔2018〕164 号）在其第一条关于全年一次性奖金、中央企业负责人年度绩效薪金延期兑现收入和任期奖励的政策规定如下：

（一）居民个人取得全年一次性奖金，符合《国家税务总局关于调整个人取得全年一次性奖金等计算征收个人所得税方法问题的通知》（国税发〔2005〕9 号）规定的，在 2021 年 12 月 31 日前，不并入当年综合所得，以全年一次性奖金收入除以 12 个月得到的数额，按照本通知所附按月换算后的综合所得税率表（以下简称月度税率表），确定适用税率和速算扣除数，单独计算纳税。计算公式为：

应纳税额＝全年一次性奖金收入 × 适用税率 − 速算扣除数

居民个人取得全年一次性奖金，也可以选择并入当年综合所得计算纳税。

自 2022 年 1 月 1 日起，居民个人取得全年一次性奖金，应并入当年综合所得计算缴纳个人所得税。

（二）中央企业负责人取得年度绩效薪金延期兑现收入和任期奖励，符合《国家税务总局关于中央企业负责人年度绩效薪金延期兑现收入和任期奖励征收个人所得税问题的通知》（国税发〔2007〕118号）规定的，在2021年12月31日前，参照本通知第一条第（一）项执行；2022年1月1日之后的政策另行明确。

业务分析：

全年一次性奖金指行政机关、企事业单位等扣缴义务人根据其全年经济效益和对雇员全年工作业绩的综合考核情况，向雇员发放的一次性奖金。这里所述的一次性奖金也包括年终加薪、实行年薪制和绩效工资办法的单位根据考核情况兑现的年薪和绩效工资。居民个人取得全年一次性奖金，符合国税发〔2005〕9号文件规定的两个方面。

（1）在2021年12月31日前，可以选择以下两种方式之一计算应纳税款。

不并入当年综合所得，以全年一次性奖金收入除以12个月得到的数额，按照按月换算后的综合所得税率表，确定适用税率和速算扣除数，单独计算纳税。

计算公式为：应纳税额＝全年一次性奖金收入 × 适用税率 － 速算扣除数。

级数	应纳税所得额	税率（%）	速算扣除数
1	不超过3 000元的	3	0
2	超过3 000元至12 000元的部分	10	210
3	超过12 000元至25 000元的部分	20	1 410
4	超过25 000元至35 000元的部分	25	2 660
5	超过35 000元至55 000元的部分	30	4 410
6	超过55 000元至80 000元的部分	35	7 160
7	超过80 000元的部分	45	15 160

并入当年工薪所得，按照累计预扣法预扣税款后，按照综合所得年度汇算规定，进行年度汇算。

级数	应纳税所得额	税率（%）	速算扣除数
1	不超过36 000元的	3	0
2	超过36 000元至144 000元的部分	10	2 520
3	超过144 000元至300 000元的部分	20	16 920
4	超过300 000元至420 000元的部分	25	31 920
5	超过420 000元至660 000元的部分	30	52 920
6	超过660 000元至960 000元的部分	35	85 920
7	超过960 000元的部分	45	181 920

（2）自2022年1月1日起居民个人取得全年一次性奖金，应并入当年综合所得计算缴纳个人所得税。

策划分析：

对于春花公司的业务人员李元霸来说，他有两个操作方案：一是将全年一次性奖金不并入当年度综合所得，单独计算缴纳个人所得税；二是将全年一次性奖金并入当年度综合所得计算缴纳个人所得税。下面我们做具体分析。

方案一：如果李元霸选择将全年一次性奖金不并入当年度综合所得，单独计算缴纳个人所得税，则李元霸 2020 综合所得个人所得税应税收入如下。

$6\,000 \times 12 - 5\,000 \times 12 - 500 \times 12 - 3\,000 \times 12 = -30\,000$（元）$< 0$，综合所得不缴纳个人所得税。

全年一次性奖金应缴纳个人所得税的计算如下。

由于 $36\,000 \div 12 = 3\,000$（元），对应全年一次性奖金个人所得税的税率 3%，因此应缴纳个人所得税为：

$36\,000 \times 3\% = 1\,080$（元）

方案二：如果选择将全年一次性奖金并入当年度综合所得计算缴纳个人所得税，则李元霸 2020 综合所得个人所得税应税收入如下。

由于全年一次性奖金为 36 000 元并入综合所得，其纳税所得为：

$(6\,000 \times 12 + 36\,000) - 5\,000 \times 12 - 500 \times 12 - 3\,000 \times 12 = 6\,000$（元）

那么，其综合所得应缴纳个人所得税为：

$6\,000 \times 3\% = 180$（元）

分析结论：

李元霸在未将全年一次性奖金并入当年度综合所得的情况下缴纳个人所得税 1 080 元；在将全年一次性奖金并入当年度综合所得的情况下缴纳个人所得税 180 元。两者相差 900 元（1 080−180）。显然，将全年一次性奖金并入当年度综合所得的情况下更划算。

专家点评：

财政部、税务总局在《关于个人所得税法修改后有关优惠政策衔接问题的通知》中对于全年一次性奖金等多项个人所得税优惠政策进行明确，设置三年缓冲期，其间的年终奖可以选择并入当年综合所得计算纳税，也可以选择不并入当年综合所得，就是以年终奖金收入除以 12 个月得到的数额，按照按月换算后的综合所得税率表，确定适用税率和速算扣除数，单独计算纳税。这对于高收入纳税人来说是一个利好。

比如全年一次性奖金为 36 000 元，$36\,000 \div 12 = 3\,000$（元）对应"不超过 3 000 元"这一档，也就是 3% 的税率；如果全年一次性奖金为 100 000 元，则适用 10% 的税率。

具体计算公式为：应纳税额 = 全年一次性奖金收入 × 适用税率 − 速算扣除数。

诸如此类的问题网络上已经讨论得比较充分，我们在这里选择一些实例性资料来做进一步说明。

如果小明扣除社保后的每月工资为 8 000 元，全年一次性奖金 20 000 元，父母年龄超过 60 岁，孩子正在上小学，有房贷，那么小明每个月可享受专项附加扣除为 4 000 元，工资薪金所得起征点为 5 000 元。

按照单独计算纳税，20 000÷12 =1 667（元），适用现行税率表"不超过 3 000 元"这一档，也就是 3%。那么小明应缴个人所得税 = 20 000×3%-0（速算扣除数）=600（元）。

那么在个人所得税改革前，小明的年终奖个人所得税应该缴纳多少呢？

按照个人所得税改革前的规定，小明适用的税率为 10%，应缴个人所得税 = 20 000×10%-105（速算扣除数）=1 895（元）。

也就是说，在个人所得税改革后，同样 20 000 元的年终奖，小明需要缴纳的个人所得税减少了 1 295 元。

如果小明选择不并入当年综合所得入来计算，全年应纳税额为：

（8 000 元工资 ×12-5 000 起征点 ×12-4 000 专项附加扣除 ×12）×3%+ 20 000 元奖金 ×3%-0 速算扣除数（由于工资未到扣税点，所以只有奖金扣税，应为 600 元）。

如果将全年一次性奖金并入当年综合所得计算，8 000×12+20 000-5 000×12-4 000×12 = 8 000（元），适用"个人所得税税率表"中不超过 36 000 元这一档，税率为 3%。

那么全年应纳税额为：

（8 000×12+ 20 000-5 000×12-4 000×12）×3%-0 =240（元）。这比使用单独计算纳税的方式，省下 360 元。

也就是说，当抵扣额高于工资薪金所得，年终奖又较低时，将全年一次性奖金并入当年综合所得计算纳税则可以少缴税。不过，如果抵扣额低于工资薪金所得，年终奖又较高时，将全年一次性奖金单独计算纳税可能更划算。

如果小红每个月税后工资（扣除社保等）为 12 000 元，全年一次性奖金为 120 000 元，每个月可享受专项附加扣除为 4 000 元。通过计算，适用按月换算后的综合所得税率表中的"超过 3 000 元至 12 000 元的部分"，税率为 10%。

如果小红选择不并入当年综合所得入来计算，全年应纳税额为：

（12 000 工资 ×12-5 000×12-4 000×12）×3%+120 000 元奖金 ×10%-210 =12 870（元）

如果小红选择并入当年综合所得，通过计算适用"超过 144 000 元至 300 000 元"，税率 20%。全年应纳税额为：

（12 000×12+120 000-5 000×12-4 000×12）×20%-16 920 =14 280（元）

这比使用单独计算纳税的方式，要多交 1 410 元。

是否将全年一次性奖金并入全年综合所得，可以按下述考虑。

累计纳税所得额（便于计算，可为负数）= 累计年收入 - 年累计免税收入 - 年累计减除费用 - 年累计专项扣除 - 年累计专项附加扣除 - 年累计依法确定的其他扣除总的来说，对于大部分中低收入者而言，将年终奖并入当年工资所得，在专项扣除、专项附加扣除等后，可能无需缴税或者缴纳很少税款。而对于收入较高的群体，用奖金单独计算的方式有时反而更加划算。

奖金多发一丁点　税负增加数千元

最近，笔者接到一个咨询电话，询问年终奖金的个人所得税问题。春花公司业务人员张小元 2020 年每月平均发放工资 6 000 元，允许扣除的社保等专项扣除费用 500 元、每月专项附加扣除 3 000 元；张小元 2020 年 2 月份取得 2019 年度全年一次性奖金 36 001 元，没有劳务报酬等其他综合所得收入。但是他发现，他的同事王小二的奖金为 36 000 元，而实际得到的却比他多出 2 310.1 元。这是怎么一回事儿呢？

企业情况：

又到了岁末年初，一年一度年终奖金发放的时候。个人所得税新政自 2020 年元旦起已经全面实施，奖金发多少？税是怎么扣？多发 1 元是不是真的要多缴几千元的税？究竟能享受多少个人所得税改革后的红利？此处进行详细说明。

如果张小元选择将全年一次性奖金不并入当年度综合所得，单独计算缴纳个人所得税，则张小元 2020 综合所得个人所得税应税收入如下。

$6\ 000 \times 12 - 5\ 000 \times 12 - 500 \times 12 - 3\ 000 \times 12 = -30\ 000$（元）$< 0$，综合所得不缴纳个人所得税。

全年一次性奖金应缴纳个人所得税：$36\ 000 \div 12 = 3\ 000$（元），对应全年一次性奖金个人所得税税率 3%，因此应缴纳个人所得税：$36\ 000 \times 3\% = 1\ 080$（元）。

就在发放年终奖的前一天，鉴于张小元努力地工作，老板决定给张小元增加年终奖，由原来的 36 000 元提高至 36 001 元！

加了年终奖后，按照单独计算缴纳个人所得税的方式，全年一次性奖金应缴纳个人所得税：

$36\ 001 \div 12 \approx 3\ 000.08$（元）$> 3\ 000$

对应全年一次性奖金个人所得税的税率 10%，因此，应缴纳个人所得税为：

$36\ 001 \times 10\% - 210 = 3\ 390.1$（元）

奖金增加了 1 元，张小元到手的年终奖却直接少了 2 310.1 元！

业务分析：

国家考虑到让纳税人对税法改革有获得感，《财政部 税务总局关于个人所得税法修改后有关优惠政策衔接问题的通知》（财税〔2018〕164 号，以下简称财税〔2018〕164 号）规定，纳税人自由选择是否并入。

财税〔2018〕164 号第一条第（一）款规定：居民个人取得全年一次性奖金，符合《国家税务总局关于调整个人取得全年一次性奖金等计算征收个人所得税方法问题的通知》（国税发〔2005〕9号）规定的，在2021年12月31日前，不并入当年综合所得，以全年一次性奖金收入除以12个月得到的数额，按照本通知所附按月换算后的综合所得税率表（以下简称月度税率表），确定适用税率和速算扣除数，单独计算纳税。计算公式为：

应纳税额＝全年一次性奖金收入 × 适用税率 − 速算扣除数

居民个人取得全年一次性奖金，也可以选择并入当年综合所得计算纳税。

自2022年1月1日起，居民个人取得全年一次性奖金，应并入当年综合所得计算缴纳个人所得税。

但是，个人所得税制度是超额累进制，所以，每到年终发年终奖，很多人会产生疑问："多发1元奖金，多缴上千元的个人所得税，是真的吗？"当然是真的！

要解释这个问题需要从税率表的分析开始。我们计算年终奖应当缴纳多少个人所得税，通常需要如下步骤。

第一步：找税率。

用"年终奖÷12"的结果在"按月换算后的综合所得税率表"中查找对应的税率。

级数	应纳税所得额	税率（%）	速算扣除数
1	不超过3 000元的	3	0
2	超过3 000元至12 000元的部分	10	210
3	超过12 000元至25 000元的部分	20	1 410
4	超过25 000元至35 000元的部分	25	2 660
5	超过35 000元至55 000元的部分	30	4 410
6	超过55 000元至80 000元的部分	35	7 160
7	超过80 000元的部分	45	15 160

第二步：计算按各档税率计算的年终奖（税前）的下限和上限。

比如：3%税率对应的上限＝3 000×12＝36 000（元）

10%税率对应的下限＝3 000×12＝36 000（元）

10%税率对应的上限＝12 000×12＝144 000（元）

其余，以此类推。通过计算会发现与综合所得时年度税率档次临界线完全一致！

第三步：计算按各档税率计算的年终奖（税后）的上限和下限。

3%税率计算的年终奖（税后）上限＝36 000−36 000×3%＝34 920（元）

10%税率计算的年终奖（税后）下限＝36 000−（36 000×10%−210）＝32 610（元）

10%税率计算的年终奖（税后）上限＝144 000−（144 000×10%−210）＝129 810（元）

20%税率计算的年终奖（税后）下限 =144 000-（144 000×20%-1 410）=116 610（元）

其余，以此类推。

级数	年终奖÷12 的数额	税率%	速算扣除数	年终奖（税前）		年终奖（税后）		平衡点（税前）	年终奖（税）陷阱	
				上限	下限	上限	下限		下限	上限
1	不超过 3 000 元的部分	3	0	0	36 000	0	34 920			
2	超过 3 000元不超过 12 000 元部分	10	210	36 000	144 000	32 610	129 810	38 566.67	36 000	38 566.67
3	超过 12 000 元至 25 000 元的部分	20	1 410	144 000	300 000	116 610	241 410	1 605 000	144 000	160 500
4	超过 25 000 元至 35 000 元的部分	25	2 660	300 000	420 000	227 660	317 660	318 333.33	300 000	318 333.33
5	超过 35 000 元至 55 000 元的部分	30	4 410	420 000	660 000	298 410	466 410	447 500	420 000	447 500
6	超过 55 000 元至 80 000 元的部分	35	7 160	660 000	960 000	436 160	631 160	706 538.46	660 000	706 538.46

第四步：计算平衡点（税前）。

所谓的"平衡点（税前）"，指在达到适用高档税率情况下，年终奖扣除个人所得税后实际收入（年终奖税后收入），与低一档税率计算的实际收入相等。

根据这个原理，我们可以假设平衡点（税前）为 X，这样就有方程式如下：

X-（X× 高档税率 – 高档税率的速算扣除数）= 低档税率计算的年终奖（税后）上限

解方程，可以得到：

X =（低档税率计算的年终奖（税后）上限 – 高档税率的速算扣除数）÷（1– 高档税率）

第五步：标识出年终奖（税前）的陷阱。

通过第三步的计算，我们可以看出所谓年终奖（税前）的"陷阱"，就是适用税率对应的年终奖下限至平衡点（税前）的区间。

专家点评：

这里引用了彭怀文等专家的分析资料对于相关问题进行了归纳，大家需要注意，单独适用全年一次性奖金政策，会产生新的年终奖临界点，发生"年终奖多发一元，到手收入少千元"的现象。

如果发放 3.6 万元年终奖，个人所得税需要缴纳 36 000×3% =1 080（元），到手 34 920 元。

如果多发 1 元，也就是发放 36 001 元年终奖，个人所得税需要缴纳 36 001×10%-210 = 3 390.1（元），到手 32 609.9 元。

换言之，多发 1 元年终奖，到手收入反而少了 2 310.1 元。

除了 3.6 万元之外，14.4 万，30 万，42 万，66 万，96 万也是重要的临界点。

实物重奖好员工　视同分配报个税

春江机械有限公司 2018 年 4 月 28 日开展公司成立周年庆祝活动，奖励了正、副经理及 3 名一线工人，共 5 位对该公司展有重大贡献的职工。公司为 5 位获奖者在县城各购买了一套商品房，房价 15 万元，并为 5 人办理了个人房产证。

纳税检查：

2020 年 8 月当地主管税务机关对该公司 2017 年 1 月 1 日到 2019 年 12 月 31 日的纳税情况进行了检查。在检查过程中主查老王就发现了公司的奖励未代扣代缴个人所得税，于是约见该公司董事长和财务主管。正、副经理各应申报个税 3 万元，3 名工人各应申报个税 36 495 元。

公司人员十分不理解，都是公司奖励住房，为何缴纳个人所得税有这样大的差别，这怎么向 3 名工人解释？于是，他们咨询了有关税务专家。

政策分析：

根据财政部、国家税务总局《关于企业为个人购买房屋或其他财产征收个人所得税问题的批复》（财税〔2008〕83 号）规定，符合以下情形的房屋或其他财产，不论所有权人是否将财产无偿或有偿交付企业使用，其实质均为企业对个人进行了实物性质的分配，应依法计征个人所得税。

（1）企业出资购买房屋及其他财产，将所有权登记为投资者个人、投资者家庭成员或企业其他人员的。

（2）企业投资者个人、投资者家庭成员或企业其他人员向企业借款用于购买房屋或其他财产，将所有权登记为投资者个人、投资者家庭成员或企业其他人员，且借款年度终了后未归还借款的。

对个人独资企业、合伙企业的个人投资者或其家庭成员取得的上述所得，视为企业对个人投资者的利润分配，按照"个体工商户的生产、经营所得"项目计征个人所得税；对除个人独资企业、合伙企业以外其他企业的个人投资者或其家庭成员取得的上述所得，视为企业对个人投资者的红利分配，按照"利息、股息、红利所得"项目计征个人所得税；对企业其他人员取得的上述所得，按照"工资、薪金所得"项目计征个人所得税。

结合到公司的具体情况，这是因为正、副经理同时也是企业投资者，而 3 名工人不是投资者，因而虽然同是获奖住房，却要按不同所得项目纳税。《财政部 国家税务总局关于企业为个人购买房屋或其他财产征收个人所得税问题的批复》（财税〔2008〕83 号）规定，企业为个人购房，个人应当缴纳个税。除个人独资企业、合伙企业以外其他企业的个人投资者，按照"利息、股息、红利所得"项目缴纳个人所得税；企业其他人员按照"工资、薪金所得"项目缴纳个人所得税。"利息、股息、红利所得"是比例税率，税率为20%，因而纳税=15×20%=3（万元）；"工资、薪金所得"是累进税率，3名工人月工资3 500元，当月全部工资、薪金153 500元，应纳个税=（153 500-3 500）×25%-1 005=36 495（元）。

策划点评：

作为实物形态的房产，在企业与个人之间转移的现象越来越多，情况也越来越复杂。其间的涉税问题人们却无法正确处理。为了规范企业与个人以实物和其他形式支配相关资产的涉税问题，新的《个人所得税法实施条例》（以下简称《实施条例》）首次明确将"其他形式的经济利益"纳入个人所得形式，并明确按规定征税。

《实施条例》明确，个人所得的形式除现金、实物和有价证券外，还有其他形式的经济利益。并规定所得为其他形式的经济利益的，参照市场价格核定应纳税所得额。

为什么要增加这样一条规定？这是因为我国目前个人取得所得形式不断变化，一些内容很难在税法上一一列举，为了适应新形势的要求，特增加此条规定作为兜底性的条款。比如，用发放实物和有价证券来规避个税一直是某些单位惯用的手段。《实施条例》再次明确了纳税人取得的实物所得和有价证券应该缴个人所得税。单位发放的实物，如大到住房、电脑、汽车，小到月饼、饮料等，实际上，这些实物也属于工资、薪金所得，也是需要按其价格缴纳个税的。另外，个人参加单位组织的免费旅游及个人认购股票等有价证券时，从其雇主处取得的折扣或补贴以及其他形式的经济利益等，也应按工资、薪金所得计算缴纳个人所得税。

个人房产可出租　税收优惠丰财源

居住江南某市的退休老师张德昌，原是某知名大学的教授。他拥有多处房产，房产原值合计6 800万元。2020年发生如下业务，一是于2020年1月1日将一处原值300万元的住房（2010年购入）出租给吴某等人，双方签订租赁合同，租期3年，承租方1月6日一次性支付3年租金27万元。二是于5月1日将原值1 000万元的经营用房出租，双方签订合同规定租期3年，按市场价每月收取租金1万元。三是将2011年5月购入位于市区繁华路段的一栋原值6 000万元的商业楼，于2020年3月出租给某大酒店有限公司使用，双方签订租赁协议租期5年，年租金210万元，其中房租160万元（3~6月为免租期，对该房租部分酒店需要增值税专用发票）；办公家具、酒店设备等租金50万元。另外双方约定，出租房屋修缮费由张德昌承担，7月张德昌支付酒店对餐厅和客房的修缮费5万元。

张教授将不知道应当如何申报，于是向咨询专家提出咨询。

政策分析：

有关房屋出租需要缴纳多种税，也有许多政策条款。但是，不同的情况适用不同的规定。为了便于个人投资者了解相关政策，笔者在这里结合有关资料对个人利用自有房产投资和经营方面的涉税政策做一个梳理。

1. 增值税及附加

《营业税改征增值税试点有关事项的规定》（财税〔2016〕36号附件2），《纳税人提供不动产经营租赁服务增值税征收管理暂行办法》（国家税务总局公告2016年第16号）的公告，《国家税务总局关于小规模纳税人免征增值税政策有关征管问题的公告》（国家税务总局公告2019年第4号）。

《国家税务总局关于土地价款扣除时间等增值税征管问题的公告》（国家税务总局公告2016年第86号），《中华人民共和国城市维护建设税暂行条例》（国发〔1989〕19号），《财政部 税务总局关于实施小微企业普惠性税收减免政策的通知》（财税〔2019〕13号），《国务院关于修改〈征收教育费附加的暂行规定〉的决定》（国务院令第448号），《财政部税务总局关于扩大有政府性基金免征范围的通知》（财税〔2016〕12号），《财政部关于统一地方教育附加政策有关问题的通知》（财综〔2010〕98号）。

2. 房产税

《房产税暂行条例》《财政部 国家税务总局关于廉租住房 经济适用住房和住房租赁有关税收政策的通知》（财税〔2008〕24号），《财政部 国家税务总局关于安置残疾人就业单位城镇土地使用税等政策的通知》（财税〔2010〕121号），《财政部 国家税务总局关于实施小微企业普惠性税收减免政策的通知》（财税〔2019〕13号），《国家税务总局关于增值税小规模纳税人地方税种和相关附加减征政策有关征管问题的公告》（国家税务总局公告2019年第5号），《财政部 国家税务总局关于营改增后契税 房产税 土地增值税 个人所得税计税依据问题的通知》（财税〔2016〕43号）。

3. 印花税

《财政部 国家税务总局关于廉租住房 经济适用住房和住房租赁有关税收政策的通知》（财税〔2008〕24号）。

4. 个人所得税

《征收个人所得税若干问题的规定》（国税发〔1994〕89号），《中华人民共和国个人所得税法实施条例》《财政部 国家税务总局关于廉租住房 经济适用住房和住房租赁有关税收政策的通知》（财税〔2008〕24号），《国家税务总局关于个人转租房屋取得收入征收个人所得税问题的通知》（国税函〔2009〕639号）。

具体计算：

张教授的业务之一计算如下。

2020年1月1日将一处原值300万元的住房（2010年购入）出租给吴某等人，双方签订租赁合同，租期3年，承租方1月6日一次性支付3年租金27万元。

1. 增值税

自然人出租住房，按照5%的征收率减按1.5%计算应纳税额，自然个人采取一次性收取租金形式出租不动产的，其租金可在租赁期内平均分摊，分摊后月租金收入不超过10万元的，免征增值税。（注意：除自然人外，一次性收取的租金不分摊计算）

27÷3÷12＝0.75（万元／月）＜10万元／月，免征增值税，相应地附加税费同时减免。

2. 房产税

房产税实行按年计算，分期缴纳的征收办法。对个人出租住房，不区分用途，按4%的税率征收房产税。2019年1月1日至2021年12月31日，增值税小规模纳税人房产税减按50%征收。房产出租的，计征房产税的租金收入不含增值税，但如果免征增值税的，确定房产税计税依据时，租金收入不扣减增值税额。

2020年应当缴纳房产税：

27÷3×4%＝0.36（万元）

叠加享受减税优惠：

0.36×50%＝0.18（万元）

3. 印花税

个人出租、承租住房签订的租赁合同，免征印花税。

4. 个人所得税

自然人取得的房租的税目为财产租赁所得，按次征收，以一个月内取得收入为一次。个人出租住房收取租金按20%税率减按10%征收。应税所得额＝收入额－财产租赁过程中缴纳的税费－向出租方支付的租金－由纳税人负担的租赁财产实际开支的修缮费用－税法规定的费用扣除标准。

2020年应当缴纳个人所得税：

[（27÷3÷12－0.12÷12）×（1－20%）×（20%－10%）]×12＝0.71（万元）

张教授的业务之二计算如下。

5月1日将原值800万元的经营用房出租，双方签订合同规定租期3年，按市场价每月收取租金收入1万元。

1. 增值税

个人出租不动产（不含住房）按照5%的征收率计算应纳税额；月租金收入不超过10万的，免征增值税。

每月增值税，1万元／月＜10万元／月，免征增值税，随征的附加税费同时减免。

2. 房产税

房产税实行按年计算，分期缴纳的征收办法。对个人出租不动产（不含住房）按12%税率征收房产税；2019年1月1日至2021年12月31日，增值税小规模纳税人减按50%征收。1~4月未出租按1.2%征税，则

1~4月每月应当缴纳房产税：

1 000×（1－30%）×1.2%÷12＝6.72÷12＝0.7（万元）

叠加享受减税优惠：

$0.7 \times 50\% = 0.35$（万元）

5~12 月每月应当缴纳房产税：

$1 \times 12\% = 0.12$（万元）

叠加享受减税优惠：

$0.12 \times 50\% = 0.06$（万元）

2020 年应当缴纳房产税：

$0.35 \times 4 + 0.06 \times 8 = 1.88$（万元）

3. 印花税

印花税，个人出租、承租住房以外的房产，签订的租赁合同要按规定依 1‰ 征收印花税。合同中所载金额和增值税分开注明的，按不含增值税的合同金额确定计税依据；未分开注明的，以合同所载金额为计税依据；2019 年 1 月 1 日至 2021 年 12 月 31 日，增值税小规模纳税人减按 50% 征收。

优惠前应当缴纳印花税：

$1 \times 12 \times 3 \times 1‰ = 0.036$（万元）

叠加享受减税优惠 $0.036 \times 50\% = 0.018$（万元），实际应纳印花税 0.018 万元。

4. 个人所得税

税目：财产租赁所得，按次征收，以一个月内取得收入为一次。

5~12 月每月应当缴纳个人所得税：

$(1 - 0.06 - 0.018 \div 36) \times (1 - 20\%) \times 20\% = 0.150\,32$（万元）

2020 年应当缴纳个人所得税：

$0.150\,32 \times 8 = 1.202\,56$（万元）

张教授的业务之三计算如下。

将 2011 年 5 月购入位于市区繁华路段的一栋原值为 6 000 万元的商业楼，于 2020 年 3 月出租给某大酒店有限公司使用，双方签订租赁协议租期 5 年，年租金 210 万元，其中房租 160 万元（3~6 月为免租期，对该房租部分酒店需要增值税专用发票）；办公家俱、酒店设备等租金 50 万元。另外双方约定，出租房屋修缮费由张德昌承担，7 月张德昌支付酒店对餐厅和客房的修缮费 5 万元。

1. 增值税

个人出租不动产（不含住房）按照 5% 的征收率计算应纳税额。其他个人采取一次性收取租金形式出租不动产的，其租金可在租赁期内平均分摊确认收入；开具增值税专用发票的，即使出租收入 <10 万 / 月，也要征增值税。租赁合同中约定免租期的，不属于财税〔2016〕36 号文第十四条规定的视同销售服务。个人出租动产按 3% 征收率计算，不能开具专用发票。

3~6 月不征增值税，从 7 月开始征增值税，其中不动产出租应当缴纳增值税：

$160 \div 12 \div 1.05 \times 5\% = 0.63$（万元）

动产出租应当缴纳增值税：

$50 \div 12 \div 1.03 \times 3\% = 0.12$（万元）

每月合计 $= 0.63 + 0.12 = 0.75$（万元）

2020年应当缴纳增值税：

$0.75 \times 6 = 4.5$（万元）

2. 城建税、教育费附加、地方教育附加

依增值税附征 7%、3%、2%。

2020年一税两费合计为：

$0.75 \times (7\% + 3\% + 2\%) \times 6 = 0.54$（万元）

叠加享受减税优惠：

$0.54 \times 50\% = 0.27$（万元）

3. 房产税

房产税，房产税实行按年计算，分期缴纳的征收办法。对个人出租不动产（不含住房）按 12% 税率征收房产税；免租期按房产原值依 1.2% 征房产税；2019年1月1日至2021年12月31日，增值税小规模纳税人减按 50% 征收。

商业用房，1~6月未出租按房屋余值 1.2% 征税，7~12月按出租用房按租金收入 12% 征税。

1~6月每月应当缴纳房产税：

$6\,000 \times (1-30\%) \times 1.2\% \div 12 = 4.2$（万元）

叠加享受减税优惠：

$4.2 \times 50\% = 2.1$（万元）

7~12月每月应当缴纳房产税：

$160 \div 12 \div 1.05 \times 12\% = 1.52$（万元）

叠加享受减税优惠为：

$1.52 \times 50\% = 0.76$（万元）

2020年应当缴纳房产税：

$2.1 \times 6 + 0.76 \times 6 = 17.16$（万元）

4. 印花税

个人出租、承租住房以外的房产，签订的租赁合同要按规定依 1‰ 征收印花税。合同中所载金额和增值税分开注明的，按不含增值税的合同金额确定计税依据；未分开注明的，以合同所载金额为计税依据；2019年1月1日至2021年12月31日，增值税小规模纳税人减按 50% 征收。

2020年应当缴纳印花税：

$210 \times 5 \times 1‰ = 1.05$（万元）

叠加享受减税优惠：

$1.05 \times 50\% = 0.525$（万元）

5. 个人所得税

税目为财产租赁所得，按次征收，以一个月内取得收入为一次。允许扣除的修缮费以每次 800 元为限，一次扣不完，下次继续扣，直至扣完为止。

7~12 月每月应当缴纳个人所得税：

$160 \div 12 \div 1.05 + 50 \div 12 \div 1.03 = 16.75$（万元）

$(16.75 - 0.27 - 0.76 - 0.525 \div 60 - 0.08) \times (1 - 20\%) \times 20\% = 2.50$（万元）

2020 年应当缴纳个人所得税为：

$2.50 \times 6 = 15$（万元）

修缮费还剩 $5 - 0.08 \times 6 = 4.52$（万元），往后继续扣除。

策划建议：

根据《国家税务总局关于发布〈企业所得税税前扣除凭证管理办法〉的公告》（国家税务总局公告 2018 年第 28 号）第十九条规定，企业租用（包括企业作为单一承租方租用）办公、生产用房等资产发生的水、电、燃气、冷气、暖气、通信线路、有线电视、网络等费用，出租方作为应税项目开具发票的，企业以发票作为税前扣除凭证。

高管热衷做公益 名誉实惠双丰收

春花公司的经营副经理王小菲 2020 年每月平均发放工资 6 000 元，允许扣除的社保等专项扣除费用 500 元、每月专项附加扣除 3 000 元；王小菲 2021 年 2 月份取得 2020 年度全年一次性奖金 421 000 元，没有劳务报酬等其他综合所得收入。

对于王小菲这样的员工来说，他的年终奖应当如何发放，在计算个人所得税的时候才更有利呢？

政策分析：

国家考虑到让纳税人对税法改革有获得感，《财政部 税务总局关于个人所得税法修改后有关优惠政策衔接问题的通知》（财税〔2018〕164 号，以下简称财税〔2018〕164 号）规定，纳税人自由选择是否并入。

财税〔2018〕164 号第一条第（一）款规定：居民个人取得全年一次性奖金，符合《国家税务总局关于调整个人取得全年一次性奖金等计算征收个人所得税方法问题的通知》（国税发〔2005〕9 号）规定的，在 2021 年 12 月 31 日前，不并入当年综合所得，以全年一次性奖金收入除以 12 个月得到的数额，按照本通知所附按月换算后的综合所得税率表（以下简称月度税率表），确定适用税率和速算扣除数，单独计算纳税。计算公式为：

应纳税额 = 全年一次性奖金收入 × 适用税率 − 速算扣除数

居民个人取得全年一次性奖金，也可以选择并入当年综合所得计算纳税。

自 2022 年 1 月 1 日起，居民个人取得全年一次性奖金，应并入当年综合所得计算缴纳个人所得税。

业务分析：

对于春花公司的业务人员王小菲来说，他有两个操作方案：一是将全年一次性奖金不并入当年度综合所得，单独计算缴纳个人所得税；二是将全年一次性奖金并入当年度综合所得计算缴纳个人所得税。下面我们做具体分析。

如果王小菲选择将全年一次性奖金不并入当年度综合所得，单独计算缴纳个人所得税，则王小菲 2020 综合所得个人所得税应税收入如下。

$10\,000 \times 12 - 5\,000 \times 12 - 500 \times 12 - 3\,000 \times 12$

$= 120\,000 - 60\,000 - 6\,000 - 36\,000$

$= 18\,000$（元）

因此，综合所得应当缴纳个人所得税：

$18\,000 \times 3\% = 540$（元）

全年一次性奖金应缴纳个人所得税的计算如下。

由于 $421\,000 \div 12 = 35\,083.33$（元），对应全年一次性奖金个人所得税的税率 30%，因此应缴纳个人所得税为：

$421\,000 \times 30\% - 4\,410 = 121\,890$（元）

策划操作：

2020 年 12 月 28 日，王小菲在一次专题培训活动中与涉税咨询专家进行了交流，她经常通过一些公益机构贫困地区或者文化事业进行捐赠，从而产生良好的社会影响。闻此言，咨询专家便建议她立即通过民政部门向贫困地区捐赠了 1 000 元。

这样操作的结果，她的年度奖金数额成为 420 000 元，对应全年一次性奖金个人所得税的税率 25%，因此应缴纳个人所得税为：

$420\,000 \times 25\% - 2\,660 = 102\,340$（元）

将两者做一个比较：

$121\,890 - 102\,340 = 19\,550$（元）

策划结论：

王小菲通过捐赠 1 000 元公益，自己得到实惠 19 550 元。

专家点评：

为什么会出现这种现象呢？

新颁发的《中华人民共和国个人所得税法》第六条明确，应纳税所得额的计算：

（一）居民个人的综合所得，以每一纳税年度的收入额减除费用六万元以及专项扣除、专项附加扣除和依法确定的其他扣除后的余额，为应纳税所得额。

（二）非居民个人的工资、薪金所得，以每月收入额减除费用五千元后的余额为应纳税所得额；劳务报酬所得、稿酬所得、特许权使用费所得，以每次收入额为应纳税所得额。

（三）经营所得，以每一纳税年度的收入总额减除成本、费用以及损失后的余额，为应纳税所得额。

（四）财产租赁所得，每次收入不超过四千元的，减除费用八百元；四千元以上的，减除百分之二十的费用，其余额为应纳税所得额。

（五）财产转让所得，以转让财产的收入额减除财产原值和合理费用后的余额，为应纳税所得额。

（六）利息、股息、红利所得和偶然所得，以每次收入额为应纳税所得额。

劳务报酬所得、稿酬所得、特许权使用费所得以收入减除百分之二十的费用后的余额为收入额。稿酬所得的收入额减按百分之七十计算。

个人将其所得对教育、扶贫、济困等公益慈善事业进行捐赠，捐赠额未超过纳税人申报的应纳税所得额百分之三十的部分，可以从其应纳税所得额中扣除；国务院规定对公益慈善事业捐赠实行全额税前扣除的，从其规定。

本条第一款第一项规定的专项扣除，包括居民个人按照国家规定的范围和标准缴纳的基本养老保险、基本医疗保险、失业保险等社会保险费和住房公积金等；专项附加扣除，包括子女教育、继续教育、大病医疗、住房贷款利息或者住房租金、赡养老人等支出，具体范围、标准和实施步骤由国务院确定，并报全国人民代表大会常务委员会备案。

个人取得的工资、薪金所得，指个人因任职或者受雇而取得的工资、薪金、奖金、年终加薪、劳动分红、津贴、补贴以及与任职或受雇有关的其他所得。

个人所得税税率表一（工资、薪金所得适用）修改为：

级数	累计预扣预缴应纳税所得额	预扣率（%）	速算扣除数
1	不超过 36 000 元的部分	3	0
2	超过 36 000 元至 144 000 元的部分	10	2 520
3	超过 144 000 元至 300 000 元的部分	20	16 920
4	超过 300 000 元至 420 000 元的部分	25	31 920
5	超过 420 000 元至 660 000 元的部分	30	52 920
6	超过 660 000 元至 960 000 元的部分	35	85 920
7	超过 960 000 元的部分	45	181 920

工资、薪金所得按以下步骤计算缴纳个人所得税。

每月取得工资收入后，先减去个人承担的基本养老保险金、医疗保险金、失业保险金，以及按省级政府规定标准缴纳的住房公积金，再减去费用扣除额 5 000 元／月，为应纳税所得额，按 3% 至 45% 的七级超额累进税率计算缴纳个人所得税。

随着人们收入水平的提高以及社会责任意识的不断增强，许多人越来越热心于公益性捐赠。然而，多数人进行公益性捐赠时，只是简单地从社会效益来进行考虑，而忽略了税收问题。其实，如果通过策划，人们可以取得经济效益和社会效益双丰收。

注意事项：

王小菲通过做慈善实际节税的目的，这是一个意外的收获。但是，在具体签署捐赠合同的过程中还需要重视操作环节的细节问题，除了应当捐赠税前扣除的比例、捐赠支出的范围、捐赠支出发生的时间、捐赠发生的途径和申请税前扣除的资料以外，还需要注意捐赠票据问题。

《救灾捐赠管理办法》规定，对符合税收法律法规规定的救灾捐赠，捐赠人凭捐赠凭证享受税收优惠政策，具体按照国家有关规定办理。救灾捐赠受赠人接受救灾捐赠款物后，应当向捐赠人出具符合国家财务、税收管理规定的接收捐赠凭证。也就是说，纳税人向符合国家规定的公益性机构捐赠的时候，一定要取得符合上述规定的凭证才能在缴纳所得税的时候进行扣除。一般来说，捐赠票据是由国家相关财政部门印制，具体到各地，就是由各级省级财政厅或财政局印制。纳税人在捐赠时一定要注意索要。

财政部、国家税务总局《关于公益救济性捐赠税前扣除政策及相关管理问题的通知》（财税〔2007〕第 006 号）对捐赠的管理提出了要求。具有捐赠税前扣除资格的非营利的公益性社会团体、基金会和县及县以上人民政府及其组成部门在接受捐赠或办理转赠时，应按照财务隶属关系分别使用由中央或省级财政部门统一印（监）制的公益救济性捐赠票据，并加盖接受捐赠或转赠单位的财务专用印章；如果个人索取捐赠票据，有关机构应当予以开具。

国家税务总局《关于个人向地震灾区捐赠有关个人所得税征管问题的通知》（国税发〔2008〕55 号）做出规定："一、个人通过扣缴单位统一向灾区的捐赠，由扣缴单位凭政府机关或非营利组织开具的汇总捐赠凭据、扣缴单位记载的个人捐赠明细表等，由扣缴单位在代扣代缴税款时，依法据实扣除。二、个人直接通过政府机关、非营利组织向灾区的捐赠，采取扣缴方式纳税的，捐赠人应及时向扣缴单位出示政府机关、非营利组织开具的捐赠凭据，由扣缴单位在代扣代缴税款时，依法据实扣除；个人自行申报纳税的，税务机关凭政府机关、非营利组织开具的接受捐赠凭据，依法据实扣除。三、扣缴单位在向税务机关进行个人所得税全员全额扣缴申报时，应一并报送由政府机关或非营利组织开具的汇总接受捐赠凭据（复印件）、所在单位每个纳税人的捐赠总额和当期扣除的捐赠额。"具有捐赠税前扣除资格的非营利的公益性社会团体、基金会和县及县以上人民政府及其组成部门在接受捐赠或办理转赠时，应按照财务隶属关系分别使用由中央或省级财政部门统一印（监）制的公益救济性捐赠票据，并加盖接受捐赠或转赠单位的财务专用印章。纳税人未取得或取得的非中央或省级财政部门统一印（监）制的公益救济性捐赠票据的，不得税前扣除。

因此，作为通过合法的渠道捐赠的纳税人应当取得中央或省级财政部门统一印（监）制的公益救济性捐赠票据，并加盖接受捐赠或转赠单位的财务专用印章。

个人也应当索取捐赠票据。个人直接通过政府机关、非营利组织向灾区捐赠，采取扣缴方式纳税的，捐赠人应及时向扣缴单位出示捐赠凭据，扣缴单位以此计算据实扣除。因此，个人捐款时应索要相关凭证，以便享受个人所得税的扣除优惠。对个人索取捐赠票据，接受单位应予以开具。个人在本单位捐赠，由单位凭政府机关或非营利组织开具的汇总捐赠凭据、扣缴单位记载的个人捐赠明细表等，在代扣代缴税款时依法据实扣除。

自行申报纳税的个人，税务机关凭捐赠凭据准予扣除。扣缴单位在向税务机关进行个人所得税全员全额扣缴申报时，应一并报送由政府机关或非营利组织开具的汇总接受捐赠凭据（复印件）、所在单位每个纳税人的捐赠总额和当期扣除的捐赠额。

第十一章

集团税收策划概述

资产收购属重组　政策分析需留神

润澳酒店股份有限公司为进一步扩大经营规模，于 2021 年 3 月 1 日与华阳酒店签订了资产收购协议。协议规定，润澳酒店收购华阳酒店全部资产，截至 2020 年 12 月 31 日华阳酒店全部资产的账面价值为 5 000 万元，公允价值为 6 200 万元，其中被收购资产的账面价值为 4 800 万元，公允价值为 6 000 万元；润澳酒店支付的收购对价包括定向增发股票、支付银行存款及转让库房。其中向华阳酒店定向增发股票 900 万股，每股发行价格为 6 元；支付银行存款 200 万元；转让的库房评估价格为 400 万元，账面价值为 280 万元。

对于这笔业务，该企业的投资人希望少缴些税，那么，是否可以实现这个愿望呢？于是，他们找来税收策划专家。

现场诊断：

资产重组业务是一笔综合性涉税策划业务，策划人需要在对复杂的对象进行综合分析，然后理清头绪，找到切入点和操作思路。上海普誉财务咨询有限公司的咨询专家到企业现场后，首先与投资人进行了交流，了解他们的投资意向和发展战略思路；然后，与该企业的财务人员了解有关资产的情况，最后寻找规避涉税风险（包括节税）的可能性。

政策梳理：

资产收购涉及增值税、企业所得税和其他税种，这里我们仅对资产收购的流转税和企业所得税处理问题做适当分析。

1. 资产收购的流转税分析

国家税务总局在《关于纳税人资产重组有关增值税问题的公告》（国家税务总局公告

2011 第 13 号）中统一明确，自 2011 年 3 月 1 日起，纳税人在资产重组过程中，通过合并、分立、出售、置换等方式，将全部或者部分实物资产以及与其相关联的债权、负债和劳动力一并转让给其他单位和个人，不属于增值税的征税范围，其中涉及的货物转让，不征收增值税。另外，国家税务总局在《关于纳税人资产重组有关营业税问题的公告》（国家税务总局公告 2011 第 051 号）中明确，自 2011 年 10 月 1 日起，纳税人在资产重组过程中，通过合并、分立、出售、置换等方式，将全部或者部分实物资产以及与其相关联的债权、债务和劳动力一并转让给其他单位和个人的行为，不属于营业税征收范围，其中涉及的不动产、土地使用权转让，不征收营业税。

2. 资产收购业务的所得税分析

企业在日常经营活动以外发生的法律结构或经济结构重大改变的交易，税法称其为资产重组。以资产重组为背景的资产收购，指一家企业（以下称为受让企业）购买另一家企业（以下称为转让企业）实质经营性资产的交易。受让企业支付对价的形式包括股权支付、非股权支付或两者的组合。

资产收购业务涉及所得税的处理分特殊性税务处理和一般性税务处理两种。按照现行企业所得税法有关文件的规定，资产收购业务如果同时符合以下 5 个条件的，适用特殊性税务处理规定，否则适用一般性税务处理规定：一是具有合理的商业目的，且不以减少、免除或者推迟缴纳税款为主要目的；二是受让企业收购的资产不低于转让企业全部资产的 75%；三是企业重组后的连续 12 个月内不改变重组资产原来的实质性经营活动；四是受让企业在该资产收购发生时的股权支付金额不低于其交易支付总额的 85%；五是企业重组中取得股权支付的原主要股东，在重组后连续 12 个月内，不得转让所取得的股权。

（1）资产收购业务所得税处理的一般性规定。

对于转让企业而言，资产收购的实质相当于向受让企业转让收购资产并获得经济利益，这里的经济利益既包括货币性资产，又包括非货币性资产。因此，转让企业的所得税处理主要涉及是否确认收购资产的转让所得或损失，以及如何确定取得非货币性资产的计税基础两方面的内容。一般情况下，转让企业应确认收购资产的转让所得或损失，而按照所得税的对等理论，以付出收购资产为代价而取得的非货币性资产的计税基础应按照公允价值确定。

对于受让企业而言，资产收购的实质相当于付出一定的对价购买转让企业收购资产，从而取得对转让企业的经营控制权。由于付出的对价可能涉及非货币性资产，因此受让企业的所得税处理主要涉及付出对价中包括的非货币性资产应否确认转让所得或损失，以及如何确定收购资产的计税基础两方面的内容。受让企业以非货币性资产作为支付对价，一般情况下，相当于受让企业转让非货币性资产，并以转让取得的经济利益购买收购资产。

（2）资产收购业务所得税处理的特殊性规定。

收购资产转让所得或损失的处理。如果资产收购符合特殊性处理条件，按税法规定转让企业可以暂不确认收购资产的全部转让所得或损失，但应确认非股权支付对应的资产转让所得或损失。具体计算公式如下：非股权支付对应的资产转让所得或损失＝（被转让资产的公允价值－被转让资产的计税基础）×（非股权支付金额÷被转让资产的公允价值）。

取得受让企业股权计税基础的确定。在符合特殊性处理条件的情况下，由于转让企业可暂不确认收购资产全部转让所得或损失，按照所得税的对等理论，转让企业取得受让企业股权的计税基础，应按被转让资产的原有计税基础确定，而不能按公允价值确定。在不涉及非股权支付的情况下，转让企业应按被转让资产的原有计税基础加转让过程应缴纳的相关税费确认受让企业股权的计税基础。在涉及非股权支付的情况下，由于转让企业确认了非股权支付对应的所得或损失，因此，按照所得税相关理论，确认受让企业股权计税基础时应考虑已确认的转让所得或损失。

实务分析：

在润澳酒店股份有限公司与华阳酒店的资产收购业务中，对有关资产的涉税处理需要对双方的具体业务进行具体分析。

1. 出让企业的所得税处理

判断本次资产收购业务的涉税性质。由于华阳酒店转让资产的比例为96%（4 800÷5 000），大于75%；股权支付占取得全部经济利益的比例为：

（900×6）÷（900×6+200+400）×100% ＝90%

由于这个比例大于85%，如果润澳酒店股份有限公司与华阳酒店的资产收购业务符合税法中有关免税重组的规定，那么，按特殊重组（免税重组）的规定处理。华阳酒店可以进行如下处理。

（1）暂不确认资产的全部转让所得，但应确认两项非股权支付对应的资产转让所得。

（6 000－4 800）×（600÷6 000）＝120（万元）

（2）确认取得股权的计税基础。按照分步确定法进行分析，股权的计税基础为：

4 800+120 － 600 ＝ 4 320（万元）

按照对应分类法进行分析，我们假设用于转让资产的原计税基础为 X，则

（900×6+600）÷4 800＝600÷X

解得：X＝480万元，即取得股权的计税基础为：

4 800－480 ＝ 4 320（万元）

未来华阳酒店如果转让此部分股权，在计算股权转让所得时允许扣除的金额应为4 320万元，而不是取得时该项股权的发行价格5 400万元。

2. 受让企业的所得税处理

（1）收购对价涉及非货币资产的所得税处理。为支持企业进行改组改制，虽然税法明确了资产收购所得税处理的特殊性规定，但该规定只是允许转让企业递延缴纳税款，而不涉及受让企业的问题。因此，资产收购业务无论是否符合特殊处理条件，受让企业均应对支付对价中涉及的非货币性资产确认转让所得或损失。对于本例来说，虽然符合特殊性处理条件，

但润澳酒店股份有限公司应确认支付对价中涉及的库房转让所得，即在不考虑库房转让环节应缴纳相关税费的情况下，应确认其转让所得：

400-280＝120（万元）

（2）取得收购资产计税基础的确定。按照财税〔2009〕59号文件的规定，如果资产收购符合特殊性处理条件，受让企业应按收购资产的原有计税基础调整确定其计税基础。

业务点评：

笔者实施过多起资产收购案例，许多专家也对相关事项进行过分析，这里我们综合有关资料对资产收购的涉税事项做一些提示。资产收购涉及流转税、企业所得税和其他税种，流转税的政策理解相对比较简单，而企业所得税处理起来则比较复杂。因为确认受让企业股权计税基础时的转让所得或损失，是一个比较复杂的问题，这里结合有关资料总结两种具体确认方法。

第一，分步确定法。即先确定转让企业取得全部经济利益的计税基础，再确定受让企业股权的计税基础。其中，取得全部经济利益的计税基础＝收购资产原来的计税基础＋转让环节应缴纳的相关税费＋非股权支付对应的资产转让所得或损失，这里全部经济利益包括受让企业股权和非股权支付两部分内容。由于资产收购中确认了非股权支付对应的收购资产的转让所得或损失，因此非股权支付的计税基础为公允价值。这样，根据上面的公式即可反推出受让企业股权的计税基础。

第二，对应分类法。我们可以将转让企业的收购资产分为两部分，一部分用于换取受让企业的股权；一部分用于转让，并取得非股权支付。由于资产收购时未确认受让企业股权对应的资产转让所得或损失，所以只能按这部分资产的原计税基础确定受让企业股权的计税基础。设非股权支付对应资产的原计税基础为 X，收购资产的公允价值 ÷ 收购资产的原计税基础 ＝ 非股权支付的公允价值 $÷X$，通过该等式即可解出 X 值，从而确定受让企业股权的计税基础 ＝ 被收购资产原计税基础 $-X$。

这里需要指出的是，虽然确认受让企业股权计税基础时的转让所得或损失一个比较复杂的问题，但是无论如何，这仅仅是一个技术性的问题。而对资产收购业务活动涉税处理的关键，则是确认资产收购的政策背景：一般性资产收购，还是重组性资产收购。

此外，由于本案例的条件比较优越，所以没有提及财政部、国家税务总局《关于促进企业重组有关企业所得税处理问题的通知》（财税〔2014〕109号），该文件已经将股权收购中免税重组的"股权收购，收购企业购买的股权不低于被收购企业全部股权的75%"规定调整为"股权收购，收购企业购买的股权不低于被收购企业全部股权的50%"。

企业形式可改变　法律流程需清算

明清公司是增值税一般纳税人（法人企业），企业所得税税率为25%，2020年10月初经批准改为境内合伙企业。该企业改变企业法律形式之前为有限责任公司,有甲、乙、丙3个股东,其中甲、乙为居民个人股东,丙为企业法人股东,投资额分别为38万元、60万元、102万元。为了事业发展需要,明清公司清算后各位股东又与其他企业和个人投资兴办了一家新企业,即原明清公司的各位股东将全部资产均投入到了新企业。

对于这样的情况,明清公司以及该公司的股东应当如何处理相关涉税事宜呢?

政策分析:

根据税法规定,企业发生由法人向个人独资企业、合伙企业等非法人组织的转变,或将登记注册地转移至中华人民共和国境外(包括港澳台地区,下同)而变更注册登记的情形属法律形式的改变,应当依法就其涉及的企业所得税、个人所得税、增值税、消费税、营业税及土地增值税等进行清算。

其一,企业法律形式改变的所得税处理。

根据税法规定,企业法律形式改变后应当按以下原则和程序进行清算。一是将全部资产均按公允价值计算可变现价值,减除资产清算前的计税基础,确认资产清算所得或损失。二是确认债权、债务,计算债权、债务清算所得或损失。三是改变持续经营核算原则,对预提或待摊性质费用进行一次处理。四是依法弥补以前年度发生的应按规定在以后年度弥补,但弥补期未满的应弥补未弥补亏损,已超过弥补期未弥补完的亏损不得弥补。

其二,企业法律形式改变的资产分配和个人所得税的处理。

企业法律形式改变的清算与破产清算不同,法律形式改变后的企业实体还存在,还将进行正常的生产经营,因此,按照财税〔2009〕59号文件规定清算只涉及企业所得税和股东财产的重新分配,在股东财产分配上也不能完全依照财税〔2009〕60号文件规定的方法,按全部可变现资产的公允价值依次减除清算费用、职工工资、社会保险费用和法定补偿金、清算所得税、以前年度欠税以及债务的模式向所有者分配全部剩余资产。而只能就清算所得支付清算所得税后的剩余所得进行分配,清算所得大于零时为投资资产转让(企业法律形式的改变从法律上应将其视为前、后两个企业,故可视为资产转让)所得,清算所得小于零时应按股东持有股份或投资额分配应承担的资产转让损失份额。同时,根据国家税务总局公告2010年第4号、财税〔2009〕60号文件规定,居民企业间股权投资获得的股息、红利免征企业所得税,但对获得的资产清算所得,投资者应确认为投资资产转让所得缴纳企业所得税;根据《个人所得税法》及其实施条例要求,对居民个人股东分得的投资资产清算所得还应按照规定代扣代缴个人所得税。

其三,法律形式改变后新企业股东投资的入账价格确定。

企业法律形式改变时投资者虽然没有真正收回投资收益,但通过被投资企业的清算,投资者已经获得了投资收益的所有权,通过重新投入改变后的新企业,投资者的控股数额或投资额已经发生变化,并重新取得控股权,但因投资者的身份不同,控股数额变化幅度也不尽相同。

业务处理：

明清公司的涉税业务处理需要分步进行。首先是对公司资产的处理，然后是对股东涉税事项的处理，最后则是对新企业相关事项的处理。

第一步：确定清算所得，计算并缴纳所得税。

通过对明清公司账面情况以及实地资产的清查，该企业8月份未发生收入和成本费用支出，经清算各项资产、负债确认结果为房屋、机器设备、专有技术、库存商品、低值易耗品等资产公允价值1 410万元，清算前计税基础820万元；确认应提预提费用余额2万元；一次处理（列支）已发生的待摊费用40万元；所有债权、债务均已结清。

在此基础上，最后确认清算所得为：

1 410−820+2−40＝552（万元）

则该企业应缴纳清算企业所得税为：

552×25%＝138（万元）

第二步：资产分配以及相关的个人所得税处理。

通过清查，了解到该企业作为有限责任公司，有甲、乙、丙3个股东，其中甲、乙为居民个人股东，丙为企业法人股东，投资额分别为38万元、60万元、102万元，截至2020年9月30日累计未分配利润248万元，则3个股东各自应分得的清算所得如下。

分配比例为：

（552−138+248）÷（38+60+105）×100%＝331%

甲股东应分得的清算所得为：

38×331%＝125.78（万元）

乙股东应分得的清算所得为：

60×331%＝198.6（万元）

丙股东应分得的清算所得为：

102×331%＝337.62（万元）

其各自应分得的累计未分配利润为：

甲股东：248÷（38+60+102）×38＝47.12（万元）

乙股东：248÷（38+60+102）×60＝74.4（万元）

丙股东：248÷（38+60+102）×102＝126.48（万元）

即各股东在改变法律形式时合计应分得的股息如下：

甲股东：125.78+47.12＝172.9（万元）

乙股东：198.6+74.4＝273（万元）

丙股东：337.62+126.48＝464.1（万元）

这里清算小组应当按照税法的规定代扣代缴个人所得税，其中，对甲股东应代扣的资产转让所得个人所得税为：

$125.78 \times 20\% = 25.156$（万元）

对乙股东应代扣的资产转让所得个人所得税为：

$198.6 \times 20\% = 39.76$（万元）

对丙企业法人投资者股东分得的 337.62 万元清算所得减除 126.48 万元免税的股息所得后应视为投资所得（收益）并入当期所得额征收企业所得税。

如果法人股投资人为非居民企业，则应依照《企业所得税法》及相关规定对其获得的全部清算所得代扣代缴非居民企业所得税。

第三步：新企业股东投资的入账价格确定。

明清公司清算后各位股东又与其他企业和个人投资兴办了一家新企业，即原明清公司的各位股东将全部资产均投入到了新企业。则原明清公司各位股东对新企业的可控投资额变化如下。

甲股东的新股投资额为：

$38 + 125.78 - 30.4 = 133.38$（万元）

乙股东的新股投资额为：

$60 + 198.6 - 48 = 210.6$（万元）

丙企业股东的新股投资额为：

$102 + 337.62 = 439.62$（万元）

作为企业股的丙股东对收回超过原投资额的部分 337.62 万元（439.62-102）应同时增加该项长期投资的计税基础，即在会计上做增加"长期股权投资"和"投资收益"处理。

操作点评：

这里我们通过实务案例来说明企业的法律形式改变的具体操作业务流程和相关涉税事项的具体处理方法。这里的关键是要注意代扣代缴个人所得税。企业法律形式的改变虽然没有在市场上发生实质性的资产转让，但改变后已经注册为一个新企业，在法律界定上相当于把一个企业的资产变卖给了另一个企业，因此，根据《个人所得税法》第二条、并参照《国家税务总局关于股权转让收入征收个人所得税问题的批复》（国税函〔2007〕244 号）《财政部 国家税务总局关于个人股票期权所得征收个人所得税问题的通知》（财税〔2005〕35 号）等有关规定，对于甲、乙两居民个人股东获得的投资清算所得应分别按资产转让所得和股息、红利所得代扣个人所得税。

这里还需要提醒纳税人注意，企业将登记注册地转移至境外时可能出现的涉税问题。企业在将登记注册地转移至境外时，因不动产不能移动，可能涉及就地变卖或出售问题，所生产和购买的货物既可以转移境外，也可能存在就地出售的问题，但无论是就地变卖、出售还是转移境外，均应按以下原则处理。

一是出售不动产房屋需要按规定缴纳营业税和土地增值税。

二是对于转移境外的货物应按出口对待，应按规定办理出口退税；对于就地出售的货物还应按规定缴纳增值税，属于应征消费税的自产货物，还应依法缴纳消费税。

三是在清算前出售时，应将出售所得和缴纳的税金计入清算所得，在清算后出售时，计入新企业的当期损益。

除以上情形外，企业发生其他法律形式简单改变的，可直接变更税务登记，除另有规定外，有关企业所得税纳税事项（包括亏损结转、税收优惠等权益和义务）由变更后企业承继，但因住所发生变化而不符合税收优惠条件的也必须按照上述方法进行清算。

公司整合让股权　方法不同税有别

A 公司与 B 公司投资成立 C 公司，其中，A 公司占 C 公司 80％的股权，B 公司占 C 公司 20％的股权，C 公司于 2008 年成立，2016 年底被国家科技主管部门认定为高新技术企业，适用 15％的优惠税率。到 2019 年年底，C 公司资产总额 600 万元，负债总额 350 万元，所有者权益 250 万元。其中，未分配利润 100 万元。

现在，A 公司拟将持有的 C 公司 80％的股权转让给 D 公司，问如何转让 A、B、C 三公司的税负最轻?

政策分析：

根据现行税法规定，企业转让股权或股份的收益，应计算缴纳企业所得税；转让股权或股份的损失，可按规定扣除，即股权转让收益或损失＝股权转让价－股权成本价。股权转让价指股权转让人就转让的股权所收取的包括现金、非货币资产或者权益等形式的金额；如被持股企业有未分配利润或税后提存的各项基金等股东留存收益的，股权转让人随转让股权一并转让该股东留存收益权的金额（以不超过被持股企业账面分属为股权转让人的实有金额为限），属于该股权转让人的投资收益额，不计为股权转让价。股权成本价指股东（投资者）投资入股时向企业实际交付的出资金额，或收购该项股权时向该股权的原转让人实际支付的股权转让价金额。

策划预案：

对于本案例而言，通常的操作思路和操作方式有两个：一是 A 公司将股权销售给 D 公司，从而可以获取股权以外的经济利益；二是 A 公司与 D 公司交换股权。

策划分析：

下面我们根据两种不同的股权转让方式分别讨论。

方案一：A 公司将股权销售给 D 公司，获取股权以外的经济利益。

在这种方式下，A 公司转让股权换取的是除股权外的其他货币或非货币性资产。A 公司持有 C 公司 80％的股权，C 公司未分配利润 100 万元中，A 公司份额为 80 万元，A 公司将应享有的 80 万元的未分配利润一同转让，属于 A 公司的投资收益额，不计为股权转让价。A 公司转让股权不缴营业税；A 公司转让股权应缴企业所得税的计税依据等于股权转让价格减去股权计税成本，A 公司转让股权如换取的是不动产，应缴纳契税，另外 A 公司转让股权应缴纳印花税。

就 A 公司取得资产的计税成本的确定，按照《企业所得税法实施条例》第五十六条规定，企业的各项资产，包括固定资产、生物资产、无形资产、长期待摊费用、投资资产、存货等，以历史成本为计税基础。这里所称历史成本，指企业取得该项资产时实际发生的支出。企业持有各项资产期间资产增值或者减值，除国务院财政、税务主管部门规定可以确认损益外，不得调整该资产的计税基础。

同时，财税〔2009〕59 号文件第六条第三款明确，资产收购，受让企业收购的资产不低于转让企业全部资产的 75%，且受让企业在该资产收购发生时的股权支付金额不低于其交易支付总额的 85%，可以选择按以下规定处理：一是转让企业取得受让企业股权的计税基础，以被转让资产的原有计税基础确定。二是受让企业取得转让企业资产的计税基础，以被转让资产的原有计税基础确定。而财税〔2014〕109 号文件将股权收购中免税重组的"股权收购，收购企业购买的股权不低于被收购企业全部股权的 75%"规定调整为"股权收购，收购企业购买的股权不低于被收购企业全部股权的 50%"。

A 公司向 D 公司转让持有的 C 公司的股权，C 公司的营业活动没有发生变化，只是变更了股东，因此，在股权转让过程中，C 公司不涉及税收问题。

D 公司以现金或非货币性资产换取 A 公司的股权。按政策规定，国家税务总局《关于纳税人资产重组有关增值税问题的公告》（国家税务总局 2011 年第 13 号）和《关于纳税人资产重组有关营业税问题的公告》（国家税务总局公告〔2011〕第 51 号）明确，纳税人在资产重组过程中，通过合并、分立、出售、置换等方式，将全部或者部分实物资产以及与其相关联的债权、债务和劳动力一并转让给其他单位和个人的行为，不属于营业税征收范围，其中涉及的不动产、土地使用权转让，不征收增值税和营业税。

在企业所得税方面，D 公司应在投资交易发生时，将投资行为分解为按公允价值销售有关非货币性资产和投资两项业务进行所得税处理。

另外 D 公司投资行为应缴印花税。

方案二：A 公司与 D 公司交换股权。

A 公司与 D 公司交换股权，也可以看成为 A 公司与 D 公司之间的股权重组，股权重组指股份制企业的股东（投资者）或股东持有的股份发生变更。股权重组一般不须经清算程序，其债权、债务关系，在股权重组后继续有效。由于股权或股票的价值，仅代表投资企业在被投资企业享有的权益，与有形动产或应税劳务不同，A、D 公司的换股行为不涉及流转税。

《中华人民共和国企业所得税法实施条例》第七十五条："除国务院财政、税务主管部门另有规定外，企业在重组过程中，应当在交易发生时确认有关资产的转让所得或者损失，相关资产应当按照交易价格重新确定计税基础。"这是企业重组过程中有关资产税务处理的原则性规定。

从所得税处理角度，换股行为应该将其分解为按公允价值转让股权，然后按股权公允价值相当的金额投资两项交易。对于转让股权行为，如果有所得，其差额将作为应税所得而课税，如果股权的计税成本高于市价，则确认为一笔损失按税法规定扣除。A、D 公司交换股权应缴企业所得税的计税依据等于股权转让价格减去股权计税成本。这里，股权转让价格可以按照一定的方式确定，实务中多以评估价格为依据。股权计税成本即为 A、D 公司的初始投资成本。A、D 公司交换股权后取得的对方的股权或股份的计税价格，应当按照上述交易价格重新确定计税基础。因为在股权转让环节，股权的转让所得或损失，是以交易价格为基础确定的，而这部分所得或损失已经做了相应的税务处理，就应该按照交易价格重新确定换入股权的计税基础，作为该股权下一次交易活动的税务处理基础。在会计处理上，根据《企业会计准则第 7 号———非货币性资产交换》，A、D 公司交换后股权的入账价格有公允价值和账面价值两种方式，采用公允价值模式，换入股权的入账价值等于换出股权的公允价值加上相关税费。这时，不会产生财税差异。采用账面价值模式，换入股权的入账价值以换出股权的账面价值确定，这时将产生财税差异。

A、D 公司交换股权应缴印花税。

策划结论：

如果将上述方案进行综合分析我们可以发现，A 公司与 D 公司交换股权的方式税负较轻。

策划点评：

通过案例的分析，可以启发人们一些操作思路。在这个策划实例中需要注意对企业股权转让价格的确定的方法。在股东在转让股权时，确定股权转让价格通常有以下几种方法。

第一种方法，股权转让价款按公司工商注册登记的出资额确定，可称为"出资额法"。

第二种方法，股权转让价款按照公司资产评估后价格确定，可称为"评估价法"。

第三种方法，将公司净资产额作为转让价格，可称为"净资产法"。

第四种方法，股权转让价款由转让方与受让方协商确定，可称为"协商价法"。此外，还有拍卖、变卖价格法。

对于股权转让价款的"协商价法"在实务中极其常见。原因在于"协商价法"相对科学性，因为无论"出资额法"，还是"评估价法"均反映了企业资产的原有和现有资产价格，而股权的价值不仅体现企业资产的历史和现状，主要还应体现企业的未来收益，因此股权转让价格的确定应考虑企业的动态盈利能力。

上述几种方法，都有其可取之处，但也存在不足。

"出资额法"和"净资产法"简单明了，便于计算和操作。

"评估价法"通过对公司会计账目、资产的清理核查，较能体现公司的资产状况。

拍卖、变卖的方法引入了市场机制，在一定程度上能体现股权的市场价值。

但是，公司的生产经营活动受经营者的决策及市场因素的影响较大，公司的资产状况处于一种动态变化之中，股东的出资与股权的实际价值往往存在较大差异，如对股东的股权未经作价以原出资额直接转让，这无疑混淆了股权与出资的概念；公司净资产额虽然反映了公司一定的财务状况，但由于其不体现公司资金的流转等公司运作的重要指数，也不能反映公司经营的实际情况；审计、评估能反映公司财产状况，也能对公司运作的大部分情况进行估算，却不能体现公司的不良资产率、公司发展前景等对股权价值有重要影响的因素；拍卖、变卖一般时间较紧，转让方和受让方常无法进行更多直接沟通。

这里需要提醒读者的是，如不能很好理解和运用这几种方法，将造成股权的滥用，侵犯股东和公司的合法权益。

《中华人民共和国公司法》第七十一条规定，有限责任公司的股东之间可以相互转让其全部或者部分股权。其中股东向股东以外的人转让股权，应当经其他股东过半数同意。股东应就其股权转让事项书面通知其他股东征求同意，其他股东自接到书面通知之日起满三十日未答复的，视为同意转让。其他股东半数以上不同意转让的，不同意的股东应当购买该转让的股权；不购买的，视为同意转让。

经股东同意转让的股权，在同等条件下，其他股东有优先购买权。两个以上股东主张行使优先购买权的，协商确定各自的购买比例；协商不成的，按照转让时各自的出资比例行使优先购买权。公司章程对股权转让另有规定的，从其规定。

两个企业欲整合　购买投资或合并

地处江南某地盐化集团利用地下盐矿资源发展生产，取得显著的经济效益。但是，最近他们经常收到居民的投诉。随着城市的发展，盐化集团下属子公司精制公司已被居民小区包围，不仅造成安全隐患、环境污染，同时也不利于企业的扩大发展。根据省、市环保局及市政府要求，精制公司需限期搬迁。精制公司新址拟选在某县境内盐化集团公司下属子公司"盐化公司"住地，这就需要取得盐化公司的土地。盐化公司是新设立的且在筹建阶段，仅有土地及其地上部分建筑物。

目前遇到的问题是，精制公司应当如何操作才能做到税收负担最低？

策划预案：

为了实现集团公司的决策目标，财务部专门聘请了策划专家到现场进行了专业服务。上海普誉财务咨询有限公司咨询专家马云峰应邀为该公司提供了咨询服务。通过现场调研，马云峰全面掌握了该集团公司的有关情况，他认为，精制公司想要取得盐化公司所有土地及其地上建筑物，可以通过三种方式进行运筹：一是购买；二是投资；三是吸收合并。

策划分析：

购买、投资或者吸收合并，是人们通常利用的操作方式，但是，采用何种方式节税最多、经济效益最大？这就需要进行纳税策划，选择最佳方案。

第一种方案：购买。

此方案是精制公司购买盐化公司所有土地及其地上房屋建筑物。采用此方案，完全属于市场交易行为，应缴纳所有相关税费。盐化公司属于出售方，发生了转让土地及其地上房屋建筑物行为，按照税法规定，应缴纳营业税、城建税、教育费附加、土地增值税、印花税和企业所得税。精制公司属于购买方，其承受的土地及其地上房屋建筑物，按照税法规定，应缴纳契税和"产权转移书据"印花税。

另外，企业依照有关法律、法规规定实施破产，债权人（包括破产企业职工）承受破产企业抵偿债务的土地、房屋权属，免征契税；对非债权人承受破产企业土地、房屋权属，凡按照《中华人民共和国劳动法》等国家有关法律法规政策妥善安置原企业全部职工，与原企业全部职工签订服务年限不少于三年的劳动用工合同的，对其承受所购企业的土地、房屋权属，免征契税；与原企业超过30%的职工签订服务年限不少于三年的劳动用工合同的，减半征收契税。

第二种方案：投资。

此方案是盐化公司将其所有土地及其地上房屋建筑物，以投资入股形式转让给精制公司，为其股东换取精制公司的股权。采用此种方案涉及如下税金。

营业税。盐化公司以其所有土地及其地上房屋建筑物对外投资入股不缴纳营业税。当然也不缴纳城建税及教育费附加。

土地增值税。按照《财政部 国家税务总局关于土地增值税一些具体问题规定的通知》（财税字〔1995〕48号）"对于以房地产进行投资、联营的，投资、联营的，一方以土地（房地产）作价入股进行投资或作为联营条件，将房地产转让到所投资、联营的企业中时，暂免征收土地增值税"规定，盐化公司以其所有土地及其地上房屋建筑物投资入股，可不计缴土地增值税。

印花税。盐化公司以其所有土地及其地上房屋建筑物投资入股，必然办理财产转移手续并书立《产权转移书据》。根据《印花税暂行条例》（国务院令〔1988〕11号）第二条规定，双方应按《产权转移书据》所载金额万分之五粘贴印花。

企业所得税。根据《企业所得税法实施条例》第二十五条"企业发生非货币性资产交换，应当视同销售货物、转让财产或者提供劳务"规定，盐化公司以其所有土地及其地上房屋建筑物对外投资入股，应当视同转让财产，计算财产转让所得，缴纳企业所得税。当然，财产转让没有所得，则无须缴纳企业所得税。

契税。精制公司承受盐化公司房地产，按照《契税暂行条例》规定，应缴纳4%契税。

第三种方案：吸收合并。

此方案是精制公司将盐化公司兼并或吸收合并，盐化公司注销。盐化公司（被合并企业）将其全部资产和负债转让给精制公司（合并企业），为其股东换取精制公司（合并企业）的股权或非股权支付。采用此方案涉及如下税金。

营业税、增值税及附加。企业合并是转让企业产权，即整体转让企业资产、债权、债务及劳动力的行为，不属于营业税征收范围，其中涉及的不动产、土地使用权转让，不征收营业税。将全部或者部分实物资产以及与其相关联的债权、负债和劳动力一并转让给其他单位和个人，不属于增值税的征税范围，其中涉及的货物转让，不征收增值税。

土地增值税。根据《财政部 国家税务总局关于土地增值税一些具体问题规定的通知》（财税字〔1995〕48号）和《财政部 税务总局关于继续实施企业改制重组有关土地增值税政策的通知》（财税〔2018〕57号）的规定，在企业兼并中，对被兼并企业将房地产转让到兼并企业中的，暂免征收土地增值税。因此，盐化公司可不计缴土地增值税。

印花税。在企业合并中，如果精制公司与盐化公司办理财产转移手续并书立《产权转移书据》。根据《财政部 国家税务总局关于企业改制过程中有关印花税政策的通知》（财税〔2003〕183号）第三条规定，企业因改制签订的产权转移书据免予贴花规定，办理的产权转移书据可不缴纳印花税。

企业所得税。如采用此方案，企业所得税政策留有策划空间，可依法进行纳税策划。根据《财政部 国家税务总局关于企业重组业务企业所得税处理若干问题的通知》（财税〔2009〕59号）规定，企业重组的税务处理区分不同条件分别适用一般性税务处理规定和特殊性税务处理规定。在上述企业合并中，如果符合上述特殊税务处理规定条件的，盐化公司（被合并企业）可不计算转让所得或损失，不缴纳企业所得税；反之，则要按一般税务处理规定，计算转让所得或损失，申报缴纳企业所得税。精制公司兼并盐化公司，属于同一控制下且不需要支付对价的企业合并，符合特殊税务处理规定条件，因此，盐化公司无须计算转让所得或损失，缴纳企业所得税。

契税。精制公司兼并盐化公司，系同一投资主体控制下的合并，两个公司合并后，原投资主体——盐化集团公司仍然存续。因此，根据《财政部 国家税务总局关于企业 事业单位改制重组契税政策的通知》（财税〔2018〕17号）"两个或两个以上的公司，依据法律规定、合同约定，合并改建为一个公司，且原投资主体存续的，对其合并后的公司承受原合并各方的土地、房屋权属，免征契税"规定，精制公司承受盐化公司房地产可不缴纳契税。

分析结论：

根据咨询专家的分析意见我们可以发现，如果实行吸收合并，无须缴纳营业税、增值税、城建税、教育费附加、土地增值税、印花税、契税和企业所得税。显然，第三个方案节税最多，现金流出较少，经济效益最大，应是最佳选择方案。

政策背景：

《国家税务总局关于纳税人资产重组有关增值税问题的公告》（国家税务总局公告2011年第13号）

纳税人在资产重组过程中，通过合并、分立、出售、置换等方式，将全部或者部分实物资产以及与其相关联的债权、负债和劳动力一并转让给其他单位和个人，不属于增值税的征税范围，其中涉及的货物转让，不征收增值税。

本公告自 2011 年 3 月 1 日起执行。

《财政部 国家税务总局关于企业事业单位改制重组契税政策的通知》（财税〔2018〕17 号）明确，为了支持企业、事业单位改革，促进国民经济持续、健康发展，自 2018 年 1 月 1 日至 2020 年 12 月 31 日，企业依照有关法律法规规定实施破产，债权人（包括破产企业职工）承受破产企业抵偿债务的土地、房屋权属，免征契税；对非债权人承受破产企业土地、房屋权属，凡按照《中华人民共和国劳动法》等国家有关法律法规政策妥善安置原企业全部职工，与原企业全部职工签订服务年限不少于三年的劳动用工合同的，对其承受所购企业土地、房屋权属，免征契税；与原企业超过 30% 的职工签订服务年限不少于三年的劳动用工合同的，减半征收契税。

酒店开发有前景　独立经营如何定

正方园集团公司是一家大型综合投资性企业集团，出于专业化运作及战略发展的考虑，集团公司决定将其下属的方园房地产开发公司正建设中的酒店剥离出去，单独成立公司经营该酒店，酒店直接控制权上移至正方园集团公司。

目前，方园房地产开发公司账面上这一在建酒店的净值为 2.3 亿元（以出让方式取得的土地使用权价值 1.9 亿元，占地面积约 2.9 万平方米，现造价支出 4 000 万元），经估算该酒店总造价约 54 000 万元。

虽然从正方园集团公司角度看，重新配置在建酒店仅是酒店所有权和经营主体的变化，但根据现行税法，这一变化将可能涉及营业税、城建税、教育费附加、契税、土地增值税和印花税等，且营业税、土地增值税、契税和企业所得税税负很重。

根据实际情况，税收策划的目标为正方园集团公司直接控制酒店，并使总税负最小。这个项目应当如何操作才能做到税收利益最大化？为了实现这个目标，该公司聘请的咨询专家到现场提供服务。

策划思路：

咨询专家到达现场，与投资人和公司主要领导进行了交流，了解到决策的指导思想，同时对有关公司的资产现状进行了分析，最后提出两个操作方案：一是股权转让式策划。方园房地产开发公司以酒店投资成立新公司，再转让方园房地产开发公司所持有新公司股权给正方园集团公司。二是企业分立式策划。方园房地产开发公司采取存续分立的方式，将酒店分立公司，并将新公司股权转移给正方园集团公司。

业务分析：

这两方案可行吗？哪个方案更好？这就需要对有关方案的具体情况进行综合性分析。

方案一：股权转让式策划的业务分析。

对于相关业务可能涉及契税、土地增值税的问题。根据《财政部 国家税务总局关于土地增值税一些具体问题规定的通知》（财税字〔1995〕48号）规定：对于以房地产进行投资、联营的，投资、联营的一方以土地（房地产）作价入股进行投资或作为联营条件，将房地产转让到所投资、联营的企业中时，可暂免征收土地增值税。对投资、联营企业将上述房地产再转让的，应征收土地增值税。同时，根据《财政部 国家税务总局关于土地增值税若干问题的通知》（财税〔2006〕21号）同时规定：对于以土地（房地产）作价入股进行投资或联营的，凡所投资、联营的企业从事房地产开发的，或者房地产开发企业以其建造的商品房进行投资和联营的，均不适用《财政部 国家税务总局关于土地增值税一些具体问题规定的通知》（财税字〔1995〕48号）和《财政部 税务总局关于继续实施企业改制重组有关土地增值税政策的通知》（财税〔2018〕57号）规定暂免征收土地增值税的规定。

因此，考虑到方园房地产开发公司为房地产公司，其采取以酒店投资成立新公司的行为应缴纳土地增值税。

根据《契税暂行条例细则》规定和《财政部 国家税务总局关于企业事业单位改制重组契税政策的通知》（财税〔2018〕17号）第九条的规定，在股权（股份）转让中，单位、个人承受公司股权（股份），公司土地、房屋权属不发生转移，不征收契税。

因此，方园房地产开发公司以酒店投资成立新公司的行为，应缴纳契税。

在股权转让时，因方园房地产开发公司不注销，则不用再缴纳契税。一般情况，契税策划主要方法是减少税基。由于方园房地产开发公司的酒店已发生支出，已决定了其契税税基，因此，该公司不应再发生酒店支出，而应按目前酒店对外投资成立一个新公司，以便实现节税目的。这样操作，按照我国目前现行的契税政策，承受方需缴纳权属变更的契税690万元。如果该酒店建成后再对外投资，承受方缴纳契税将为1 620万元。因此，如果按目前酒店投资成立一个新公司的方式予以处理，承受方就可以实现少纳契税930万元（1 620-690）的目的。

在上述方案中，企业仅回避了营业税，减少了部分契税。

方案二：企业分立式策划的业务分析。

对于相关业务可能涉及契税、土地增值税的问题。公司分立是资产、负债、股权、劳动力等要素的同时转移（非"转让"），不属于《土地增值税暂行条例》规定的有偿转让房地产的行为，不征土地增值税。

根据《财政部 国家税务总局关于企业事业单位改制重组契税政策的通知》（财税〔2018〕17号）规定，方园房地产开发公司可以将酒店分立出去单独成立公司，再转让分立公司股权给正方园集团公司，在成立公司与转让股权等环节，都不用缴纳契税。

延伸策划：

根据《关于企业重组业务企业所得税处理若干问题的通知》（财税〔2009〕59号）中提到的酒店分立时可享有特别税务处理规定的5个条件（详见财税〔2009〕59号文），方园房地产开发公司还可根据这一规定具体策划。

因此，方园房地产开发公司分立酒店时，如果采取 100% 股权支付的方式，还可以选择特殊税务处理模式：分立企业经营酒店公司接受被分立企业方园房地产开发公司资产和负债的计税基础，以被分立企业方园房地产开发公司的原有计税基础确定；被分立企业方园房地产开发公司已分立出去资产相应的所得税事项由分立企业承继；被分立企业方园房地产开发公司未超过法定弥补期限的亏损额可按分立资产占全部资产的比例进行分配，由分立企业继续弥补；被分立企业方园房地产开发公司的股东取得分立企业的股权（以下简称新股），如需部分或全部放弃原持有的被分立企业的股权（以下简称旧股），新股的计税基础应以放弃旧股的计税基础确定。

在上述操作中，如不需放弃旧股，则其取得新股的计税基础可从以下两种方法中选择确定：直接将新股的计税基础确定为零；或者以被分立企业分立出去的净资产占被分立企业全部净资产的比例先调减原持有的旧股的计税基础，再将调减的计税基础平均分配到"新股"上。待分立完成后 12 个月以上，再由正方园集团公司收购方园房地产开发公司持有分立公司股份。

策划结论：

通过上述分析我们可以发现，通过股权投资及转让式的策划，固然可以实现税收利益，但是，如果采用企业分立的方式进行策划，则完全回避了营业税、土地增值税、契税，暂缓缴纳企业所得税。

策划点评：

公司分立是企业重组的重要形式之一。企业分立指一个企业，依照有关法律、法规的规定，分立为两个或两个以上的企业。其中，原企业解散，分立出的各方分别设立为新的企业，为新设分立（也称解散分立）；原企业存续，而其中部分分出设立为一个或数个新的企业，为派生分立（也称存续分立）。企业不论采取何种方式分立，均不需经清算程序。分立前企业的债权和债务，按法律规定和分立协议约定，由分立后的企业继承。总之，原企业从本质上并没有消失，只是换了一种法律形式持续着企业的经营活动。

企业分立多采用企业重组或改制、营业部门专业化、组建集团公司等方式，从被分立企业的角度看是为了使企业的经营活动更加合理。其所涉及的税收业务，往往与企业亏损的弥补、资产的抵税效应、税收优惠政策等有关。

企业根据经营战略或经营管理的需要，可能需要进行适当的改组行为，包括公司合并、公司分立、对外投资等。

《公司法》规定，公司分立，其财产作相应的分割。公司分立，应当编制资产负债表及财产清单。公司应当自做出分立决议之日起 10 日内通知债权人，并于 30 日内在报纸上公告。公司分立前的债务由分立后的公司承担连带责任。公司合并或者分立，登记事项发生变更的，应当依法向公司登记机关办理变更登记。

注意事项：

税收策划可以极大地降低方园房地产开发公司的税负水平，但具体操作还应关注其他法律的规定，按《公司法》的规定，在公司分立中，公司应当自做出分立决定之日起 10 日内通知债权人，并于 30 日内在报纸上予以公告。另外，《公司法》还规定，公司分立前的债务由分立后的公司承担责任，但公司在分立前与债权人就债务清偿达成的书面协议另有约定的除外。

跨境重组关系杂　税收利益影响大

居民企业甲公司将持有的居民企业乙公司的 100% 股权转让给 100% 直接控股香港丙公司，该股权计税基础 1 亿元，评估价 11 亿元，增值 10 亿元。对于本案例应当如何操作？

业务分析：

随着我国企业规模化经营的需求不断增加，跨境投资活动日趋活跃，新一轮跨国并购已经拉开了序幕。为了便于广大企业了解跨境重组的税收政策，规避重组过程中的税务风险，笔者在这里结合李利威等人的研究资料，对跨境重组相关所得税政策加以梳理和解析。

1.“境外—境外”模式

“境外—境外”模式主要指境外非居民企业将其持有的境内居民企业股权转让给境外另一非居民企业。根据财政部、国家税务总局《关于企业重组业务企业所得税处理若干问题的通知》（财税〔2009〕59 号）第七条第（一）项的规定，此类跨境重组如享受特殊重组待遇，除应满足第五条规定的境内特殊重组 5 个条件外，还须符合以下 3 项要求。

（1）收购方为被收购方 100% 直接持股子公司。

1997 年，国家税务总局出台《关于外商投资企业和外国企业转让股权所得税处理问题的通知》（国税函〔1997〕207 号），规定在以合理经营为目的进行的公司集团重组中，外国企业将其持有的中国境内企业股权，或者外商投资企业将其持有的中国境内、境外企业的股权，转让给与其有直接拥有或者间接拥有或被同一人拥有 100% 股权关系的公司，包括转让给具有上述股权关系的境内投资公司的，可按股权成本价转让，由于不产生股权转让收益或损失，不计征企业所得税。财税〔2009〕59 号文件与国税函〔1997〕207 号文件相比较，规定更加严格，将收购双方为间接拥有和被同一人拥有两种情形排除在特殊重组适用范围外。

（2）重组未导致股权转让所得预提税税负变化。

为了防止跨国集团利用重组节税，导致我国税款流失，财税〔2009〕59 号文件将股权转让所得预提税税负未发生变化作为适用特殊重组条件之一。提醒企业测算预提所得税税负时，须考虑税收协定因素。

《企业所得税法》将纳税人分为居民企业和非居民企业，其中在我国未设立机构场所的非居民企业应就来源于中国境内所得缴纳预提所得税。《企业所得税法实施条例》第七条规定，权益性投资资产转让所得按照被投资企业所在地作为境内外所得的划分标准。在“境外—境外”模式中，由于被收购股权在境内，无论该股权由重组前的被收购方持有，还是重组后的收购方持有，转让股权所得均为我国境内所得，均需按 10% 的税率缴纳预提所得税。由于中国与很多国家签订了税收双边协定，可能导致不同国家实际税负有所不同。例如，某日本公司将持有的中国公司100%股权转让给位于韩国的直接持股全资子公司。根据中日双边税收协定，日本公司转让中国公司股权所得，中国拥有征税权，即按10%税率征收预提所得税。而根据中韩双边税收协定，韩国公司转让中国居民企业股权所得仅在韩国征税。因此，该重组交易导致股权转让所得预提税实际税负的变化，不能适用特殊重组。

（3）转让方非居民企业向主管税务机关书面承诺在3年（含3年）内不转让其拥有受让方非居民企业的股权。

为了防止交易方以获得税收优惠为目的，人为设计符合特殊重组条件的交易框架，重组后再迅速变卖股权套现以节税，财税〔2009〕59号文件强调转让方取得的受让方股权3年内不得转让。国家税务总局《关于加强非居民企业股权转让所得企业所得税管理的通知》（国税函〔2009〕698号）第九条规定，非居民企业取得股权转让所得，符合财税〔2009〕59号文件规定的特殊性重组条件并选择特殊性税务处理的，应向主管税务机关提交书面备案资料，证明其符合特殊性重组规定的条件，并经省级税务机关核准。因此，在国家税务总局未出台相关解释前，重组方应详细咨询主管税务机关，尤其是向省级税务机关了解关于跨境重组备案的要求。

2. "境外—境内"模式

"境外—境内"模式指境外非居民企业将其持有的我国居民企业股权转让给我国境内的居民企业。根据财税〔2009〕59号文件第七条第（二）项的规定，此种模式如适用特殊重组，除应满足第五条规定外，还须符合收购方为被收购方100%直接持股子公司这一规定。

《企业所得税法》取消了对外资企业的一系列优惠政策，不仅终结了再投资退税政策，而且改变了分配给未在中国设立机构场所的非居民企业股息红利免税的规定，转而按10%税率征收预提所得税。相比之下，我国居民企业之间股息红利所得却适用免税优惠。这使得原来很多在节税地注册离岸公司以享受外资税收优惠的假外资丧失了原始动力，开始考虑在税率过渡优惠结束后将股权转回国内。由于财税〔2009〕59号文件限定只有受让方是转让方的100%直接控股子公司才能享受特殊重组待遇。如果不符合此条件，笔者建议，先由境外非居民企业在中国设立全资子公司，由该子公司收购目标公司股权，再采取以股换股形式将拟受让方股权注入该子公司，完成境外股权的境内回归。

3. "境内—境外"模式

"境内—境外"模式指境内居民企业将其拥有的资产或股权向境外非居民企业投资。根据财税〔2009〕59号文件第七条第（三）项的规定，此种模式如适用特殊重组，除应满足第五条规定外，同样须符合受让方为转让方100%直接持股子公司的规定。

2006年出台的《关于外国投资者并购境内企业的规定》（国家外汇管理局令2006年第10号，以下简称10号文件），首次明确肯定了外国投资者以股权作为支付手段并购境内公司的合法性，并使其具有可操作性，鼓励了跨境换股收购活动。同时，由于10号文件提高了特殊目的公司（SPV）审批门槛，导致众多中国企业海外融资的红筹股上市计划胎死腹中。根据10号文件的规定，股权置换的跨境收购有两类情形：一是境外上市公司并购境内企业（仅指在境外公开合法证券交易市场挂牌交易，不包括柜台交易方式），二是特殊目的公司并购境内企业。自10号文件出台后，在境外注册SPV以达到红筹股上市目的的跨境股权收购至今未能破冰。因此，现在"境内—境外"模式，多为中国居民企业因结构调整和资源整合，将股权或资产注入境外上市非居民企业。此类重组遇到的最大问题是由于受让方为境外上市公司，根本无法达到财税〔2009〕59号文件第七条第（三）项的100%直接控股的条件。对此，《企业重组业务所得税管理规程》（讨论稿）的规定有所松动，允许境外非居民企业受让方为上市公司而不能符合100%控股比例的，不受100%控股比例的限制。但该规定能否在最终正式稿中得以保留尚未可知，笔者建议此类企业可暂行搁置重组计划，待政策明晰后再启动重组方案。

此外，财税〔2009〕59号文件第八条对适用特殊重组的"境内—境外"模式规定了不同于前两种模式的税务处理，即其资产或股权转让收益如选择特殊性税务处理，可以在10个纳税年度内均匀计入各年度应纳税所得额。该规定主要是防止利用跨境重组将境内资产潜在增值转移至境外节税。例如，我国居民企业甲公司将持有的居民企业乙公司的100%股权转让给100%直接控股香港丙公司，该股权计税基础1亿元，评估价11亿元，增值10亿元。如适用财税〔2009〕59号文件第六条第（二）项进行税务处理，甲公司不确认股权转让收益，该收益的纳税义务递延由丙公司股权再转让时承担。由于丙公司股权再转让时只按10%缴预提所得税，我国可征收税款为1亿元，而如由甲公司负担税款，则可征收税款2.5亿元。显然，这将导致我国税收权益的流失。再如，我国居民企业将持有的非居民企业股权转让给境外非居民企业，适用境内股权收购特殊重组规则，将导致我国税收管辖权的丧失。因此，财税〔2009〕59号文件规定，此种模式的跨境重组的征税主体仍为转让方居民企业，但允许将股权转让所得均匀计入各年度应纳税所得额。笔者在此提示，受让方取得股权或资产的计税基础可以公允价值确定。

在实践中，以上3种跨境重组模式遇到的最大问题就是很少有企业完全符合"100%+直接持股"两个硬性指标。跨境重组多发生在跨国集团内部，由于经济结构或战略布局的调整，将股权在集团内部下属公司间进行架构重建，因此多为同一控制下股权收购或者收购双方为间接持股。对于此类有合理商业目的，并且确不存在节税动机的跨境重组，笔者建议，企业可向税务主管机关申请适用财税〔2009〕59号文件第七条第（四）项"财政部、国家税务总局核准的其他情形"的规定纳税。

改组机构要撤并　操作时机应选择

2020年5月16日，某地金虹集团公司接到当地税务机关的通知，指出该企业的下属企业B公司长期负申报，有通过关联企业进行节税的嫌疑，要求企业查找原因，并限期整改。

金虹集团公司是一家大型国有企业，下设五个二级法人公司，各子公司的财务情况接受公司财务公司的统一管理，实行内部银行结算。其中核心公司 A 主要生产小颗粒的化工产品，B 公司生产大颗粒的化工产品。两家子公司在产品上属于一个体系，但是各为一个生产流水线，均为增值税一般纳税人。接到税务机关的通知之后，新上任的董事长十分重视，他通过对集团公司财务报表的对比分析，发现公司的增值税的税收负担是有些不正常，A 公司每月都有较大的增值税应纳税金，而 B 公司却存在较大的留抵税款。因此，他请分管财务的总经理落实此事。

现场诊断：

财务总经理请来了专业人士"把脉问诊"。上海普誉财务咨询公司的专业人员对两个公司的财务状况和公司机构的运行情况进行了全面的分析，得出的结果是：由于该集团公司内部"母"与"子"的关系设计不合理而导致税负不合理，从而造成一方面自己的税收负担增加，另一方面还被税务机关怀疑节税的尴尬境地。

原来，该集团公司为了扩大生产规模，在 2018 年中期投资兴建了年产 20 万吨的大颗粒化工产品生产线。当时有关部门为了完成投资考核指标，于是要求该项目以独立企业的形式来承建。因而，该集团公司就把这条扩建中的新生产线登记注册全资子公司，实行独立核算，并到当地主管税务机关进行了增值税一般纳税人的资格认定，该项目已于 2018 年年底试产成功。

A 公司 2019 年 1 月~5 月已实现增值税应缴税金 2 000 万元，而 B 公司实现税金则为留抵税额 600 万元。按照集团公司的预测，到本年 12 月末 A 公司实现税金可达 4 800 万元，而 B 公司的增值税进项留抵税额也将高达 1 300 万元。

策划预案：

考虑到 A、B 两公司的生产流程相似，新扩建的生产线就其实质而言，也就是 A 公司的一个生产车间，至多是一个不独立核算的分公司。税务专家建议该集团公司应该将 A、B 两家子公司"合二为一"。即将 B 公司撤并到 A 公司中去，这样合并的好处在于既精简了机构，减少了管理人员，达到了减员增效的目的，又避免了不必要的关联交易所造成的实现税金不真实的问题。这样做的最大好处，就是有可能使 B 公司 600 万元增值税税款的进项税额，在 A 公司的销项税额中得以抵扣。该公司的应纳税金也由原来的 4 800 万元降至近 3 500 万元的水平。

当财务公司负责具体策划的人员向当地主管税务咨询时，税务机关提醒，《增值税问题解答（之一）》（国税函发〔1995〕288 号）对倒闭、破产、解散、停业企业作了如下规定："对期初存货中尚未抵扣的已征税款，以及征税后出现的进项税额大于销项税额不足抵扣的部分，税务机关不再退税。"据此规定，A 公司与 B 公司之间通过撤并可以降低以后经营期间的税收担负，但是不能消化现存的 600 万元留抵税款。如果按此方案操作，就会给公司造成 600 万元的损失。

策划分析：

鉴于此，集团公司内部就形成了两种截然不同的意见。一种意见认为：与其到年底损失1 300万元的增值税进项留抵税额，不如迅速合二为一，仅损失本年1月~5月600万元的留抵税额，反而可以使下半年预计的700万元的留抵税额在B公司撤并后得以抵扣。

另一种意见认为：现在不能合并，如果要合并，应该寻找一个最佳的结合点，从而规避600万元的损失。从理论上讲，这个最佳结合点是存在的，即为B公司的增值税销项税额 = B公司的增值税进项税额，也就是A公司的销项税额 −B公司的进项税额 = 0之时。从而既可以使该公司不至于因撤并子公司而造成600万元的进项税额不准抵扣的损失，又能解决因新生产线价格倒挂而使后续产生的进项税额大于销项税额的抵扣问题，从而达到尽可能多地降低税负的目的。

为了寻找这个最佳结合点，集团公司再次请专业人员对其进行分析。税收策划专家通过对B公司的实地调查发现：造成新生产线进项税额大于销项税额的原因是B公司的成本价格确定不合理。

经测算，由于大颗粒化工产品不含税的平均售价为3 300元 / 吨，而不含税的成本价为2 300元 / 吨。由此可以看出，如何使大颗粒化工产品每吨的单位成本降下来，就成了问题的关键。经过进一步的调查发现：集团公司规定B公司原材料计划价格确定得不够合理。由于集团公司的下属公司是以公司财务公司统一核定的价格进行会计核算的，而B公司试产阶段的成本情况又是参考A公司产品的成本资料确定的。事实上目前的市场情况已经发生了很大的变化，如果将其成本重新核定，按3 300元 / 吨，该公司的月产量为35 300吨，那么增值税为：

35 300 × （3 300−2 300）× 17% = 600.1（万元）

通过由上述测算可以看出，在2015年6月的申报期内进行A、B公司的"合二为一"应视为最佳切入点，因为此时新生产线所申报的增值税实现税金为600.1万元，而留抵的进项税额也为600万元，即6月份的实现税金接近为零。

董事长决定采用第二种意见，在5月底，将B公司的成本计划价格做了适当调整，在本年的6月份进行A公司与B公司"合二为一"的撤并工作。

公司的整改方案既消除的财务和税收上的信息失真，降低了税收成本，又减少了公司管理的环节，大大地降低了生产经营费用，得到了当地税务机关的肯定。

策划点评：

企业内部的机构多好还是少好？这个问题是企业集团的管理人士在日常管理活动中经常遇到的问题。企业的下属机构多了，增加管理费用,比如增加管理人工资,增加协调上的难度等，但是如果企业集团想扩张，想在不同的地方享受不同的优惠政策，比如税收政策等，就需要通过在不同的地方设立独立核算的企业来实现，有时，企业集团还可以通过各企业不同的政策背景来进行财务运作，从税收的角度讲，就是可能通过企业集团来策划税收，显然比单独企业要容易得多。

但是通过企业间的运作策划税收有多种情况，既可以通过企业的分立来策划，也可以通过企业的合并来策划，对于这类业务的税收策划案例也曾见之于报端，在这里笔者在其他专家对有关问题思考的基础上，再做一个综合性策划，以期对操作者有一个抛砖引玉的作用。

策划难点：

这是一个系统性税收策划问题。在实践过程中，涉及机构的重组活动，必然与有关企业的所有税种发生关系，这里仅从增值税的角度来做了一个简单的分析。如果要落实这个案例，需要从企业的产品结构、企业生产经营的操作流程的角度来做具体分析，需要就企业改组过程中涉及的各税种进行具体分析和计算，从而给出符合企业实际的方案。

债转股里有溢价　规避税收好策划

A 房地产开发公司（以下简称 A 公司）开发一项房地产项目，项目总投资 14 亿元。由于资金紧张，需向银行贷款，但银行为控制信贷风险，要求 A 公司自有资金率达到项目总投资额的 50%（即要求 A 公司的所有者权益总额 7 亿元）。A 公司由 B 公司与 C 公司投资设立，注册资金 2.4 亿元，双方各占 50% 股权，截至当期，A 公司所有者权益总额 2.4 亿元，资产总额 4.8 亿元（其中未开发完工的产品账面价值 4.4 亿元），负债总额 2.4 亿元（为向自然人 D 的短期流动资金借款，D 同时是 B 公司、C 公司的控股股东）。为达到向银行融资贷款的条件，A 公司决定提高自有资金率，需增加自有资金 4.6 亿元。

A 公司的增资方案拟订为，由股东 B 公司与 C 公司各增资 1.1 亿元，剩余 2.4 亿元由 D 以债权转股权方式增资。

于是他们进行了前期准备：依照《公司债权转股权登记管理办法》规定，用以转为股权的债权，应当经依法设立的资产评估机构评估，债权转股权的作价出资金额不得高于该债权的评估值。A 公司资产账面价值 4.8 亿元，由于土地增值溢价，A 公司资产评估公允价值为 7.4 亿元，企业所有者权益为 2.4 亿元，负债 2.4 亿元，企业资产的公允价值远大于负债与所有者权益的总额。说明自然人 D 的债权价值没有受到减损，该债权利益在债务清偿上能够得到保证。对此，注册资产评估师确认该债权的评估值为 2.4 亿元。验资机构依此评估报告出具验资报告。

但是，在操作过程中，该企业发现了一个问题：自然人 D 转让债权，获得了 A 公司的股权，由于存在巨额差价，可能会被税务机关核定征收个人所得税。

现场诊断：

为了解决有关问题，该公司聘请了税收策划专家为其服务。咨询专家到现场了解了企业的具体情况，了解债转股的目的，并对有关事项进行了具体分析。

A 公司如果按计划向公司登记机关申请办理注册资本和实收资本变更登记，注册资本变更为 7 亿元。增资后，B 公司、C 公司各占 A 公司 32.85% 股权，D 占 A 公司 34.30% 股权。对此项业务，A 公司做以下会计处理（单位：亿元，下同）。

借：银行存款   2.2

    其他应付款——D   2.4

  贷：实收资本   4.6

A 公司资产的公允价值为 9.6 亿元（原资产的评估价值 7.4 亿元 +B 公司、C 公司新增资的 2.2 亿元货币资金），增资后，A 公司负债为 0。自然人 D 以 2.4 亿元债权转为 A 公司市场价值 3.293 亿元（占 A 公司所有者权益比例 34.3%）的股权（9.6×34.3%）。债权属于非货币资产，该交易相当于自然人 D 以 1.2 亿元的非货币性资产与 A 公司市场价值 3.293 亿元的股权作交换。

由于自然人 D 转让 2.4 亿元债权，获得了 A 公司市场价格 3.293 亿元的股权，由于存在巨额差价，该自然人 D 以债权转股权的行为，实际是债权人以持有的债权换取了对方企业的股权，应按"财产转让所得"征税。因为债权属于个人所得税法第八条第九款的其他财产，应纳税额应按个人所得税法第十条规定核定征收，个人所得税法第十条规定，个人所得的形式，包括现金、实物、有价证券和其他经济利益，所得为其他形式经济利益的，参照市场价格核定应纳税所得额。

根据目前的政策规定，债权转股权出资，作为一种非货币资产交换，如果交换取得对价股权的公允价值高于债权的成本，在扣除相关税费后，就完全可能被税务机关要求核定课税，潜在的税收风险已成为一种现实风险。也就是说，自然人 D 可能会被税务机关核定征收个人所得税，A 公司为该税款的代扣代缴义务人。也就是说，可能存在税务机关按"财产转让所得"核定征收个人所得税的风险。

那么，A 公司如何操作，才可能既实现增加所有者权益，以满足融资条件的目的，又规避自然人 D 税收上的风险呢？

策划建议：

在征得投资各方的同意下，咨询专家提出如下策划意见和建议：考虑自然人 D 对 A 公司与 B 公司，C 公司的实际控制关系，上述利益关联方应在充分考虑税收风险的基础上，统筹安排，对该债转股方案做如下变通处理。

对评估确认的 2.4 亿元债权，实行溢价增资，即该债权只部分转为注册资本，其余部分转为资本公积。此方案同样达到增加 A 公司所有者权益的目的。假设上述债转股方案调整为债转股增加注册资本 1 亿元，另外 1.4 亿元作为投资溢价，转为资本公积。方案实施后，A 公司的所有者权益为 7 亿元（其中注册资本 5.6 亿元，资本公积 1.4 亿元），能够满足银行融资条件，自然人 D 以 2.4 亿元债权对企业投资，占有 A 公司 17.85% 股权，该股权公允价值为 9.6×17.85% =1.713 6（亿元）。此时，该债权转让的应纳税所得额为 0，不用缴纳个人所得税。A 公司会计处理如下。

借：银行存款	2.2
其他应付款——D	2.4
贷：实收资本	3.2
资本公积	1.4

策划点评：

这里引用上海普誉财务咨询有限公司提供的一则案例，目的是通过对该案例的分析，与读者分享债转股过程中的增值涉税业务的处理问题。债权转股权指债权人以其依法享有的对在中国境内设立的有限责任公司或股份有限公司的债权转为公司股权，增加公司注册资本的行为。国家工商总局公布的《公司债权转股权登记管理办法》（以下简称办法）自2012年1月1日起实施。该规定的颁布为债权转股权解除了工商政策层面的障碍，使非政策性债转股成为现实。由于债转股是各类市场经济主体进行债务重组、资产重组、企业并购的有效途径，因此，随着办法的实施，各类非政策性债转股如雨后春笋般地涌现。

对于债务重组中的税务问题，人们较多关注的是企业所得税问题，依据的是《财政部 国家税务总局关于企业重组业务企业所得税处理若干问题的通知》（财税〔2009〕59号），但是往往容易忽视了关联方之间非政策性债转股交易中潜在的个人所得税风险。

由于个人所得税问题较为常见，在这里也一并提醒纳税注意。

自然人投资设立公司或参股有限公司，一旦发生股权转让就会涉及个人所得税。在股权转让过程中，转让交易价一般不能低于企业净资产，如果低于企业净资产，税务机关就会按《关于股权转让所得个人所得税计税依据核定问题的公告》（国家税务总局公告2010年第27号）的相关规定核定征收个人所得税。本文仅探讨股权转让时谁是个人所得税的代扣代缴义务人。

《国家税务总局关于加强股权转让所得征收个人所得税管理的通知》（国税函〔2009〕285号）第三条规定，个人股东股权转让所得个人所得税以发生股权变更企业所在地地税机关为主管税务机关。纳税人或扣缴义务人应到主管税务机关办理纳税申报和税款入库手续。对于纳税地点，该文件明确就是发生股权变更企业所在地地税机关。实际工作中，股权转让纳税人很少主动申报，就需要扣缴义务人代扣税款。谁是扣缴义务人，是股权购买人（法人或自然人），还是发生股权变更企业的财务人员（简称办税人）？这需要依据实际情况判定。《中华人民共和国个人所得税法》第八条规定，以支付所得的单位或者个人为扣缴义务人。如果股权购买人直接向转让人支付价款，然后由发生股权变更企业的人员持相关交易资料到工商部门变更后办理变更税务登记，那么这个购买人是不是法定扣缴义务人？如果没代扣是否要承担法律责任？笔者认为不能这样判定，正确的处理方法应当由股权购买人将价款支付给发生股权变更的企业，然后由这个企业的办税人向股权转让人支付款项并履行个人所得税代扣代缴义务，按相关规定办理工商执照和税务登记变更。股权变更企业的办税人收到个人所得税税款时，做如下会计处理：借记"银行存款"，贷记"其他应交款——应交个人所得税"。如果发生股权变更的企业未履行代扣代缴义务，则由该企业承担法律责任。

政策背景：

自 2019 年 1 月 1 日起施行的、经修订的《个人所得税实施条例》第八条规定，个人所得的形式，包括现金、实物、有价证券和其他形式的经济利益。所得为实物的，应当按照取得的凭证上所注明的价格计算应纳税所得额；无凭证的实物或者凭证上所注明的价格明显偏低的，参照市场价格核定应纳税所得额。所得为有价证券的，根据票面价格和市场价格核定应纳税所得额。所得为其他形式的经济利益的，参照市场价格核定应纳税所得额。该条款与之前的规定对比，个人所得增加了其他形式的经济利益，并明确了其他经济利益的确认方式，为非货币性资产转让增值应计算缴纳个人所得税提供了法律依据。

国家税务总局《关于个人以股权参与上市公司定向增发征收个人所得税问题的批复》（国税函〔2011〕89 号），明确南京浦东建设发展有限公司自然人以其所持该公司股权评估增值后，参与苏宁环球股份有限公司定向增发股票，属于股权转让行为，其取得所得，应按照"财产转让所得"项目缴纳个人所得税。

第十二章

策划操作风险提示

税收洼地有空间　短期投机不长远

"税收洼地"是否可以利用？能否产生节税效果？回答是肯定的。但是，如果将其"经"念歪了，不仅不能收到节税的效果，而且可能会给当事人带来重大的涉税风险。

实务案例：

投资人李某有一个投资项目，预计投资5 000万元。在选择投资地点的时候，他先在网上查询了一下，随后就有人跟踪服务：该服务生介绍，他们是一个"园区税收洼地"，他们的"招商服务咨询公司"与当地政府签署了专门的协议，可以给该公司特殊的政策。

随着服务生的指引，李某也在网上进行了搜索。他发现，利用税收洼地策划税收，几乎成了目前网络中最流行的推广，好像利用税收洼地成了税收策划的主流……全国很多地方都有税收洼地，岛屿政策。当下，据介绍最紧俏的税收洼地当属"园区税收洼地"，这些洼地落户在新城市，单一园区规模小，更便捷更安全。

通过网络，李某也了解到税收洼地的优势主要有以下几个方面。

一是可以享受区域性税收优惠政策。通过落户洼地，享受当地的税收优惠政策，这是选择税收洼地的最直接目的。比如以前大部分影视公司都选择落户新疆霍尔果斯，是因为那里的企业所得税五免五减半的政策。

二是可以利用简化税收征管办法实现节税。税收洼地的突出优势就是利用税收管理上的"核定征收"的办法，也就是利用核定利润率的方法计算公司制的企业所得税或者合伙制、个人独资制的个人所得税。

三是利用税收地方留成返还实现节税。为了吸引企业入驻，"洼地"的地方财政都会把地方留成税收资金拿出来对企业进行税收返还。税收洼地可以给予企业的税收返还奖励很高，多的时候可以达到节税 35% 以上。

四是洼地税收优惠享受的方式多种多样。企业入驻洼地后，享受税后洼地的优惠方式也非常的多，比如办理分公司到税收洼地，以业务分流的形式享受政策；还可以设立新公司，原公司接到业务以后分包给税收洼地的公司以实现节税；还有注册地址的迁移等形式，都是可行的；另外，办理个人独资企业、个体工商户、合伙企业享受核定征收也是很好的一种形式。

根据网络文章介绍，不同地区有不同的税种的留存比例以及奖励机制，影响企业节税金额的两个重要因素：一是地区留存比例，二是地区的扶持力度，这两种因素是人们对比政策力度的两个重要数据指标。但是，在企业找政策的过程中往往存在信息不对称，很多企业不了解各地的税收政策。因此，投资人需要找到"靠谱的招商平台"。据介绍，一个可靠的招商平台会给出具靠谱的税收策划方案。

（1）组织架构设计：以什么样的组织形式，在税收洼地新设公司？子公司或是分公司？有限责任公司还是有限合伙企业？

比如，常有合作企业咨询："我们公司高管个税太高了，通过什么方式可以做到合理节税呢？"这些咨询机构通常会建议在股权转让或者分红之前，找到一个税收洼地，譬如某市的某园区，成立员工持股平台，进而享受园区所得税留存的 70%~80% 的奖励扶持。

再比如，高新技术企业的申请认定时需注册满一年以上，像有的企业研发中心投入占比不满足要求，可以将研发中心剥离出来，事先注册，这一年享受税收洼地优厚的奖励扶持，满一年之后，再享受高新技术企业 15% 的企业所得税。

（2）注册流程：靠谱的招商平台，从办理工商执照到最终实现政策兑现，会提供全流程服务，基本不需要企业跑太多的路。

（3）本地政府关系打通：在园区注册后，需要维系各方关系，可靠的招商平台一般和园区已经建立良好的合作关系，各项流程都已经非常熟悉，甚至会在每次兑现前提醒企业该准备哪些材料，能做到及时顺利兑现。

案情分析：

看完网络资料，李某还是觉得没有信心，便给笔者打来电话。于是，笔者结合我国的具体情况，对"税收洼地"有关问题做出如下分析。

税收洼地指在特定的行政区域，在其税务管理辖区注册的企业通过区域性税收优惠、简化税收征管办法和税收地方留成返还等处理方法，实现企业税负降低的目标。

根据上述概念，结合目前人们的通常做法，当下的"税收洼地"通常有三个层面上的理解。

其一，在特定的范围内可以享受法定的低税率优惠的"税收洼地"，如能够享受西部大开发税收政策的广大西部地区、海南自由贸易港、粤港澳大湾区、平潭综合实验区以及新疆喀什、霍尔果斯两个特殊经济开发区等。这些地方都有明确的阶段性税收优惠政策可以享受。

其二，实行"简化税收征管办法"的区域。对于这些区域在哪里，目前只是在网络上的宣传资料中有所显示，宣传资料中往往明确：发布信息的单位得到了当地政府和主管税务机关的认可（据说有批文），在指定区域注册的企业都能够实行核定征收所得税，并且承诺可以通过这个手段解决企业利润高的问题和没有正规发票抵扣增值税等问题。

其三，"税收地方留成返还"的区域。由于我国财政上中央与地方是"分灶吃饭"的，主要税种中央与地方按一定的比例分成，于是，各地就利用这个分成政策作为手段进行"招商引资"（在一些地方干脆就叫"招商引税"），一般的情况下地方负责招商引资的部门往往会承诺以地方留成部分税款的60%~80%返还给外地新进企业。

笔者在《税收策划36计》之第一计中就曾分析：如果从一个国家的情况来看，比如我国，由于其东西、南北的经济差异比较大，为了促进经济的发展，我国采取了差别税收政策。改革开放后，我国曾对经济特区、沿海经济技术开发区、国务院批准的高新技术产业开发区、中西部地区实行不同的所得税政策；为了引进外资，对外商投资企业制定了一系列所得税优惠政策。2008年统一所得税法以后，区域性税收优惠政策有所淡化，但是地区差异仍然存在。此处，我们列举几个区域性的涉税政策。

1. 西部大开发的涉税政策

为了支持西部地区的发展，国家在2001年~2010年实施了首轮西部大开发战略，出台了包括税收优惠政策在内的西部大开发政策。2010年7月5日出台的中发〔2010〕11号明确继续深入实施西部大开发战略，实施包括西部地区鼓励类产业企业减按15%税率征收企业所得税在内的一揽子税收优惠政策。《财政部 税务总局 国家发展改革委关于延续西部大开发企业所得税政策的公告》（财政部公告2020年第23号）再次明确，自2021年1月1日至2030年12月31日，对设在西部地区的鼓励类产业企业减按15%的税率征收企业所得税。这里所称鼓励类产业企业指以《西部地区鼓励类产业目录》中规定的产业项目为主营业务，且其主营业务收入占企业收入总额60%以上的企业。这里所称西部地区包括内蒙古自治区、广西壮族自治区、重庆市、四川省、贵州省、云南省、西藏自治区、陕西省、甘肃省、青海省、宁夏回族自治区、新疆维吾尔自治区和新疆生产建设兵团。湖南省湘西土家族苗族自治州、湖北省恩施土家族苗族自治州、吉林省延边朝鲜族自治州和江西省赣州市，可以比照西部地区的企业所得税政策执行。

2. 关于海南自由贸易港所得税优惠

海南自由贸易港所得税优惠包括企业所得税和个人所得税两个方面。

（1）企业所得税优惠。

为支持海南自由贸易港建设，《财政部 税务总局关于海南自由贸易港企业所得税优惠政策的通知》（财税〔2020〕31号）明确，自2020年1月1日至2024年12月31日在企业所得税上享受如下优惠政策。

其一，对注册在海南自由贸易港并实质性运营的鼓励类产业企业，减按15%的税率征收企业所得税。

这里所称鼓励类产业企业，指以海南自由贸易港鼓励类产业目录中规定的产业项目为主营业务，且其主营业务收入占企业收入总额60%以上的企业。所称实质性运营，指企业的实际管理机构设在海南自由贸易港，并对企业生产经营、人员、账务、财产等实施实质性全面管理和控制。对不符合实质性运营的企业，不得享受优惠。

海南自由贸易港鼓励类产业目录包括《产业结构调整指导目录（2019年本）》《鼓励外商投资产业目录（2019年版）》和海南自由贸易港新增鼓励类产业目录。上述目录在本通知执行期限内修订的，自修订版实施之日起按新版本执行。

对总机构设在海南自由贸易港的符合条件的企业，仅就其设在海南自由贸易港的总机构和分支机构的所得，适用15%税率；对总机构设在海南自由贸易港以外的企业，仅就其设在海南自由贸易港内的符合条件的分支机构的所得，适用15%税率。具体征管办法按照税务总局有关规定执行。

其二，对在海南自由贸易港设立的旅游业、现代服务业、高新技术产业企业新增境外直接投资取得的所得，免征企业所得税。

这里所称新增境外直接投资所得应当符合以下条件：一是从境外新设分支机构取得的营业利润；或从持股比例超过20%（含）的境外子公司分回的，与新增境外直接投资相对应的股息所得。二是被投资国（地区）的企业所得税法定税率不低于5%。

这里所称旅游业、现代服务业、高新技术产业，按照海南自由贸易港鼓励类产业目录执行。

其三，对在海南自由贸易港设立的企业，新购置（含自建、自行开发）固定资产或无形资产，单位价值不超过500万元（含）的，允许一次性计入当期成本费用在计算应纳税所得额时扣除，不再分年度计算折旧和摊销；新购置（含自建、自行开发）固定资产或无形资产，单位价值超过500万元的，可以缩短折旧、摊销年限或采取加速折旧、摊销的方法。

这里所称固定资产，指除房屋、建筑物以外的固定资产。

（2）个人所得税。

为支持海南自由贸易港建设，《财政部 税务总局关于海南自由贸易港高端紧缺人才个人所得税政策的通知》（财税〔2020〕32号）明确，自2020年1月1日至2024年12月31日对在海南自由贸易港工作的高端人才和紧缺人才，其个人所得税实际税负超过15%的部分，予以免征。这里的所得包括来源于海南自由贸易港的综合所得（包括工资薪金、劳务报酬、稿酬、特许权使用费四项所得）、经营所得以及经海南省认定的人才补贴性所得。

3. 粤港澳大湾区个人所得税优惠政策

《财政部 税务总局关于粤港澳大湾区个人所得税优惠政策的通知》（财税〔2019〕31号）明确，为支持粤港澳大湾区建设，自2019年1月1日至2023年12月31日，有关个人所得税优惠政策如下：一是广东省、深圳市按内地与香港个人所得税税负差额，对在大湾区工作的境外（含港澳台，下同）高端人才和紧缺人才给予补贴，该补贴免征个人所得税。二是在大湾区工作的境外高端人才和紧缺人才的认定和补贴办法，按照广东省、深圳市的有关规定执行。三是适用范围包括广东省广州市、深圳市、珠海市、佛山市、惠州市、东莞市、中山市、江门市和肇庆市等大湾区珠三角九市。

4. 横琴、平潭开发增值税、所得税和个人所得税政策

为了贯彻落实《国务院关于横琴开发有关政策的批复》（国函〔2011〕85号）和《国务院关于平潭综合实验区总体发展规划的批复》（国函〔2011〕142号）精神，财政部、海关总署、国家税务总局在《关于横琴、平潭开发有关增值税和消费税政策的通知》（财税〔2014〕51号）中，就横琴、平潭开发有关增值税和消费税政策明确，一是内地销往横琴、平潭与生产有关的货物，视同出口，实行增值税和消费税退税政策。二是内地货物销往横琴、平潭，适用增值税和消费税退税政策的，必须办理出口报关手续（水、蒸汽、电力、燃气除外）。海关总署将货物经"二线"进入横琴、平潭的《进境货物备案清单》的电子信息提供给国家税务总局。三是横琴、平潭各自的区内企业之间销售其在本区内的货物，免征增值税和消费税，等等。

对于企业所得税，财政部、国家税务总局在《关于广东横琴新区、福建平潭综合实验区、深圳前海深港现代化服务业合作区企业所得税优惠政策及优惠目录的通知》（财税〔2014〕26号）中就有关企业所得税政策明确，自2014年1月1日起至2020年12月31日止，一是对设在横琴新区、平潭综合实验区和前海深港现代服务业合作区的鼓励类产业企业减按15%的税率征收企业所得税。上述鼓励类产业企业指以所在区域《企业所得税优惠目录》（见附件）中规定的产业项目为主营业务，且其主营业务收入占企业收入总额70%以上的企业。上述所称收入总额，指《中华人民共和国企业所得税法》第六条规定的收入总额。二是企业在优惠区域内、外分别设有机构的，仅就其设在优惠区域内的机构的所得确定适用15%的企业所得税优惠税率。在确定区域内机构是否符合优惠条件时，根据设在优惠区域内机构本身的有关指标是否符合本通知第一条规定的条件加以确定，不考虑设在优惠区域外机构的因素。三是企业既符合本通知规定的减按15%税率征收企业所得税优惠条件，又符合《中华人民共和国企业所得税法》及其实施条例和国务院规定的其他各项税收优惠条件的，可以同时享受；其中符合其他税率优惠条件的，可以选择最优的税率执行；涉及定期减免税的减半优惠的，应按照25%法定税率计算的应纳税额减半征收企业所得税。

《财政部 税务总局关于横琴新区企业所得税优惠目录增列旅游产业项目的通知》（财税〔2019〕63号）明确自2019年1月1日起至2020年12月31日止享受如下政策：一是在横琴新区企业所得税优惠目录中增列有关旅游产业项目。横琴新区内享受减按15%税率征收企业所得税优惠政策的鼓励类产业企业，统一按照《横琴新区企业所得税优惠目录（2019版）》执行。二是横琴新区内鼓励类产业企业减按15%税率征收企业所得税政策其他相关事项，继续按照《财政部 国家税务总局关于广东横琴新区福建平潭综合实验区深圳前海深港现代服务业合作区企业所得税优惠政策及优惠目录的通知》（财税〔2014〕26号）的相关规定执行。

对于个人所得税，财政部、国家税务总局在《关于福建平潭综合实验区个人所得税优惠政策的通知》（财税〔2014〕24号）中，就福建平潭综合实验区有关个人所得税问题明确，自

2013年1月1日起至2020年12月31日止（后来延期至2025年12月31日），在平潭综合实验区工作的台湾居民，应按照《中华人民共和国个人所得税法》的有关规定，缴纳个人所得税。福建省人民政府根据《国务院关于平潭综合实验区总体发展规划的批复》（国函〔2011〕142号）以及《平潭综合实验区总体发展规划》有关规定，按不超过内地与台湾地区个人所得税负差额，给予在平潭综合实验区工作的台湾居民的补贴，免征个人所得税。

5. 新疆喀什霍尔果斯两个特殊经济开发区企业所得税优惠政策

为推进新疆跨越式发展和长治久安，贯彻落实《中共中央国务院关于推进新疆跨越式发展和长治久安的意见》（中发〔2010〕9号）和《国务院关于支持喀什霍尔果斯经济开发区建设的若干意见》（国发〔2011〕33号）精神，财政部、国家税务总局在《关于新疆喀什霍尔果斯两个特殊经济开发区企业所得税优惠政策的通知》（财税〔2011〕112号）中，就喀什、霍尔果斯两个特殊经济开发区有关企业所得税优惠政策明确，自2010年1月1日至2020年12月31日，对在喀什、霍尔果斯两个特殊经济开发区内新办的属于《新疆困难地区重点鼓励发展产业企业所得税优惠目录》（以下简称《目录》）范围内的企业，自取得第一笔生产经营收入所属纳税年度起，五年内免征企业所得税。

这里的第一笔生产经营收入，指产业项目已建成并投入运营后所取得的第一笔收入。这里属于《目录》范围内的企业指以《目录》中规定的产业项目为主营业务，其主营业务收入占企业收入总额70%以上的企业。

风险提示：

但是，网络上炒得十分火热的利用税收洼地进行税收策划，其重点不在于正确利用区域性税收优惠政策，而是利用区域性税务管理特点不同（就是利用税收管理上的"核定征收"的办法，也就是利用核定利润率的方法计算公司制的企业所得税或者合伙制、个人独资制的个人所得税）；或者财政返还（"洼地"的地方财政，为了吸引企业入驻，都会把地方留成税收资金拿出来对企业进行税收返还。税收洼地可以给予企业的税收返还奖励很高，多的时候可以达到节税35%以上）。他们不是要在税收洼地注册企业好好从事生产和经营活动，而是通过策划运作税收（企业入驻洼地后，享受税后洼地的优惠方式也非常的多，比如办理分公司到税收洼地，以业务分流的形式享受政策；还可以设立新公司，原公司接到业务以后分包给税收洼地的公司以实现节税；还有注册地址的迁移等形式，都是可行的；另外，办理个人独资企业、个体工商户、合伙企业享受核定征收也是很好的一种形式）。

此处投资人和企业负责人需注意如下问题。

其一，税收管理上的"核定征收"的办法，也就是利用核定利润率的方法计算公司制的企业所得税或者合伙制、个人独资制的个人所得税，并不是什么税收优惠政策，而是强制征税的一种管理手段。通常情况下是那些小型企业（年经营收入不超过500万元）提出申请，主管税务机关确认。但是，主管税务机关保留税务稽查的权力。所以，滥用税务管理手段未必就能够实现策划目的。

其二，没有真实业务的策划很可怕。税法强调业务真实、程序合法，如果真的如网络上描述的操作思路则存在很大的涉税风险，因为如果罔顾税法的基本原则，在洼地设立没有实际经营的空壳公司，以虚开发票的方式把税收收入简单地留在洼地，这就是暴力式的虚开行为。

灵活用工好策划　塞翁失马风险大

新的个人所得税法出台以后，在网络上就出现了许多所谓税收策划产品，其中"灵活用工"就是一个抓人眼球的"亮点"。此处用案例进行分析。

实操案例：

李先生于2020年1月初应聘为甲公司的财务总监，扣除了各种费用后的年薪为120万元，甲公司的人力资源管理部门准备与李先生签署雇佣协议。

在此前提下，李先生就取得的工资薪金收入申报计算缴纳个人所得税（由甲公司代扣代缴）：

120×45%−18.192＝35.808（万元）

个人所得税税率表（综合所得适用）

级数	全年应纳税所得额	税率（%）	速算扣除数
1	不超过36 000元的	3	0
2	超过36 000元至144 000元的	10	2 520
3	超过144 000元至300 000元的	20	16 920
4	超过300 000元至420 000元的	25	31 920
5	超过420 000元至660 000元的	30	52 920
6	超过660 000元至960 000元的	35	85 920
7	超过960 000元的	45	181 920

这时，有人给他悄悄地提了一个建议：如果接受"灵活用工"合作模式，跟"葡萄找车"合作，灵活用工平台就可以提供业务分包、费用结算支付、开票和完税等一站式服务；合法合规的进行灵活用工、结算支付和财税优化，并降低企业的用工成本和用工风险。

在这样的前提下，李先生挂名到"葡萄找车"平台，然后"葡萄找车"给甲公司开具120万元的管理咨询发票，假设"葡萄找车"向李先生收取服务费用和各种税费合计10万元。李先生实现节税收益为：

35.808−10＝25.808（万元）

谁知道，这个李先生更"精明"，他听了"策划人"的开导后，立马就"聪明"起来。为了给自己节约一点儿个人所得税，他私下里跟公司董事长商量，将"企业和员工之间的雇佣关系"转变为"企业与咨询机构之间的业务合作关系"。董事长同意了他的要求，于是，他就注册了一家财务咨询服务部，然后再以财务咨询服务部的名义跟公司签署了咨询服务协议，年服务费用为120万元。

不过，天有不测风云，2020年3月14日李先生早晨去公司上班的时候遭遇车祸，他被送进了重症抢救室。经过医护人员全力抢救，他康复了，但是在医院待了两个多月才出院，一共花费200多万元。

事故定性：

在处理事故的时候，李先生遇到了麻烦，即他是否可以认定为工伤？

根据我国2011年1月1日实行的新修订的《工伤保险条例》，工伤一般包括因工伤亡事故和职业病，以下情形应当被认定为工伤。

《工伤保险条例》第十四条规定：职工有下列情形之一的，应当认定为工伤。

（一）在工作时间和工作场所内，因工作原因受到事故伤害的。

（二）工作时间前后在工作场所内，从事与工作有关的预备性或者收尾性工作受到事故伤害的。

（三）在工作时间和工作场所内，因履行工作职责受到暴力等意外伤害的。

（四）患职业病的。

（五）因工外出期间，由于工作原因受到伤害或者发生事故下落不明。

（六）职工在合理时间内往返于工作地与配偶、父母、子女居住地的合理路线的上下班途中发生事故的，亦可认定为工伤。受到非本人主要责任的交通事故或者城市轨道交通、客运轮渡、火车事故伤害的。

（七）法律、行政法规规定应当认定为工伤的其他情形。

《工伤保险条例》第十五条规定：职工有下列情形之一的，应当视同为工伤：

（一）在工作时间和工作岗位，突发疾病死亡或者在48小时内经抢救无效死亡的。

（二）在抢险救灾等维护国家利益、公共利益活动中受到伤害的。

（三）职工原在军队服役，因战、因工致残，已取得伤残军人证，到用人单位后旧伤复发的。

根据上述规定参照最高院关于工伤认定的司法解释（2014年9月1日起施行），由于该事故发生在"上下班途中"（指从居住的住所到工作区域之间的必经路途，必要时间所发生的人身伤害事故），符合认定为工伤的相关规定。

主体认定：

如果李先生为甲公司的职工，显然应当认定为"工伤"，甲公司应当承担相应的义务。但是，问题出在"职工"的认定上。

职工指在中国境内的企事业单位、机关中以工资收入为主要生活来源的体力劳动者和脑力劳动者，不分民族、种族、性别、职业、宗教信仰、教育程度。工会是职工自愿结合的工人阶级的群众组织。

从属性上看，职工"以工资收入为主要生活来源"的劳动者，包括体力和脑力劳动者。能取得"工资"，实质就是与用人单位存在劳动关系（包括事实劳动关系）的各种用工形式、各种用工期限的劳动者。用人单位自用工之日起即与劳动者建立劳动关系。既包括了与用人单位签订了有固定期限、无固定期限和以完成一定工作为期限的劳动合同的劳动者，也包括了与用人单位形成了事实劳动关系的各种形式的临时工、学徒工等劳动者。试用期内的劳动者，亦属职工的范畴。

从范围上说，职工存在于企业、事业单位、机关中，其中企业包括我国境内的国有企业、集体企业、股份合作制企业、联营企业、其他有限责任公司、其他股份有限公司、私营企业、三资企业、外商投资企业、个体经济组织等的职工。

认定是否为用工单位的职工，实际上是认定是否确立了劳动关系，与企业订立劳动合同是关键。劳动关系是否成立主要从以下三个方面来判断。

根据劳动和社会保障部《关于确立劳动关系有关事项的通知》规定，用人单位招用劳动者未订立书面劳动合同，但具备下列情形的，劳动关系成立。

（一）用人单位和劳动者符合法律、法规规定的主体资格；

（二）用人单位依法制定的各项劳动规章制度适用于劳动者，劳动者受用人单位的劳动管理，从事用人单位安排的有报酬的劳动；

（三）劳动者提供的劳动是用人单位业务的组成部分。用人单位未与劳动者签订劳动合同，认定双方存在劳动关系时可参照下列凭证。

（1）工资支付凭证或记录（职工工资发放花名册）、缴纳各项社会保险费的记录；

（2）劳动者填写的用人单位招工招聘"登记表""报名表"等招用记录；

（3）考勤记录；

（4）用人单位向劳动者发放的"工作证""服务证"等能够证明身份的证件；

（5）其他劳动者的证言等。

其中，前面三项的有关凭证由用人单位负举证责任。用人单位招用劳动者符合第一条规定的情形的，用人单位应当与劳动者补签劳动合同，劳动合同期限由双方协商确定。协商不一致的，任何一方均可提出终止劳动关系，但对符合签订无固定期限劳动合同条件的劳动者，如果劳动者提出订立无固定期限劳动合同，用人单位应当订立。

用人单位提出终止劳动关系的，应当按照劳动者在本单位工作年限每满一年支付一个月工资的经济补偿金。

由于李先生当时考虑的只是节税，而且在业务流程上要做得"真实"，所以，他跟甲公司签署的是咨询服务协议，自然就不存在用人单位招工招聘"登记表""报名表"等招用记录，而日常考勤只是咨询服务考核表。在这样的情况下，李先生可以认定为"工伤"，但是，属于"财务咨询服务部"的职工，因此，所发生的一切费用由他注册登记的"财务咨询服务部"负责！

李先生为了节省30万元的税收，丢了200多万元的工伤赔偿费，真是得不偿失。

专家点评：

目前社会上流传着各种"灵活用工"的理财（税收策划）产品，最近就一个朋友向笔者介绍"葡萄找车"上的一款"灵活用工"的理财（税收策划）产品，并提供了相关资料。相关资料做得十分精美，该资料一共提供了四款节税策划产品，其中，灵活用工产品引人注目。资料是这样介绍"灵活用工"产品的。

目前企业的痛点如下。

其一，社保成本高。社保入税、监管力度大；缴纳基数逐渐按实际工资水平靠拢。

其二，财税风险高。金税三期系统监管；发生业务没有发票；虚假发票风险极大。

其三，支付风险高。私户转账问题多；个人服务无法提供发票。

其四，用工风险高。雇佣关系管理难度大；季节性、临时性用工；合规难；员工流失率大。

于是，推出灵活用工—合作模式。

实质：将"企业和员工之间的雇佣关系"转变为"企业与个人间的业务合作关系"。

服务：灵活用工平台提供业务分包、费用结算支付、开票和完税等一站式服务；合法合规的进行灵活用工、结算支付和财税优化，并降低企业的用工成本和用工风险。

以上文字是资料原版。看到这份资料以后，笔者就反复地思考，上述灵活用工模式真的能够帮助有关企业解决上述痛点吗？再细想想总感觉好像哪里有不妥的地方。

从法理上分析，工资薪金和劳务报酬如果是客观发生且与企业生产和经营有关，虽然都可以在企业所得税前列支，但是来自两个不同的法律主体。工资薪金所得是属于非独立个人劳务活动，即在机关、团体、学校、部队、企事业单位及其他组织中任职、受雇而得到的报酬；劳务报酬所得则是个人独立从事各种技艺、提供各项劳务取得的报酬。两者的主要区别在于，前者存在雇佣与被雇佣关系，后者则不存在这种关系。

通过上述案例分析可知：员工受雇，用人单位会替员工承担部分保险等费用，如果出现意外，还会享受其他待遇，但是非受雇关系就不能享受相应的待遇。

如果将话题转回税收方面来，所谓"灵活用工"合作模式，其实质是将"企业和员工之间的雇佣关系"转变为"企业与个人间的业务合作关系"。由于相关操作所表现的业务模式跟实际情况不符，实际上在弄虚作假，这样的结果会带来税务稽查。一是甲公司被查。李先生是甲公司的在职员工，并没有在所谓的"个人户或者个人独资企业"任职，理应支付工资薪金的，却接受了其他单位的"咨询服务"发票，税务机关可能会将这笔"咨询服务"费用认定为是"与公司生产经营无关的支出"不予在公司列支；二是"葡萄找车"平台实际上没有发生咨询服务事项，仅是为李先生虚开和代开费用发票，如此操作而且数额巨大，怎么可能不被税务机关稽查？三是李先生在甲公司任职，各种证据材料都能证明其应当以工资薪金申报纳税，且由甲公司代扣代缴，本案例中他却通过外部企业策划成"咨询服务"费用支出，同样也可能被税务稽查。而且，一旦上述三个环节只要一个被查，其他相关方自然不会幸免。

此外，甲公司除了可能承担的涉税风险以外，其内部控制机制和体系也会受到伤害。对于一个规模经营的企业而言，内部控制机制和体系是管理的核心，需要很长时间并且投入大量的人力物力才能建立起来，而破坏起来却是很容易的。对于前述案例中的甲公司来说，假设公司允许李先生弄虚作假做策划偷税，那么，跟他相同级别的其他管理人员也会仿效。而作为公司高管的可以这么做，那么中层管理人员是不是也可以？如此这般，大家纷纷仿效，内部控制和管理机制必然毁于一旦，这是任何投资人都不愿意看到的，也是法律所不允许的。

异地搭桥转股权　税收风险岂能完

甲公司为一家高科技制造企业，十年前由 A、B 两个股东投资成立，当时的注册资本为 1 000 万元，由于其产品的技术含量比较高，目前被一家上市公司所属的投资公司看中，准备高价收购。双方谈妥股权转让价格为 11 000 万元。

目前遇到一个问题：A、B 两个股东的股权增值很大，但是，他们又想不缴或者少缴个人所得税。怎么办？

企业策划：

在这里我们看到，原股东有 10 000 万元的溢价，因此有 2 000 万元的个人所得税。但是，当事人不愿意承担，于是，投资公司通过网络找到了一个"咨询专家"。

"咨询专家"的"高招"其实也十分简单，先在某个"税收洼地"注册一家个人独资企业，声称这家个人独资企业是得到当地政府"特批文件"的，其税收负担相当低（说白了，就是核定征收个人所得税）。注册了个人独资企业后，以低价收购标的企业（甲公司）的股权，然后再将这个股权高价转让给投资公司。

这样操作的"原理"就是将股权溢价留在个人独资企业，通过核定征收的方式将本来应当按照 20% 征税所得税的，转化为按核定率缴税。

政策分析：

上述案例所表达的是当下网络上大肆推广的一款"税筹"产品，据说已经被"大量使用"。但是，实际上此类"策划"操作是否能够行得通呢？下面我们来看看有关文件是怎样规定的。

为了规范纳税人的股权转让行为，国家税务总局专门制定了《股权转让所得个人所得税管理办法（试行）》（国家税务总局公告 2014 年第 67 号）其中第十条明确，股权转让收入应当按照公平交易原则确定。如果税务认为其股权转让收入不正常，国家税务总局 2014 年第 67 号公告第十一条明确，符合下列情形之一的，主管税务机关可以核定股权转让收入：

（一）申报的股权转让收入明显偏低且无正当理由的；

（二）未按照规定期限办理纳税申报，经税务机关责令限期申报，逾期仍不申报的；

（三）转让方无法提供或拒不提供股权转让收入的有关资料；

（四）其他应核定股权转让收入的情形。

由此可见，税法对股权转让的价格确定已经有了明确的规定，股权转让收入明显偏低是不行的。那么，什么是股权转让收入明显偏低呢？国家税务总局2014年第67号公告第十二条明确，符合下列情形之一，视为股权转让收入明显偏低：

（一）申报的股权转让收入低于股权对应的净资产份额的。其中，被投资企业拥有土地使用权、房屋、房地产企业未销售房产、知识产权、探矿权、采矿权、股权等资产的，申报的股权转让收入低于股权对应的净资产公允价值份额的；

（二）申报的股权转让收入低于初始投资成本或低于取得该股权所支付的价款及相关税费的；

（三）申报的股权转让收入低于相同或类似条件下同一企业同一股东或其他股东股权转让收入的；

（四）申报的股权转让收入低于相同或类似条件下同类行业的企业股权转让收入的；

（五）不具合理性的无偿让渡股权或股份；

（六）主管税务机关认定的其他情形。

不过，税法同时也承认现实生产和经营的过程中的复杂情况，明确如果"股权转让收入明显偏低"且有"正当的理由"也是可行的。国家税务总局2014年第67号公告第十三条明确，符合下列条件之一的股权转让收入明显偏低，视为有正当理由：

（一）能出具有效文件，证明被投资企业因国家政策调整，生产经营受到重大影响，导致低价转让股权；

（二）继承或将股权转让给其能提供具有法律效力身份关系证明的配偶、父母、子女、祖父母、外祖父母、孙子女、外孙子女、兄弟姐妹以及对转让人承担直接抚养或者赡养义务的抚养人或者赡养人；

（三）相关法律、政府文件或企业章程规定，并有相关资料充分证明转让价格合理且真实的本企业员工持有的不能对外转让股权的内部转让；

（四）股权转让双方能够提供有效证据证明其合理性的其他合理情形。

如果申报的股权转让收入明显偏低且无正当理由的，国家税务总局2014年第67号公告第十四条明确，主管税务机关应依次按照下列方法核定股权转让收入：

（一）净资产核定法

股权转让收入按照每股净资产或股权对应的净资产份额核定。

被投资企业的土地使用权、房屋、房地产企业未销售房产、知识产权、探矿权、采矿权、股权等资产占企业总资产比例超过20%的，主管税务机关可参照纳税人提供的具有法定资质的中介机构出具的资产评估报告核定股权转让收入。

6个月内再次发生股权转让且被投资企业净资产未发生重大变化的，主管税务机关可参照上一次股权转让时被投资企业的资产评估报告核定此次股权转让收入。

（二）类比法

1. 参照相同或类似条件下同一企业同一股东或其他股东股权转让收入核定；

2. 参照相同或类似条件下同类行业企业股权转让收入核定。

（三）其他合理方法

主管税务机关采用以上方法核定股权转让收入存在困难的，可以采取其他合理方法核定。

风险提示：

部分企业经营了一段时间以后准备股权转让，由于该企业经营者经营得当或者该企业拥有某种资源，从而导致原来的股权大幅增值。而转让大幅增值的股权是需要缴纳大额的所得税的，于是有人就动起了脑筋。

但是，通过上述政策分析我们可以发现，"注册个人独资企业的后，以低价收购标的企业（甲公司）的股权，然后再将这个股权高价转让给投资公司"的所谓策划思路事实上是行不通的。

在这样的情况下，有人可能会问，既然是一个无法操作的概念，那么网络上或者部分中介机构为什么还在那里到处兜售呢？

的确，这个现象已经是一个公开的秘密，也是一些人利用所谓"地方资源"忽悠人的手段。这些人利用人们贪财心理、侥幸心理，让善良的人们"上当受骗"。

笔者认为，处理这个问题需要从两个层面上去分析，一是从政策层面上讲，肯定不行，因为我国的主要税种都对节税给出明确的规定，如果没有合理的理由，交易价格不能明显地偏低（国家税务总局 2014 年第 67 号公告）。二是实际操作过程中的情况比较复杂。

如果遇到这个问题应当如何操作才能规避风险？笔者建议，可以跟兜售利用洼地策划股权转让的"咨询专家"签署完全风险代理服务协议，明确在完成全程操作，特别是将"跳板"撤除工作完成（个人独资企业的注销）以后再支付相应的费用（即使在这样的情况下也存在风险，即如果一旦发生对腐败案查处，将会承担连带责任的风险）。

核定征收非优惠　自说自话毁大家

笔者曾接到一个电话，对方反映了如下一个情况：他在某市碰到一位四十岁左右做"税收策划"的女士，服务对象主要针对企业的高管。其方法是先在某省某地注册成立个人独资企业，将这些高管纳入该企业，然后再由该个人独资企业给高管所在公司开票，据说目前这位女士已经做到一百多亿的业务了。

那位女士为什么能够做到这样的业绩呢？据朋友介绍，这位女士很"神通"，能将所注册的个人独资企业利用当地核定征收的税收取得优惠。使其只有五六个点的综合税率，可以抵消服务对象三四十个点的个人所得税，在这样的情况下即使承担部分策划服务费用，高管们仍然觉得很划算，所以生意十分火爆！

咨询分析：

对于该故事的真实性在这里我们不去深究，但是，说起税收策划，有一个绕不开的话题，那就是核定征收。可以这样说，"核定征收"是目前使用最广泛、曝光率最高的"税收策划方法"。

当我们在网上输入关键字"税收策划",就会有很多广告跳出来：税筹原理，根据《财政部　国家税务总局关于印发（关于个人独资企业和合伙企业投资者征收个人所得税的规定）的通知》（财税〔2000〕91号）按照收入10%的利润率，通过将个人所得税"工资薪金""劳务报酬"税目转化为个人独资企业的"生产经营所得"，只需要通过成立一人企业跟公司签订合作协议，改变了商业模式和个人获取收益的名义，就可以享受到政策。

"个人独资企业年收入不超过500万，另需缴纳3%增值税及0.3%的附加，可以开具增值税专用发票，3%的增值税可以抵扣。"

"年收入超过500万的个人独资企业，转为一般纳税人，同样按照3.5%优惠税率，需缴纳6%的增值税及0.6%的附加（6%的增值税专票可用于抵扣）。"

……

那么，是不是真如该广告所述的能够"节税"？如此操作有没有涉税风险？

政策分析：

稍具涉税常识的人都知道，以上广告不是"税收策划"。如果要说清楚这个问题，就有必要从"核定征收"说起。

所谓核定征收，指由于纳税人的会计账簿不健全，资料残缺难以检查，或者其他原因难以准确确定纳税人应纳税额时，由税务机关采用合理的方法依法核定纳税人应纳税款的一种征收方式，简称核定征收。

《税收征管法》第三十五条规定，纳税人有下列情形之一的，税务机关有权核定其应纳税额：

（1）依照法律、行政法规的规定可以不设置账簿的；

（2）依照法律、行政法规的规定应当设置但未设置账簿的；

（3）擅自销毁账簿或者拒不提供纳税资料的；

（4）虽设置账簿，但账目混乱或者成本资料、收入凭证、费用凭证残缺不全，难以查账的；

（5）发生纳税义务，未按照规定的期限办理纳税申报，经税务机关责令限期申报，逾期仍不申报的；

（6）纳税人申报的计税依据明显偏低，又无正当理由的。

对于核定征收的方法，《税收征管法》第三十七条规定：对未按照规定办理税务登记的从事生产、经营的纳税人以及临时从事经营的纳税人，由税务机关核定其应纳税额，责令缴纳。

纳税人有上述情形之一的，税务机关有权采用下列一种或者几种方法核定其应纳税额：

（一）参照当地同类行业或者类似行业中经营规模和收入水平相近的纳税人的税负水平核定；

（二）按照营业收入或者成本加合理的费用和利润的方法核定；

（三）按照耗用的原材料、燃料、动力等推算或者测算核定；

（四）按照其他合理方法核定。

在具体操作层面上，对于公司制企业而言，《国家税务总局关于印发〈企业所得税核定征收办法〉（试行）的通知》（国税发〔2008〕30号）对核定征收明确，严禁按照行业或者企业规模大小，"一刀切"地搞企业所得税核定征收。税务机关应积极督促核定征收企业所得税的纳税人建账建制，改善经营管理，引导纳税人向查账征收方式过渡。对符合查账征收条件的纳税人，要及时调整征收方式，实行查账征收。

对于核定征收的适用范围，国税发〔2008〕30号文件第四条明确，税务机关应根据纳税人具体情况，对核定征收企业所得税的纳税人，核定应税所得率或者核定应纳所得税额。

具有下列情形之一的，核定其应税所得率：

（一）能正确核算（查实）收入总额，但不能正确核算（查实）成本费用总额的；

（二）能正确核算（查实）成本费用总额，但不能正确核算（查实）收入总额的；

（三）通过合理方法，能计算和推定纳税人收入总额或成本费用总额的。

纳税人不属于以上情形的，核定其应纳所得税额。

对于核定征收的方法，国税发〔2008〕30号文件第五条明确税务机关采用下列方法核定征收企业所得税：

（一）参照当地同类行业或者类似行业中经营规模和收入水平相近的纳税人的税负水平核定；

（二）按照应税收入额或成本费用支出额定率核定；

（三）按照耗用的原材料、燃料、动力等推算或测算核定；

（四）按照其他合理方法核定。

采用前款所列一种方法不足以正确核定应纳税所得额或应纳税额的，可以同时采用两种以上的方法核定。采用两种以上方法测算的应纳税额不一致时，可按测算的应纳税额从高核定。

为了堵塞核定征收的管理漏洞，国税发〔2008〕30号文件第九条还明确，纳税人的生产经营范围、主营业务发生重大变化，或者应纳税所得额或应纳税额增减变化达到20%的，应及时向税务机关申报调整已确定的应纳税额或应税所得率。

对于个体工商户、个人独资企业和合伙企业，在核定征收上主要根据财税〔2000〕91号文件的规定执行。税务机关核定征收税款要遵循法定的权限和程序，保护纳税人合法权益。例如对个体工商户核定征收税款的，必须遵循法定的程序，即业户自报、典型调查、定额核定、下达定额。

在具体核定征收的方式上，核定征收方式包括定额征收和核定应纳税所得率征收两种办法。

（1）定额征收：直接核定所得税额。

（2）核定应税所得率征收：按照收入总额或成本费用等项目的实际发生额，按预先核定的应税所得率计算缴纳所得税。

在目前我国小微企业的管理水平相对低下的实际情况下，从这些规定来看，对于个体工商户、个人独资企业、合伙企业和公司制小微企业，的确是可以申请核定征收相关税收。但是，具体决定权在主管税务机关，而且税务机关保留最后检查的权力。

从上述规定的字里行间我们就可以看出，执行"核定征收"应该是一个不得已而为之的，并不是什么税收优惠，而是带有惩罚性质的一个被动措施（因为在核定征收前提下，经营者即使发生亏损也要缴税）。

风险提示：

目前税务机关对所得税的管理方式有两种，即查账征收和核定征收。相对而言，查账征收尊重事实，比较公平。从纳税人的角度讲，是否实行核定征收还要看具体情况来确定，换一句说，有的时候企业实行核定征收未必划算。

说到这里，有人可能会说，那位女士的策划不是很划算吗？

那不是策划，是偷税！为什么这么说呢？因为税收策划必须建立在业务真实、操作合法的基础之上！而上述操作的业务是虚假的，建立在虚假的基础上的任何操作都是违法的，属于偷税，这是一个基本常识。

现在部分高职高薪人员受不良思想的影响，在涉税操作上也想进行投机取巧，以致违法了还察觉不到。

我们做一个假设性案例来进行具体分析。

假设 A 先生于 2020 年 1 月初应聘为甲公司的技术副总经理，年薪 120 万元（其中可以税前扣除的各种费用 20 万元）。甲公司的人力资源管理部门和 A 先生签署了雇佣协议，因此，A 先生就取得的工资薪金收入申报计算缴纳个人所得税（由甲公司代扣代缴）：

（100-20）×45%-18.192＝17.808（万元）

但是，如果 A 先生挂名到那位女士策划的个人独资企业，然后给甲公司开具 120 万元的管理咨询发票，假设个人独资企业能够核定征收，且向 A 收取策划费用和各种税费合计 15 万元。A 先生实现策划收益为：

17.808-15＝2.808（万元）

在这里我们只是将几个主要因素拿出来做一个简要分析，如果仅从纳税的角度讲，当时这位高管的确是少缴了部分税收，获得了 2.808 万元的策划收益，但是存在如下风险。

其一，各方都存在被税务稽查的风险。从表面上看，该策划仅仅是通过成立一人企业跟公司签订合作协议，将个人所得税"工资薪金"税目转化为个人独资企业的"生产经营所得"，但是，由于相关操作所表现的业务模式跟实际情况不符，实际上在弄虚作假，这样的结果会引来税务稽查（税务机关通过数据比对发现异常，或者举报）。一是甲公司被查，A 先生是甲公司的在职员工，并没有在所谓的"个人独资企业"任职，理应支付工资薪金的，却接受了其他单位的"咨询服务"发票，税务机关可能会将这笔"咨询服务"费用认定为是"与公司生产经营无关的支出"不予在公司列支，并且被认定为偷税；二是该女士的个人独资企业实际上没有发生咨询服务事项，仅是为 A 先生虚开和代开费用发票，如此操作而且数额巨大，怎么可能不被税务机关稽查？三是 A 先生在甲公司任职，各种证据材料都能证明其应当以工资薪金申报纳税，且由甲公司代扣代缴，本案例中他却通过外部企业策划成"咨询服务"费用支出，同样也可能被税务稽查。而且，一旦上述三个环节只要一个被查，其他相关方自然不会幸免。

其二，A 先生的其他利益会受到损失。根据《国家税务总局关于印发〈征收个人所得税若干问题的规定〉的通知》（国税发〔1994〕89 号）第十九条规定：工资、薪金所得是属于非独立个人劳务活动，即在机关、团体、学校、部队、企事业单位及其他组织中任职、受雇而得到的报酬；劳务报酬所得则是个人独立从事各种技艺、提供各项劳务取得的报酬。两者的主要区别在于，前者存在雇佣与被雇佣关系，后者则不存在这种关系。员工受雇，用人单位会替员工承担部分保险等费用，如果出现意外，还会享受其他待遇……但是非受雇关系就不能享受相应的待遇。A 先生作为甲公司的雇员，该公司就应当为其缴纳养老金保险和各种应承担的费用，在工作期间如果 A 先生发生工作意外，甲公司都会承担连带责任的。而改变了身份，相应的待遇也就失去。

其三，甲公司除了可能承担的涉税风险以外，其内部控制机制和体系也会受到伤害。对于一个规模经营的企业而言，内部控制机制和体系是管理的核心，需要很长时间并且投入大量的人力物力才能建立起来，而破坏起来却是很容易的。对于前述案例中的甲公司来说，假设公司允许 A 先生弄虚作假做策划偷税，那么，跟他相同级别的其他管理人员也会仿效。而作为公司高管可以这么做，那么中层管理人员是不是也可以？如此这般，大家纷纷仿效，内部控制和管理机制必然毁于一旦，这是任何投资人都不愿意看到的。

其四，损害各主体的纳税信用。除了那位女士策划的个人独资企业必将受到法律的严惩以外，其他相关当事人也会因此丢失纳税信用，对未来的生产和经营产生深远的影响。

税收策划讲合法　合理操作更重要

地处江南某区的一家化工企业，是增值税一般纳税人。由于该公司赵老板的市场营销策略得当，于是成为是上海某大型国有企业辅助材料的供应商，最近，该公司被当地主管税务机关列为纳税评估的对象。在纳税评估过程中，税务人员对该公司的汽油费用列支问题提出了疑问，反复解释以后，税务人员仍然不放过。赵老板向笔者打来电话，他说："我公司有自备车辆，的确需要汽油，其汽油票也是真实合法的，为什么他们就不过呢？他们要求我们将部分汽油票的增值税做进项税额转出处理，合理吗？"

咨询分析：

笔者知道，这个赵老板比较"善于"做税收策划。通过多年的普及，大家都知道进行税收策划有一个前提——合法性，当然这是对的。因为对于违法的查处越来越严格，税收征管法和《税务稽查工作规程》都赋予了稽查局查处偷逃骗抗等违法犯罪的权力，当然，构成犯罪要移交公安机关。

大家都知道违法成本太高，所以，搞税收策划的人都非常在意合法性问题，不会触犯税法和刑法禁止性规定，从这个角度看，合法性对专业的人来讲根本就不是问题，除非是无知或有意为之。

当然，还有一种可能，就是侥幸心理作怪，或者没有自己的见解，看到人家那么做了也没事，就想当然地认为，法不责众，大家都在这么做，自己也可以"跟风""随大流"。这种想法不是策划思维，是在搞投机。

在这里笔者想跟大家讨论的是，进行税收策划还有一个不可或缺的前提，便是合理性。

当笔者提出合理性的时候，会有一些朋友不以为然："既然合法了，还怕什么？"只要是合法的操作就一定可以吗？不一定，接下来让我们看看相关规定。

《增值税暂行条例》第七条规定，纳税人销售货物或者应税劳务的价格明显偏低并无正当理由的，由主管税务机关核定其销售额。《增值税暂行条例实施细则》第十六条对上述规定进行了进一步明确，纳税人有条例第七条所称价格明显偏低并无正当理由或者有本细则第四条所列视同销售货物行为而无销售额者，按下列顺序确定销售额：一是按纳税人最近时期同类货物的平均销售价格确定；二是按其他纳税人最近时期同类货物的平均销售价格确定；三是按组成计税价格确定。组成计税价格的公式为：

组成计税价格 = 成本 × （1+ 成本利润率）

属于应征消费税的货物，其组成计税价格中应加计消费税额。公式中的成本指：销售自产货物的为实际生产成本，销售外购货物的为实际采购成本。公式中的成本利润率由国家税务总局确定。

类似的规定在消费税、企业所得税和个人所得税法里都有。

在这里"纳税人销售货物或者应税劳务的价格明显偏低并无正当理由"就是所谓合理性具体界定。

实务分析：

其实，合理性是可以在实践过程中进行检验的。这里我们就结合前面赵老板企业的具体情况来做进一步分析。

地处江南市某区的一家化工企业，是上海某大型国有企业所需辅助材料"除锈水"的供应商。该企业自己有一辆卡车，每天负责送一次产品到上海。但是，每年取得的汽油费都在200多万元。

当对该企业发生的费用的合理性进行分析过程中，税务人员认为，该企业有自备车辆，故需要汽油，在企业列支一定数量的汽油是合理的。但是，在一个纳税年度里，列支那么多的汽油存在不合理性。

那么，税务人员的看法是否有道理呢？为了帮助纳税人依法处理相关经济事项，我们跟该企业的赵老板及财务人员一起，算起了汽油耗用账。通过具体计算，赵老板自己都觉得可笑。于是，毫无争议地将所列支的汽油费用调出 100 多万元。

操作提示：

有人说："对于纳税人而言，如果说合法性主要体现在缴不缴哪种税，那么，合理性主要体现在如何缴哪种税，或者缴多少的问题。"通常情况下，合法性方面存在是否违法的问题，一旦出事后果很严重。而合理性只是计算问题，不存在是否违法的问题，可能会被界定为计算错误，最多会加收滞纳金了事。总之一句话，在合理性方面的风险不大，后果也不严重。

事实真的是这样吗？其实也不尽然。比如说有的中小型民营企业的老板对纳税的合理性很纠结，他们感觉自己缴纳的增值税比同行业的其他企业高，于是就买一些增值税专用发票，增加部分进项税。

对于这个问题，我们可以来具体分析一下。

"感觉自己缴纳的增值税比同行业的其他企业高"提出的是合理性问题，但是，解决这个问题的方法是合法性问题。如果数额较大，后果就会很严重！这样的实例我们就不再列举了，因为我们身边因为类似合理性的问题被处罚的已经不是个别。这里就合理性方面的涉税风险做一点提示。

还有些朋友提问："在税收上，合理性问题谁来管呢？"

其实，涉税事项的具体界定，通常由税务风险应对部门和稽查问题实施。如果将涉税事项的合理性在跨境业务中发生，表现为节税行为的话，则通常由反节税调查部门去处理！

而对于境内节税行为，有些人认为只要没有造成国家税款的损失，一般不查。其实这种说法也是与事实不符的。

由于我国的财政体制是按区域、分级管理的，因此，一旦出现税款的流动，虽然从宏观的角度讲，国家的税款可能没有发生损失，但是，会在不同的区域发生非正常流动，影响了当地的财政收入。所以，当地主管税务机关也不会对其放任不管的。

既然会干预合理性问题，那么，税务机关会针对哪些情况提出问题呢？综合现行政策文件和纳税评估的实践可以归纳出两点：一是关联交易价格是否合理，二是商业行为是否合理。

当提到这两点的时候，有人就会提出异议："无论是关联交易价格的合理性，还是商业目的的合理性问题，这些在实践中难以操作呀！"换一句话说，税务机关对纳税人"不太离谱"的商业实务是无法推翻的。

真的是这样吗？持有这种疑惑的人，通常是没有系统地学习税务管理方面的政策和文件。

前面说过，有关反节税的条款散见于主体法的增值税条例、消费税条例，企业所得税以及个人所得税法之中，另外，在程序法的《税收征管法》中也有专门的规定。征管法细则第四十七条规定，纳税人对税务机关采取本条规定的方法核定的应纳税额有异议的，应当提出相关证据，经税务机关认定后，调整应纳税额。

税务机关认为计税依据明显偏低可以核定，纳税人认为税务机关核定的不合理要自行举证并经税务机关认定后方可调整。事实上，推翻纳税人的涉税操作是多么的容易，自行举证又是多么的困难，因为要经税务机关认同后才可以实施。

也许会有人问："税收征管法是什么?"在这里要告诉你："是明确税务机关如何实施管理的法律，该法赋予税务机关质疑权和核定权，却赋予了纳税人自行举证义务。"

当看到这里，谁还能说合理性在实际中很难被税务机关推翻吗? 当然，你可能也会说，毕竟被查处的概率低，朋友，这种思维不是策划思维，是投机，是赌博思维，更是违法的，你要想研究策划，就要放弃这种想法。

参考文献

1. 庄粉荣. 纳税筹划大败局 [M]. 北京：机械工业出版社，2010.

2. 庄粉荣. 纳税筹划实战精选百例 [M].3 版. 北京：机械工业出版社，2010.

3. 庄粉荣. 增值税检查应对技巧 [M]. 北京：机械工业出版社，2011.

4. 庄粉荣. 企业所得税检查应对技巧 [M]. 北京：机械工业出版社，2011.

5. 庄粉荣. 企业涉税风险的表现及规避技巧 [M]. 北京：机械工业出版社，2011.

6. 庄粉荣. 现代服务业财税筹划实务 [M]. 北京：中国经济出版社，2011.

7. 庄粉荣. 制造企业财税筹划实务 [M]. 北京：中国经济出版社，2011.

8. 庄粉荣. 企业所得税操作实务 [M]. 北京：中国经济出版社，2011.

9. 庄粉荣. 房地产企业财税筹划实务 [M]. 北京：中国经济出版社，2011.

10. 庄粉荣. 避税暗战 [M]. 北京：清华大学出版社，2011.

11. 庄粉荣. 纳税筹划实战精选百例 [M].4 版. 北京：机械工业出版社，2012.

12. 庄粉荣. 所得税纳税筹划案例精选 [M]. 北京：机械工业出版社，2012.

13. 庄粉荣. 投融资业务财税筹划演练 [M]. 北京：机械工业出版社，2013.

14. 庄粉荣. 经营管理财税筹划演练 [M]. 北京：机械工业出版社，2013.

15. 庄粉荣. 房地产企业财税筹划演练全集 [M]. 北京：机械工业出版社，2013.

16. 庄粉荣. 纳税筹划实例全集 [M]. 北京：机械工业出版社，2013.

17. 庄粉荣. 企业涉税风险的表现及规避技巧 [M].2 版. 北京：机械工业出版社，2014.

18. 庄粉荣. 纳税筹划实战精选百例 [M].5 版. 北京：机械工业出版社，2014.

19. 庄粉荣. 谁动了老板的钱包 [M]. 北京：中华工商联合出版社，2014.

20. 庄粉荣. 不缴冤枉税：税收优惠利用技巧 [M]. 北京：中华工商联合出版社，2014.

21. 庄粉荣，庄亦如. 不缴糊涂税：税收优惠利用疑难 [M]. 北京：中国财政经济出版社，2015.

22. 庄粉荣，王忠汉. 税务稽查案例分析与点评 [M]. 北京：中国法制出版社，2015.

23. 庄粉荣. 纳税筹划实战精选百例 [M].6 版. 北京：机械工业出版社，2016.

24. 庄粉荣，庄亦如. 建筑施工企业营改增案例精解 [M]. 北京：机械工业出版社，2017.

25. 庄粉荣. 税收策划 36 计 [M]. 北京：中国铁道出版社有限公司，2020.

26. 庄粉荣，李汉柱. 企业纳税实务及风险管理 [M]. 北京：中国铁道出版社有限公司，2020.

27. 庄粉荣. 税收策划 36 计 [M].2 版. 北京：中国铁道出版社有限公司，2021.

读者意见反馈表

亲爱的读者：

感谢您对中国铁道出版社有限公司的支持，您的建议是我们不断改进工作的信息来源，您的需求是我们不断开拓创新的基础。为了更好地服务读者，出版更多的精品图书，希望您能在百忙之中抽出时间填写这份意见反馈表发给我们。随书纸制表格请在填好后剪下寄到：北京市西城区右安门西街8号中国铁道出版社有限公司大众出版中心 王佩 收（邮编：100054）。此外，读者也可以直接通过电子邮件把意见反馈给我们，E-mail地址是：505733396@qq.com。我们将选出意见中肯的热心读者，赠送本社的其他图书作为奖励。同时，我们将充分考虑您的意见和建议，并尽可能地给您满意的答复。谢谢！

- -

所购书名：_____

个人资料：

姓名：_____ 性别：_____ 年龄：_____ 文化程度：_____

职业：_____ 电话：_____ E-mail：_____

通信地址：_____ 邮编：_____

- -

您是如何得知本书的：

□书店宣传 □网络宣传 □展会促销 □出版社图书目录 □老师指定 □杂志、报纸等的介绍 □别人推荐
□其他（请指明）_____

您从何处得到本书的：

□书店 □邮购 □商场、超市等卖场 □图书销售的网站 □培训学校 □其他

影响您购买本书的因素（可多选）：

□内容实用 □价格合理 □装帧设计精美 □带多媒体教学光盘 □优惠促销 □书评广告 □出版社知名度
□作者名气 □工作、生活和学习的需要 □其他

您对本书封面设计的满意程度：

□很满意 □比较满意 □一般 □不满意 □改进建议

您对本书的总体满意程度：

从文字的角度 □很满意 □比较满意 □一般 □不满意
从技术的角度 □很满意 □比较满意 □一般 □不满意

您希望书中图的比例是多少：

□少量的图片辅以大量的文字 □图文比例相当 □大量的图片辅以少量的文字

您希望本书的定价是多少：

本书最令您满意的是：

1.
2.

您在使用本书时遇到哪些困难：

1.
2.

您希望本书在哪些方面进行改进：

1.
2.

您需要购买哪些方面的图书？对我社现有图书有什么好的建议？

您更喜欢阅读哪些类型和层次的书籍（可多选）？

□入门类 □精通类 □综合类 □问答类 □图解类 □查询手册类

您在学习计算机的过程中有什么困难？

您的其他要求：